NIETZSCHE

BERND MAGNUS & KATHLEEN M. HIGGINS (Org.)

NIETZSCHE

Direção Editorial:
Marlos Aurélio

Conselho Editorial:
Fábio E. R. Silva
Márcio Fabri dos Anjos
Mauro Vilela

Tradução:
André Oídes

Copidesque e Revisão:
Luiz Filipe Armani

Capa e Diagramação:
Tatiana A. Crivellari

Coleção Companions & Companions

Título original: *The Cambridge companion to Nietzsche*
© Cambridge University Press, 1996
40 West 20th Street, New York, NY 10011-4211, USA
ISBN: 978-0-521-36767-7 (Paperback) / 978-0-521-36586-4 (Hardback)

Todos os direitos em língua portuguesa, para o Brasil, reservados à Editora Ideias & Letras, 2022.

2ª impressão

Avenida São Gabriel, 495
Conjunto 42 - 4º andar
Jardim Paulista – São Paulo/SP
Cep: 01435-001
Televendas: 0800 777 6004
vendas@ideiaseletras.com.br
www.ideiaseletras.com.br

Dados Internacionais de Catalogação na Publicação (CIP)
(Câmara Brasileira do Livro, SP, Brasil)

Nietzsche / Bernd Magnus & Kathleen M. Higgins (Org.)
(Tradução: André Oídes)
São Paulo: Ideias & Letras, 2017
(Companions & Companions)
Vários autores.
Bibliografia.
ISBN 978-85-5580-031-3

1. Filosofia alemã 2. Nietzsche, Friedrich Wilhelm, 1844-1900 - Filosofia
I. Magnus, Bernd. II. Higgins, Kathleen M. III. Série.

17-08272   CDD-193

Índice para catálogo sistemático:
1. Filosofia alemã   193

*Para David e Julie
e Para Bob*

Sumário

Sobre os autores – 9

Introdução ao volume *Nietzsche* – 13
   BERND MAGNUS E KATHLEEN M. HIGGINS

Parte I – *Introdução às obras de Nietzsche*

1. As obras de Nietzsche e seus temas – 35
   BERND MAGNUS E KATHLEEN M. HIGGINS

Parte II – *O uso e abuso da vida e das obras de Nietzsche*

2. O herói como forasteiro – 93
   R. J. HOLLINGDALE

3. Nietzsche e a tradição judaico-cristã – 115
   JÖRG SALAQUARDA

4. A má apropriação política de Nietzsche – 147
   TRACY B. STRONG

Parte III – *Nietzsche como filósofo*

5. O tipo de filosofia de Nietzsche – 183
   RICHARD SCHACHT

6. O argumento *ad hominem* de Nietzsche: perspectivismo, personalidade e ressentimento revisitados – 217
   ROBERT C. SOLOMON

7. Nietzsche, modernidade, esteticismo – 267
   ALEXANDER NEHAMAS

8. O suposto adeus de Nietzsche: o Nietzsche pré-moderno, moderno e pós-moderno – 301
   ROBERT B. PIPPIN

Parte IV – *A influência de Nietzsche*

9. Nietzsche no século XX – 335
   ERNST BEHLER

10. O legado francês de Nietzsche – 383
    ALAN D. SCHRIFT

11. Nietzsche e o pensamento do leste asiático: influências, impactos e ressonâncias – 419
    GRAHAM PARKES

Bibliografia selecionada – 451

Índice remissivo – 467

Sobre os autores

ERNST BEHLER é professor e chefe do Departamento de Literatura Comparada na Universidade de Washington, é o autor de *Confrontations: Derrida, Heidegger, Nietzsche* [*Confrontos: Derrida, Heidegger, Nietzsche*] (1991) e coautor (com Aldo Venturelli) de *Friedrich Nietzsche* (1994). Suas publicações mais recentes incluem *Frühromantik* [*Primórdios do Romantismo*] (1992) e *German Romantic Literary Theory* [*Teoria literária romântica alemã*] (1994). Ele é o editor de *The Complete Works of Friedrich Nietzsche* [*As obras completas de Friedrich Nietzsche*].

KATHLEEN MARIE HIGGINS é professora de filosofia na Universidade do Texas, em Austin. Ela é a autora de *Nietzsche's "Zarathustra"* [*O "Zaratustra" de Nietzsche*], *The Music of Our Lives* [*A música de nossas vidas*], e coeditora (com Robert C. Solomon) de *Reading Nietzsche* [*Lendo Nietzsche*], *The Philosophy of (Erotic) Love* [*A filosofia do amor (erótico)*] e *From Africa to Zen* [*Da África ao zen*], entre outros livros e artigos.

R. J. HOLLINGDALE traduziu a maioria das obras publicadas de Nietzsche, e livros de muitos outros autores alemães clássicos e contemporâneos; ele publicou um estudo substancial, *Nietzsche*, bem como a biografia *Nietzsche: The Man and His Philosophy* [*Nietzsche: o homem e sua filosofia*]. Ele é presidente honorário da *British Nietzsche Society* [Sociedade Nietzsche Britânica].

BERND MAGNUS é professor de filosofia e humanidades na Universidade da Califórnia, em Riverside. Foi o diretor executivo fundador (juntamente com Walter Kaufmann) da *North American Nietzsche Society* [Sociedade Nietzsche Norte-americana]. Entre seus livros estão: *Nietzsche's*

Existential Imperative [*O imperativo existencial de Nietzsche*] e (com Stanley Stewart e Jean-Pierre Mileur) *Nietzsche's Case: Philosophy as/and Literature* [*O caso Nietzsche: filosofia como/e literatura*], bem como livros sobre Heidegger, Derrida e Marx.

ALEXANDER NEHAMAS é professor "Carpenter" de filosofia e humanidades na Universidade de Princeton, onde ensina filosofia e literatura comparada e dirige o Conselho de Humanidades. É autor de *Nietzsche: Life as Literature* [*Nietzsche: a vida como literatura*], cotradutor do *Banquete* e do *Fedro* de Platão, e autor de um futuro livro sobre Sócrates e a filosofia como "arte de viver".

GRAHAM PARKES estudou filosofia e psicologia em Oxford e na Universidade da Califórnia em Berkeley, e agora ensina na Universidade do Havaí. É o organizador e um dos colaboradores de *Heidegger and Asian Thought* [*Heidegger e o pensamento asiático*], *Nietzsche and Asian Thought* [*Nietzsche e o pensamento asiático*], e o autor de *Composing the Soul: Reaches of Nietzsche's Psychology* [*Compondo a alma: o alcance da psicologia de Nietzsche*].

ROBERT B. PIPPIN é professor de pensamento social e filosofia e chefe do Comitê de Pensamento Social na Universidade de Chicago. Seus livros incluem: *Kant's Theory of Form* [*A teoria da forma de Kant*], *Hegel's Idealism: The Satisfactions of Self-Consciousness* [*O idealismo de Hegel: as satisfações da consciência de si*], e *Modernism as a Philosophical Problem: On the Dissatisfactions of European High Culture* [*O modernismo como problema filosófico: sobre as insatisfações da alta cultura europeia*]. Ele está atualmente trabalhando em um livro sobre a teoria ética de Hegel.

JÖRG SALAQUARDA é professor de filosofia na Escola de Teologia Protestante da Universidade de Viena, tendo anteriormente ensinado em Berlim e Mainz. Suas áreas de especialização incluem a filosofia da religião e a filosofia continental, especialmente a obra de Schopenhauer e Nietzsche. Suas amplas publicações incluem trabalhos originais em suas áreas de especialização, bem como traduções do inglês para o alemão. É coeditor administrativo de *Nietzsche-Studien* [*Estudos sobre Nietzsche*] e *Monographien und Texte zur Nietzsche--Forschung* [*Monografias e textos de pesquisa sobre Nietzsche*].

RICHARD SCHACHT, professor "Jubileu" de artes liberais e ciências na Universidade de Illinois em Urbana-Champaign, é autor de *Nietzsche*, e editor de *Nietzsche, Genealogy, Morality* [*Nietzsche, genealogia, moralidade*]. Seus interesses concentram-se em questões relacionadas à natureza humana, teoria de valores e teoria social. Seus livros recentes incluem *The Future of Alienation* [*O futuro da alienação*] e *Making Sense of Nietzsche* [*Entendendo Nietzsche*]. É o atual diretor executivo da *North American Nietzsche Society* [Sociedade Nietzsche Norte-americana].

ALAN D. SCHRIFT é professor associado de filosofia no *Grinnell College*. Seus livros incluem *Nietzsche's French Legacy: A Genealogy of Poststructuralism* [*O legado francês de Nietzsche: uma genealogia do pós-estruturalismo*] e *Nietzsche and the Question of Interpretation: Between Hermeneutics and Deconstruction* [*Nietzsche e a questão da interpretação: entre hermenêutica e desconstrução*]; é organizador, juntamente com Gayle L. Ormiston, de *The Hermeneutic Tradition: From Ast to Ricoeur* [*A tradição hermenêutica: de Ast a Ricoeur*] e *Transforming the Hermeneutic Context: From Nietzsche to Nancy* [*Transformando o contexto hermenêutico: de Nietzsche a Nancy*].

ROBERT C. SOLOMON é professor "Centenário Quincy Lee" de filosofia na Universidade do Texas em Austin. Seus livros incluem *About Love* [*Sobre o amor*], *Continental Philosophy Since 1750* [*Filosofia continental desde 1750*], *From Rationalism to Existentialism* [*Do racionalismo ao existencialismo*], *In the Spirit of Hegel* [*No espírito de Hegel*], *A Passion for Justice* [*Uma paixão pela justiça*] e *The Passions* [*As paixões*]. Ele organizou *Nietzsche: A Collection of Critical Essays* [*Nietzsche: uma coleção de ensaios críticos*] e (junto com Kathleen Higgins) *Reading Nietzsche* [*Lendo Nietzsche*], *The Philosophy of (Erotic) Love* [*A filosofia do amor (erótico)*], e *From Africa to Zen* [*Da África ao zen*].

TRACY B. STRONG é professor de ciência política na Universidade da Califórnia em San Diego e editor do periódico *Political Theory* [*Teoria política*]. Seus livros incluem *Friedrich Nietzsche and the Politics of Transfiguration* [*Friedrich Nietzsche e a política da transfiguração*], *The Idea of Political Theory* [*A ideia de teoria política*], *Right in Her Soul: The Life of Anna Louise Strong* [*Justamente em sua alma: a vida de Anna Louise Strong*], e, mais recentemente, *Jean Jacques Rousseau and the Politics of the Ordinary* [*Jean Jacques Rousseau e a política do ordinário*]. Está atualmente trabalhando com a relação entre estética e pensamento político no início do século XX.

Introdução ao volume *Nietzsche*

BERND MAGNUS E KATHLEEN M. HIGGINS

A importância que o filósofo e escritor Friedrich Nietzsche tem para os estudos humanísticos e para nossa cultura talvez não necessite de muita justificação ou discussão. Ele foi simplesmente um dos mais influentes pensadores europeus modernos. Suas tentativas de desmascarar os motivos primordiais que subjazem à filosofia, à moral e à religião ocidentais tradicionais afetaram gerações de filósofos, teólogos, psicólogos, poetas, romancistas e dramaturgos subsequentes. De fato, um filósofo anglófono contemporâneo, Richard Rorty, caracterizou toda a época presente como "pós-nietzscheana". Isso porque Nietzsche foi capaz de pensar as consequências do triunfo do secularismo do Iluminismo – captadas em sua observação de que "Deus está morto" – de uma maneira que determinou a agenda para muitos dos mais célebres intelectuais da Europa após sua morte em 1900. Inimigo ardente do nacionalismo, do antissemitismo e da política de poder, seu nome foi posteriormente invocado por fascistas e nazistas para promover as mesmas coisas que ele detestava.

Também pode ser útil lembrar que, segundo Martin Heidegger, Nietzsche é a consumação da tradição filosófica ocidental, o pensador que conduz a metafísica a seu fim; que Michel Foucault frequentemente considerou Nietzsche como o originador de seu método genealógico e de sua ênfase nas práticas discursivas; que Jacques Derrida considera Nietzsche o pensador desconstrutivo por excelência. Tudo isso serve como testemunho eloquente da afirmação de Nietzsche, enunciada em *O anticristo* e outros lugares, de que algumas pessoas nascem postumamente; pois essa observação certamente se aplica a seu próprio caso. Não é nenhum acidente, portanto, que a última edição publicada da *International Nietzsche Bibliography* [*Bibliografia Internacional sobre Nietzsche*], editada por Herbert Reichert e

Karl Schlechta em 1968 – muito antes da recente explosão de interesse por Nietzsche – liste mais de 4.500 títulos dedicados a Nietzsche em 27 idiomas. E não se deve esquecer que a importância de Nietzsche não foi confinada à filosofia, ou mesmo aos estudos humanísticos. Um crítico recente muito discutido, Allan Bloom, argumentou em favor da tese controversa de que a própria vida cultural dos Estados Unidos da América – a má educação de seus cidadãos, bem como sua mal orientada filosofia pública – deve ser relacionada a uma versão superficial de (o que o autor considerou como) o niilismo virulentamente infeccioso de Nietzsche.[1] De fato, sem endossarmos o diagnóstico de Allan Bloom ou sua tese sobre o papel etiológico de Nietzsche no "fechamento" da mente americana, não é exagero dizer que a influência de Nietzsche tornou-se inevitável em nossa cultura. Quer alguém leia as más apropriações de G. Gordon Liddy, ou vá ao cinema, ou meramente ligue a televisão, Nietzsche sempre parece já estar lá. Por exemplo, Eddie Murphy cita Nietzsche extensamente em um momento culminante do filme "Coming to America" [intitulado no Brasil "Um Príncipe em Nova Iorque"]; um grupo musical de *rock* chama-se "The Will to Power" ["A Vontade de Poder"]; e até mesmo o adolescente "Dr. Howser" da deplorável (e agora felizmente cancelada) série de televisão "Doogie Howser, M. D." pode ser ouvido dizendo: "Como disse Nietzsche: 'Tudo que não me destrói me torna mais forte.'" Seria possível citar exemplos mais banais, mais grosseiros e mais difundidos da "apropriação" de Nietzsche que esses? O nome e os epigramas de Nietzsche são invocados em toda parte hoje em dia, vendendo indiscriminadamente tanto ideias quanto produtos.

Desde meados dos anos 1890 até hoje, um século depois, o nome de Nietzsche foi invocado e alistado repetidamente a serviço de todo movimento e agenda política e cultural concebível – do feminismo emancipatório do início do século XX até o fascismo e o nazismo posteriores, de um

---

1   Isso é expresso no livro popular de Allan Bloom (admitidamente planejado para o público geral), *The Closing of the American Mind: How Higher Education Has Failed Democracy and Impoverished the Souls of Today's Students*, Foreword by Saul Bellow [*O fechamento da mente americana: como a educação superior falhou para a democracia e empobreceu as almas dos estudantes de hoje*, com Prefácio de Saul Bellow] (Nova Iorque: Simon and Schuster, 1987), Parte 2, esp. p. 217-226.

modernismo faustiano até versões recentes do pós-modernismo. Também não é mais o caso que a influência ubíqua de Nietzsche esteja confinada principalmente a filósofos europeus continentais e à política, aos intelectuais e à cultura popular americana. Em vez disso, sua crítica da moralidade tradicional tornou-se uma força nas reflexões de alguns filósofos anglófonos importantes, como Bernard Williams,[2] Richard Rorty,[3] Martha Nussbaum,[4] Alasdair MacIntyre[5] e Philippa Foot.[6]

Dada essa ubiquidade, não é surpreendente que os comentadores de Nietzsche discordem sobre a maioria dos aspectos de seu pensamento, especialmente sobre o que se supõe que um *Übermensch* (ser sobre-humano ou além-homem)[7] seja, o que é afirmado pelo eterno retorno, se ele havia desenvolvido ou tinha a intenção de formular uma teoria plenamente desenvolvida da vontade de poder, bem como o que se pode dizer que seu perspectivismo afirma. Estas são discordâncias acerca da substância, do objetivo e do sucesso da tentativa de transvaloração de todos os valores

---

2 Além de seu célebre *Ethics and the Limits of Philosophy* [*Ética e os limites da filosofia*], ver especialmente seu artigo "*Nietzsche's Minimalist Moral Psychology*" ["*A psicologia moral minimalista de Nietzsche*"] em *European Journal of Philosophy*, volume 1, número 1 (1993), p. 1-14.
3 Ver especialmente seu *Contingency, Irony, and Solidarity* [*Contingência, ironia e solidariedade*] (Cambridge University Press, 1989).
4 Ver especialmente seu ensaio "*Pity and Mercy: Nietzsche's Stoicism*" ["*Piedade e misericórdia: o estoicismo de Nietzsche*"] em *Nietzsche, Genealogy, Morality* [*Nietzsche, genealogia, moralidade*], editado por R. Schacht (University of California Press, 1994); mas também suas discussões sobre Nietzsche em *The Fragility of Goodness* [*A fragilidade da bondade*] (Cambridge University Press, 1986) e *Love's Knowledge* [*O conhecimento do amor*] (Oxford University Press, 1990).
5 Ver seu "*Genealogies and Subversions*" ["*Genealogias e subversões*"] em seu *Three Rival Versions of Moral Enquiry* [*Três versões rivais de investigação moral*] (University of Notre Dame Press, 1990); ver também sua discussão anterior sobre Nietzsche em *After Virtue* [*Depois da virtude*] (University of Notre Dame Press, 2ª ed., 1984), onde a escolha na moral reduz-se a Aristóteles ou Nietzsche, como no Capítulo 18, "*After Virtue: Nietzsche or Aristotle, Trotsky and St. Benedict*" ["Depois da virtude: Nietzsche ou Aristóteles, Trotsky e São Bento"].
6 Ver seu "*Nietzsche's Immoralism*" ["*O imoralismo de Nietzsche*"] em *The New York Review of Books*, 13 de junho de 1991, p. 18-22, reimpresso em Schacht, *op. cit.*
7 Nota do tradutor: *Übermensch* é aqui traduzido como "além-homem" porque essa seria uma noção mais fiel, porém menos literal, do pensamento de Nietzsche (a ideia de uma superação para além do homem medíocre). "Super-homem" também é utilizado, porém é o termo mais popular e induz a uma associação com o super-herói da ficção.

empreendida por Nietzsche. Por outro lado, há consideravelmente menos desacordo sobre a identificação do aspecto desconstrutivo de sua obra, e sobre o sentido em que ele buscou desembaraçar a metafísica, o cristianismo e a moral ocidentais a fim de exibir o que ele considerava ser a decadência reativa delas. Dito de modo grosseiro e enganoso, há consideravelmente menos discordância sobre o lado desconstrutivo do pensamento de Nietzsche que sobre o lado positivo e reconstrutivo.

Essas então parecem ser as duas faces de Nietzsche que são reconhecidas por virtualmente todos os críticos. Uma face olha para nosso passado e empreende uma vivissecção de nossa herança cultural comum em suas raízes; a outra parece estar voltada para o futuro, sugerindo visões de novas formas possíveis de vida ocidental. O Nietzsche negativo, desconstrutivo e voltado para o passado é a face que parece ser mais facilmente reconhecida por seus comentadores e por seus críticos. Mas quando alguém tenta examinar em detalhes a face positiva e reconstrutiva, esse alguém é acometido por uma dificuldade imediata. Pois essa outra face, voltada para o futuro, revela ser não um perfil, mas pelo menos dois perfis possíveis. Um esboço do perfil positivo de Nietzsche retrata seus comentários sobre a verdade, o conhecimento, a sobre-humanidade, o eterno retorno, e a vontade de poder como suas respostas para problemas filosóficos perenes de livros didáticos: sua teoria do conhecimento, sua filosofia moral e sua ontologia. Segundo essa leitura de seu lado reconstrutivo, Nietzsche parece estar estilhaçando os fundamentos de teorias passadas como alguém que demole falsos ídolos, a fim de erigir sua própria fênix melhorada a partir das cinzas daqueles. De maneiras admitidamente muito diferentes, essa parece ser uma orientação comum ao trabalho de Danto,[8] Wilcox,[9] Clark[10] e Schacht;[11] ou talvez seja um referencial para o qual o trabalho deles aponta.

---

8   Arthur C. Danto, *Nietzsche as Philosopher* [*Nietzsche como filósofo*] (Nova Iorque: The Macmillan Company, 1965).
9   John T. Wilcox, *Truth and Value in Nietzsche* [*Verdade e valor em Nietzsche*] (University of Michigan Press, 1974).
10 Maudemarie Clark, *Nietzsche on Truth and Philosophy* [*Nietzsche sobre verdade e filosofia*] (Cambridge University Press, 1990).
11 Richard Schacht, *Nietzsche* (Londres: Routledge and Kegan Paul, 1983).

O perfil alternativo desse lado reconstrutivo de Nietzsche rejeita a própria dicotomia entre positivo e negativo, e retrata-o em vez disso como tentando nos liberar precisamente da necessidade sentida de fornecer teorias de conhecimento, ou teorias morais, ou ontologias. Apesar das enormes diferenças admitidas, essa parece ser uma maneira útil de captar uma orientação sugerida pela obra de Alderman,[12] Derrida,[13] Nehamas,[14] Deleuze,[15] Strong,[16] Shapiro,[17] e Rorty,[18] por exemplo. A primeira versão desse retrato reconstrutivo assemelha o projeto de Nietzsche à grande tradição da "metafísica da presença" – a tradição epitomizada por Platão, Descartes e Kant. O retrato alternativo enxerga o lado negativo e desconstrutivo de Nietzsche como já construtivo, à maneira terapêutica do último Wittgenstein, do último Heidegger, e de Derrida, Rorty e Foucault.[19]

---

12 Harold Alderman, *Nietzsche's Gift* [*A dádiva de Nietzsche*] (Ohio University Press, 1977).
13 Jacques Derrida, *Spurs* [*Esporas*] (University of Chicago Press, 1979) e *Otobiography* [*Otobiografia*] (Nova Iorque: Schocken Books, 1985).
14 Alexander Nehamas, *Nietzsche: Life as Literature* [*Nietzsche: a vida como literatura*] (Harvard University Press, 1985).
15 Gilles Deleuze, *Nietzsche et la philosophie* [*Nietzsche e a filosofia*] (Presses Universitaires de France, 1962); traduzido para o inglês por Hugh Tomlinson como *Nietzsche and Philosophy* (Columbia University Press, 1983).
16 Tracy B. Strong, *Friedrich Nietzsche and the Politics of Transfiguration* [*Friedrich Nietzsche e a política da transfiguração*] (University of California Press, 1975).
17 Gary Shapiro, *Nietzschean Narratives* [*Narrativas nietzscheanas*] (Indiana University Press, 1989) e *Alcyone: Nietzsche on Gifts, Noise, and Women* [*Alcione: Nietzsche acerca das dádivas, do ruído, e das mulheres*] (State University of New York Press, 1991).
18 Richard Rorty, *Contingency, Irony, Solidarity* [*Contingência, ironia, solidariedade*] (Cambridge University Press, 1989).
19 Compare esse contraste com o "Posfácio do tradutor" intitulado "*Nietzsche in North America: Walter Kaufmann and After*" ["*Nietzsche na América do Norte: Walter Kaufmann e depois*"], em *Confrontations: Derrida, Heidegger, Nietzsche* [*Confrontos: Derrida, Heidegger, Nietzsche*], por Ernst Behler (Stanford University Press, 1991): "Danto, Magnus, e Schacht, cada qual com suas próprias sugestões, oferecem princípios diferentes dos de Kaufmann como bases alternativas para compreender Nietzsche. Nehamas e Krell enfatizam em diferentes medidas os papéis dos muitos estilos de Nietzsche. Bloom, entre aqueles que usam Nietzsche para outros argumentos, retém a ênfase humanista-antropológica e acrescenta uma crítica da política; Rorty diminui a importância da política e abandona a crença em uma natureza humana fundamental" (p. 176).

O que está na base desses retratos conflitantes é, talvez, uma diferença não articulada pouco reconhecida entre os estudiosos de Nietzsche, para não dizer filósofos em geral. Essa é a diferença entre aqueles que acreditam que se faz um cumprimento a Nietzsche ao lê-lo como "um filósofo" que dá respostas em estilo kantiano a questões de livros didáticos, e aqueles que enxergam essa caracterização como depreciando sua realização mais amplamente "terapêutica".

Uma boa ilustração dessa situação bifurcada é a que parece estar ocorrendo em discussões sobre o perspectivismo de Nietzsche. O que parece estar ocorrendo entre os estudiosos de Nietzsche é não apenas uma diferença de detalhes – uma diferença acerca de como interpretar os comentários de Nietzsche sobre "conhecimento", "verdade", "correspondência" e "perspectiva" – mas uma cisão metafilosófica sobre o sentido do perspectivismo de Nietzsche. Para muitos comentadores, o perspectivismo de Nietzsche é, *grosso modo*, sua teoria do conhecimento. Ele quer fazer quatro afirmações distinguíveis: (1) não é possível nenhuma representação acurada do mundo como ele é em si mesmo; (2) não há nada para com o qual nossas teorias estejam em uma relação exigida de correspondência que nos permita dizer que elas sejam verdadeiras ou falsas; (3) nenhum método de compreender nosso mundo – as ciências, a lógica, ou a teoria moral – goza de uma posição epistêmica privilegiada; (4) as necessidades humanas sempre ajudam a "constituir" o mundo para nós. Nietzsche tende a reunir (1)-(4); frequentemente ele as confunde. Mas a dificuldade mais séria para o perspectivismo de Nietzsche se encontra em outro lugar: o problema da autorreferência. Será que devemos entender suas muitas teses naturalistas e históricas como representações acuradas do mundo como ele é em si mesmo, ou como correspondendo a quaisquer fatos da questão, como perspectivas privilegiadas que não são condicionadas por nenhuma necessidade humana? Se sim, então o perspectivismo de Nietzsche é autocontraditório em todas as quatro versões mencionadas. Mas isso significa justamente que as teorias que Nietzsche ofereceu não devem ser tomadas como perspectivas – e nesse caso seu perspectivismo deve ser abandonado – ou que elas são apenas perspectivas, e nesse caso elas podem não ser verdadeiras e podem ser superadas. Contudo, dizer que elas podem não ser verdadeiras é justamente dizer que o que ele sustenta pode ser "falso". Mas como ele pode então sustentar que não há nada para com o qual nossas teorias estejam em uma relação exigida de correspondência que nos permita dizer que elas são verdadeiras ou falsas? Além disso, ao dizer que não existe nenhuma verdade, será que Nietzsche pretendia dizer algo verdadeiro? Se ele disse a verdade, então o que ele disse foi falso, pois tinha de haver uma verdade a ser dita para que ele dissesse, verdadeiramente, que não existe nenhuma verdade. Se o que ele disse é falso, por outro lado, então é falso afirmar que não existe nenhuma verdade. Mas então pelo menos alguma coisa é verdadeira no sentido não atenuado. De modo semelhante, se toda grande filosofia é realmente apenas "a confissão pessoal de seu autor e uma espécie de memória involuntária e inconsciente" (ABM, 6), então o que o próprio Nietzsche está confessando? Sobre o que é *realmente* sua memória involuntária e inconsciente? Então talvez a melhor maneira de entender seu perspectivismo seja interpretá-lo de uma maneira neokantiana, como fornecendo um ponto de vista transcendental no qual "fatos" putativos sobre necessidades humanas e sobre a neurofisiologia humana desempenham um papel que não é diferente das categorias e formas da intuição de Kant.

Contudo, há uma outra maneira bastante diferente de interpretar os comentários de Nietzsche sobre o perspectivismo, uma segunda maneira: o "perspectivismo" de Nietzsche não é uma teoria sobre coisa alguma, e com maior certeza não é uma teoria do conhecimento. Dizer que há apenas interpretações (ou perspectivas) é o mesmo que renomear todos os antigos fatos como "interpretações". O objetivo da renomeação é nos ajudar a pôr de lado o vocabulário da representação acurada que ainda nos mantém sob sua escravidão platônica. De modo semelhante, dizer que a "verdade" é um "erro" não é oferecer uma teoria da verdade, mas sim renomeá-la. Assim, os tropos de Nietzsche acerca da "verdade" e do "erro", do "fato" e da "interpretação" são melhor compreendidos como dispositivos retóricos para ajudar o leitor a compreender e confrontar a intuição amplamente compartilhada de que deve haver algo como uma verdade final sobre a realidade como tal, que é objetivo da filosofia revelar. A inclinação do próprio leitor para uma perspectiva do "olho de Deus" é trazida à tona e posta em questão. De fato, Nietzsche não tem uma teoria do conhecimento; seus tropos parodiam o anseio de possuir uma. O conhecimento é o tipo de coisa sobre o qual alguém deveria ter uma teoria principalmente quando a perspectiva do "olho de Deus" de inspiração platônica nos seduziu, principalmente quando interpretamos o conhecimento com base na analogia da visão – o olho da mente enxergando o modo como as coisas realmente são – principalmente quando vemos a filosofia como o árbitro da cultura, permitindo ou impedindo movimentos feitos em outros lugares da cultura, que alegam ser itens de conhecimento. Contudo, esse é precisamente o retrato da filosofia e da investigação que Nietzsche incita a pôr de lado. Dito de modo extremamente simples, "conhecimento" e "verdade" são cumprimentos feitos a discursos bem-sucedidos, como sugeriram Rorty e outros. Dar uma explicação de tal sucesso é sempre dizer por que esse item específico é "verdadeiro" ou "conhecido" – por exemplo, a superioridade da explicação heliocêntrica em relação à explicação geocêntrica do movimento planetário. Pode haver explicações e ilustrações de discursos bem-sucedidos tomados caso a caso, ilustrações e explicações das atrações relativas de várias propostas concretas e adversárias; mas não há nenhuma maneira de inserir um pivô estável entre a "teoria" e a "realidade", que registre uma adequação não mediada entre a palavra e o mundo. Segundo essa perspectiva, só pode haver uma mal concebida "teoria do" discurso bem-sucedido.

Mas como devemos escolher entre tais interpretações conflitantes dos comentários de Nietzsche sobre o perspectivismo, para não mencionar o amplo conjunto de interpretações alternativas não facilmente captadas por essa simplificação extrema?

O caso da "vontade de poder" é igualmente confuso, mas por diferentes razões. Estas são principalmente textuais e conceituais. Mesmo que exista uma doutrina, uma que possa ser "analiticamente" desdobrada como um princípio psicológico, será que ela deve ser entendida ontologicamente, como certas notas rejeitadas do *Nachlass* [seu legado literário] parecem sugerir? Como a vontade de poder deve ser entendida, como uma afirmação sobre o modo como as coisas são, em vez de como uma figura para o eu em busca de si, um eu em transformação? No fim, a vontade de poder pode muito bem reduzir-se à visão de que se alguém tem de fazer metafísica – e talvez a recomendação final de Nietzsche seja a de que é melhor abandonar esse conforto – então esse alguém adota o retrato da linguagem como representação acurada, da teoria como correspondência aos fatos; esse alguém adota a posição final e decidível de mapear metáforas, juntamente com a teoria da verdade como correspondência. Para atenuar a força desse retrato, pense nos comentários de Nietzsche acerca da vontade de poder como recomendações para que pensemos nas "coisas", em vez disso, como eventos e como famílias de eventos. Sob tal perspectiva, o paradoxo é que um mundo feito apenas de vontades, apenas de eventos, é necessariamente, ao mesmo tempo, sem forma e formado. Ele é sem forma, pois as vontades concebidas como eventos são doadoras de formas, enquanto não possuem nenhuma estrutura fixa ou inerente a si mesmas, para além de sua articulação contextual, para além do que Nietzsche chamou de a "interpretação" delas. É formado, pois as vontades concebidas como famílias de eventos estão sempre atuando umas sobre as outras, estão sempre impondo formas umas às outras. O paradoxo é intratável. Se não mais pensamos nas "vontades" como "coisas", não podemos formar nenhuma imagem mental clara acerca delas. Elas eludem o pensamento representacional. Na medida em que formamos uma imagem mental clara, uma representação, o antecedente sem forma nos elude. Nós invariavelmente representamos uma entidade que já foi formada, estruturada. Apreendemos apenas uma "interpretação". Consequentemente, a vontade de poder é a caracterização geral dessa ação de vontade sobre vontade, na qual a forma é imposta por vontade sobre vontade, por evento sobre evento, na qual está visível apenas a articulação que chamamos de "mundo".

Apreender as coisas como eventos *simpliciter* é contraintuitivo, por certo, pois exige que abandonemos a noção de que os eventos consistem em itens, de que eles são constituídos pela interação de coisas. De fato, a linguagem proposicional não nos ajuda aqui, pois nos é pedido para apreender o mundo como uma família de eventos constituídos por e consistindo em nada em particular, um "mundo" de relações sem elementos relacionados.

Essa dificuldade em enunciar a posição de Nietzsche não se restringe a sua discussão da vontade de poder. Um problema recorrente ao tornar claro o argumento de Nietzsche é que, a fim de enunciar a posição dele, tem-se de recorrer frequentemente a um vocabulário cujo uso depende muitas vezes dos próprios contrastes que ele buscou desalojar ou colocar de lado.

Esse traço específico dos temas centrais de Nietzsche foi caracterizado em outro lugar como o caráter "autodestrutivo" de seus conceitos, categorias e tropos.[20] Um conceito autodestrutivo é um conceito que exige como uma condição de sua inteligibilidade (ou mesmo de sua possibilidade) o mesmo contraste que ele deseja colocar de lado ou nos faria colocar de lado. A noção de vontade de poder como relação (ou relações) sem elementos relacionados parece ser autodestrutiva no sentido especificado, assim como pode ser a noção de invocar a analogia entre ver e conhecer, algo que o perspectivismo de Nietzsche faz explicitamente, a fim de colocar de lado as metáforas visuais dominantes da epistemologia tradicional. As noções de eterno retorno e da vida ideal também podem ser vistas de maneira útil – como uma aproximação preliminar – como conceitos autodestrutivos. A utilidade de enxergar alguns dos temas mais discutidos de Nietzsche como autodestrutivos é que, considerados dessa maneira, eles resistem à reificação, resistem à redução a doutrinas filosóficas substantivas e tradicionais. Além disso, considerados dessa maneira, sua fluidez não é meramente um traço acidental, mas um traço típico. Assim como a figura literária da catacrese, os temas principais de Nietzsche parecem necessariamente solicitar e rejeitar a interpretação literal ao mesmo tempo. A expressão nominal "perna da mesa", por exemplo, é uma expressão literal. Não há nenhuma outra expressão literal para a qual "perna da mesa" seja um substituto metafórico, um substantivo indeterminado ou um dublê. Contudo, ao mesmo tempo, "perna da mesa" é ela mesma uma metáfora, uma vez que só se pode dizer que mesas tenham "pernas" em um sentido metafórico, o sentido em que se pode dizer que uma boa taça de *cabernet sauvignon* tenha "pernas". A catacrese "pernas

---

20 Ver especialmente o Capítulo 1 de *Nietzsche's Case: Philosophy as/and Literature* [*O caso Nietzsche: filosofia como/e literatura*], por Bernd Magnus, Stanley Stewart, e Jean-Pierre Mileur (Nova Iorque e Londres: Routledge, 1993).

da mesa" é *tanto* literal *quanto* metafórica, ou *nem* literal *nem* metafórica, ao mesmo tempo. E os temas centrais de Nietzsche parecem exemplificar uma qualidade paradoxal semelhante.

A apresentação do eterno retorno por Nietzsche é central para seu projeto filosófico. Ele é o pensamento gerador de seu Zaratustra, o pensamento que mais divide os comentadores.[21] Ele é indiscutivelmente o assunto de dois dos discursos de Zaratustra – "Sobre a visão e o enigma" e "O convalescente" – e é plenamente ensaiado em *A gaia ciência* sob o título "*Das Grösste Schwergewicht*" ["O peso mais pesado"]. Essa seção (#341) conclui fazendo a seus interlocutores duas perguntas formuladas como uma:

> Se esse pensamento [do eterno retorno] te possuísse, tal como és, ele te transformaria talvez, ou talvez te aniquilaria; a pergunta "queres isso mais uma vez e um número incontável de vezes?", esta pergunta pesaria sobre todas as tuas ações como o peso mais pesado. E então, como te seria necessário amar a vida e amar a ti mesmo para *não querer nenhuma outra coisa* [*um nach nichts mehr zu verlangen*] senão essa suprema e eterna confirmação, esse eterno e supremo selo?

Nos vários escritos publicados de Nietzsche nos quais somos convidados a pensar na noção de eterno retorno, nos é feita a pergunta: "Como seria necessário ser bem-disposto para consigo e para com a vida, para não querer nada com mais fervor do que a repetição infinita, sem alteração, de todo e cada momento?". Nietzsche convida seu leitor a imaginar um número finito de estados possíveis do universo, cada qual destinado a recorrer eternamente, e pergunta qual a reação de seu leitor a esse estado imaginado de coisas. Supostamente, a maioria das pessoas acharia tal pensamento arruinante, porque elas sempre achariam possível preferir a eterna repetição de suas vidas em uma versão editada, em vez de não querer nada com mais fervor do que a recorrência de cada um de seus horrores. Somente um ser sobre-humano (um *Übermensch*) poderia aceitar a recorrência sem emenda, sem

---

21 Para uma discussão, ver *ibidem*, e "*Deconstruction Site: 'The Problem of Style' in Nietzsche's Philosophy*" ["Sítio de desconstrução: 'O problema do estilo' na filosofia de Nietzsche"], por Bernd Magnus, em *Philosophical Topics* 19, 2 (outono de 1991): 215-243.

evasão, ou sem autoengano, um ser cuja distância da humanidade convencional é maior que a distância entre o homem e a besta, diz-nos Zaratustra no prólogo de *Assim falou Zaratustra*.

Mas que tipo de criatura desejaria a repetição inalterada de sua vida exata, preferiria cada um e todos os momentos de sua vida exatamente como são, e preferiria isso a qualquer possibilidade alternativa que ela pudesse imaginar? Que tipo de atitude é sugerida por uma pessoa, um aventureiro, que pudesse considerar sua vida como o Deus de Leibniz considerava o mundo: o melhor de todos os mundos possíveis?

Se a noção de um conceito autodestrutivo pode ser útil para compreender os comentários de Nietzsche acerca da vontade de poder, do eterno retorno, do ideal ascético e do *Übermensch*, então ela também deve ser útil para motivar o sentido em que esses temas centrais em Nietzsche geram uma versão de uma velha pergunta: será que Nietzsche está jogando o jogo filosófico com regras diferentes, ou será que esse é agora um jogo diferente? Será que Nietzsche está oferecendo novas críticas da tradição, seguidas por teorias epistêmicas, morais e ontológicas substantivas das quais as críticas dependem, ou será que ele está sugerindo que deixemos de falar dessa maneira? Talvez as críticas de Nietzsche simplesmente *sejam* o novo jogo, como são para Foucault. Assim como na psicoterapia, o ato negativo de ser privado de algo – digamos, de uma neurose acalentada – simplesmente *é* a virtude dadivosa.

Por causa do conflito de interpretações ainda conosco hoje, esta antologia é planejada para uso daqueles que estão lendo Nietzsche pela primeira vez, bem como para aqueles mais familiarizados com sua obra. Nosso ensaio de abertura, "As obras de Nietzsche e seus temas", fornece uma introdução a cada um dos escritos filosóficos de Nietzsche e uma visão geral das preocupações e conceitos básicos que se pensa que elas envolvem. Organizado cronologicamente, esse ensaio deve ser particularmente valioso para aqueles com uma experiência prévia limitada de ler Nietzsche. Aqueles que fizeram uma leitura mais substancial e sustentada de Nietzsche podem escolher pular esse ensaio – embora não recomendemos isso – e passar diretamente para os ensaios que são mais voltados para a interpretação e análise.

O primeiro trio de ensaios que segue a nossa visão geral diz respeito à vida de Nietzsche, bem como à apropriação e má apropriação de seus escritos.

O ensaio de R. J. Hollingdale, "O herói como forasteiro", considera a discrepância entre os fatos da vida de Nietzsche e a imagem popular construída de Nietzsche como um gênio lunático, solitário e sofredor. Hollingdale argumenta que Nietzsche tornou-se o objeto, talvez a vítima, de uma lenda que desenvolveu uma vida própria. Ironicamente, ou talvez deliberadamente, o próprio Nietzsche ajudou a criar a tradição de lendários filósofos livres, pois ele endossou uma visão de Schopenhauer como uma figura lendária em seu *Schopenhauer como educador*. Embora Nietzsche não estivesse muito preocupado com o realismo em seus retratos de seus heróis, é provável que ele seria profundamente perturbado pelo que Hollingdale considera como uma das consequências de sua própria lenda – o fato de que muitos dos enamorados pela lenda de Nietzsche raramente prestam muita atenção a seus livros.

Jörg Salaquarda, em "Nietzsche e a tradição judaico-cristã", oferece uma biografia religiosa de Nietzsche. Nietzsche foi imerso na tradição cristã, foi influenciado por ela, e era profundamente conhecedor dela. De fato, sua rejeição inicial do cristianismo derivou dos estudos teológicos aos quais ele se dedicou durante seus primeiros anos de universidade. Educado no modo histórico de criticismo bíblico que era popular na época, Nietzsche convenceu-se de que as alegações de autoridade e de verdade absoluta do cristianismo não eram mais críveis. Embora Nietzsche não tenha desenvolvido uma argumentação sistemática e plenamente coerente contra o cristianismo em qualquer sentido tradicional, e apesar das mudanças no extremismo de sua oposição, Salaquarda defende que as discussões de Nietzsche sobre o cristianismo revelam mais continuidades que descontinuidades. Até mesmo o método genealógico, que Nietzsche emprega em *Para a genealogia da moral*[22] para reduzir a crença no cristianismo e os hábitos filosóficos, morais

---

22 Nas contribuições dos organizadores feitas a este volume, os títulos *Sobre a genealogia da moral* ou *A genealogia da moral*, e *Meditações extemporâneas* não serão usados. Em vez disso, serão usados os títulos que agora aparecem (e/ou que logo aparecerão) no conjunto de vinte volumes de *The Complete Works of Friedrich Nietzsche* [*As obras completas de Friedrich*

e intelectuais que ele considera ligados àquele, deriva fundamentalmente da mesma orientação histórica que originalmente deu início à sua perda de fé. A tendência de Nietzsche a tornar-se mais estridente em suas polêmicas contra o cristianismo em suas obras posteriores não deriva de uma mudança de convicção, mas de sua crescente perturbação em relação à inércia de seus contemporâneos, que não pareciam querer tirar as conclusões que suas próprias convicções intelectuais e religiosas acarretavam.

Em "A má apropriação política de Nietzsche", Tracy B. Strong dedica-se a explicar o fato peculiar de que Nietzsche foi declarado como aliado por advogados políticos ao longo do espectro político: esquerdistas democráticos progressistas, feministas, socialistas, românticos, anarquistas, neoconservadores americanos, darwinistas sociais, e nazistas. Strong lança luz

---

Nietzsche], editados por Ernst Behler. No entanto, essa padronização não foi imposta a outros colaboradores desta antologia que não adotaram tais mudanças por si mesmos (como Behler e Parkes o fizeram, por exemplo, neste volume).

O título de *Zur Genealogie der Moral* [*Para a genealogia da moral*] de Nietzsche foi anteriormente traduzido de modo consistente em inglês como *The Genealogy of Morals* [*A genealogia da moral*] ou *On the Genealogy of Morals* [*Sobre a genealogia da moral*]. Ambas as traduções são enganosas, mas seu uso continua até hoje. Se ele tivesse desejado comunicar a genealogia da moral, o título do livro teria sido *Die Genealogie der Moral* [*A genealogia da moral*]. Na melhor das hipóteses, portanto, o título do texto de Nietzsche poderia ser ou *Para a genealogia da moral* ou *Sobre a genealogia da moral*, mas não *A genealogia da moral*.

O título é melhor traduzido como *Para* [não *A* ou *Sobre*] *a genealogia da moral*, em nossa opinião, uma vez que a contração "zur" é bastante diferente do artigo definido alemão ou das preposições "von" (sobre, acerca de) ou mesmo "über". E como é bastante claro a partir das obras do período (Z e ABM), sempre que Nietzsche quis escrever "sobre" um tópico (no sentido de "acerca de", em vez de "na direção de") ele usou a preposição "von", não a contração "zur". Em *todos* os casos em que Nietzsche escreveu "sobre" um assunto em *Zaratustra* – por exemplo, desde "Sobre as três metamorfoses", na Parte Um, até "Sobre a ciência" na Parte Quatro que conclui o livro – ele consistentemente usou a preposição "von". De modo mais convincente, contudo, em *Para além do bem e do mal*, o livro imediatamente anterior a GM, a quinta parte numerada (seções 186-203) traz o título "Zur Naturgeschichte der Moral" ["Para a história natural da moral"]. Nietzsche muito certamente teria escrito "von der ..." ou "über der ...", se tivesse tido a intenção de escrever "sobre a história natural da moral". Fazendo um parêntese, a tradução desse interessante capítulo feita por Walter Kaufmann simplesmente foge da questão ao recusar-se a traduzir o alemão "zur" completamente. Em vez disso, o título dessa quinta parte de ABM é traduzido por Kaufmann como "A história natural da moral". O "zur" desaparece silenciosamente, deixando em seu rastro a impressão errônea de que Nietzsche está escrevendo "a" história natural da moral, em vez de tatear "rumo a" ela.

sobre essa questão mediante uma leitura de *O nascimento da tragédia* como uma obra política que mostra como os antigos gregos construíram uma identidade política para si mesmos. Os princípios apolíneo e dionisíaco que Nietzsche enxergou como constitutivos da tragédia grega – princípios que respectivamente incitam o indivíduo a tomar as aparências em seu valor de face e a reconhecer que o mundo não tem nenhum fundamento absoluto – exigiam que os gregos assumissem uma atitude estética em relação aos fenômenos. Ao fornecer uma perspectiva dupla em relação ao eu, esses princípios reduzem a possibilidade de um grego encontrar sua identidade em termos de um único "sentido".

Encorajando seus contemporâneos a buscar uma identidade como faziam os gregos, interpretando o mundo de maneira mítica e com uma perspectiva aberta, sem fechamento, a escrita do próprio Nietzsche resiste a todas as tentativas de estabelecer um único "sentido" correto de seus textos. As apropriações políticas que professam ter descoberto tal sentido em Nietzsche são essencialmente projeções das preocupações políticas dos próprios leitores, argumenta Strong. Ironicamente, contudo, os escritos de Nietzsche se prestam a tais projeções, precisamente porque ele escreveu deliberadamente de uma maneira que buscava excluir qualquer leitura canônica e definitiva.

Essa diferença entre as preposições "para" e "sobre" no título da GM de Nietzsche não é uma diferença insignificante. Ela é filosoficamente significativa, pois "*sobre* a genealogia da moral" sugere um tópico antecedente sobre o qual se está comentando; enquanto "*para* a genealogia da moral" não implica a existência anterior do assunto ou do método sobre o qual Nietzsche está comentando. Uma preposição ("para") sugere que Nietzsche está trabalhando *na direção da* genealogia da moral de uma maneira que a preposição "sobre" não sugere.

Um caso semelhante no que diz respeito à falta de nuances em traduções previamente existentes é corrigido pela nova e matizada retradução de Richard Gray para o título *Unzeitgemäße Betrachtungen* como *Unfashionable Observations* [*Observações fora de moda*] na edição completa de língua inglesa dos escritos publicados e não publicados de Nietzsche agora em progresso, mencionada acima, em vez de traduzi-las como *Untimely Meditations* [*Meditações extemporâneas*] ou *Unmodern Observations* [*Observações não modernas*], como havia sido feito até então. (As letras maiúsculas usadas acima, tais como Z, ABM e GM são abreviações de títulos de Nietzsche, por exemplo, *Assim falou Zaratustra*, *Para além do bem e do mal*, *Para a genealogia da moral*. Essa prática ocorre ao longo deste volume. O leitor deve ser capaz de inferir sem dificuldades o título visado a partir da abreviação.).

O segundo conjunto de ensaios, um quarteto, considera Nietzsche principalmente como um filósofo.

Richard Schacht considera algumas das estratégias específicas de Nietzsche em "O tipo de filosofia de Nietzsche". Schacht entra em debate com certas leituras desconstrutivistas contemporâneas que consideram Nietzsche como rejeitando completamente o empreendimento filosófico. Nietzsche tinha um compromisso com a filosofia, argumenta Schacht, mas uma filosofia de um tipo não ordinário. Preocupado principalmente com a natureza e a qualidade da vida humana, os problemas sobre os quais ele pensava diziam respeito à moral, à religião, à psicologia e à estética, mais do que às preocupações metafísicas e epistemológicas que são frequentemente consideradas como a tendência "convencional". De fato, Nietzsche via certas preocupações e posições convencionais como enraizadas em pressupostos duvidosos, e boa parte de sua obra envolve esforços para removê-las da agenda mediante a exposição de seus fundamentos questionáveis.

Negando que qualquer perspectiva única sobre a realidade seja "objetiva", no sentido de ser canonicamente obrigatória para todas as pessoas, épocas e lugares, Nietzsche estimula um reconhecimento da natureza perspectivista de todo conhecimento. O perspectivismo de Nietzsche levou-o a examinar "casos" particulares na experiência humana, o caso dos gregos, por exemplo, e o caso de Richard Wagner. A filosofia de Nietzsche também é consistentemente antidogmática, observa Schacht. Ele insiste na natureza provisória de todas as nossas suposições, e, consequentemente, o tipo de filosofia que Nietzsche advoga tem um caráter aberto, empregando experimentalmente modelos e metáforas de vários domínios e ansioso para recorrer à diversidade da experiência humana.

Em "O argumento *ad hominem* de Nietzsche: Perspectivismo, personalidade e ressentimento revisitados", Robert C. Solomon concentra-se em um dos dispositivos mais surpreendentes e peculiares de Nietzsche, seu emprego do argumento *ad hominem*. Definido como a falácia de atacar a pessoa em vez da posição, o argumento *ad hominem* é usualmente considerado inadmissível na argumentação filosófica. Solomon argumenta, contudo, que o argumento *ad hominem* é uma expressão apropriada da convicção de Nietzsche, ligada a seu perspectivismo, de que a pessoa e o filósofo são inextricavelmente conectados. Na medida em que qualquer perspectiva filosófica é uma interpretação de uma pessoa particular, faz um bom sentido filosófico perguntar que tipo de pessoa a formulou, argumenta Solomon. Nietzsche, portanto, defende uma compreensão radicalmente contextualizada de o que significa fazer uma alegação filosófica. Nietzsche enxerga a filosofia como emergindo dos envolvimentos da vida da pessoa. Entendida dessa maneira, a filosofia deveria admitir argumentos *ad hominem* e abandonar a pretensão de que os argumentos de qualquer pessoa sejam puramente "objetivos" em um sentido que desvincula a teoria do teórico que a formula.

Em "Nietzsche, modernidade, esteticismo", Alexander Nehamas considera a perspectiva de Nietzsche sobre a modernidade. Nehamas rejeita as leituras de Jürgen Habermas, Richard Rorty, Martin Heidegger e Alasdair MacIntyre, que caracterizam Nietzsche, respectivamente, como um romântico nostálgico, um ironista convencido da contingência cega da realidade, o último metafísico, e um relativista radical. Nehamas considera cada uma dessas descrições como excessivamente simplista. Nietzsche, argumenta ele, não acreditava que estivéssemos além da necessidade de exigir a verdade ou além da necessidade de fazer escolhas e de avaliar algumas possibilidades como superiores a outras. O que Nietzsche abandonou foi a busca pela verdade absoluta, por valores universais, e pela liberação completa. Por essa razão, Nehamas caracteriza Nietzsche como um pós-modernista. Não obstante, Nietzsche nos incita a atentar para objetivos e para a verdade em contextos locais, e a fazer escolhas com base em fundamentos estéticos, adotando as decisões artísticas como um modelo para toda escolha.

Robert B. Pippin também leva em consideração a interpretação de Habermas sobre Nietzsche em "O suposto adeus de Nietzsche: o Nietzsche pré-moderno, moderno e pós-moderno". Diferentemente de Nehamas, contudo, Pippin não considera Nietzsche como um pensador pós-moderno. Pippin desafia a caracterização de Nietzsche como um pensador contrailuminista feita por Habermas. Em vez disso, Pippin argumenta que Nietzsche não colocou muita ênfase no Iluminismo ou na modernidade enquanto tais. O que o preocupa é o niilismo que ele acredita ter chegado em nossa era. De fato, Nietzsche está insatisfeito com a situação presente, mas ele não prefere a era pré-moderna ou alguma alternativa pós-moderna à era moderna. Em vez disso, a autoironia de Nietzsche na apresentação de suas ideias reflete seu reconhecimento de que ele mesmo está implicado na modernidade, um traço especialmente evidente em seu compromisso de atentar para as tensões inerentes à situação moderna.

Os três artigos finais desta antologia consideram a influência de Nietzsche no século XX. O artigo de Ernst Behler, "Nietzsche no século XX", traça os estágios da recepção europeia e americana de Nietzsche ao longo dos últimos cem anos. Entre os pontos altos dessa cronologia estão: as primeiras biografias escritas pela irmã de Nietzsche e por Lou Salomé, o alvo de seu amor não correspondido; a apresentação das primeiras conferências públicas sobre a filosofia de Nietzsche por Georg Brandes, conferências que o apresentaram como radicalmente aristocrático; o interesse em Nietzsche exibido por George Bernard Shaw e outros socialistas britânicos; a influência de Nietzsche sobre figuras literárias como André Gide, Thomas Mann, Gottfried Benn e Robert Musil; as influentes interpretações acadêmicas de Georg Simmel, Karl Jaspers e Martin Heidegger; o resgate de Nietzsche do nacional-socialismo por Walter Kaufmann; e algumas das interpretações alemãs e francesas recentes do "novo Nietzsche" que se tornaram disponíveis após a edição não confiável das notas póstumas de Nietzsche por sua irmã fascista ter sido denunciada e uma edição acadêmica de suas obras completas e cartas ter se tornado disponível.

Alan D. Schrift continua a saga da influência de Nietzsche na França em "O legado francês de Nietzsche". Schrift localiza essa influência no contexto de desenvolvimentos no pensamento francês recente, e concentra-se principalmente nas interpretações "pós-estruturalistas" que foram formuladas após o declínio do movimento estruturalista. Uma tendência entre os pensadores pós-estruturalistas é enfatizar a "vontade de poder" em suas leituras de Nietzsche. Eles também tendem a colocar uma ênfase considerável no estilo de Nietzsche, argumentando que o estilo é uma parte essencial do conteúdo de uma obra filosófica. Schrift considera as interpretações de Gilles

Deleuze, Jean Granier, Bernard Pautrat, e Sarah Kofman, como pensadores pós-estruturalistas que colocam ênfase no estilo de Nietzsche e assim trazem à luz temáticas pouco consideradas. Schrift prossegue analisando as obras de Jacques Derrida, Michel Foucault, Gilles Deleuze e Jean-François Lyotard como movendo-se para além da obra de Nietzsche, mas ainda assim "nietzscheanas" em sua adesão a diversos temas nietzscheanos.

A influência de Nietzsche não é limitada à Europa e à América. Graham Parkes examina a recepção asiática de Nietzsche em "Nietzsche e o pensamento do leste asiático: influências, impactos e ressonâncias". Parkes começa indicando a pequena extensão do conhecimento do próprio Nietzsche sobre o pensamento asiático. De modo semelhante, o impacto inicial de Nietzsche no Japão e na China foi mais um entusiasmo baseado em rumores que um conhecimento acadêmico detalhado. Contudo, Nietzsche passou a ser uma preocupação significativa para pensadores japoneses do século XX. Além de ser uma influência central sobre figuras literárias como Mishima Yukio e Akutagawa Ryūnosuke, Nietzsche teve um impacto importante no pensamento de Watsuji Tetsurō e nos filósofos da Escola de Kyoto (especialmente Nishitani Keiji).

Uma omissão que surpreenderá alguns leitores é a falta de qualquer discussão sobre as recentes leituras feministas de Nietzsche. Quando o conteúdo deste livro foi originalmente concebido muitos anos atrás, contudo, as discussões feministas de Nietzsche eram muito mais comuns no mundo francófono que no mundo anglófono. Além disso, muitas das principais interpretações feministas francesas de Nietzsche somente agora estão sendo traduzidas e publicadas. Não obstante, se esta antologia estivesse sendo reunida hoje pela primeira vez, o tópico do feminismo certamente justificaria mais discussão do que infelizmente recebe aqui, apesar do fato de que nenhum único tratamento sobre Nietzsche e o feminismo em inglês conseguiu ainda definir os parâmetros desse debate – como se pode argumentar que foi feito pela maioria dos colaboradores sobre os tópicos cobertos nesta antologia.

PARTE I
Introdução às obras de Nietzsche

1 As obras de Nietzsche e seus temas

BERND MAGNUS E KATHLEEN M. HIGGINS

A interpretação do pensamento de Nietzsche é um empreendimento complexo. Por causa de sua evitação de qualquer sistema filosófico convencional, e por causa de seus muitos experimentos com estilos e gêneros, os escritos de Nietzsche parecem exigir um senso de leitura ativa. O "Nietzsche" que emerge da discussão acadêmica tipicamente depende dos interesses do intérprete e, com especial frequência, dos interesses da disciplina do intérprete. Os temas que são considerados como os mais centrais da filosofia de Nietzsche com frequência dependem de quais obras são consideradas mais importantes ou mais acessíveis; mas a relativa importância que se vincula a cada uma das obras de Nietzsche não é óbvia de modo algum. De fato, nos estudos acadêmicos sobre Nietzsche, experienciaram-se modas a respeito de certos pontos de interesse. Conforme consideraremos abaixo, a celebridade de *Assim falou Zaratustra* fora da Alemanha declinou depois que os nazistas o invocaram para fins propagandísticos, enquanto o ensaio precoce de Nietzsche "Sobre verdade e mentira em um sentido extramoral" assumiu uma nova importância na discussão literária crítica recente, em parte porque ele sugere que toda linguagem é metafórica.

No que se segue, traçaremos a cronologia dos escritos de Nietzsche mencionando temas que são proeminentes em cada obra. Indicaremos também as questões interpretativas centrais provocadas por obras e temas particulares. Embora o Nietzsche que emerge aqui seja, por necessidade, o "nosso" Nietzsche, esperamos que esta sinopse ofereça um mapa básico do terreno das obras de Nietzsche.

O nascimento da tragédia a partir do espírito da música

Nietzsche foi nomeado Professor Associado de filologia na Universidade de Basileia antes de ter escrito uma dissertação, com base no apoio entusiástico de seu professor supervisor, Albrecht Ritschl. Seu primeiro livro foi, portanto, esperado com grandes expectativas por seus colegas classicistas. Infelizmente, *O nascimento da tragédia a partir do espírito da música* (1872) estava longe do que os colegas filólogos de Nietzsche tinham em mente. O livro, que defendia uma teoria das origens e funções da tragédia grega, era amplamente especulativo e absolutamente desprovido de notas de rodapé. Ele começava apelando para as experiências de seus leitores com a embriaguez e com os sonhos, e terminava com um apelo à cultura popular na forma de um peã a Richard Wagner.

Nessa obra, Nietzsche teoriza que a tragédia grega foi construída sobre um casamento de dois princípios, que ele associou às divindades Apolo e Dionísio. O princípio apolíneo, em concordância com as características do deus solar Apolo, é o princípio da ordem, da beleza estática, e das fronteiras claras. O princípio dionisíaco, em contraste, é o princípio do frenesi, do excesso, e do colapso de fronteiras.

Esses princípios ofereciam perspectivas sobre a posição do ser humano individual, mas perspectivas que eram radicalmente opostas uma à outra. O princípio apolíneo concebia o indivíduo como suficientemente separado do restante da realidade para ser capaz de contemplá-la desapaixonadamente. O princípio dionisíaco, contudo, apresenta a realidade como um fluxo tumultuoso no qual a individualidade é soterrada pela dinâmica de um todo vivo. Nietzsche acreditava que um equilíbrio desses princípios é essencial se o indivíduo pretende ao mesmo tempo reconhecer o desafio a seu senso de sentido posto pela vulnerabilidade individual, e reconhecer a solução, que depende de seu senso de unidade com uma realidade mais ampla. A tragédia grega, conforme ele a via, confrontava a questão do sentido da vida fundindo as perspectivas dos dois princípios.

Os temas da tragédia grega diziam respeito ao cenário de pior caso, de um ponto de vista apolíneo – a devastação de indivíduos vulneráveis. Os estudos acadêmicos haviam concluído que o canto do coro fora a primeira forma de tragédia ateniense. Nietzsche interpretava o efeito do coro como o início de uma experiência dionisíaca por parte da plateia. Cativados pela música, os membros da plateia abandonavam seu senso usual de si mesmos como indivíduos isolados e sentiam-se, em vez disso, como sendo parte de um todo mais amplo, em frenesi.

Esse senso de si como parte de um todo dinâmico fornecia um fundamento diferente para experienciar a vida como significativa, em contraste com o que alguém reconheceria na condição apolínea mais típica, que acarreta um certo distanciamento psíquico. Sentindo-se parte da alegre vitalidade do todo, o indivíduo poderia considerar a participação na vida como sendo intrinsecamente maravilhosa, apesar das óbvias vulnerabilidades que ele experiencia como indivíduo. A transformação estética do senso de significância da vida individual do membro da plateia estimulava uma afirmação quase religiosa do valor da vida. "É somente como um *fenômeno estético* que a existência e o mundo são eternamente *justificados*", concluía Nietzsche.[1]

A função dos personagens e do drama acrescentados posteriormente à tragédia dependia da experiência fundamental e encantada de unidade com o coro, de acordo com Nietzsche. Já incitada a um estado dionisíaco antes que o herói trágico aparecesse no palco, a plateia veria o personagem diante dela como uma manifestação do deus Dionísio. Infelizmente, Eurípides reestruturou a tragédia de maneira tal que o papel do coro foi diminuído. Eurípides escreveu peças que encorajavam uma atitude apolínea de interesse objetivo pelo drama. Nietzsche argumentava que, em sua tentativa de escrever peças "inteligentes", Eurípides havia matado a tragédia. Ele o havia feito, além disso, porque havia caído sob a influência de Sócrates.

O nascimento da tragédia é a primeira de muitas obras em que Nietzsche reavalia a visão tradicional de que Sócrates foi o filósofo quintessencial.

---

1 Friedrich Nietzsche, *The Birth of Tragedy* [*O nascimento da tragédia*] (juntamente com *The Case of Wagner* [*O caso Wagner*]), trad. de Walter Kaufmann (Nova Iorque: Random House, 1967), doravante notado como "NT", p. 52; *Kritische Gesamtausgabe: Werke*, G. Colli e M. Montinari (eds.), 30 vols. em 8 partes (Berlim: Walter de Gruyter, 1967ss), doravante indicado como "KGW", III/1, p. 43. Ver também NT, p. 22.

Apesar de admitir que Sócrates foi um ponto de inflexão na história mundial, Nietzsche argumenta que Sócrates foi responsável por dirigir a cultura ocidental rumo a uma confiança desequilibrada e exagerada no ponto de vista apolíneo. Sendo um defensor da razão em um grau irracional, Sócrates havia ensinado que a razão poderia penetrar a realidade até o ponto em que poderia corrigir as falhas da realidade. Esse tornou-se o sonho fundamental da cultura ocidental, um sonho que foi posteriormente manifestado na abordagem moderna ao estudo acadêmico. Infelizmente, o otimismo do projeto racional socrático estava fadado ao fracasso. A razão mesma, através de Kant, havia apontado para seus próprios limites. O que quer que a razão pudesse realizar, ela não podia "corrigir" as falhas mais básicas na realidade humana – os fatos da vulnerabilidade e da mortalidade humanas.

O nascimento da tragédia também envolve uma acusação contra a cultura moderna, além de uma explicação da importância da tragédia. A confiança da cultura contemporânea na razão e seu compromisso com o otimismo científico tornou o indivíduo moderno amplamente ignorante do caráter dionisíaco da realidade – um caráter que engolfa todos os indivíduos no fluxo da vida, mas que também torna todos sujeitos à morte e à devastação. A repressão da vulnerabilidade foi psicologicamente desastrosa, na visão de Nietzsche. A única esperança para a cultura moderna era que ela pudesse voltar-se para o mito, que poderia compensar os excessos da cultura, antes de uma crise.

A defesa, por parte de Nietzsche, de Wagner como um herói cultural emergia em conexão com esse endosso do mito como o antídoto necessário para a razão. Nietzsche acreditava que as corporificações operáticas de mitos germânicos por Wagner tinham o efeito potencial de uma nova fusão dos princípios apolíneo e dionisíaco, com efeitos redentores sobre a cultura alemã. As grandes expectativas de Nietzsche sobre Wagner não eram apenas centrais para seu primeiro livro – elas também eram fundamentalmente importantes para ele pessoalmente. Nietzsche e Wagner partilhavam um entusiasmo em relação a Schopenhauer, e durante alguns anos Nietzsche foi amigo pessoal de Wagner, visitando-o regularmente em sua casa em Tribschen – e suficientemente íntimo para ter sido enviado em uma ocasião para fazer algumas das compras de natal dos Wagner.

O endosso de Wagner por Nietzsche no contexto de um trabalho filológico pareceu destoante para muitos de seus colegas profissionais. Um deles, Ulrich von Wilamowitz-Möllendorf, respondeu à publicação de *O nascimento da tragédia* com um panfleto hostil intitulado *"Zukunftsphilologie"* ["Filologia do futuro"], jogando com as aspirações pomposas de Wagner de criar uma *Kunstwerk der Zukunft* ["obra de arte do futuro"]. O panfleto apresentava *O nascimento da tragédia* como inteiramente não acadêmico, cheio de omissões e imprecisões. Com o encorajamento de Nietzsche, seu amigo Erwin Rohde escreveu um panfleto (em outubro de 1872) respondendo às imprecisões do próprio Wilamowitz-Möllendorf ao citar *O nascimento da tragédia*.

O nascimento da tragédia inicialmente falhou em assegurar para Nietzsche a estima entre seus colegas filólogos. Não obstante, a obra teve uma influência duradoura. Em particular, a análise sobre Apolo e Dionísio teve um impacto em figuras de diversos campos, entre elas Thomas Mann e C. G. Jung.[2]

As *Considerações extemporâneas*

Nietzsche escreveu "David Strauss, o devoto e o escritor" (1873), a primeira de suas *Considerações extemporâneas*, a pedido de Richard Wagner. David Strauss era um teólogo eminente, cujo *A vida de Jesus Cristo criticamente examinada* (1864) tivera um tremendo impacto devido à sua desmistificação da vida de Jesus.[3] Strauss havia argumentado que as alegações sobrenaturais feitas acerca do Jesus histórico podiam ser explicadas em

---

2 A análise de Apolo e Dionísio feita por Nietzsche também é suficientemente flexível para sugerir perspectivas sobre uma variedade de fenômenos. O ensaio de Tracy B. Strong, "A má apropriação política de Nietzsche" (neste volume), por exemplo, discute *O nascimento da tragédia* e sua dualidade de divindades em termos de uma teoria da política. O ensaio de Alexander Nehamas, "Nietzsche, modernidade, esteticismo" (também neste volume), discute *O nascimento da tragédia* em conexão com a crítica da modernidade feita por Nietzsche.
3 O ensaio de Jörg Salaquarda, "Nietzsche e a tradição judaico-cristã" (neste volume), sugere que *A vida de Jesus* foi pelo menos parcialmente influente sobre as visões do próprio Nietzsche acerca do cristianismo.

termos das necessidades particulares de sua comunidade. Embora Strauss defendesse o cristianismo por seus ideais morais, sua desmitologização de Jesus atraía Nietzsche.

Não obstante, Wagner havia sido publicamente denunciado por Strauss em 1865 por ter persuadido Ludwig II a demitir um músico rival. Não sendo uma pessoa de esquecer um ataque, Wagner encorajou Nietzsche a ler o recente livro de Strauss, *A velha e a nova fé* (1872), que advogava a rejeição da fé cristã em favor de uma visão de mundo darwinista, materialista e patriótica. Wagner descrevera o livro a Nietzsche como extremamente superficial, e Nietzsche concordara com a opinião de Wagner, apesar da semelhança de suas próprias opiniões com a perspectiva de Strauss sobre a religião.

Consequentemente, essa *Consideração extemporânea* foi a tentativa de Nietzsche de vingar Wagner atacando o livro recente de Strauss. De fato, o ensaio é, pelo menos na mesma medida, tanto um ataque polêmico contra Strauss quanto contra seu livro, pois Nietzsche identifica Strauss como um "filisteu" cultural e um exemplo de pseudocultura. O ensaio resultante parece extremamente destemperado, apesar de erudito, cheio de referências a muitos dos contemporâneos acadêmicos de Nietzsche. O clímax é um *tour de force* literário, no qual Nietzsche cita uma litania de más apropriações por parte de Strauss, entremeadas com seus próprios comentários mordazes.

De modo não surpreendente, o idoso Strauss foi atordoado e ofendido pelo ensaio de Nietzsche. Ele escreveu a um amigo: "A única coisa que acho interessante sobre o sujeito é o ponto psicológico – como alguém pode ficar tão irado com uma pessoa cujo caminho ele nunca cruzou, em suma, o motivo real desse ódio apaixonado".[4] Nietzsche aparentemente teve alguns remorsos depois que seu ensaio foi publicado. Quando soube que Strauss morreu, seis meses após sua publicação, ele escreveu a seu

---

4 De David Strauss a Rapp, 19 de dezembro de 1873; citado em J. P. Stem, "Introduction" ["Introdução"], em *Untimely Meditations* [*Considerações extemporâneas*], trad. de R. J. Hollingdale (Cambridge: Cambridge University Press, 1983), p. xiv. Ver a introdução inteira para mais informações sobre o contexto e uma análise das *Considerações extemporâneas* de Nietzsche (p. vii-xxxii).

amigo Gersdorff: "Espero muito que eu não tenha entristecido seus últimos meses, e que ele tenha morrido sem saber nada sobre mim. Isso está bastante em meu pensamento".[5]

A segunda *Consideração extemporânea* de Nietzsche, "Da utilidade e desvantagem da história para a vida" (1874), é "extemporânea" pois questiona a aparente assunção dos educadores alemães do século XIX de que o conhecimento histórico é intrinsecamente valioso. Nietzsche argumenta, em contraste, que o conhecimento histórico é valioso apenas quando tem um efeito positivo no senso da vida dos seres humanos. Embora ele reconheça que a história de fato fornece vários benefícios a esse respeito, Nietzsche também argumenta que há várias maneiras como o conhecimento histórico pode se revelar prejudicial para aqueles que o buscam, e que muitos de seus contemporâneos estavam sofrendo esses efeitos prejudiciais.

Nietzsche argumenta que a história pode desempenhar três papéis positivos, que ele chama de "monumental", "antiquário" e "crítico". A *história monumental* põe em foco as grandes realizações da humanidade. Esse gênero de história tem valor para os indivíduos contemporâneos porque torna-os cônscios do que é possível para os seres humanos alcançarem. A *história antiquária*, história motivada principalmente por um espírito de reverência pelo passado, pode ser valiosa para os indivíduos contemporâneos ao ajudá-los a apreciar suas vidas e sua cultura. A *história crítica*, história abordada com um esforço de emitir juízos, fornece um efeito de contraposição àquele inspirado pela história antiquária. Ao julgar o passado, aqueles engajados na história crítica permanecem atentos a defeitos e falhas na experiência de sua cultura, evitando assim uma cegueira servil em sua avaliação dela.

O problema com o estudo da história em sua própria época, de acordo com Nietzsche, era que o conhecimento histórico era buscado como um fim em si mesmo. Ele citava cinco perigos resultantes de tal abordagem à

---

5 De Nietzsche a Gersdorff, 11 de fevereiro de 1874, em J. P. Stem, "Introduction", p. xiv. Embora o ensaio sobre David Strauss fosse supostamente o mais hostil de Nietzsche, Nietzsche fez um uso sistemático de argumentos *ad hominem* em muitas de suas obras. Ver Robert C. Solomon, "O argumento *ad hominem* de Nietzsche: perspectivismo, personalidade e ressentimento revisitados" (neste volume).

história: (1) o conhecimento histórico moderno reduz a alegria no presente, uma vez que faz o presente aparecer como apenas mais um episódio. (2) O conhecimento histórico moderno inibe a atividade criativa, ao convencer aqueles que se tornam cônscios do vasto alcance das correntes históricas de que suas ações presentes são muito débeis para mudar o passado que herdaram. (3) O conhecimento histórico moderno encoraja o senso de que a pessoa interior é desconectada do mundo exterior, ao assaltar a psique com mais informação do que ela pode absorver e assimilar. (4) O conhecimento histórico moderno encoraja um relativismo aborrecido em relação à realidade e à experiência presente, motivado por um senso de que, uma vez que as coisas continuam mudando, as situações presentes não importam. (5) O conhecimento histórico moderno inspira ironia e cinismo sobre o papel do indivíduo contemporâneo no mundo; a pessoa historicamente educada passa a sentir-se cada vez mais como uma reflexão posterior no esquema das coisas, imbuída de um senso de atraso.

Embora Nietzsche estivesse convencido de que a abordagem corrente da história fosse psicológica e eticamente devastadora para seus contemporâneos, particularmente os jovens, ele argumenta que certos antídotos poderiam reverter essas tendências. Um antídoto é o *não histórico*, a habilidade de esquecer quão esmagador é o dilúvio de informação histórica, e de "fechar-se em um *horizonte* limitado".[6] Um segundo antídoto é o *supra-histórico*, uma mudança de foco, passando do fluxo constante da história para "aquele que confere à existência o caráter do eterno e do estável, para a *arte* e a *religião*".[7]

A terceira *Consideração extemporânea* de Nietzsche, "Schopenhauer como educador" (1874), provavelmente fornece mais informações sobre o

---

6 Friedrich Nietzsche, "On the Uses and Disadvantages of History for Life" ["Da utilidade e desvantagem da história para a vida"], em *Untimely Meditations* [*Considerações extemporâneas*], trad. de R. J. Hollingdale (Cambridge: Cambridge University Press, 1983, p. 120).
7 *Ibidem*, p. 120. Jörg Salaquarda (em "Nietzsche e a tradição judaico-cristã") considera a importância da análise de Nietzsche sobre a história para sua crítica historicamente fundamentada do cristianismo. Alexander Nehamas (em "Nietzsche, modernidade, esteticismo") também discute essa análise, concentrando-se em sua importância para a crítica mais geral de Nietzsche sobre a modernidade.

próprio Nietzsche que sobre Schopenhauer ou sua filosofia. Como observa R. J. Hollingdale, ela é quase inteiramente sobre Schopenhauer como "um tipo de homem exemplar".[8]

Schopenhauer, sob a perspectiva idealizante de Nietzsche, é exemplar porque foi um gênio individual de maneira completa. Schopenhauer foi um daqueles raros indivíduos cujo surgimento é o verdadeiro objetivo da natureza ao produzir a humanidade, sugere Nietzsche. Ele elogia a indiferença de Schopenhauer em relação aos acadêmicos medíocres de sua época, bem como seu heroísmo como um filósofo "solitário".

Estranhamente, dado o lendário pessimismo de Schopenhauer, Nietzsche elogia sua "alegria que realmente alegra", juntamente com sua honestidade e constância.[9] Mas Nietzsche argumenta que além de traços característicos que um estudante poderia imitar, Schopenhauer oferece um tipo mais importante de exemplo. Sendo ele próprio afinado com as leis de seu próprio caráter, Schopenhauer dirigia aqueles estudantes que eram capazes de percepção a reconhecerem as leis do caráter deles próprios. Ao ler e aprender de Schopenhauer, um indivíduo pode desenvolver sua própria individualidade.

Nietzsche tinha intenção de escrever uma quarta *Consideração extemporânea* dedicada à profissão da filologia clássica. Ele começou a ditar "Nós, filólogos" em 1875, mas essa consideração nunca foi terminada.[10] Não

---

8 Ver R. J. Hollingdale, "O herói como forasteiro" (neste volume). Hollingdale descreve a lenda que cresceu em torno de Schopenhauer como um protótipo e uma precursora da lenda que veio a cercar Nietzsche, e também como a base para que Schopenhauer se tornasse tão importante tanto para Wagner quanto para Nietzsche.
9 Friedrich Nietzsche, "Schopenhauer as Educator" ["Schopenhauer como educador"], em *Untimely Meditations* [*Considerações extemporâneas*], trad. de R. J. Hollingdale (Cambridge: Cambridge University Press, 1983, p. 135).
10 Apesar do fato de que Nietzsche nunca completou "Nós, filólogos", William Arrowsmith incluiu o texto inacabado ("We Classicists" ["Nós, classicistas"]) em sua edição das *Considerações extemporâneas*, cujo título ele traduz como *Unmodern Observations* [*Observações não modernas*]. Ver Friedrich Nietzsche, *Unmodern Observations*, ed. William Arrowsmith, trad. de Herbert Golder, Gary Brown, e William Arrowsmith (New Haven: Yale University Press, 1990). Em suas introduções às várias considerações acabadas, Arrowsmith, ele mesmo um classicista, enfatiza também a medida em que cada uma das *Considerações extemporâneas* revela a relativa preferência de Nietzsche pela Antiguidade em detrimento da modernidade, e aborda questões filológicas contemporâneas.

obstante, as notas que restam são extensas, e oferecem algumas visões sobre as aspirações de Nietzsche como classicista e sua desilusão com a profissão conforme praticada. Em sua crítica à educação contemporânea, as notas partilham uma afinidade eletiva com a *Consideração* sobre a história. Infelizmente, argumentava Nietzsche, a filologia clássica era desempenhada como um trabalho implacável feito por si mesmo, sem preocupação com sua relevância para a vida contemporânea.

> O estudo dos clássicos como conhecimento do mundo antigo não pode, é claro, durar para sempre; seu material é finito. O que não é capaz de se exaurir é o ajuste perpetuamente novo de nossa própria época em relação ao mundo clássico, nossa comparação com ele. Se atribuímos ao classicista a tarefa de compreender melhor *sua própria* época por meio do mundo clássico, então sua tarefa é permanente. – Essa é a antinomia do estudo dos clássicos. Os homens sempre compreenderam, de fato, *o mundo antigo* exclusivamente em termos *do presente* – e será que *o presente* poderia agora ser compreendido em termos *do mundo antigo*? Mais precisamente: os homens explicaram o mundo antigo para si mesmos em termos de sua própria experiência; e a partir do que eles adquiriram do mundo clássico dessa maneira, eles *julgaram*, avaliaram sua própria experiência. Portanto, a experiência é um pré-requisito absoluto para um *classicista*. Isso significa: o classicista deve ser primeiro um homem a fim de tornar-se criativo como classicista.[11]

"Richard Wagner em Bayreuth" (1876), a quarta e última das *Considerações extemporâneas* publicadas por Nietzsche, visava ser um peã a Wagner, de modo bastante semelhante a "Schopenhauer como educador". Contudo, a relação de Nietzsche com Wagner havia sido degastada na época em que ele escreveu esse ensaio, e a tensão é evidente no texto, que enfatiza a psicologia de Wagner (um tema que preocuparia Nietzsche em muitos de seus escritos futuros). O próprio Nietzsche pode ter se preocupado com a medida em que o

---

11 Friedrich Nietzsche, *"Wir Philologen"* ["Nós, filólogos"], Seção 71 incluída parcialmente em "Nietzsche on Classics and Classicists" ["Nietzsche acerca dos clássicos e dos classicistas"], selecionado e traduzido por William Arrowsmith, *Arion*, II, nº 1 (primavera de 1963): 10-11; KGW, VI/1, nº 3 (62), p. 107.

ensaio poderia ser percebido como não lisonjeiro, pois ele pensou em não publicá-lo. No fim, Nietzsche publicou uma versão do ensaio que era consideravelmente menos crítica de Wagner que os rascunhos anteriores, e Wagner ficou suficientemente contente para enviar uma cópia do ensaio ao rei Ludwig.[12]

Uma ruptura com Wagner provavelmente era inevitável para Nietzsche. Wagner exibia uma considerável arrogância para com Nietzsche, que era mais jovem, e que ele frequentemente tratava como um serviçal. Os estilos e sensibilidades pessoais dos dois homens entravam em conflito. Wagner era atrevido e fútil; Nietzsche, em contraste, era extremamente polido. Assim, Nietzsche era incomodado pelas rudes denúncias de Wagner; Wagner, em contraste, sugerira ao médico de Nietzsche que suas dores de cabeça eram consequências de masturbação excessiva. A repugnância de Nietzsche em relação ao filistinismo dos seguidores de Wagner levou-o a abandonar um festival em Bayreuth em 1876, e a ruptura final foi precipitada pela ópera *Parsifal* de Wagner, que parecera a Nietzsche hipocritamente religiosa.

A ruptura com Wagner foi extremamente significativa para Nietzsche. A importância da relação é evidente a partir da medida em que as obras de Nietzsche analisam Wagner e os "artistas" de modo mais geral. Entre as obras do último ano lúcido de Nietzsche estavam duas sobre Wagner, *O caso Wagner: um problema para músicos* (1888), e *Nietzsche contra Wagner: documentos de um psicólogo* (1895), uma edição de passagens sobre Wagner reunidas a partir de vários livros de Nietzsche.

Ensaios iniciais

Além das *Considerações extemporâneas*, Nietzsche rascunhou vários ensaios adicionais no início dos anos 1870 que ele nunca quis publicar. Estes incluem: "O filósofo: reflexões sobre a luta entre arte e conhecimento", "Sobre o *pathos* da verdade", "O filósofo como médico cultural", "A filosofia em tempos difíceis", "A luta entre ciência e sabedoria", "Sobre verdade

---

12 Ver Ronald Hayman, *Nietzsche: A Critical Life* [*Nietzsche: uma vida crítica*]. Nova Iorque: Oxford University Press, 1980, p. 184ss.

e mentira em um sentido extramoral", e "A filosofia na época trágica dos gregos".[13] Esses manuscritos revelam uma considerável sobreposição temática. Nietzsche aparentemente pretendia integrar os vários rascunhos em um único livro, um acompanhamento a *O nascimento da tragédia*, mas essa integração nunca ocorreu.[14] Não obstante, "Sobre verdade e mentira em um sentido extramoral" (1873) faz algumas afirmações planejadas para surpreender aqueles que enxergam a filosofia como essencialmente uma busca pela verdade no sentido de correspondência, uma busca de representações acuradas. Ele argumenta, em vez disso, que a "verdade" é um modo de ilusão e que os esquemas que nossos intelectos impõem sobre as coisas por meio da linguagem, embora sejam úteis na prática, são fundamentalmente enganosos. Além disso, embora a linguagem seja sempre metafórica, as pessoas usualmente esquecem que esse é o caso, imaginando que os esquemas conceituais construídos por elas mesmas são artefatos permanentes. De fato, Nietzsche argumenta, de modo bastante paradoxal, que a realidade é um fluxo que a linguagem não pode capturar. De maneira célebre, Nietzsche argumenta:

> O que é, então, a verdade? Um exército móvel de metáforas, metonímias e *antropomorfismos*: enfim, uma soma de relações humanas que foram enfatizadas poética e retoricamente, transpostas e embelezadas, e que, após longo uso, parecem a um povo fixas, canônicas, e obrigatórias. As verdades são ilusões, das quais nos esquecemos que o são; elas são metáforas que se tornaram gastas e desprovidas de força sensível, moedas que perderam sua efígie, e que agora são consideradas como metal, e não mais como moedas.[15]

---

13 Todos exceto o último destes ensaios, juntamente com planos e esboços adicionais do início dos anos 1870, aparecem em *Philosophy and Truth: Selections from Nietzsche's Notebooks of the Early 1870's* [*Filosofia e verdade: seleções dos cadernos de Nietzsche do início dos anos 1870*], tradução e edição de Daniel Breazeale (Atlantic Highlands, Nova Jersey: Humanities Press; Sussex: Harvester Press, 1979). O último foi publicado separadamente: Friedrich Nietzsche, *Philosophy in the Tragic Age of the Greeks* [*A filosofia na época trágica dos gregos*], trad. de Marianne Cowan (Chicago: Henry Regnery Company, 1962).

14 Ver Daniel Breazeale, "Introduction" ["Introdução"], em *Philosophy and Truth*, tradução e edição de Breazeale, p. xxvi e xlv.

15 Nietzsche, "On Truth and Lies in a Nonmoral Sense" ["Sobre verdade e mentira em um sentido extramoral"], em *Philosophy and Truth* [*Filosofia e verdade*], tradução

O valor de "Sobre verdade e mentira em um sentido extramoral" cresceu ao longo das últimas décadas, aos olhos de muitos estudiosos, principalmente porque ele analisa a verdade em termos da metáfora. Muitos teóricos literários e filósofos influenciados pela crítica literária, em particular, interpretam Nietzsche como defendendo uma visão de "verdade" que a trata como uma ilusão impingida a nós pela linguagem. A verdade, segundo essa visão, equivale em última instância a um modo de retórica.[16] As notáveis imagens do ensaio também inspiraram a reflexão e o comentário de críticos literários contemporâneos.[17] Por exemplo, Nietzsche descreve a falta de autoconhecimento do ser humano como se segue:

> Não lhe esconde a natureza quase tudo – até mesmo acerca de seu próprio corpo, para confiná-lo e trancafiá-lo numa consciência orgulhosa e charlatã, alheia às circunvoluções dos intestinos, ao rápido fluxo das correntes sanguíneas, às intrincadas vibrações das fibras! Ela jogou fora a chave. E ai da fatal curiosidade que, através de uma fresta, fosse um dia capaz de sair do cubículo da consciência e olhar para baixo, suspeitando que, na indiferença de seu não saber, o homem repousa sobre o impiedoso, o ávido, o insaciável, o assassino, como que dependurado em sonhos sobre o dorso de um tigre.[18]

---

e edição de Breazeale, p. 84. Ver também Richard Schacht, "O tipo de filosofia de Nietzsche" (neste volume).

16 Ver, por exemplo, Paul de Man. *Allegories of Reading* [*Alegorias da leitura*]. New Haven, Connecticut: Yale University Press, 1979. Para uma discussão filosófica sobre o ensaio de Nietzsche e leituras pós-estruturalistas de Nietzsche, ver Alan D. Schrift, *Nietzsche and the Question of Interpretation: Between Hermeneutics and Deconstruction* [*Nietzsche e a questão da interpretação: entre a hermenêutica e a desconstrução*]. Nova Iorque: Routledge, 1990, especialmente p. 124ss.

17 Ver, por exemplo, J. Hillis Miller, "Dismembering and Disremembering in Nietzsche's 'On Truth and Lies in a Nonmoral Sense'" ["Desmembramento e deslembramento em 'Sobre verdade e mentira em um sentido extramoral' de Nietzsche"], em *Why Nietzsche Now?* [*Por que Nietzsche agora?*], ed. de Daniel O'Hara (Bloomington: Indiana University Press, 1985, p. 41-54).

18 Friedrich Nietzsche, "On Truth and Lies in a Nonmoral Sense" ["Sobre verdade e mentira em um sentido extramoral"], em *Philosophy and Truth* [*Filosofia e verdade*], tradução e edição de Breazeale, p. 80.

Entre os filósofos menos influenciados pela teoria literária recente, contudo, o ensaio foi mais tipicamente visto como um enunciado inicial dos pensamentos de Nietzsche sobre a verdade, que ele viria posteriormente a revisar e suplantar com visões mais filosoficamente sofisticadas. Maudemarie Clark, por exemplo, afirma: "Longe de um enunciado precoce de visões que Nietzsche reteve ao longo da vida, [...] ['Sobre verdade e mentira'] pertence, de acordo com minha interpretação, às produções juvenis de Nietzsche."[19]

Nietzsche também escreveu um manuscrito principalmente sobre os primeiros filósofos gregos, baseando-se em uma série de aulas que ele ministrou no verão de 1872 sobre os filósofos pré-platônicos. Ele trabalhou nesse projeto até sua visita aos Wagners na páscoa de 1873. Nietzsche pôs esse manuscrito de lado após essa visita, quando Wagner incitou-o a escrever o ensaio sobre David Strauss, que conduziu Nietzsche à ideia de toda a série das *Considerações extemporâneas*.

O manuscrito não publicado que existe, "A filosofia na época trágica dos gregos" (1873), contudo, fornece um vislumbre da abordagem de Nietzsche tanto aos clássicos quanto à filosofia. Nietzsche trata as filosofias pré-platônicas como arquétipos para todos os movimentos e posturas filosóficos, que ele não separa dos tipos de indivíduos que os expressam. O mais notável para Nietzsche era o fato de que esses pensadores antigos tomavam o ordinário como motivo de espanto. Ele também enfatiza dois outros problemas de importância para esses pensadores: os propósitos na natureza e o valor do conhecimento.[20]

---

19 Maudemarie Clark, *Nietzsche on Truth and Philosophy* [*Nietzsche acerca da verdade e da filosofia*]. Cambridge: Cambridge University Press, 1990, p. 65.

20 O ensaio de Graham Parkes, "Nietzsche e o pensamento do leste asiático: influências, impactos e ressonâncias" (neste volume), discute o elogio de Nietzsche às capacidades intuitivas de Heráclito, que pode ter tido um impacto na leitura de Nietzsche feita pelo pensador japonês Watsuji Tetsurō.

Humano, demasiado humano

Diz-se frequentemente que Nietzsche entrou em um novo período com a publicação de *Humano, demasiado humano: um livro para espíritos livres* (1878). O livro é consideravelmente mais "positivista" que seus escritos anteriores.[21] Ele visa mais desmascarar assunções injustificadas que defender uma grande interpretação própria, e marca o ponto alto do interesse e do aplauso de Nietzsche em relação à ciência natural. O livro é deliberadamente antimetafísico.

Nietzsche descreve o que ele entende por "*espíritos livres*" no prefácio à segunda edição de *Humano, demasiado humano*. Os espíritos livres contrastam com o ser humano típico de sua época, que era, como o título sugere, demasiado humano. Os espíritos livres, em contraste, são companheiros ideais que não existem ainda, mas que podem aparecer no futuro. Eles são aqueles que se livraram dos grilhões da aculturação, e mesmo dos laços de reverência por aquelas coisas que antes eles achavam mais dignas de louvor. O período perigoso do espírito livre é introduzido pelo desejo de fugir do que quer que tenha sido seu mundo espiritual anterior, um desejo que leva a uma reconsideração de questões que antes haviam sido consideradas como já resolvidas. O objetivo final dessa liberação é o autodomínio independente e a saúde suprema em uma vida de experimentação e aventura contínuas. Esse ideal tem um parentesco com imagens que Nietzsche desenvolve depois, particularmente em "Sobre as três metamorfoses" em *Assim falou Zaratustra*, e na descrição dos filósofos do futuro em *Para além do bem e do mal*.

Embora Nietzsche sugira uma visão perspectivista no ensaio não publicado "Sobre verdade e mentira", *Humano, demasiado humano* é a primeira obra publicada em que ele defende seu famoso *perspectivismo*, a visão de que todas as "verdades" são interpretações formuladas a partir de perspectivas

---

21 Por exemplo, ver o ensaio de R. J. Hollingdale, "O herói como forasteiro" (neste volume). De fato, o próprio Nietzsche usou a expressão "positivismo" em uma descrição de suas aspirações com relação ao livro, em um dos prefácios que ele rascunhou mas não utilizou. Ver Erich Heller, "Introduction" ["Introdução"], em Friedrich Nietzsche, *Human, All Too Human* [*Humano, demasiado humano*], trad. de R. J. Hollingdale (Cambridge: Cambridge University Press, 1986, p. xiii).

particulares.²² Os estudiosos adotam várias posições sobre a questão de quão radical é essa posição. Em um extremo estão aqueles que a enxergam como uma espécie de neokantismo que simplesmente formula a implicação da teoria de Kant de que o mundo como aparece para nós é construído por nossas faculdades humanas particulares. No outro extremo estão aqueles que leem o perspectivismo de Nietzsche como uma forma radical de relativismo, uma forma que nega qualquer base para preferir uma perspectiva em detrimento de outra.

Filósofos na tradição anglo-americana gostam especialmente de examinar o perspectivismo de Nietzsche do ponto de vista do famoso "paradoxo do mentiroso". O paradoxo do mentiroso aflige o mentiroso que afirma: "Tudo que eu digo é falso". Se essa sentença for tomada como verdadeira, ela é de fato falsa, uma vez que seria ela mesma uma afirmação verdadeira feita pelo mentiroso. Nietzsche foi acusado de adotar uma posição similarmente paradoxal. Se todas as alegações de conhecimento são interpretações, isso deveria valer também para a alegação de que todas as alegações de conhecimento são meramente interpretações. Mas se esse é o caso, de acordo com alguns, Nietzsche enfraqueceu o estatuto e a força de sua própria alegação. Outros, contudo, não veem nenhuma razão pela qual Nietzsche não reconheceria que suas próprias alegações são interpretações, apontando para passagens textuais onde ele parece fazer justamente isso.²³

O perspectivismo de Nietzsche figura de maneira importante em sua crítica desmascaradora da moral, que é apresentada pela primeira vez em

---

22 A centralidade do perspectivismo no pensamento de Nietzsche é sugerida pelo número de ensaios neste volume que o enfatizam: ver Nehamas, "Nietzsche, modernidade, esteticismo"; Robert B. Pippin, "O suposto adeus de Nietzsche: o Nietzsche pré-moderno, moderno e pós-moderno"; Jörg Salaquarda, "Nietzsche e a tradição judaico-cristã"; Richard Schacht, "O tipo de filosofia de Nietzsche"; Robert C. Solomon, "O argumento *ad hominem* de Nietzsche: perspectivismo, personalidade e ressentimento revisitados"; e Tracy B. Strong, "A má apropriação política de Nietzsche".

23 Ver, por exemplo, *Beyond Good and Evil: Prelude to a Philosophy of the Future* [*Para além do bem e do mal: prelúdio a uma filosofia do futuro*], trad. de Walter Kaufmann (Nova Iorque: Random House, 1966), doravante indicado como "ABM", Seção #22, p. 30-31: "Supondo que isto também seja apenas interpretação – e estareis bastante ansiosos para fazer tal objeção? – pois bem, tanto melhor."

Humano, demasiado humano. Nietzsche nega que a moral seja qualquer coisa senão perspectiva. Contrariamente às alegações dos moralistas, a moral não é inerente à realidade nem determinada por esta. Ela não delineia a natureza humana. Em vez disso, ela é uma invenção dos seres humanos. Além disso, a moral não foi a mesma em todas as culturas e todas as épocas. Nietzsche contrasta explicitamente o pensamento moral cristão e grego, afirmando de modo típico que o pensamento grego foi vastamente superior.

Pessoalmente, Nietzsche considerou o livro como uma ruptura, porque ele articulou abertamente suas conclusões não convencionais pela primeira vez. Ele também selou a ruptura com Richard Wagner, que recebeu o livro com um silêncio pétreo. Nietzsche também considerou-se como tendo se movido para além do jugo da metafísica schopenhaueriana, a partir desse ponto.

Humano, demasiado humano representa também um afastamento estilístico em relação aos primeiros escritos de Nietzsche. Enquanto suas obras anteriores haviam tipicamente assumido a forma de ensaios ou de obras mais longas estruturadas de modo semelhante, *Humano, demasiado humano* é a primeira das obras "aforísticas" de Nietzsche. Isto é, ele é escrito como uma reunião de discussões mais curtas (às vezes literalmente aforismos) que são encadeados como miçangas, frequentemente sem conexões óbvias entre fragmentos adjacentes. Contudo, essa aparência é frequentemente enganosa. Nietzsche ordena seus fragmentos para alcançar um dado efeito, sugerindo mas não dogmaticamente afirmando comparações e contrastes, enquanto desafia seus leitores a tirarem suas próprias conclusões.

A partir de *Humano, demasiado humano*, o fragmentário estilo "aforístico" predominou nos escritos de Nietzsche. O motivo biográfico para compor nesse estilo pode ter sido amplamente o da necessidade – as enxaquecas de Nietzsche eram tão opressivas e visualmente incapacitantes que ele tinha de recorrer a irrupções intermitentes de escrita e ditado como método.[24] Não obstante, Erich Heller corretamente nota que esse formato é adequado a esse pensador, que era declaradamente antissistemático.[25]

---

24 Ver Hayman, *Nietzsche: A Critical Life*, p. 198 e p. 215.
25 Erich Heller, "Introduction" ["Introdução"], em *Nietzsche, Human, All Too Human*, p. xvii.

Isso é particularmente evidente nas muitas pérolas de *insight* psicológico de Nietzsche, que são oferecidas como retratos verbais de vinhetas discrepantes, usualmente sem comentários abrangentes. Além disso, esse estilo é um veículo adequado para refletir os movimentos e descontinuidades do pensamento sobre tópicos específicos, uma questão com a qual Nietzsche preocupou-se profundamente.[26]

Em 1886, Nietzsche publicou uma segunda edição de *Humano, demasiado humano*, na qual a obra anteriormente publicada foi transformada no Volume I de uma obra em dois volumes. O Volume II consistia em duas obras aforísticas que Nietzsche havia escrito e publicado separadamente, *Apêndice: Opiniões e ditos reunidos* (1879) e *O andarilho e sua sombra* (1880). Esses livros eram mais convencionalmente aforísticos que o volume anterior, consistindo em grande medida em formulações extremamente concisas e condensadas. Schopenhauer e Wagner recebem ataques mais diretos que antes, e Nietzsche é mais estridente em sua rejeição da metafísica, com base no argumento de que (assim como os estudos históricos) ela não é abordada com uma atenção suficiente acerca de seu valor (ou falta de valor) para a vida real.

Aurora

Aurora: pensamentos sobre preconceitos morais (1881) vai mais longe que *Humano, demasiado humano* ao elaborar a crítica de Nietzsche à moral cristã. Ela é também, talvez, mais magistral que a obra anterior em seu uso engenhoso de justaposições "aforísticas" para fazer o leitor ou a leitura se envolver em suas próprias reflexões. De fato, Nietzsche parece propenso a comunicar um tipo particular de experiência de pensamento a seus leitores,

---

26 O prefácio à segunda edição de *A gaia ciência* discute a arte do filósofo como a transposição espiritual de vários estados de saúde. Ver Friedrich Nietzsche, "Preface for the Second Edition" ["Prefácio à segunda edição"], *The Gay Science: With a Prelude in Rhymes and an Appendix of Songs* [*A gaia ciência: com um prelúdio em rimas e um apêndice de canções*], trad. de Walter Kaufmann (Nova Iorque: Random House, 1974, p. 35), doravante indicado como "GC".

muito mais do que preocupado em persuadir seus leitores a adotarem qualquer ponto de vista particular.[27]

Nietzsche criticou a visão de mundo moral cristã com base em vários argumentos que ele desenvolveria mais em suas obras posteriores. Seu argumento básico baseia-se em análises psicológicas das motivações e efeitos que derivam da adoção da perspectiva moral cristã. A esse respeito, *Aurora* tipifica a abordagem *ad hominem* de Nietzsche à moralidade. Nietzsche pergunta principalmente: "Que tipo de pessoa seria inclinada a adotar essa perspectiva?" e "Qual o impacto que essa perspectiva tem sobre o modo como seu aderente se desenvolve e vive?".[28]

Nietzsche argumenta que os conceitos que o cristianismo utiliza para analisar a experiência moral – especialmente o pecado e a pós-vida – são inteiramente imaginários e psicologicamente perniciosos. Essas categorias depreciam a experiência humana, fazendo sua significância parecer muito mais vil do que realmente é. Pintando a realidade sob uma luz mórbida, os conceitos morais cristãos motivam os cristãos a adotarem atitudes um tanto paranoicas e hostis em relação a seu próprio comportamento e ao dos outros. Convencidos de seu pecado e de seu merecimento da danação eterna, os cristãos são impulsionados a buscar conforto a um custo altíssimo em termos de sua própria saúde mental e de suas relações com os outros.

Por exemplo, os cristãos sentem que necessitam escapar de seus eus encarnados, porque estão convencidos de seus próprios pecados. Eles estão convencidos de suas próprias falhas, na medida em que acreditam que são pecadores e que são obrigados por uma lei de amor perfeito que é impossível de ser cumprida. A fim de apaziguar seu senso de culpa e fracasso,

---

27 Ver Michael Tanner, "Introduction" ["Introdução"], em Friedrich Nietzsche, *Daybreak: Thoughts on the Prejudices of Morality* [*Aurora: pensamentos sobre preconceitos morais*], trad. de R. J. Hollingdale (Cambridge: Cambridge University Press, 1982, p. ix-xi). Ver também Kathleen Marie Higgins, *Nietzsche's Zarathustra* [*O Zaratustra de Nietzsche*] (Philadelphia: Temple University Press, 1987, p. 43-46).

28 Ver Robert C. Solomon, "O argumento *ad hominem* de Nietzsche: perspectivismo, personalidade e ressentimento revisitados" (neste volume) para uma discussão ulterior dessa abordagem. Ver também Jörg Salaquarda, "Nietzsche e a tradição judaico-cristã" (neste volume) para uma discussão ulterior das concepções de Nietzsche sobre a moral e a psicologia cristãs.

argumenta Nietzsche, eles olham para os outros na esperança de achá-los mais pecadores do que eles próprios. Uma vez que a visão de mundo moral cristã convenceu seus defensores de que sua própria posição é perigosa, os cristãos são impulsionados a julgar os outros como pecadores a fim de obter um senso de poder sobre eles. A visão de mundo moral cristã assim encoraja juízos não caridosos sobre os outros, paradoxalmente, apesar de seu elogio do amor ao próximo.

O erro fundamental de representação da realidade oferecido pela visão de mundo moral cristã provoca a desonestidade em seus aderentes, particularmente em avaliações de si mesmos e dos outros. Ela também os encoraja a desprezar a vida terrena em favor de outra realidade (uma que Nietzsche alega não existir). Ainda mais danos psicológicos ao crente resultam da insistência da visão de mundo moral cristã sobre a conformidade absoluta a padrão único de comportamento humano. Nietzsche argumenta que um só padrão não serve para todos, no que diz respeito à moral, e que a maioria dos indivíduos melhores e mais fortes são menos capazes de viver de acordo com o molde. Não obstante, os cristãos são incitados a abolir seus caráteres individuais, e na medida em que falham, eles reforçam seus próprios sentimentos de inadequação.

O retrato da moral cristã desenhado por Nietzsche parece lúgubre. Ele considera-a como uma motivadora de atitudes que são autodenegridoras, vingativas em relação aos outros, escapistas e contrárias a vida. Nietzsche nunca altera essa avaliação básica do referencial moral de sua própria tradição; em vez disso, ele continua a desenvolver esses temas em todas as suas discussões posteriores sobre moral e ética.

A gaia ciência

A gaia ciência [*Die fröliche Wissenschaft*] (1882)[29] de Nietzsche propõe um antídoto à condição do saber [*Wissenschaft*] contemporâneo. Em

---

29 A primeira edição de *A gaia ciência*, publicada em 1882, consistia em quatro livros. Nietzsche acrescentou um quinto livro a sua segunda edição, que apareceu em 1887.

oposição ao que ele via como o trabalho de formiga dos estudiosos contemporâneos ao reunirem fatos, ele recomenda "a *gaia ciência*" – um tipo de saber que seria despreocupado e deliberadamente "superficial – sem profundidade", como ele afirma que os gregos foram. Consciente dos aspectos mais sombrios da experiência humana, os antigos atenienses responderam deleitando-se esteticamente com a vida e tornando-se "adoradores de formas, de tons, de palavras".[30] Em sua própria época, na qual muitos se sentiam atrasados em relação à história e incapazes de transformar a realidade, Nietzsche propunha que essa seria a convalescência apropriada para os estudiosos, como havia sido para ele em sua vida pessoal.

O enunciado mais famoso de *A gaia ciência* é a afirmação "Deus está morto".[31] Ela aparece duas vezes, primeiro na Seção 108, que abre o Livro Três:

> *Novas lutas.* – Após a morte de Buda, sua sombra ainda foi mostrada durante séculos numa caverna – uma sombra enorme e aterradora. Deus está morto; mas as maneiras dos homens são tais que pode ainda haver durante milhares de anos cavernas nas quais sua sombra seja mostrada. – E nós – nós também devemos ainda derrotar sua sombra.[32]

De modo um tanto surpreendente, a seção seguinte a esse enunciado parece abandonar esse tema e ataca em vez disso a atitude contemporânea em relação à ciência. Um tema estendido na obra, contudo, é o perigo de que a ciência seja tratada como a nova religião, servindo como uma base para reter o mesmo hábito psicológico danoso que a religião cristã desenvolvera.

A aparição mais famosa do enunciado "Deus está morto", no entanto, ocorre na Seção 125, intitulada "*O louco*". O louco na seção aparece no mercado e faz essa declaração, de modo bastante frenético, aos ateus científicos que estão reunidos ali. Eles apenas riem. O louco lhes diz: "*Nós*

---

30 GC, "Preface for the Second Edition", p. 38.
31 Como nota Robert Pippin em "O suposto adeus de Nietzsche: o Nietzsche pré-moderno, moderno e pós-moderno" (neste volume), esse enunciado foi feito pela primeira vez por Hegel na *Fenomenologia do espírito*. Ali, contudo, ele aparece como uma descrição de uma condição particular da consciência, em vez de uma caracterização geral da condição moderna.
32 GC, #108, p. 167.

o matamos – vós e eu. Todos nós somos seus assassinos." Ele se explica tão bem quanto pode a seus ouvintes, que respondem apenas com o silêncio. Finalmente, ele quebra no chão a lanterna que estava carregando e diz: "Vim cedo demais; meu tempo ainda não chegou. Esse feito ainda está mais distante deles que as estrelas mais distantes – *e ainda assim eles mesmos o fizeram*." A seção continua com o relato de que o louco visitou diversas igrejas mais tarde naquele dia e cantou o *requiem aeternam deo* da missa fúnebre. "Expulso e interrogado, diz-se que respondeu inalteravelmente todas as vezes: 'O que são todas essas igrejas agora, afinal, senão túmulos e sepulcros de Deus?'".[33]

Essa parábola sugere a inadequabilidade da caracterização popular de Nietzsche como um ateu endurecido que não tem prazer maior que destruir as crenças dos outros. Não obstante, a perspectiva que Nietzsche propõe ao longo de *A gaia ciência* é naturalista e ateísta, em oposição a visões religiosas tradicionais.[34] De fato, muitas das seções da obra podem ser consideradas conselhos práticos para o ateu espiritualmente sensível que está preocupado em não retornar a antigos hábitos religiosos por desespero. Nietzsche propõe, como uma alternativa a visões religiosas que buscam o sentido da vida em uma pós-vida, uma apreciação imanente desta vida em termos estéticos. O ideal, sugere ele, é a experiência do *amor fati* [amor pelo destino], na qual a pessoa ama sua vida, com todos os seus defeitos, tal como é.[35]

---

33 GC, #125, p. 181-182. Ver os ensaios de: Ernst Behler, "Nietzsche no século XX"; Alexander Nehamas, "Nietzsche, modernidade, esteticismo"; Jörg Salaquarda, "Nietzsche e a tradição judaico-cristã"; e Alan D. Schrift, "O legado francês de Nietzsche" (todos neste volume), para discussões dessa parábola.

34 Alexander Nehamas deu grande importância ao esteticismo de Nietzsche em *Nietzsche: Life as Literature* [*Nietzsche: a vida como literatura*] (Cambridge, Massachusetts: Harvard University Press, 1985). Neste volume, o (suposto) esteticismo de Nietzsche, e particularmente a interpretação de Nehamas a respeito dele, é discutido nos ensaios de Alexander Nehamas, "Nietzsche, modernidade, esteticismo"; Graham Parkes, "Nietzsche e o pensamento do leste asiático: influências, impactos e ressonâncias"; Robert Pippin, "O suposto adeus de Nietzsche: o Nietzsche pré-moderno, moderno e pós-moderno"; Richard Schacht, "O tipo de filosofia de Nietzsche"; e Robert C. Solomon, "O argumento *ad hominem* de Nietzsche: perspectivismo, personalidade e ressentimento revisitados".

35 Graham Parkes considera a recepção japonesa desse conceito em "Nietzsche e o pensamento do leste asiático: influências, impactos e ressonâncias" (neste volume).

A imagem mais complexa e mais controversa de Nietzsche para a satisfação que um indivíduo teria idealmente em relação a sua vida terrena é sua "doutrina" [*Lehre*] do eterno retorno. O conceito de eterno retorno parece sugerir que o tempo é cíclico, com a sequência inteira de todos os eventos retornando repetidas vezes. Nas obras publicadas de Nietzsche, esse conceito é sugerido pela primeira vez na penúltima seção do Livro Quatro de *A gaia ciência*, intitulada "O peso mais pesado". A seção apresenta um experimento de pensamento, semelhante ao experimento de pensamento de Descartes com o gênio maligno:

> E se algum dia ou noite um demônio te surpreendesse na mais solitária das solidões e dissesse: "Esta vida tal como agora a vives e viveste, deverás vivê-la ainda outra vez e inumeráveis vezes; e não haverá nela nunca nada novo, mas cada dor e cada alegria e cada pensamento e cada suspiro e cada coisa indizivelmente pequena e grande de tua vida deverá retornar para ti, e todas na mesma sequência e sucessão [...]."[36]

A seção prossegue perguntando como o leitor responderia a essa sugestão. Será que ela faria o leitor ranger os dentes, ou o leitor imaginaria essa perspectiva como divina?

A concepção do eterno retorno, frequentemente rotulada como uma "doutrina", reaparece em *Assim falou Zaratustra* em várias formas e imagens.[37] Nestas, assim como na passagem de *A gaia ciência*, a visão do tempo cíclico é apresentada como algo que deveria ter uma importância existencial para o indivíduo. A imagem do eterno retorno parece servir como um teste que determinará se um indivíduo genuinamente considera sua vida significativa. Interpretado dessa maneira, como uma teoria *existencial*, o eterno retorno é importante principalmente porque indica uma atitude desejável

---

36 GC, #341, p. 273.
37 Robert Gooding-Williams sugeriu uma leitura do *Zaratustra* na qual o desenrolar da trama é analisado em termos de mudanças no modo como a doutrina do eterno retorno é formulada. Ver Robert Gooding-Williams, "Recurrence, Parody, and Politics in the Philosophy of Friedrich Nietzsche" ["Retorno, paródia e política na filosofia de Friedrich Nietzsche"], dissertação, Yale University, 1982.

para com a vida. Se um indivíduo pode genuinamente afirmar o eterno retorno, ele considera sua vida intrinsecamente valiosa, digna de ser vivida repetidas vezes.[38]

Alguns estudiosos aceitaram a interpretação existencial da teoria, mas elaboraram-na em termos éticos ou estéticos. Em uma leitura, a teoria é oferecida como um tipo de admoestação ética para se viver a vida como se se acreditasse que ela retornaria eternamente.[39] O eterno retorno também foi interpretado em termos emprestados da estética. Segundo essa visão, a doutrina fornece uma instrução sobre como construir a vida (e a interpretação dela) como uma totalidade artística, com mérito estético suficiente para tornar seu retorno desejável.[40]

Embora as passagens publicadas que lidam com o eterno retorno sirvam de apoio para a leitura "existencial", algumas das notas não publicadas de Nietzsche sugerem uma outra leitura do eterno retorno. Em suas notas, Nietzsche esboça várias provas "científicas" do eterno retorno, baseadas nas assunções de que o tempo é infinito enquanto as configurações de energia são finitas. Alguns estudiosos enfatizam essas formulações em detrimento das formulações publicadas, que não oferecem demonstrações "científicas" da doutrina. Esses intérpretes consideram o eterno retorno como uma teoria *cosmológica* que oferece uma explicação da natureza do tempo no contexto do universo. Entendida dessa maneira, a doutrina não diz respeito principalmente aos seres humanos, mas lida em vez disso com toda a estrutura e o conteúdo do universo.[41]

---

38 Para uma discussão adicional da leitura existencial da doutrina do eterno retorno, bem como leituras alternativas, ver Bernd Magnus, *Nietzsche's Existential Imperative* [*O imperativo existencial de Nietzsche*] (Bloomington: Indiana University Press, 1978).
39 Ver Tracy B. Strong, *Friedrich Nietzsche and the Politics of Transfiguration* [*Friedrich Nietzsche e a política da transfiguração*] (Berkeley: University of California Press, 1975, p. 270-271). Ver também Robert C. Solomon, *From Rationalism to Existentialism: The Existentialists and Their Nineteenth-Century Backgrounds* [*Do racionalismo ao existencialismo: os existencialistas e seus antecedentes do século XIX*] (Nova Iorque: Harper and Row, 1972, p. 137).
40 Para uma leitura esteticista desse tipo, ver Alexander Nehamas, *Nietzsche: Life as Literature* [*Nietzsche: a vida como literatura*] (Cambridge, Massachusetts: Harvard University Press, 1985, p. 141-165).
41 Para uma discussão do eterno retorno visto como uma doutrina cosmológica, ver, por

A primeira edição de *A gaia ciência* termina com a vinheta que abre o próximo livro de Nietzsche, *Assim falou Zaratustra*. Intitulada "Incipit tragoedia" ["Começa a tragédia"], ela descreve o profeta Zaratustra saindo de sua caverna na montanha, falando com o sol, e começando a descida que iniciará sua missão de ensino. A passagem joga com a imagem do famoso "Mito da Caverna" do Livro 7 da *República* de Platão. Zaratustra, apesar de ser um personagem fictício nas obras de Nietzsche, é baseado no profeta persa do mesmo nome, fundador da religião zoroastriana. Em sua discussão sobre sua escolha dessa figura em *Ecce homo*, a descrição de Nietzsche sugere que ele vê o profeta persa como uma alternativa apropriada à visão de mundo cristã (que ele frequentemente descreve em termos de "bem e mal"):

> Zaratustra foi o primeiro a ver na luta entre o bem e o mal a engrenagem genuína do mecanismo das coisas – a transposição da moral para o reino da metafísica, a moral como força, como causa, como fim em si, é o trabalho *dele*. Mas essa pergunta é, no fundo, sua própria resposta. Zaratustra criou esse erro mais catastrófico, a moral; por conseguinte, deve ser também o primeiro a reconhecê-lo. Não só porque possui experiência mais ampla do assunto, e por mais tempo, do que qualquer outro pensador – a história inteira é, afinal, a refutação experimental da tese da chamada "ordem moral do mundo" – mas, o que é ainda mais importante, Zaratustra é mais verídico que qualquer outro pensador. A sua doutrina, e só ela, considera a veracidade como a suprema virtude [...]. Dizer a verdade e *atirar bem com flechas*, eis a virtude persa. [...] A autossuperação da moral graças à veracidade; a autossuperação do moralista para o seu contrário – para mim – eis o que significa na minha boca o nome de Zaratustra.[42]

---

exemplo, Arthur C. Danto, *Nietzsche as Philosopher: An Original Study* [*Nietzsche como filósofo: um estudo original*] (Nova Iorque: Columbia University Press, 1965, p. 203-209).

42 Friedrich Nietzsche, *Ecce Homo: How One Becomes What One Is* [*Ecce homo: como se chega a ser o que se é*] (juntamente com *Toward the Genealogy of Morals* [*Para a genealogia da moral*]), trad. de Walter Kaufmann (Nova Iorque: Random House, 1967), doravante indicado como "EH", p. 327-328.

Assim falou Zaratustra

O livro *Assim falou Zaratustra: um livro para todos e para ninguém* é provavelmente a obra mais famosa de Nietzsche – e também a obra menos popular entre os filósofos, pelo menos na tradição anglo-americana.[43] Provavelmente isso se deve em parte ao fato de ele ser escrito em uma forma ficcional. Muitos filósofos que querem tratar de questões discutidas por Zaratustra preferem encontrar o que eles consideram ser discussões semelhantes em outros lugares nas obras de Nietzsche, e evitam a necessidade de lidar com a ficcionalidade da obra em sua leitura.[44] *Zaratustra* é também planejado para frustrar a filosofia da tradição analítica do século XX, que busca a clareza conceitual em detrimento da forma retórica, e de fato insiste com frequência na separação entre os conceitos e os veículos de sua expressão. O próprio subtítulo revela a propensão do livro ao paradoxo; e a atitude de Zaratustra como um sábio pontificante soa mal para o esforço analítico de submeter a insinuada autoridade a uma análise conceitual crítica. Além disso, o emprego de *Zaratustra* para inspirar os soldados alemães durante o esforço de guerra nazista fez pouco para melhorar a recepção do livro no mundo anglo-americano.[45]

Não obstante, o livro é filosoficamente interessante, em parte porque ele emprega tropos e gêneros literários para produzir efeitos filosóficos. *Zaratustra* faz um uso frequente da paródia, particularmente dos diálogos platônicos e do Novo Testamento. Essa estratégia apresenta imediatamente Zaratustra em um mesmo patamar com Sócrates e Cristo – e como uma clara alternativa a eles. As alusões eruditas a obras que abrangem as tradições filosófica e literária ocidentais também desempenham um papel

---

43 Ver o ensaio de Ernst Behler, "Nietzsche no século XX" (neste volume) para uma discussão da reação crítica de Thomas Mann.
44 Ver, por exemplo, Richard Schacht, *Nietzsche*. Nova Iorque: Routledge, 1983, p. xiii-xiv.
45 Aproximadamente 150.000 cópias foram distribuídas às tropas, e *Zaratustra* esteve entre as três obras mais populares entre os soldados alemães. Para uma discussão adicional sobre o emprego de Nietzsche pelos nazistas, ver Steven E. Aschheim, *The Nietzsche Legacy in Germany, 1890-1990* [*O legado de Nietzsche na Alemanha, 1890-1990*] (Berkeley: University of California Press, 1992, p. 128-163).

filosófico, pois ao mesmo tempo revelam a interpretação de Nietzsche sobre a tradição herdada por ele e assinalam pontos em que ele enxerga essa tradição como problemática.

Boa parte do livro consiste em discursos de Zaratustra sobre temas filosóficos, e estes frequentemente obscurecem a trama do livro. Contudo, o livro de fato envolve uma trama, que inclui seções nas quais Zaratustra está "fora de cena", em reflexão privada, e algumas em que ele parece extremamente incomodado com o modo como seu ensinamento e sua vida estão se encaminhando. Heidegger enxerga a trama como essencial para o tipo de ensinamento que Zaratustra efetua. Zaratustra tenta instruir as multidões e os ocasionais homens superiores que ele encontra no livro; mas seu ensinamento mais importante, na visão de Heidegger, é sua educação do leitor, realizada por meios demonstrativos. Zaratustra ensina "mostrando".

De fato, *Zaratustra* situa-se na tradição do *Bildungsroman* [romance de formação] alemão, na qual o desenvolvimento de um personagem rumo à maturidade espiritual é narrado. Zaratustra pode ser visto como um paradigma para o indivíduo moderno espiritualmente sensível, aquele que se atraca com o niilismo, a crise contemporânea dos valores na esteira do colapso da visão de mundo cristã que atribuía à humanidade um lugar claro no mundo.[46]

Na imaginação popular, a ideia do "além-homem" [*Übermensch*] de Nietzsche é um de seus ideais mais memoráveis e significativos. De fato, no entanto, o conceito do *Übermensch* [ser sobre-humano] é muito pouco discutido no livro.[47] Esse tópico é o tema do primeiro discurso no "Prólogo

---

[46] O tema da perspectiva de Nietzsche sobre o niilismo é discutido neste volume nos ensaios de Ernst Behler, "Nietzsche no século XX"; Alexander Nehamas, "Nietzsche, modernidade, esteticismo"; Graham Parkes, "Nietzsche e o pensamento do leste asiático: influências, impactos e ressonâncias"; Robert Pippin, "O suposto adeus de Nietzsche: o Nietzsche pré-moderno, moderno e pós-moderno"; e Alan D. Schrift, "O legado francês de Nietzsche". Os ensaios de Nehamas e Pippin abordam, em particular, a afirmação de Jürgen Habermas de que Nietzsche abordou o niilismo abandonando o racionalismo iluminista em favor de um irracionalismo "pós-moderno".

[47] Ver o ensaio de Ernst Behler, "Nietzsche no século XX", para uma discussão do interesse e do uso que George Bernard Shaw faz do conceito.

de Zaratustra",⁴⁸ que ele apresenta a uma multidão reunida para um circo. A plateia interpreta Zaratustra como um apresentador do circo e o discurso como uma introdução ao espetáculo de um equilibrista em uma corda bamba. O conceito é mencionado de modo recorrente na Parte I como uma espécie de refrão nos discursos de Zaratustra. Mas a palavra "*Übermensch*" raramente ocorre depois disso.

Além disso, a noção do *Übermensch* é apresentada em termos mais imagéticos do que explicativos. O *Übermensch*, de acordo com Zaratustra, é continuamente experimental, disposto a arriscar tudo pela melhoria da humanidade. O *Übermensch* aspira à grandeza, mas Zaratustra não formula nenhuma caracterização mais específica do que constitui a melhoria ou a grandeza da humanidade. No entanto, ele contrasta o *Übermensch* com o *último homem*, o tipo humano cujo único desejo é o conforto e a felicidade pessoais. Tal pessoa é bastante literalmente "o último homem", incapaz do desejo que é necessário para criar algo para além de si em qualquer forma, incluindo o de ter filhos.

O estatuto do conceito de *Übermensch* foi muito debatido entre os estudiosos de Nietzsche.⁴⁹ Entre as questões, encontram-se as seguintes: será que a noção é apresentada para estabelecer um conjunto de traços de caráter como mais desejável, ou será que ela representa, em vez disso, uma atitude ideal?⁵⁰ Será que o *Übermensch* é um objetivo alcançável? Ou é um objetivo solipsista? Será que ele é um objetivo evolutivo em um sentido darwinista?

---

48 O ensaio de Graham Parkes, "Nietzsche e o pensamento do leste asiático: influências, impactos e ressonâncias", discute o encontro de Zaratustra com um santo eremita durante sua descida de sua caverna na montanha.

49 Além da discussão de Behler, o conceito também é discutido neste volume nos ensaios de Graham Parkes, "Nietzsche e o pensamento do leste asiático: influências, impactos e ressonâncias"; Robert Pippin, "O suposto adeus de Nietzsche: o Nietzsche pré-moderno, moderno e pós-moderno"; e Alan D. Schrift, "O legado francês de Nietzsche".

50 Ver, por exemplo, Bernd Magnus, "Nietzsche's Philosophy in 1888: *The Will to Power and the Übermensch*" ["A filosofia de Nietzsche em 1888: *A vontade de poder* e o *Übermensch*"], *Journal of the History of Philosophy* 24, I (janeiro, 1986), p. 79-98. Ver também Bernd Magnus, "The Use and Abuse of The Will to Power" ["O uso e abuso da vontade de poder"], em *Reading Nietzsche* [*Lendo Nietzsche*], Robert C. Solomon e Kathleen M. Higgins (eds.). Nova Iorque: Oxford University Press, 1988, p. 218-325.

Será que a doutrina tem alguma relação particular com as outras doutrinas de Nietzsche? Em particular, será que ela descreve o tipo de pessoa que seria capaz de afirmar o eterno retorno?[51] O que fazer acerca do fato de que a noção do *Übermensch* é virtualmente abandonada após a Parte I do *Zaratustra*? Será que Nietzsche desiste da ideia?[52] Será que ele pretende que ela esteja implícita nos últimos discursos de Zaratustra? Será que o tema do eterno retorno suplanta o do *Übermensch* como tema fundamental do livro?

O discurso de abertura de Zaratustra, além de propor o *Übermensch* como ideal para a humanidade também coloca ênfase neste mundo, em oposição a qualquer mundo futuro. "Que diga a vossa vontade: o *Übermensch* será o sentido da terra! Exorto-vos, meus irmãos, permanecei fiéis à terra, e não acreditai naqueles que vos falam de esperanças de outro mundo!"[53] Em particular, Zaratustra incita os seres humanos a reavaliarem o valor de seus próprios corpos, e de fato, de sua encarnação. Por muito tempo, sonhando com a pós-vida, a humanidade ocidental tratou o corpo como uma fonte de pecado e erro. Zaratustra, em contraste, insiste que o corpo é a base de todo sentido e conhecimento, e que a saúde e a força devem ser reconhecidas e buscadas como virtudes.[54]

Outro tema proeminente em *Zaratustra* é sua ênfase na importância relativa da vontade. Em parte, essa ênfase segue Schopenhauer na afirmação de que a vontade é mais fundamental para os seres humanos do que o conhecimento. Contudo, Nietzsche enfatiza a tentativa da vontade de aumentar seu poder, enquanto vê Schopenhauer como colocando uma ênfase maior nos esforços de autopreservação da vontade. A famosa concepção de

---

51 Ver Bernd Magnus, "Perfectibility and Attitude in Nietzsche's *Übermensch*" ["Perfectibilidade e atitude no *Übermensch* de Nietzsche"], *Review of Metaphysics* 36 (março, 1983), p. 633-660.
52 Para reflexões sobre essa possibilidade, ver Bernd Magnus, "The Deification of the Commonplace: *Twilight of the Idols*" ["A deificação do lugar-comum: *Crepúsculo dos ídolos*"], em *Reading Nietzsche* [*Lendo Nietzsche*], Robert C. Solomon e Kathleen M. Higgins (eds.). Nova Iorque: Oxford University Press, 1988, p. 152-181.
53 Friedrich Nietzsche, *Thus Spoke Zarathustra* [*Assim falou Zaratustra*], em *The Portable Nietzsche* [*Nietzsche portátil*], ed. e trad. de Walter Kaufmann (Nova Iorque: Viking, 1968), doravante indicado como "AFZ", p. 125.
54 Ver o ensaio de Graham Parkes, "Nietzsche e o pensamento do leste asiático: influências, impactos e ressonâncias", para uma discussão adicional sobre o tema do corpo em Nietzsche.

vontade de poder de Nietzsche faz uma de suas poucas aparições publicadas em *Zaratustra*.

> Certamente, não atingiu a verdade aquele que atirou nela com o dizer da "vontade de existência": tal vontade não existe. Pois o que não existe não pode ter vontade; mas como poderia o que existe ainda querer a existência? Só há vida onde há também vontade: não vontade de vida, mas – assim ensino-vos – vontade de poder.[55]

A expressão "vontade de poder" recebeu uma atenção considerável dos estudiosos de Nietzsche, bem como de uma parcela mais ampla da sociedade. Facilmente explorada pelo esforço de guerra nazista, e utilizada pelos assassinos Leopold e Loeb como justificativa para seu crime, esse tema teve uma história insípida fora do mundo acadêmico. Os estudiosos se esforçaram para corrigir o registro, mas discordaram quanto à significância e importância da "vontade de poder" no pensamento de Nietzsche.

Alguns estudiosos argumentaram que seu aparecimento revela a medida em que Nietzsche permanece schopenhaueriano em seu pensamento, a despeito da formulação modificada que ele propõe.[56] Alguns afirmaram que a ideia é uma pedra angular do pensamento de Nietzsche, observando que algumas das notas de Nietzsche revelam seus planos definidos de escrever um livro acerca dela.[57] Outros apontaram para a escassez de menções publicadas

---

55 AFZ, p. 227.
56 Ver, por exemplo, Ivan Soll, "Reconsiderations of Nietzsche's *Birth of Tragedy*" ["Reconsiderações sobre *O nascimento da tragédia* de Nietzsche"], em *Reading Nietzsche* [*Lendo Nietzsche*], Robert C. Solomon e Kathleen M. Higgins (eds.). Nova Iorque: Oxford University Press, 1988, p. 104-131. Soll argumenta que Nietzsche exagerou suas diferenças com Schopenhauer em suas obras posteriores, e que Nietzsche desenvolveu sua filosofia em grande medida com premissas schopenhauerianas.
57 A defesa mais notória dessa posição é oferecida por Martin Heidegger, *Nietzsche*, 2 vols. Pfullingen: Verlag Günther Neske, 1961. Ver também as seguintes traduções: Martin Heidegger, *Nietzsche, Volume One: The Will to Power as Art* [*Nietzsche, Volume Um: A vontade de poder como arte*], ed. e trad. de David F. Krell (São Francisco: Harper and Row, 1979); Martin Heidegger, *Nietzsche, Volume Two: The Eternal Recurrence of the Same* [*Nietzsche, Volume Dois: O eterno retorno do mesmo*], ed. e trad. de David F. Krell (São Francisco: Harper and Row, 1984); Martin Heidegger, *Nietzsche, Volume Three: The Will to Power as Knowledge and Metaphysics* [*Nietzsche, Volume Três: A vontade de poder como conhecimento e*

da "vontade de poder" e sugeriram que essa ideia não era particularmente central para Nietzsche.[58] Os estudiosos discordam sobre se a vontade de poder deve ser vista como uma observação psicológica ou como uma doutrina metafísica, e também discordaram sobre se Nietzsche pretendia que ela fosse principalmente uma explicação do comportamento humano ou uma explicação cosmológica mais geral.[59]

As discussões da vontade que aparecem em *Zaratustra* ocorrem particularmente em conexão com a doutrina do eterno retorno.

> Redimir os que viveram no passado e transformar todo "foi" num "assim eu o quis" – só a isto eu chamaria redenção. [...] Todo "foi" é fragmento e enigma e espantoso azar – até que a vontade criadora diga-lhe: "Mas assim eu o quero; assim hei de querê-lo."[60]

Boa parte da trama de *Zaratustra* diz respeito aos esforços dele para formular sua ideia de eterno retorno. Às vezes a ideia o possui na forma de visões e sonhos. Outras vezes ele parece relutante em enunciá-la categoricamente ou em aceitar suas implicações. Durante um momento particularmente desesperador, ele estremece diante da implicação de sua doutrina de que "a ralé", as pessoas banais que constituem a maior parte da raça humana, também retornarão. A águia e a serpente que vinham acompanhando-o exortam-no a parar de falar e, em vez disso, a cantar. Elas sugerem sua

---

metafísica], ed. David F. Krell, trad. de Joan Stambaugh, David F. Krell, e Frank A. Capuzzi (São Francisco: Harper and Row, 1987); e Martin Heidegger, *Nietzsche, Volume Four: Nihilism* [*Nietzsche, Volume Quatro: Niilismo*], ed. David F. Krell, trad. de Frank A. Capuzzi (São Francisco: Harper and Row, 1982).

58 Ver, por exemplo, Bernd Magnus, "Nietzsche's Philosophy in 1888: *The Will to Power* and the *Übermensch*" ["A filosofia de Nietzsche em 1888: *A vontade de poder* e o *Übermensch*"], *Journal of the History of Philosophy* 24, I (janeiro, 1986, p. 79-98. Ver também Julian Young, *Nietzsche's Philosophy of Art* [*A filosofia da arte de Nietzsche*] (Cambridge: Cambridge University Press, 1992, p. 1-2).

59 Ver os seguintes artigos neste volume para um senso adicional da variedade de posições adotadas pelos estudiosos acerca da ideia da vontade de poder: Ernst Behler, "Nietzsche no século XX"; Graham Parkes, "Nietzsche e o pensamento do leste asiático: influências, impactos e ressonâncias"; e Alan D. Schrift, "O legado francês de Nietzsche".

60 AFZ, p. 251-253.

própria formulação do eterno retorno, que é talvez uma das sugestões mais claras de como o eterno retorno pode dar uma sensação de sentido à vida. Contudo, não são as palavras de Zaratustra que são lidas.

> "E se tu quisesses morrer agora, ó Zaratustra, vê, também sabemos como falarias a ti mesmo [...].
> 'Agora morro e desapareço', dirias, 'e em um instante nada sou. A alma é tão mortal quanto o corpo. Mas o nó de causas em que estou enlaçado retorna, e tornará a criar-me. Eu mesmo pertenço às causas do eterno retorno. Regressarei, com este sol, com esta terra, com esta águia, com esta serpente – *não* para uma vida nova, ou para uma vida melhor, ou uma vida semelhante: retorno eternamente para esta mesma vida, no que tem de maior e no que tem de menor, para ensinar outra vez o eterno retorno de todas as coisas, para falar outra vez a palavra do grande meio-dia da terra e do homem, para proclamar outra vez o *Übermensch* aos homens. Eu disse minha palavra, e por ela sucumbo: assim o quer meu destino eterno; como anunciador eu pereço. Chegou a hora em que aquele que perece deve abençoar a si mesmo. Assim *termina* o ocaso de Zaratustra.'"[61]

O fato de que Zaratustra objeta ao retorno da ralé é indicativo do elitismo de Nietzsche.[62] De modo consistente, Nietzsche e Zaratustra afirmam que os seres humanos não são iguais. Nietzsche objeta aos movimentos democráticos de sua época em favor de formas mais aristocráticas de organização social que colocariam o controle nas mãos dos talentosos, que necessariamente não seriam a maioria.

Nietzsche também é frequentemente considerado um sexista, em grande medida por causa de uma famosa frase que aparece em *Zaratustra*: "Vais ter com as mulheres? Não esquece do chicote!". O que é raramente lembrado é o fato de que essa frase não é dita por Zaratustra, mas em vez disso por uma mulher velha, em objeção parcial à imagem romantizada de

---

61 AFZ, p. 333.
62 Para uma discussão adicional do elitismo de Nietzsche, ver Graham Parkes, "Nietzsche e o pensamento do leste asiático: influências, impactos e ressonâncias" (neste volume).

Zaratustra sobre os papéis masculino e feminino. A frase certamente demanda interpretação; mas ela não deve ser entendida como um enunciado direto das visões de Nietzsche.[63]

O suposto sexismo de Nietzsche é um tópico complexo. Em alguns de seus escritos ele exprime as inflamatórias imagens misóginas do "Sobre as mulheres" de Schopenhauer, possivelmente a mais notória denúncia das mulheres na Alemanha.[64] Em outras ocasiões ele apresenta vinhetas psicológicas retratando interações entre mulheres e homens; nestas, frequentemente, ele parece simpatizar com as mulheres.[65] Ele frequentemente personifica ideias abstratas em forma feminina, e apela para imagens estereotípicas das mulheres, embora nesses casos ele frequentemente brinque com as imagens ou refira-se explicitamente a percepções masculinas sobre as mulheres.[66] As passagens em *Para além do bem e do mal* que lidam com mulheres são frequentemente lidas como estridentemente antifeministas; mas Nietzsche, de modo significativo, prefacia essas passagens imoderadamente moduladas com um comentário confessional semelhante a algo que se poderia esperar em um grupo de conscientização masculina:

---

63 Nietzsche também pode ser visto como sexista porque personifica a Vida e a Sabedoria como mulheres em *Zaratustra*, apresentando Zaratustra como amante de ambas e como um pouco confuso sobre quem é quem.

64 O ensaio "Sobre as mulheres" ["On Women"] de Schopenhauer ocorre em *Parerga and Parilipomena: Short Philosophical Essays* [*Parerga e Parilipomena: breves ensaios filosóficos*], trad. de E. F. J. Payne, em 2 vols. Oxford: Clarendon Press, 1974, p. 614-626. Para a repetição das imagens de Schopenhauer por parte de Nietzsche, ver, por exemplo, ABM, #232-239, p. 162-170.

65 Isso é particularmente evidente em *A gaia ciência*. Ver, por exemplo, GC, #71, p. 127-128, que conclui: "Em suma, nunca se poderá ser demasiado gentil quanto às mulheres."

66 Supostamente, seu comentário de abertura em *Para além do bem e do mal*, "Supondo-se que a verdade seja uma mulher – e então?" (ABM, p. 2), foi interpretado como sexista porque utiliza imagens estereotípicas das mulheres. Ver o ensaio de Richard Schacht, "O tipo de filosofia de Nietzsche" (neste volume), para uma interpretação desse tipo. Ofelia Schutte também faz objeção à preferência de Nietzsche por personificações femininas de abstrações em detrimento de mulheres reais. Ver Ofelia Schutte, "Nietzsche's Psychology of Gender Difference" ["A filosofia da diferença de gêneros de Nietzsche"], em *Critical Feminist Essays in the History of Western Philosophy* [*Ensaios críticos feministas sobre a história da filosofia ocidental*], ed. Bat-Ami Bar On, em 2 vols. Albany: State University of New York Press, 1993-94. Um exemplo de discussão explícita da fantasia masculina por parte de Nietzsche ocorre em GC, #59, p. 122-123.

> Sempre que se trata de um problema fundamental, fala um imutável "isto sou eu"; acerca do homem e da mulher, por exemplo, um pensador não pode reaprender, mas só terminar de aprender – só descobrir como, em última instância, isso está "estabelecido nele". Às vezes descobrirmos certas soluções de problemas, as quais inspiram em nós uma fé intensa; alguns as chamam, por isso, de *suas* "convicções". Depois – vemo-las apenas como passos para o conhecimento de nós mesmos, marcos indicativos do problema que *nós* somos – ou antes, da grande estupidez que nós somos, do nosso destino espiritual, daquilo que "no fundo" *não podemos ensinar*.
> Depois dessa abundante civilidade que acabo de demonstrar para comigo mesmo, talvez me seja permitido exprimir algumas verdades acerca da "mulher em si" – assumindo que agora já se sabe de antemão o quanto essas verdades são apenas, afinal – as *minhas* verdades.[67]

A biografia de Nietzsche também pode ser trazida para uma consideração de suas visões sobre as mulheres. Ele foi criado em uma família de mulheres com visões rigidamente moralistas. Suas propostas de casamento foram todas recusadas; e as mulheres que ele pareceu mais admirar, Lou Salomé e Cosima Wagner, foram pessoas de vontade forte que não se enquadravam especialmente em papéis convencionais de mulheres. Sem dúvida, Nietzsche teve muitos motivos para reações complicadas à "mulher em si". De qualquer maneira, suas referências publicadas às mulheres apresentam mais um sugestivo enigma interpretativo do que um enunciado coerente.

Nietzsche afirma que escreveu as primeiras três das quatro partes de *Zaratustra* em espasmos de dez dias, embora seja evidente a partir de suas notas que ele tivera planos em mente por um período consideravelmente mais longo. A obra foi publicada em vários segmentos e tamanhos. As Partes I e II foram publicadas juntas em 1883, e a Parte III foi publicada em 1884. A Parte IV foi publicada em uma edição limitada em 1885. Nietzsche distribuiu a Parte IV a alguns poucos amigos, mas ele queria que eles mantivessem

---

67 ABM, #231, p. 162.

silêncio sobre o livro. Somente em 1892 é que a Parte IV foi publicada em uma edição pública.

A Parte IV certamente contrasta com as outras três partes. A voz do narrador é mais crítica de Zaratustra e das alegações que ela relata. A trama é mais proeminente. E ela é, além disso, mais engraçada. Além de envolver uma paródia irreverente da Última Ceia e do Banquete de Platão, ela envolve um certo número de personagens, chamados de "homens superiores", que personificam absurdamente os ensinamentos de Zaratustra. Cada um dos homens superiores adotou uma das doutrinas de Zaratustra como fundamental – de tal modo que cada um exagera uma característica da perspectiva de Zaratustra. Eles representam uma espécie de "cenário de pior caso" para Zaratustra como professor.

Zaratustra, além disso, parece ele próprio mais absurdo na Parte IV do que nas três partes anteriores. Ele comete erros estúpidos ao identificar os homens superiores; e quando os homens superiores introduzem seu ateísmo, ele reage, contrariamente a seu próprio entendimento, como um defensor da fé. Não obstante, ele percebe sua própria loucura e responde com uma *risada*. Ele resolve no fim do livro que sua compaixão pelos homens superiores, expressa em um convite feito a eles para jantarem em sua caverna, terá sido seu "pecado final". Lançando fora seu erro como aqueles oprimidos pelo pecado original não puderam fazer, ele começa de novo sua missão de ensino, descendo de sua caverna na montanha como fizera no início do livro.

A Parte IV foi uma fonte de controvérsias entre os estudiosos de Nietzsche. Alguns estão convencidos de que o livro é mais forte sem a Parte IV,[68] e outros aparentemente parecem confortáveis relegando a Parte IV à condição de um pós-escrito.[69] Recentemente, contudo, vários comentadores reavaliaram a importância da Parte IV, oferecendo explicações de por que

---

68 Ver, por exemplo, R. J. Hollingdale, *Nietzsche: The Man and His Philosophy* [*Nietzsche: o homem e sua filosofia*] (Baton Rouge: Louisiana State University Press, 1965, p. 190).
69 Ver, por exemplo, Laurence Lampert, *Nietzsche's Teaching: An Interpretation of "Thus Spoke Zarathustra"* [*O ensinamento de Nietzsche: uma interpretação de "Assim falou Zaratustra"*] (New Haven: Yale University Press, 1987).

Nietzsche teria sentido a necessidade de um final cômico para uma obra que de outro modo seria trágica.⁷⁰ Essas leituras sugerem que Nietzsche tinha uma perspectiva mais irônica sobre a atitude profética de Zaratustra do que as leituras tradicionais haviam considerado.

Para além do bem e do mal

Para além do bem e do mal: prelúdio a uma filosofia do futuro (1886) representou uma mudança nos objetivos básicos de Nietzsche como autor. "Cumprida de minha tarefa a parte que diz Sim, veio a parte que diz Não, a que *atua* pela negação: a própria transvaloração dos valores até agora existentes, a grande guerra [...]."⁷¹

Nietzsche prossegue descrevendo *Para além do bem e do mal* como "*uma crítica da modernidade*".⁷² A modernidade atacada inclui a cultura entendida de modo amplo; mas Nietzsche parece especialmente preocupado com a direção da filosofia e o papel desta na história futura. De fato, o subtítulo é *"Prelúdio a uma filosofia do futuro"*. O livro começa com um Prefácio e uma primeira seção que são frequentemente sagazes na crítica à filosofia tradicional e seus pressupostos. Após a famosa frase de abertura,

---

70 Entre estes encontram-se Anke Bennholdt-Thomsen, que enxerga a Parte IV como um drama satírico que se segue a uma tragédia (como na fórmula ateniense tradicional); Gary Shapiro, que analisa a seção em termos de um carnaval e enxerga a virada para o humor como uma renúncia à reivindicação de autoridade narrativa do texto; e Kathleen Marie Higgins, que defende que a Parte IV segue o modelo de uma sátira menipeana a fim de revelar as limitações das formulações doutrinais e de sugerir a importância de transfigurar o fracasso através do riso. Ver Anke Bennholdt-Thomsen, *Nietzsches "Also Sprach Zarathustra" als literarisches Phaenomen. Eine Revision* [*O "Assim falou Zaratustra" de Nietzsche como fenômeno literário. Uma revisão*] (Frankfurt: Athenaeum, 1974, p. 196, 205, 210-211); Gary Shapiro, "Festival, Carnival and Parody in Zarathustra IV" ["Festival, carnaval e paródia em *Zaratustra IV*"], em *The Great Year of Zarathustra (1881-1981)* [*O grande ano de Zaratustra (1881-1981)*], ed. David Goicoechea (Nova Iorque: Lanham, 1983, p. 60-61); Kathleen Marie Higgins, *Nietzsche's "Zarathustra"* [*O "Zaratustra" de Nietzsche*] (Philadelphia: Temple University Press, 1987, p. 203-232).
71 EH, p. 310.
72 Ênfase nossa. *Ibidem*, p. 310.

sobre a verdade ser uma mulher, Nietzsche pergunta: "Não é fundada a suspeita de que todos os filósofos, na medida em que foram dogmáticos, entenderam muito pouco de mulheres?".⁷³

Nietzsche ataca particularmente o dogmatismo dos filósofos. Os filósofos tipicamente consideraram-se como buscadores da verdade – mas desde o início do livro, Nietzsche suspeita de seus motivos. Os filósofos, argumenta ele, simplesmente assumiram que a verdade é valiosa, sem perguntarem se isso é verdade. Eles apresentaram suas conclusões como objetivas, enquanto de fato "toda grande filosofia até agora foi [...] uma confissão pessoal de seu autor e uma espécie de memória involuntária e inconsciente".⁷⁴ Sem perceberem, os filósofos buscaram impor sua própria perspectiva moral sobre a natureza, e leram nela aquilo que queriam encontrar.

Nietzsche propõe uma reavaliação em termos fisiológicos e psicológicos sobre o modo como a filosofia foi praticada, reconhecendo o quanto sua abordagem parecerá incomum.

> Uma fisiopsicologia apropriada tem de se confrontar com a resistência inconsciente no coração do investigador, ela tem "o coração" contra ela: até mesmo uma doutrina da dependência recíproca dos impulsos "bons" e dos "perversos" provoca incômodo e aversão (como uma imoralidade refinada) em uma consciência ainda sadia e enérgica – e mais ainda uma doutrina da derivação de todos os bons impulsos a partir dos perversos. Se, todavia, alguém considerasse até mesmo os afetos do ódio, da inveja, da cobiça e do desejo de governar como condições da vida, como fatores que, de maneira fundamental e essencial, devem estar presentes na economia geral da vida (e que devem, portanto, ser ainda intensificados se se quer intensificar a vida) – esse alguém sofreria, por conta dessa visão das coisas, algo como um enjoo marítimo.⁷⁵

---

73 ABM, p. 2. Ver o ensaio de Alan D. Schrift, "O legado francês de Nietzsche" (neste volume), para uma discussão da leitura de Derrida dessa imagem da verdade como uma mulher. Para a discussão de Derrida, ver Jacques Derrida, *Spurs: Nietzsche's Styles* [*Esporas: os estilos de Nietzsche*], trad. de B. Harlow (Chicago: The University of Chicago Press, 1979).
74 ABM, #6, p. 13.
75 ABM, #23, p. 31.

Nietzsche propõe uma nova direção para a filosofia, e um tipo diferente de pessoa como filósofo. Os filósofos, nessa visão, deveriam ser espíritos livres e grandes experimentalistas, em contraposição aos meros "trabalhadores filosóficos" que frequentemente são considerados filósofos.[76] O filósofo tem "a responsabilidade mais abrangente" e "a consciência acerca do desenvolvimento geral do homem", e deveria utilizar a religião, a educação e as condições políticas e econômicas de acordo com essa responsabilidade.[77] *Para além do bem e do mal* faz sugestões explicitamente políticas, embora esteja mais voltado para a proposição de um tipo de arranjo político (semelhante ao de Platão ao propor reis-filósofos) do que para a argumentação em favor de políticas específicas.

Algo que é central para a agenda dos filósofos do futuro de Nietzsche é uma reconsideração do valor da moral convencional a partir de uma perspectiva fisiopsicológica. Pela primeira vez, em *Para além do bem e do mal*, Nietzsche propõe desenvolver uma "história natural da moral". Ele implica, com essa formulação, que a moral mudou ao longo do tempo. Ele também sugere que a moral pode ser descrita de modo naturalista, que ela não é uma revelação proveniente de um outro nível, um nível divino, da realidade.

Nietzsche vai tão longe no emprego de termos naturalistas em sua análise que ele descreve a moral de sua tradição como uma "moral de rebanho". Em outras palavras, as pessoas seguem a mesma direção que outras pela mesma razão que vacas e ovelhas seguem outras vacas e ovelhas. Nietzsche certamente reconhece que muitos leitores acharão ofensiva a comparação entre suas crenças morais e o comportamento animal. (Supostamente, contudo, ele tem a Escritura ao seu lado, uma vez que o Novo Testamento frequentemente se refere aos fiéis como "um rebanho".)

Nietzsche também sugere que múltiplas moralidades existiram ao mesmo tempo, e que elas revelam a perspectiva psicológica de seus aderentes, que pode ser saudável ou doentia. Em particular, ele sugere que a moral do senhor e a moral do escravo são radicalmente diferentes em suas perspectivas. A moral do senhor, tipificada por aqueles que se encontram

---

76 ABM, #211, p. 135-136.
77 ABM, # 61, p. 72.

em posições de poder, envolve um julgamento primário do indivíduo sobre si mesmo como bom, e um julgamento sobre os outros em referência às características daquele que julga. A moral do escravo, em contraste, sendo a perspectiva moral daqueles que são oprimidos, é voltada principalmente para as reações que aqueles que estão no poder poderiam ter em relação a qualquer ato contemplado. Embora os escravos odeiem o senhor e tudo que o senhor representa, eles ainda referem seu comportamento principalmente ao senhor. Até mesmo a autoestima é alcançada mediante a referência ao senhor. Julgando o senhor com hostilidade, eles passam a vê-lo (ou vê-la?) como "mau", e somente então vêm a julgar a si mesmos, relativamente, como "bons". Nietzsche desenvolve essa explicação da moral do senhor e do escravo de maneira muito mais detalhada em *Para a genealogia da moral*, como veremos.

O conceito de vontade de poder aparece de modo proeminente em *Para além do bem e do mal*. Novamente, Nietzsche entra em debate com a ênfase de Schopenhauer sobre a vontade de viver: "Uma coisa viva busca acima de tudo descarregar sua força – a própria vida é *vontade de poder*; a autopreservação é apenas um dos *resultados* indiretos e mais frequentes."[78] Embora seja enfático ao sublinhar a vontade, Nietzsche é igualmente enfático em negar a liberdade da vontade. De fato, ele considera a defesa da liberdade da vontade como sendo simplesmente uma manifestação do desejo de poder daquele que a afirma.

> "Liberdade da vontade" – essa é a designação do complexo estado de deleite da pessoa que exerce a volição, que manda, e que, ao mesmo tempo, identifica-se com o executor da ordem – que, como tal, goza também do triunfo sobre os obstáculos, mas pensa em seu interior que foi realmente sua própria vontade que os superou.[79]

A vontade de poder também é alistada como um fundamento potencial para explicar a fisiologia e o comportamento de base fisiológica. De

---

78 ABM, #13, p. 21.
79 ABM, #19, p. 26.

maneira significativa, contudo, assim como em muitos outros exemplos, Nietzsche formula essa "redução" como um experimento de pensamento.

> Suponha, finalmente, que tenhamos sucesso em explicar toda nossa vida instintiva como desenvolvimento e ramificação de uma forma básica da vontade – a saber, da vontade de poder, conforme minha proposição; suponha que todas as funções orgânicas pudessem ser traçadas até essa vontade de poder, e que se pudesse encontrar nela também a solução para o problema da procriação e da nutrição – esse é um problema – então se teria ganho o direito de determinar toda força eficiente univocamente como – vontade de poder. O mundo visto de dentro, o mundo definido e determinado de acordo com seu "caráter inteligível" – seria "vontade de poder" e nada mais.[80]

Esse retrato da vontade de poder é às vezes interpretado como uma teoria cosmológica básica, e entendido como o fundamento ontológico do perspectivismo de Nietzsche. Se a vontade de poder é vista como a substância fundamental da qual a realidade é composta, pode-se ler a busca de cada coisa por seu próprio poder, ou melhoria, como inerentemente situada, ontologicamente localizada em uma posição que é distinta da de toda outra entidade.

O perspectivismo de Nietzsche, contudo, é discutido em termos mais psicológicos em outras partes de *Para além do bem e do mal*. Nietzsche sugere que a perspectiva que diferentes indivíduos têm da realidade humana depende de sua estatura relativa como seres humanos. Nietzsche frequentemente adota a imagem da altura, descrevendo aqueles que veem os outros de um ponto mais alto como tendo uma visão mais abrangente que é incomensurável com a perspectiva daqueles que estão abaixo deles. Nietzsche enfatiza a importância dessa ordem de graduação, e frequentemente afirma que a espécie humana consiste em uma proliferação de tipos, alguns dos quais são mais valiosos (ou elevados) que outros. Da maior importância para Nietzsche é o gênio individual, do qual depende a cultura em sua maior parte. A visão de Nietzsche sobre esse assunto é elitista sem qualquer

---

80 ABM, #36, p. 48.

arrependimento: "É necessário nascer para todos os mundos elevados; ou, para dizê-lo com mais clareza, é necessário ser *cultivado* para eles: tem-se um direito à filosofia – tomando essa palavra em seu sentido grandioso – apenas em virtude das origens; os ancestrais, o 'sangue', decidem aqui também."[81]

Para a genealogia da moral

Para a genealogia da moral: uma polêmica (1887) é tão popular entre os filósofos quanto *Zaratustra* é impopular.[82] A estrutura do livro é mais evidentemente argumentativa que a de muitas de suas outras obras. Ele é escrito na forma de três ensaios contínuos sobre tópicos inter-relacionados. Contudo, a clareza de *Genealogia* é enganosa. Embora o livro pareça ter a estrutura de um argumento (apesar de seu subtítulo, "Uma polêmica"), o que ele apresenta é antes uma leitura de um certo número de fenômenos morais, uma leitura cujo sentido literal e importância prática estão longe de serem evidentes.

Os três ensaios do livro oferecem explicações sobre as origens de nossas concepções de "bem", da experiência da má consciência, e das práticas do ascetismo. O primeiro ensaio do livro começa com uma crítica do utilitarismo. Nietzsche afirma que "o bem" não se referia originalmente àquilo que maximizava o prazer e minimizava a dor. Em vez disso, ele se referia principalmente à autodescrição da pessoa que o empregava. Contudo, a compreensão específica que o indivíduo tinha do termo dependia de se ele ou ela representava a perspectiva de um senhor ou a de um escravo. Aqueles com a perspectiva dos senhores, como vimos acima, entendiam o "bem" como referindo-se precisamente a si próprios e suas

---

81 ABM, #213, p. 140.
82 Apenas entre os ensaios neste volume, por exemplo, cinco dedicam alguma atenção a essa obra; e particularmente a interpretação de Nehamas acerca dela é discutida em Robert Pippin, "O suposto adeus de Nietzsche: o Nietzsche pré-moderno, moderno e pós-moderno"; Jörg Salaquarda, "Nietzsche e a tradição judaico-cristã"; Alan D. Schrift, "O legado francês de Nietzsche"; Robert C. Solomon, "O argumento *ad hominem* de Nietzsche: Perspectivismo, personalidade e ressentimento revisitados"; e Tracy B. Strong, "A má apropriação política de Nietzsche".

qualidades. Eles concluíam que aqueles que diferiam deles mesmos eram, nessa medida, "maus". Aqueles com a perspectiva menos sadia dos escravos, em contraste, entendiam a si mesmos como sendo "bons" somente por derivação. Julgando seus senhores como "maus", eles concluíam que eles próprios eram "bons", no sentido negativo de carecerem dos traços maus dos senhores.

Com base nessa análise, Nietzsche sugere que a moral cristã é inerentemente estruturada como uma forma de moral escrava. A moral escrava depende de uma disposição fundamental de *ressentiment* (ressentimento, entendido como um traço básico de caráter, mais próximo do sentido em que o poeta John Milton caracterizou-o como um senso de "mérito ferido") para com os senhores, e realiza a vingança de modo imaginativo, por meio da formulação de um julgamento. Os traços fortes e ativos dos senhores são vilipendiados pelos escravos, que vêm a considerar sua própria passividade e fraqueza como virtudes. Nietzsche sugere que esse padrão permeia os ideais morais do cristianismo. Muitos modos de autoafirmação e autoexpressão são analisados como pecados no esquema cristão, enquanto o sofrimento passivo é considerado característico dos abençoados.

O segundo ensaio da *Genealogia* liga a origem da *má consciência* à disposição humana para a crueldade. Nietzsche reconta a história "festiva" das punições,[83] afirmando que a punição é gratificante porque envolve a imposição da vontade de alguém sobre a de outra pessoa. A má consciência é uma manifestação da mesma alegria na crueldade, mas nesse caso a crueldade é dirigida para o interior. Nietzsche sugere que essa introjeção da crueldade resultou da aquisição de consciência pela humanidade e da subsequente supressão de manifestações exteriores dos instintos: "Todos os instintos que não se descarregam para o exterior voltam-se *para o interior* – isso é o que chamo de *interiorização* do homem: foi assim que o homem desenvolveu pela primeira vez o que depois se denominou sua 'alma'."[84]

---

[83] Ver Friedrich Nietzsche, *On the Genealogy of Morals* [*Sobre a genealogia da moral*], trad. de Walter Kaufmann e R. J. Hollingdale (juntamente com *Ecce homo*, trad. de Walter Kaufmann) (Nova Iorque: Random House, 1967), doravante indicado como "GM", II, 7, p. 69.
[84] GM, II, 16, p. 84.

Nietzsche analisa a má consciência, a tomada de posição da alma contra si mesma, como uma doença, mas uma doença que é "prenhe de futuro".[85] A má consciência, de acordo com Nietzsche, motivou muitas das maiores realizações da humanidade. Ela também motiva o comportamento aparentemente "abnegado". Nietzsche analisa essa aparente abnegação como a subjugação de uma parte da alma por outra, e "o deleite que sente desde o início o homem desinteressado, o abnegado, o sacrificador de si: *esse* deleite é ligado à crueldade".[86]

A má consciência, combinada com a alegria da humanidade com a crueldade, de acordo com Nietzsche, é também a base do monoteísmo, particularmente o do cristianismo. Em momentos anteriores da história, sentimentos de dívida eram dirigidos aos ancestrais, cujo poder imaginado tornava-se maior conforme o poder da tribo aumentava. Esse crescimento de poder alcançou seu ápice na ideia de um Deus supremo e todo-poderoso.

A noção de uma divindade onipotente eleva os sentimentos de culpa a alturas extremas. No cristianismo, a culpa era vista como tão extrema que somente o próprio Deus poderia redimir dela a humanidade, como afirma a visão ortodoxa da Crucificação. A culpa em relação a Deus é expiada, de acordo com essa perspectiva, como a culpa em relação a qualquer pessoa é expiada – por meio de um drama de punição que satisfaz o desejo de crueldade do espectador. Nietzsche enxerga essa concepção de Deus como venenosa: "De fato, não se pode rejeitar a possibilidade de que a completa e definitiva vitória do ateísmo liberte a humanidade de todo esse sentimento de uma dívida de culpa em relação a sua origem, sua *causa prima*. O ateísmo e um tipo de *segunda inocência* andam juntos."[87]

O terceiro ensaio de Nietzsche sugere uma explicação genealógica de ainda outro traço da visão de mundo moral cristã, sua defesa de ideais ascéticos. A pessoa que nega a si mesma, nessa visão de mundo, é vista como um tipo de exemplo. Os ideais ascéticos parecem paradoxais, pois parecem envolver uma paixão viva por aquilo que é contrário à vida. Nietzsche

---

85 GM, II, 16, p. 85.
86 GM, II, 18, p. 88.
87 GM, II, 20, p. 91.

conclui que essas estranhas paixões devem ser, por si mesmas, de interesse da vida, a despeito das aparências em contrário. Novamente, ele vê o ressentimento e o desejo de poder atuando. "Uma vida ascética é uma autocontradição: aqui governa um ressentimento sem igual, o de um instinto insaciável e uma vontade de poder que quer tornar-se senhora não de algo na vida, mas da própria vida."[88]

O ascetismo é uma expressão de desejo de poder, tal como ele se manifesta naqueles que estão em declínio, ou decadentes. Aqueles que sentem-se em declínio buscam principalmente proteger-se. "Isto, suponho, constitui a causa fisiológica real do ressentimento, da vingança, e coisas semelhantes: um desejo de entorpecer a dor por meio de afetos."[89]

Esse desejo, argumenta Nietzsche, é satisfeito pelo sacerdote ascético. Àqueles que sentem dor, a visão de mundo moral cristã (e as de outras doutrinas ascéticas) diz que eles são os culpados. Isso produz uma orgia de sentimentos[90] construída em torno do sentimento de culpa do sofredor. Os sentimentos de culpa invertem o sentimento de que a vida da pessoa está declinando: "A vida voltou a ser *muito* interessante [...]."[91] Assim, o paradoxo da perspectiva ascética é apenas aparente. A interpretação da qual essa perspectiva depende é de fato vivificante, apesar de ser aparentemente alcançada à custa da autoestima.

Não obstante, Nietzsche vê o impacto a longo prazo dos ideais ascéticos como psicológica e fisiologicamente danosos. As práticas de ascetismo enfraquecem o corpo e a vontade. Assim como outros fenômenos morais que Nietzsche analisa na *Genealogia*, o ascetismo produz um envenenamento gradual daqueles que o adotam. Ironicamente, os ideais ascéticos oferecem paliativos para aqueles que já estão doentes, mas esses paliativos tornam o doente mais doentio a longo prazo.

Nietzsche conclui o terceiro ensaio sugerindo que a visão de mundo científica moderna, que poderia ser vista como uma alternativa à visão de

---

88 GM, III, 11, p. 117.
89 GM, III, 15, p. 127.
90 Ver GM, III, 20, p. 139.
91 GM, III, 20, p. 141.

mundo moral cristã, não é nenhuma melhoria, mas é em vez disso uma extensão daquela. A própria visão de mundo científica é baseada na fé, nesse caso a fé na verdade. Além disso, essa fé motiva por si mesma o ascetismo, pois encoraja as pessoas a reprimirem seus desejos em busca da verdade, não importando quão dolorosa essa busca possa ser.

A *Genealogia* termina inconclusivamente, com o antídoto moderno à visão de mundo cristã exposto como mais uma manifestação da mesma disposição básica. Nietzsche sugere que outras alternativas talvez sejam possíveis. "Também na esfera mais espiritual o ideal ascético tem no momento apenas um tipo de inimigo real capaz de *prejudicá-lo*: os comediantes desse ideal – pois despertam desconfiança em relação a ele."[92] Novamente, assim como em *Zaratustra* e *A gaia ciência*, Nietzsche propõe a superação do ideal ascético pela comédia ou pela paródia como remédios positivos para o niilismo de sua época, supostamente uma vez que se entenda que nosso sofrimento é tanto um produto de nossas crenças e autodescrições básicas quanto uma consequência de quaisquer "fatos" do assunto. Contudo, Nietzsche não desenvolve essa sugestão. Em vez disso, ele conclui com uma observação psicológica sugerida pelo ideal ascético e pelos fenômenos morais associados a ele, uma observação que reafirma que a vontade é psicologicamente fundamental:

> Não podemos mais esconder de nós mesmos *o que* é expresso por toda essa vontade que tomou do ideal ascético sua direção: esse ódio ao humano, e ainda mais ao animal, e mais ainda ao material, esse horror aos sentidos, à própria razão, esse medo da felicidade e da beleza, esse anseio de afastar-se de toda aparência, mudança, devir, morte, desejo, do próprio anseio – tudo isso significa – ousemos apreendê-lo – uma *vontade de nada*, uma aversão à vida, uma revolta contra os pressupostos mais fundamentais da vida; mas ela é e continua sendo uma *vontade*! E, para repetir em conclusão o que eu disse no início: o homem prefere *querer o nada* a *nada querer*.[93]

---

92 GM, III, 27, p. 160.
93 GM, III, 28, p. 163.

O método genealógico de análise de Nietzsche não o conduz a muitas propostas específicas e literais. Ele tipicamente deixa ao leitor a direção da resposta a suas análises. O método de Nietzsche de oferecer explicações genealógicas para conceitos e práticas humanos dados foi extremamente influente, mais notavelmente na obra de Michel Foucault. Assim como Nietzsche, Foucault utiliza a genealogia para minar a noção de que conceitos humanamente construídos sejam "dados" e imutáveis.[94]

As obras de 1888

O último ano da produtividade de Nietzsche foi 1888; ele foi espetacularmente prolífico. Nietzsche escreveu cinco livros em 1888, começando com *O caso Wagner: um problema para músicos* (1888).

Conforme Nietzsche reconhece, o caso Wagner foi um problema pessoal para ele; e ele não pode resistir à ocasião como uma oportunidade de registrar salvas de farpas espirituosas contra Wagner e sua música. Não obstante, Nietzsche agora vê o problema colocado por Wagner como sintomático de toda sua cultura. Wagner e a modernidade são ambos inteiramente decadentes. Aqui, Nietzsche trata suas descrições estéticas do estilo de Wagner como caracterizações das tendências de toda a época moderna. Ele afirma que ambos carecem de integridade, manifestando em vez disso uma "anarquia dos átomos" na qual "a vida não mais habita no todo".[95]

Nietzsche conclui o corpo do livro – em uma imitação autoconsciente dos pronunciamentos bombásticos do próprio Wagner – com seu próprio triunvirato bombástico e moralista de demandas anti-wagnerianas para a arte:

---

94 Para uma discussão adicional sobre o uso da metodologia de Nietzsche por parte de Foucault, ver Alan D. Schrift, "O legado francês de Nietzsche" (neste volume).
95 Friedrich Nietzsche, *The Case of Wagner* [*O caso Wagner*] (juntamente com *The Birth of Tragedy* [*O nascimento da tragédia*]), trad. de Walter Kaufmann (Nova Iorque: Random House, 1967), doravante indicado como "CW", 7, p. 170.

Que o teatro não impere sobre as artes.
Que o ator não seduza aqueles que são autênticos.
Que a música não se torne uma arte de mentir.⁹⁶

Embora tenha um escopo mais abrangente e sinóptico, *Crepúsculo dos ídolos, ou como filosofar com um martelo* (escrito em 1888, publicado em 1889) sugere de modo semelhante a importância de Wagner para Nietzsche, ainda que apenas como um modelo negativo e apropriadamente não mencionado. O título, *Gotzendämmerung*, é um trocadilho com o título de uma das óperas de Wagner, *Gotterdämerung* [*Crepúsculo dos deuses*]. Ao mesmo tempo, ele projeta Nietzsche como alguém que, assim como Francis Bacon, expõe como "ídolos" certas tendências enganosas da mente humana que necessitam de correção.

O subtítulo, "Como filosofar com um martelo", reforça essa impressão sobre as intenções de Nietzsche. Supostamente, ele alude à imagem de Martim Lutero de Deus esculpindo a alma com um martelo, embora a imagem de Nietzsche seja ao mesmo tempo mais grosseira e mais cômica: "Outro modo de convalescência [...] é *fazer soar* os ídolos [...]. Colocar aqui questões com um *martelo*, e talvez ouvir como resposta aquele famoso som oco que fala de entranhas empanturradas – que deleite para alguém que atrás de seus ouvidos tem outros ouvidos ainda."⁹⁷ Supostamente, os ídolos ocos que o martelo detecta não são mais para o mundo, e o próprio martelo poderia ser um implemento de destruição. Contudo, o uso da metáfora do martelo por parte de Nietzsche é ambíguo como o de Lutero, no qual o martelo ao mesmo tempo esmaga o orgulho do pecador e provoca o início de um processo positivo de transformação. E deve-se também lembrar que Nietzsche identifica seu martelo como um "diapasão", não como uma marreta.

Nietzsche anuncia no Prefácio do livro que a transformação que ele tem em mente é a "transvaloração de todos os valores". Ele descreve isso

---

96 CW, 12, p. 180.
97 Friedrich Nietzsche, *Twilight of the Idols* [*Crepúsculo dos ídolos*], em *The Portable Nietzsche* [*O Nietzsche portátil*], ed. e trad. de Walter Kaufmann (Nova Iorque: Viking Penguin, 1968), doravante indicado como "CI", Prefácio, p. 465.

como um "ponto de interrogação, tão negro, tão enorme, que lança sombras sobre aquele que o coloca".[98] A noção de transvalorar todos os valores é espantosa; a avaliação ocorre em termos de algum valor, enquanto Nietzsche supostamente quer colocar em questão *todos* os valores. Mas qual é o valor que fala aqui? Como um perspectivista pode assumir uma visão a partir de lugar nenhum?

Contudo, alguns dos valores específicos que Nietzsche questiona em *Crepúsculo dos ídolos* são familiares e referem-se a suas outras obras. Seus alvos principais são os "ídolos" dos filósofos e moralistas, com as aspirações dos alemães servindo como um alvo menor. O corpo do livro abre com uma série de aforismos seguidos por um ataque *ad hominem* contra Sócrates, o semideus da filosofia.[99] As duas seções subsequentes continuam o assalto contra o culto dos filósofos tradicionais à razão e sua fé, articulada de várias maneiras, em um "mundo verdadeiro" para além do mundo aparente.[100] As seções subsequentes enunciam sucintamente o argumento de Nietzsche contra a moral cristã e o moralismo em geral. Nietzsche prossegue com uma vivissecção dos valores da Alemanha e então lança-se em uma série de ataques contra uma variedade de ideias, pessoas e fenômenos contemporâneos, que ele intitula "Escaramuças de um homem extemporâneo".[101]

O livro chega ao fim com uma recapitulação de algumas das visões de Nietzsche sobre a Antiguidade. Ele aplaude os romanos às custas dos gregos, e rejeita imperiosamente Platão. O que ele valoriza acima de tudo nos gregos, afirma ele, é a concepção de *Dionísio*, que ele associa a uma versão naturalista do eterno retorno.

---

98 CI, Prefácio, p. 465.
99 Para uma discussão deste e do papel de outros ataques *ad hominem* feitos por Nietzsche, ver Robert C. Solomon, "O argumento *ad hominem* de Nietzsche: perspectivismo, personalidade e ressentimento revisitados" (neste volume).
100 Para uma discussão da seção "Como o mundo finalmente tornou-se uma fábula", ver Richard Schacht, "O tipo de filosofia de Nietzsche" (neste volume).
101 Ver Graham Parkes, "Nietzsche e o pensamento do leste asiático: influências, impactos e ressonâncias" (neste volume), para uma discussão da concepção de indivíduo que emerge das "escaramuças" de Nietzsche.

Que era que o heleno garantia para si mesmo por meio desses mistérios? A vida eterna, o eterno retorno da vida; o futuro prometido e santificado no passado; o Sim triunfante à vida para além de toda morte e mudança; a vida verdadeira como prolongamento coletivo, por meio da procriação, mediante os mistérios da sexualidade. Por isso o símbolo sexual era para os gregos o símbolo venerável por excelência, a verdadeira profundidade de toda a piedade antiga. Cada elemento singular do ato da procriação, da gravidez, do nascimento, despertava os sentimentos mais elevados e mais solenes. Na doutrina dos mistérios, a dor é declarada sagrada; a aflição da mulher no parto santifica toda dor; todo devir e crescimento – tudo que garante um futuro – envolve dor. Para que exista a alegria eterna da criação, para que a vontade de viver se afirme eternamente, a agonia da mulher no parto também deve estar lá eternamente. A palavra *Dionísio* significa tudo isso.[102]

Nietzsche contrasta essa significância de Dionísio diretamente com a do Cristo em seu sofrimento: "Foi o cristianismo, com seu ressentimento contra a vida no fundo de seu coração, que pela primeira vez fez da sexualidade algo sujo: ele lançou imundície na origem, no pressuposto de nossa vida."[103] Colocando-se ao lado de Dionísio contra o cristianismo, Nietzsche conclui com sua própria saudação à corporificação, e particularmente à sexualidade: "Ó meus irmãos, ponho sobre vós esta nova tábua: *Tornai-vos duros!*".[104]

A transvaloração permanece na mente de Nietzsche quando ele escreve sua obra seguinte, *O anticristo* (escrito em 1888, publicado em 1895). "Transvaloração de todos os valores!" é, de fato, o enunciado de encerramento do livro. A notoriedade de Nietzsche por sua hostilidade contra o cristianismo deriva em grande medida desse livro, seu ataque mais vitriólico contra aquele conjunto de religiões. Embora suas reclamações contra o cristianismo, e particularmente contra a visão de mundo moral do cristianismo, tivessem sido desenvolvidas em várias obras anteriores, seu tom sarcástico e de

---

102 CI, "O que devo aos antigos", 4, p. 561-562.
103 CI, "O que devo aos antigos", 4, p. 562.
104 CI, "O martelo fala", p. 563.

extrema hipérbole em *O anticristo* é mais contínuo e habilmente empregado que em qualquer outra obra, com possível exceção do ensaio sobre David Strauss nas *Considerações extemporâneas*.

O anticristo oferece uma explicação histórica e psicológica do desenvolvimento do cristianismo a partir do judaísmo. De maneira significativa, Nietzsche distingue nitidamente entre os ensinamentos de Jesus e a instituição do cristianismo que se desenvolveu em grande medida sob a influência de Paulo, o principal vilão do livro. "Paulo encarna o tipo oposto do 'portador da boa nova': o gênio do ódio, a visão do ódio, a inexorável lógica do ódio."[105] Jesus é apresentado, em contraste, como "beatificado", na apropriada expressão de Gary Shapiro.[106]

> Usando a expressão de modo um tanto tolerante, pode-se dizer que Jesus é um "espírito livre" – ele não se importa com nada de sólido: a palavra mata, tudo que é sólido mata. O conceito, a experiência da "vida", do único modo como ele a conhece, resiste a qualquer tipo de palavra, fórmula, lei, fé, dogma. Ele fala apenas sobre o mais íntimo: "vida" ou "verdade" ou "luz" é sua palavra para o mais íntimo – todo o resto, toda a realidade, toda a natureza, a própria linguagem, tem para ele apenas o valor de um signo, um símile.[107]

Embora Nietzsche considere essa perspectiva ao mesmo tempo como infantil e como uma fuga decadente da dor, esse retrato de Jesus não é desprovido de respeito. Algo próximo da admiração é evidente em outras passagens.

> O "reino de Deus" não é nada que se espere; ele não tem ontem e não tem dia depois de amanhã, não virá em "mil anos" – ele é uma

---

105 A, 42, p. 617.
106 Ver Gary Shapiro, "The Writing on the Wall: *The Antichrist* and the Semiotics of History" ["A escrita na parede: *O anticristo* e a semiótica da história"], em *Reading Nietzsche* [*Lendo Nietzsche*], ed. Robert C. Solomon e Kathleen M. Higgins (Nova Iorque: Oxford University Press, 1988, p. 200).
107 Friedrich Nietzsche, *The Antichrist* [*O anticristo*], em *The Portable Nietzsche* [*O Nietzsche portátil*], ed. e trad. de Walter Kaufmann (Nova Iorque: Viking Penguin, 1968), doravante indicado como "A", 32, p. 605.

experiência do coração; está em todo lugar, está em lugar nenhum.[108] Esse "portador de boas novas" morreu como viveu, como ensinou – não para "redimir os homens", mas para mostrar como se deve viver.[109]

Em contraste, Nietzsche tem poucas coisas boas a dizer sobre a instituição, o andaime que se desenvolveu em torno de Jesus. Aqueles que construíram a Igreja, a começar por Paulo, fomentaram mentiras sobre Jesus e seus objetivos. Eles vincularam sua própria interpretação à morte dele, uma interpretação encharcada de ressentimento, e interpretaram o "reino" não como um estado interior, mas como uma vida prometida futura. Recapitulando e estendendo a explicação de suas reclamações anteriores contra o cristianismo, Nietzsche conclui que ele é completamente prejudicial. "Chamo de cristianismo a grande maldição, a grande corrupção interior, o grande instinto de vingança, para o qual nenhum meio é suficientemente venenoso, furtivo, subterrâneo, *baixo* – chamo-o de a vergonha imortal da humanidade."[110]

Em seu aniversário de quarenta e quatro anos, em 15 de outubro de 1888, Nietzsche começou a escrever sua autobiografia intelectual, *Ecce homo: como se chega a ser o que se é* (escrito em 1888, publicado em 1908). A dedicatória se adequa ao espírito da afirmação do eterno retorno:

> Neste dia perfeito, em que tudo amadurece e não apenas as uvas se tornam douradas, o olho do sol caiu justamente sobre a minha vida: olhei para trás, olhei para a frente, e nunca vi ao mesmo tempo tantas e tão boas coisas. Não foi em vão que hoje sepultei o meu quadragésimo quarto ano: tive o *direito* de sepultá-lo – o que nele era vida foi salvo, é imortal. O primeiro livro da *Transvaloração de todos os valores*, as *Canções de Zaratustra*, o *Crepúsculo dos ídolos*, minha tentativa de filosofar com um martelo – todos dádivas deste ano, e mesmo de seu último trimestre! *Como eu deixaria de estar*

---

108 A, 34, p. 608.
109 A, 35, p. 608-609.
110 A, 62, p. 656. Para discussões adicionais de O anticristo, ver Richard Schacht, "O tipo de filosofia de Nietzsche", e Jörg Salaquarda, "Nietzsche e a tradição judaico-cristã" (ambos neste volume).

agradecido por toda a minha vida? – E assim a mim próprio narro a minha vida.[111]

Como uma autobiografia, *Ecce homo* é certamente fora do comum. Ela é extremamente estilizada, e de fato desafia qualquer gênero tradicional, e enfatiza questões como comida, clima, e rotinas diárias. O tom também é imodesto, às vezes chegando ao ponto da megalomania. Em certo ponto, por exemplo, Nietzsche exclama: "Não sou um homem, sou dinamite."[112] A combinação desse tom com os títulos autolisonjeiros dos capítulos – "Por que sou tão sábio", "Por que sou tão esperto", "Por que escrevo livros tão bons", e "Por que sou um destino" – levou alguns a concluírem que Nietzsche já estava louco quando escreveu o livro.

O que tais leitores estão perdendo de vista é o humor envolvido em títulos de capítulos que invertem a pose de modéstia de Sócrates quando este insistia que era sábio porque sabia que não era sábio.[113] Também é perdido de vista por aquela perspectiva o propósito filosófico de Nietzsche ao enfatizar questões usualmente não anunciadas em autobiografias, um propósito que ele explica no próprio livro.

> Perguntar-me-ão porque é que estive relatando todas estas coisas pequenas que são geralmente consideradas assuntos de completa indiferença: causo apenas dano a mim mesmo, e tanto mais se estou destinado a representar grandes tarefas. Resposta: estas pequenas coisas – nutrição, lugar, clima, recreação, toda a casuística do egoísmo – são muitíssimo mais importantes do que tudo quanto se pode conceber, e do que tudo que até agora se considerou importante. É aqui justamente que se deve começar a *aprender de novo*. [...] Todos os problemas da política, da organização social, da educação,

---

111 EH, p. 221. As *Canções de Zaratustra* são uma série de poemas publicados sob o título *Ditirambos de Dionísio* em 1891.
112 EH, p. 326.
113 Para uma discussão sobre o uso sistemático do tropo hipérbole por Nietzsche e sobre a questão de seus estilos, ver Magnus *et al.*, *Nietzsche's Case: Philosophy as/and Literature* [*O caso Nietzsche: filosofia como/e literatura*] (Nova Iorque e Londres: Routledge, Chapman and Hall, Inc., 1993).

foram totalmente falsificados de cima a baixo, porque se tomaram como grandes os homens mais perniciosos – porque se aprendeu a desprezar as coisas "pequenas", ou seja, as preocupações básicas da própria vida.[114]

A última obra de 1888 de Nietzsche, *Nietzsche contra Wagner: documentos de um psicólogo* (publicada em 1895), é uma breve antologia de passagens editadas de outras obras, todas relacionadas a Wagner. De acordo com o Prefácio, escrito no natal de 1888, o livro é oferecido aos psicólogos. O desfecho, afirma Nietzsche, é que ele e Wagner são antípodas.[115]

Nachlass

Além de suas obras publicadas, Nietzsche deixou um vasto número de notas, esboços e fragmentos literários, conhecido como os *Nachgelassene Fragmente* [*Fragmentos póstumos*], ou o *Nachlass* [*Legado*]. Estes foram transmitidos à posteridade em uma forma embaralhada, graças ao trabalho de edição mutilador feito pela irmã de Nietzsche, Elisabeth Förster-Nietzsche, e seus compatriotas fascistas e racistas. A edição que resultou reuniu uma confusão de notas tiradas de uma variedade de contextos e arranjadas de uma maneira que enfatizava temas que pareciam amigáveis aos ideais do nacional-socialismo. Essa edição foi publicada como *A vontade de poder*, um título que Nietzsche havia vislumbrado para um livro que permaneceu sem ser escrito quando ele entrou em colapso.[116]

Elisabeth promoveu essa "obra" como a obra-prima de Nietzsche, uma perspectiva que foi adotada por Martin Heidegger em seus influentes trabalhos

---

114 EH, p. 256; KGW, VI/3, p. 293-294.
115 Friedrich Nietzsche, *Nietzsche contra Wagner*, em *The Portable Nietzsche* [*O Nietzsche portátil*], ed. e trad. de Walter Kaufmann (Nova Iorque: Viking Penguin, 1968, p. 662).
116 Ernst Behler, "Nietzsche no século XX" (neste volume), discute o impacto de Elisabeth na vida de Nietzsche, bem como os esforços mais recentes feitos por estudiosos para reconstruir o *Nachlass* em sua cronologia original. Graham Parkes, "Nietzsche e o pensamento do leste asiático: influências, impactos e ressonâncias" (também neste volume), discute a influência de *A vontade de poder* na recepção japonesa de Nietzsche.

sobre Nietzsche.[117] Heidegger chegou ao ponto de afirmar que o livro mais importante de Nietzsche foi um que ele nunca completou e que seu pensamento central nunca foi plenamente desenvolvido: "O que o próprio Nietzsche publicou durante sua vida criativa foi sempre o segundo plano. Sua filosofia propriamente dita foi deixada para trás como um trabalho póstumo, não publicado."[118] Aqueles que são críticos da análise de Heidegger sobre Nietzsche, com base no argumento de que ela se importa mais com reforçar a perspectiva filosófica de Heidegger do que com a fidelidade a Nietzsche, foram tipicamente e especialmente estarrecidos por essa metodologia, que facilitou que Heidegger lesse seus próprios interesses nas obras de Nietzsche.

Poucos estudiosos de Nietzsche desde Heidegger foram tão longe quanto ele ao incluir o *Nachlass* em suas leituras de Nietzsche. Não obstante, o estatuto do *Nachlass* tem sido um debate central nos estudos recentes sobre Nietzsche. As visões opostas são as dos "aglutinadores", que tratam o *Nachlass* como equivalente às obras publicadas de Nietzsche, e as dos "separadores", que traçam uma distinção aguda entre a obra publicada e a não publicada.[119] Enquanto alguns estudiosos defendem uma posição teoricamente e praticam outra, as posições que os estudiosos assumem sobre o estatuto do material não publicado frequentemente tem repercussões sobre quão significativos eles consideram certos temas na obra de Nietzsche como um todo. Em particular, aglutinadores e separadores frequentemente se dividem acerca da importância do conceito da vontade poder (que raramente é mencionado nas obras publicadas) e acerca da versão cosmológica da doutrina do eterno retorno (que aparece apenas em obras não publicadas).

---

117 Ver Ernst Behler, "Nietzsche no século XX" (neste volume), para uma discussão adicional sobre a interpretação de Nietzsche feita por Heidegger.

118 Martin Heidegger, *Nietzsche*, vol. 1, trad. de David Krell (Nova Iorque: Harper and Row, 1979, p. 8-9).

119 Essa distinção foi formulada em Bernd Magnus, "Nietzsche's Philosophy in 1888: *The Will to Power* and the *Übermensch*" ["A filosofia de Nietzsche em 1888: *A vontade de poder* e o *Übermensch*"], *Journal of the History of Philosophy* 24, 1 (janeiro de 1986): 79-98. Ver também Bernd Magnus, "The Use and Abuse of *The Will to Power*" ["O uso e abuso de *A vontade de poder*"], em *Reading Nietzsche* [*Lendo Nietzsche*], Robert C. Solomon and Kathleen M. Higgins (eds.) (Nova Iorque: Oxford University Press, 1988, p. 218-325).

O propósito dessa visão geral das obras de Nietzsche foi meramente fornecer uma primeira aproximação acerca do "tema" de cada um de seus textos. Essa tarefa, como somos agudamente cônscios, é perigosa. Sumários alternativos poderiam ter sido escritos; e certamente são necessárias maior sutileza e nuance do que fomos capazes de fornecer neste levantamento introdutório. Estes, contudo, são precisamente o propósito e a justificativa dos ensaios que se seguem.

PARTE II
O uso e abuso da vida e das obras de Nietzsche

2 O herói como forasteiro

R. J. HOLLINGDALE

A lenda de Nietzsche

Por muitos anos, Nietzsche viveu em um quarto em uma casa em Sils-Maria, na Alta Engadina na Suíça. O quarto é mantido como Nietzsche viveu nele, e foi frequentemente fotografado. Ele contém uma cama, uma escrivaninha com uma lâmpada nela, uma pia e um pequeno sofá. As paredes são de madeira, e o assoalho é parcialmente coberto com um tapete. Há uma única janela, e através dela pode-se ver parte do vilarejo de Sils e as encostas das montanhas que jazem além. É um típico quartinho em uma casa de um vilarejo alpino.

Ele vivia nesse quarto durante os meses de verão, e teria vivido nele o ano todo se os invernos não tivessem sido frios demais para ele. Os invernos na Alta Engadina podem ser muito frios.

Nesse quarto, ele escreveu em 20 de julho de 1888 que tivera sucesso em conseguir um editor para um livro sobre a estética do drama francês escrito pelo autor suíço Carl Spitteler. Essa "pequena peça de humanidade de minha parte", disse ele, foi "meu tipo de vingança por um artigo extremamente rude e insolente de Spitteler sobre toda minha literatura", que aparecera no inverno anterior. Ele acrescentou: "Tenho uma opinião muito alta do talento desse suíço para me deixar desconcertar por uma peça de *grosseria*".[1]

---

1 Carta a Franz Overbeck, 20 de julho de 1888. Carl Spitteler (pseudônimo de Felix Tandem, 1845-1924), um importante poeta e escritor suíço, recebeu o prêmio Nobel de literatura em 1919.

O artigo de Spitteler, que aparecera no jornal *Bund* [União] de Berna em 1 de janeiro de 1888, embora tivesse claramente falhado em obter a aprovação de Nietzsche, mesmo assim deve ter-lhe dado alguma satisfação, pois foi a primeira exposição geral de "toda sua literatura" a aparecer em qualquer lugar. A modéstia da acomodação que ele ocupou em Sils-Maria correspondeu à modéstia da reputação que ele teve enquanto viveu ali. No início de 1888, ele não era conhecido por quase ninguém.

Um quarto de século depois, outro jornal, a *Revista Educacional* britânica, publicou um artigo intitulado "Será que Nietzsche causou a guerra?". A guerra era a guerra mundial que se iniciara em 1914. A reputação de Nietzsche não era então nem um pouco modesta.

Aqui está Clarence Darrow, escrevendo em 1916: "Desde sua morte, nenhum filósofo na Terra foi tão falado quanto Nietzsche. [...] As universidades do mundo foram viradas de cabeça para baixo por Nietzsche [...]. Nietzsche ajudou os homens a serem fortes – a olhar o mundo de frente."[2]

Aqui está Giovanni Papini, escrevendo em 1922: "Declaro a vocês que não sei de nenhuma vida moderna mais nobre, mais pura, mais triste, mais solitária, mais desesperançosa que a de Friedrich Nietzsche." Nietzsche foi "puro, santificado, martirizado"; foi "de amor, recluso e não aplacado, que Nietzsche morreu. Nós o matamos – todos nós – com nosso comportamento humano comum."[3]

E aqui está Alfred Bäumler, escrevendo em 1937: "Quando hoje vemos a juventude alemã marchando sob o signo da suástica, nossas mentes retornam às *Considerações extemporâneas* de Nietzsche, nas quais essa juventude foi invocada pela primeira vez [...]. E quando gritamos a essa juventude 'Heil Hitler!', saudamos ao mesmo tempo, com o mesmo grito, Friedrich Nietzsche!".[4]

---

2 Clarence Darrow, "Nietzsche", em *Athena* (1916), reimpresso por Enigma Press, Mount Pleasant, Michigan, 1983.
3 Giovanni Papini, "Nietzsche", em *Four and Twenty Minds* [*Vinte e quatro mentes*] (1922), reimpresso por Enigma Press, 1983.
4 Alfred Bäumler, "Nietzsche und der Nationalsozialismus" ["Nietzsche e o nacional-socialismo"] (1937), citado em Ernest Newman, *The Life of Richard Wagner* [*A vida de Richard Wagner*], vol. IV, 1947, p. 511.

O que estas, e outras denúncias comparáveis às quais me referirei depois, têm em comum é que elas são implausíveis. A pergunta "Será que Nietzsche causou a guerra?" é um convite à resposta "Não". A conexão entre as *Considerações extemporâneas* de 1873-1876 e o nacional-socialismo é invisível para o leitor sóbrio. E Darrow e Papini despertariam até mesmo em alguém que não soubesse nada sobre Nietzsche a suspeita de estarem se afastando da realidade por um excesso de emoção.

Qualquer pessoa interessada em Nietzsche e sua filosofia terá encontrado afirmações sobre sua posição e seu caráter, as quais, embora possam entrar em conflito ou mesmo serem incompatíveis umas com as outras, compartilham esse elemento de implausibilidade. Elas pertencem a um mundo mais enevoado, menos palpável, e menos crível do que aquele ocupado pelo quarto em Sils-Maria.

O mundo ao qual elas pertencem não é o mundo real, mas o mundo da lenda. Elas se referem a – ou antes, são – Nietzsche como lenda.

A natureza da lenda

Uma lenda é uma ficção apresentada como verdade. A palavra é frequentemente usada como se fosse sinônimo de mito, mas as lendas diferem dos mitos porque embora os mitos, sendo ficções sobre deuses, sejam necessariamente situados no que é imaginado como sendo o passado muito remoto, as lendas, sendo ficções sobre heróis, podem se vincular às pessoas ou eventos de qualquer período, incluindo os mais recentes.

Uma percepção semiconsciente disso provavelmente se manifesta no mau uso da palavra "lendário" como uma expressão de alta aprovação, como em "o lendário encontro em Woodstock". A pessoa que usa a palavra não pretende afirmar que o evento nunca ocorreu, mas que ele foi tão singular que se tornou objeto de lendas. "Lendarizado" é a palavra correta.

Portanto, se falo de Nietzsche como lenda não estou usando a palavra em um sentido metafórico, mas dizendo que a vida de Nietzsche tornou-se lendarizada, tornou-se o objeto de uma lenda. Embora os fatos de sua vida sejam importantes para qualquer pessoa que queira entender por que ele pensou como o fez, eles têm pouca importância cultural comparados com os da lenda.

Muitas pessoas para quem a filosofia de Nietzsche é e deve permanecer inteiramente estranha estão totalmente familiarizadas com a lenda. Sua cabeça idealizada – o cabelo preto engomado, os olhos profundos mirando um ponto aproximadamente 4 metros e meio à frente dele, as sobrancelhas proeminentes, e à frente de tudo, como a pá de uma escavadeira, o "bigode de Nietzsche" – tem sido um ícone familiar por quase um século: quer dizer, um símbolo sagrado contendo algumas das características da coisa simbolizada.

A imprecisão, em parte intencional, com a qual palavras tão carregadas quanto "lenda" são empregadas hoje – em quantas pessoas que foram lendas em seus próprios tempos de vida você consegue pensar, digamos, desde Valentino até Jim Morrison? – torna necessário que tenhamos clareza em nossas próprias mentes acerca de o que é uma figura genuinamente lendarizada, e, além disso, de como pôde ocorrer que um candidato tão pouco promissor quanto um filósofo alemão tenha podido tornar-se uma figura cujo retrato é tão imediatamente reconhecível quanto o de qualquer estadista ou ator de cinema.

A repressão de Nachmärz

As condições que tornaram possível que um filósofo alemão se tornasse uma lenda e uma estrela cultural têm sua origem no período de reação e repressão que se seguiu ao fracasso da revolução alemã de março de 1848. O período agitado que precedeu a revolta em Berlim é conhecido como *Vormärz* [Antes de março], e o período reacionário que a sucedeu como *Nachmärz* [Depois de março].[5] As restrições sobre aquelas que hoje seriam

---

5 O aspecto geral do *Nachmärz* é bastante familiar para os estudantes da história alemã, mas o efeito da reação do *Nachmärz* especificamente no campo da filosofia é tratado com detalhes em Klaus Christian Kohnke, *Entstehung und Aufstieg der Neukantianismus* [Surgimento

chamadas de liberdades civis e liberdade de expressão tornaram-se gerais e foram aplicadas não apenas à vida política e social, mas a quase toda região de atividade pública; e entre as regiões mais afetadas estava a filosofia.

Convencidos de que os atos revolucionários só podiam ser uma consequência direta de ideias revolucionárias, e de que as ideias revolucionárias, por sua vez, só podiam ser uma consequência direta de teorias filosóficas, os representantes de um Estado e uma Igreja revigorados expurgaram os departamentos de filosofia das universidades de tudo que lhes parecia subversivo em relação à ordem existente. O expurgo foi bastante suave se comparado a exercícios semelhantes em nosso próprio século, mas foi baseado na mesma crença de que ideias podem ser ordenadas a saírem da existência, e que se os filósofos forem instruídos a abandoná-las eles o farão. Contudo, essa crença é falsa, e quando se age com base nela, ela necessariamente produz efeitos diferentes dos previstos.

À medida que todo tópico de interesse filosófico para qualquer pessoa, exceto um lógico ou epistemólogo profissional, foi banido das universidades alemãs dos anos 1850 – e esse foi o resultado prático da censura política e eclesiástica – a filosofia não foi interrompida nem reduzida a uma serva obediente do Estado e da Igreja, como, é claro, era a intenção. O que ocorreu foi que a filosofia alemã se dividiu em duas: uma filosofia acadêmica à qual ninguém mais prestava atenção, e cuja reputação decaiu a um nível sem precedentes na Alemanha, e uma filosofia autônoma existindo fora e independentemente da universidade, cujos praticantes eram capazes de discutir aquelas questões, as únicas de interesse para o público não acadêmico, das quais o filósofo acadêmico fora impedido de se aproximar.

A lenda de Schopenhauer

O primeiro grande beneficiário dessa criação de um mercado autônomo de filosofia foi Schopenhauer. Por trinta anos, Schopenhauer fora

---

e ascensão do neokantismo] (Frankfurt, 1986), ao qual devo muito do presente parágrafo e dos parágrafos seguintes.

intencionalmente hostil para com a academia de sua época, e aparentemente determinado a fracassar em tornar-se parte dela; como consequência, sua influência fora severamente limitada. Agora a repressão de *Nachmärz* concedia-lhe um público: uma plateia alemã ansiosa para ouvir a "filosofia", à qual a filosofia acadêmica, contudo, não mais ousava dizer coisa alguma. Auxiliado por um estilo literário mais belo do que qualquer outro filósofo alemão tivera até então sob seu comando, ele tornou-se então não apenas o filósofo mais lido na Alemanha, mas também o pioneiro de uma espécie de figura literária anteriormente desconhecida nas letras alemãs: o filósofo autônomo sustentado apenas pela popularidade que sua atividade lhe concedia.

Foi possivelmente o excepcional sucesso de Schopenhauer, combinado com seu isolamento como um exilado hostil do mundo acadêmico, que ajudou então a produzir o que foi chamado de uma "transferência de interesse dos problemas da filosofia para os homens que produzem essa filosofia".[6] O interesse pelas vidas privadas de Kant e Hegel havia sido em grande medida limitado ao prazer da anedota. A pontualidade de Kant, pela qual você poderia acertar seu relógio a cada dia conforme ele passava caminhando em frente à janela, representava o nível normal de envolvimento com a vida e a personalidade de Kant. Geralmente falando, Kant, Hegel e Fichte eram "professores de filosofia", e isso resumia seus caráteres.

Essa relativa indiferença em relação à personalidade desses homens não era, contudo, confinada ao mundo não acadêmico, no qual eles nunca foram populares no sentido ordinário da palavra. A discussão acadêmica de suas filosofias, mesmo o partidarismo vigoroso a favor ou contra, era conduzida quase como se essas filosofias tivessem produzido a si mesmas. O grau de abstracionismo alcançado – a atmosfera produzida por problemas intelectuais fechados em si mesmos, carecendo de uma dimensão "humana" ou "real" – esteve entre as razões pelas quais a filosofia universitária deixara de ter contato com o público alemão mais amplo. Isso certamente contribuiu para o declínio da palavra "acadêmico" como uma palavra pejorativa significando "sem nenhuma relevância para os assuntos do mundo real".

---

6 Julius Ebbinghaus, *Schulphilosophie und Menschenbildung im 19. Jahrhundert* [*Filosofia acadêmica e educação no século XIX*] (1943), citado em Kohnke, p. 116.

Mas o tipo de filósofo autônomo que foi o resultado da bifurcação de *Nachmärz* na filosofia alemã, em forte contraste com isso, foi praticamente compelido a exibir publicamente pelo menos alguns aspectos de sua personalidade, ainda que pelo motivo de elas serem suas únicas credenciais ou, de qualquer modo, as únicas que ele podia apresentar decentemente em sua postura como pensador existindo fora e acima do sistema e das "qualificações" deste último. E aquela "transferência do interesse dos problemas da filosofia para os homens que produzem essa filosofia" teria sido naturalmente promovida por essa maior visibilidade.

Assim, o interesse por Schopenhauer rapidamente tomou uma direção pessoal – mas essa foi uma direção pessoal de um tipo específico e fatídico. Ela é adequadamente simbolizada pelo fato de que seu primeiro defensor influente sentia-se bastante contente em que Schopenhauer se referisse a ele como seu discípulo: uma palavra que recordava, se não a relação dos discípulos de Jesus para com Jesus, pelo menos a de Platão para com Sócrates. Objetivamente, a vida de Schopenhauer tinha pouco mais a recomendá-la como objeto de interesse público do que as vidas de Kant ou Hegel haviam tido. Tampouco sua personalidade era calculada para estimular a afeição ou a simpatia gerais. Contudo, quando nesse caso o interesse do público foi transferido da filosofia para o homem, ele foi transferido não para o homem real, mas para o homem conforme ele mesmo se representava e como, sob sua orientação e inspiração, seu "discípulo" Julius Frauenstädt o representava.[7]

Na apresentação de Frauenstädt, o gênio neurótico – misantrópico, misógino e irascível ao ponto da caricatura – é invertido, transformado em um sofredor paciente e passivo de infortúnios que, na realidade, ele próprio

---

7 Sobre a volumosa contribuição de Frauenstädt para a literatura acerca de Schopenhauer, ver Arthur Hübscher, *Schopenhauer-Bibliographie* (Stuttgart-Bad Cannstatt, 1981). Seu primeiro elogio de Schopenhauer data de 1840; o ensaio "Stimmen über Arthur Schopenhauer" ["Preconceitos sobre Arthur Schopenhauer"], no qual a lenda aparece pequena, mas perfeitamente formada, apareceu em 1849; e seu primeiro livro inteiro sobre Schopenhauer (376 páginas), *Briefe über die Schopenhauer'sche Philosophie* [*Cartas sobre a filosofia schopenhaueriana*], foi publicado em 1854. O livro *Parerga und Paralipomena* [*Parerga e Paralipomena*] de Schopenhauer, que pela primeira vez acendeu o interesse geral por ele, apareceu em Berlim em 1851.

trouxera em sua maioria sobre si mesmo. Embora não exista nenhuma evidência de que alguém alguma vez tenha sido excepcionalmente hostil contra Schopenhauer, o ensaio de Frauenstädt de 1849, "Stimmen über Arthur Schopenhauer" ["Preconceitos sobre Arthur Schopenhauer"], tem como tema a estupidez, a cegueira e a malevolência acadêmicas responsáveis por enterrar o maior filósofo contemporâneo no silêncio e na obscuridade por um quarto de século. Se você perguntar por que ele teria sido selecionado para tal tratamento, a resposta é que ele era um gênio e todo o resto eram mediocridades defendendo seu território contra ele: algo que soa plausível, até que você reflita que Kant e Hegel também foram supostamente "gênios", e ainda assim foram poupados de uma perseguição comparável.

É óbvio que o interesse de Frauenstädt pelos fatos da vida de Schopenhauer limitava-se àqueles que ele podia usar, e ele não tinha nenhum interesse em descobrir as verdadeiras motivações por trás das ações de seu sujeito. O que ele estava escrevendo não era uma biografia, e nem mesmo, em última instância, uma polêmica em favor da *Weltanschauung* (visão de mundo) de Schopenhauer; o que ele estava escrevendo era uma lenda.

As precondições da lenda de Schopenhhauer

A lenda de Schopenhauer é a lenda medieval do cavaleiro errante traduzida da esfera física para a esfera mental. Sozinho, com mais probabilidade de encontrar oposição e ser impedido do que de ser ajudado e socorrido por aqueles ao seu redor, ele vagueia pelo mundo em busca de aventuras da mente. Ele elimina falsidades e resgata verdades; ele entra em combates dialéticos e sempre vence; chegando à velhice, ele deixa como legado um modo de ser e uma maneira de viver que são modelos: a independência sem temor.

Para que tal lenda viesse a existir, duas coisas tiveram de ocorrer juntas: Schopenhauer tinha de realmente possuir uma mente excepcional, e o mundo acadêmico alemão tinha de não ter lugar para ele. Durante a maior parte de sua vida, seu isolamento em relação à universidade fora em grande medida resultado de suas próprias ações, mas com o advento do expurgo de *Nachmärz* ele foi confirmado: a ninguém teria sido permitido ensinar naquele período o que Schopenhauer ensinava (o "ateísmo", por exemplo).

Assim, não foi antes de aproximadamente 1850 que existiu a realidade concreta necessária sobre a qual a lenda podia ser construída. Houve outras razões para a súbita ascensão de Schopenhauer à fama e à influência após um período tão longo de obscuridade, mas essas condições contribuíram principalmente para o fato de o Schopenhauer real desaparecer tão rapidamente por trás da lenda do solitário cavaleiro errante da verdade.

O encontro de Nietzsche com a lenda de Schopenhauer

Tal lenda pode parecer apenas uma peça inofensiva de narrativa. Ela pode até parecer beneficiar seu sujeito, na medida em que pode atrair-lhe a atenção daqueles para quem um "professor de filosofia", não importando quão talentoso, não teria nenhum apelo. Mas as vantagens que ela pode ter são superadas pela desvantagem de que a lenda é capaz de existir na ausência da filosofia cujo veículo ela foi inicialmente criada para ser. O cavaleiro errante pode seguir alegremente seu caminho inspirando milhares a uma vida de independência sem temor, enquanto as "verdades" que ele resgata desaparecem na neblina em segundo plano. E isso foi o que aconteceu no caso de Schopenhauer.

Para Rirchard Wagner, que leu pela primeira vez a obra-prima de Schopenhauer, *O mundo como vontade e representação*, em 1854, o filósofo foi o grande solucionador do enigma da vida, e foi nesse sentido que ele buscou propagar sua filosofia. Schopenhauer, o homem, seja o homem real ou a lenda, raramente aparece nos escritos de Wagner sobre ele. Uma geração depois, contudo, descobrimos que Nietzsche é capaz de reverenciar Schopenhauer quase tão grandiosamente quanto Wagner havia feito, enquanto primeiro duvida, depois nega, e finalmente ignora sua filosofia.

É um lugar-comum dos comentários sobre um dos primeiros ensaios de Nietzsche, "Schopenhauer como educador", que ele não contém quase nada sobre a filosofia de Schopenhauer. Ele diz respeito quase inteiramente a Schopenhauer como um tipo exemplar de homem, ou pelo menos de filósofo. Os filósofos acadêmicos, diz Nietzsche, são inofensivos e pusilânimes, "e de toda sua arte e objetivos poder-se-ia dizer o que Diógenes disse quando alguém elogiou um filósofo em sua presença: 'Como ele pode ser considerado grande, sendo que foi um filósofo por tanto tempo e ainda nunca perturbou ninguém?'. Mas se é assim que as coisas são em nossa época", continua ele,

> então a dignidade da filosofia é pisoteada na poeira; ela tornou-se mesmo algo ridículo, ao que parece, ou um assunto de completa indiferença para qualquer pessoa: de modo que é dever de todos os seus verdadeiros amigos prestar testemunho contra essa confusão, e no mínimo mostrar que são somente seus servos falsos e indignos que são ridículos e objetos de indiferença. Seria melhor ainda se demonstrassem por seus feitos que o amor pela verdade é algo terrível e poderoso. Schopenhauer demonstrou essas duas coisas – e as demonstrará mais e mais, dia após dia.[8]

Em "Schopenhauer como educador", não é a filosofia de Schopenhauer, mas a lenda de Schopenhauer que "educa"; e aquilo para o qual ela educa é uma admiração e uma determinação para viver uma vida de independência sem temor a serviço da verdade. Que aquilo a que essa "verdade" equivale seja em última instância um objeto de indiferença, uma posição quase, mas não inteiramente, atingida no ensaio, é declarado inequivocamente em uma quadra que Nietzsche escreveu depois sobre Schopenhauer:

Was er lehrte, ist abgetan;
Was er lebte, wird bleiben stahn;
Seht ihn nur an -
Niemandem war er untertan!
[O que ele ensinou foi rejeitado;
Como ele viveu deve permanecer;

---

8 "Schopenhauer as Educator" ["Schopenhauer como educador"], em *Untimely Meditations* [*Considerações extemporâneas*] (CUP, 1983, p. 194).

Tens apenas de olhar para ele -
não foi submisso a ninguém!]

Pelo menos para Nietzsche, a filosofia da qual a lenda foi certa vez um veículo está morta, mas a lenda continua vigorosamente viva.

Justiça poética?

Talvez a expressão banal "justiça poética" seja aplicável ao que aconteceu a Nietzsche quando ele também se tornou um famoso filósofo alemão autônomo. Assim como Schopenhauer, ele filosofou fora do mundo acadêmico e em uma hostil independência em relação a este (tecnicamente, ele foi ainda mais "independente" que Schopenhauer, na medida em que, diferentemente de Schopenhauer, ele não possuía nenhum diploma filosófico); assim como Schopenhauer, ele dominava um estilo literário fora do alcance dos filósofos acadêmicos de sua época; assim como Schopenhauer, ele era um "solitário" em sua vida pessoal; e, assim como Schopenhauer, ele adquiriu "discípulos" os quais, herdeiros daqueles que haviam transferido seu interesse dos problemas da filosofia para os homens que produziam essa filosofia, abraçaram sua lenda e ignoraram seus livros.

A enfermidade de Nietzsche

Voltmos ao quarto em Sils-Maria. Estamos em meados dos anos 1880, e a lenda de Nietzsche ainda não existe. O "orgulhoso e solitário buscador da verdade" – a descrição de Nietzsche sobre Heráclito,[9] mas que logo seria aplicada a ele – é um inválido crônico perguntando-se se Sils ainda está quente o bastante, ou se, com o inverno chegando, ele deve mudar-se para algum lugar mais quente. Ele se sente mais verdadeiramente em casa na altitude dos Alpes do que em qualquer outro lugar, e gosta de celebrar o

---
9   Na lição 10 de *Os filósofos pré-platônicos*.

frio e a distância deles em sua prosa rapsódica; mas seu sistema nervoso só pode suportá-los até certo ponto.

Eis como ele veio a viver dessa maneira. Essa é uma narrativa médica com uma forte relação com o personagem da lenda, e especialmente com seus traços mais megalomaníacos. Alguns anos atrás, ela era uma narrativa que não podia mais ser contada sobre ninguém, mas é claro que as coisas mudaram no âmbito da medicina há alguns anos.

Nietzsche frequentou a universidade em Bonn por um breve período. Seu amigo e colega estudante Paul Deussen conta-nos que em fevereiro de 1865, Nietzsche lhe dissera ter ido em viagem a Colônia, e que o cocheiro que o havia conduzido levara-o a um bordel sem que ele desejasse. "Vi-me subitamente cercado por meia dúzia de aparições em ouropel e gaze, que me olhavam com expectativa", Deussen diz que Nietzsche lhe contara. "Permaneci mudo por um momento. Então fui instintivamente na direção de um piano na sala, como se fosse a única coisa viva naquele lugar, e soei vários acordes. Eles romperam o feitiço e fui rapidamente embora."[10]

Deussen, que tornou-se um dos grandes estudiosos de sânscrito no Ocidente, era célebre entre seus amigos e conhecidos pela qualidade de sua memória. A breve anedota que ele relata, portanto, tem importância porque nos conecta, naquelas que são quase certamente as palavras do próprio Nietzsche, à provável origem de sua enfermidade. Ela também expõe como lenda a narrativa da grande mente de Nietzsche "enlouquecida" pela solidão, pela incompreensão, e pela vulgaridade do mundo ao seu redor – pelo "amor recluso e não aplacado" de Papini – como o aspecto dela que mais crassamente conflita com a realidade.

Em 1867, Nietzsche, então estudante em Leipzig, foi tratado por dois médicos de Leipzig por causa de uma infecção de sífilis; mas não existia cura para a sífilis, e a doença seguiu seu curso. Em 1869 ele foi indicado para a cátedra de filologia clássica na universidade de Basileia, na Suíça; em 1871 ele começou a sofrer dores de cabeça recorrentes, semelhantes a enxaquecas, e de desordens do estômago e exaustão geral, e em fevereiro

---

10 Paul Deussen, *Erinnerungen an Friedrich Nietzsche* [*Memórias de Friedrich Nietzsche*] (Leipzig, 1901, p. 24).

daquele ano foi-lhe concedida licença de afastamento de Basileia "para o propósito de restaurar sua saúde". Contudo, nenhuma restauração desse tipo era possível, e os sintomas persistiram. Como consequência de um colapso geral, no natal de 1875, foi-lhe novamente concedido algum tempo de afastamento do ensino, e em outubro de 1876 a universidade deixou-o partir por um ano inteiro. Em abril de 1879 ele passou por um ataque de enxaqueca e vômitos tão violento e demorado que ele decidiu que devia pedir à universidade que o liberasse definitivamente, e assim ele foi aposentado com uma pensão.

A partir de então ele enfrentou o que ele chamou de uma "batalha diária contra a dor de cabeça" e contra uma "risível diversidade" de enfermidades, que continuou até que, no outono de 1888, tudo subitamente se clareou, ele experienciou um sentimento de euforia sem limites, e nos primeiros dias de 1889 entrou em colapso e caiu na insanidade. Ele foi levado a uma clínica psiquiátrica, onde foi diagnosticado como sofrendo de "paralisia progressiva". No decurso dos onze anos subsequentes, ele declinou lenta mas inexoravelmente para a condição chamada de paralisia geral dos insanos, e durante seus anos finais ele simplesmente não tinha consciência de nada.

Exceto pelo longo período de tempo passado entre o colapso mental e a morte, que é atípico, esse progresso exibe a maioria dos sintomas típicos da destruição pela sífilis, e a narrativa de Nietzsche de ser levado a um bordel é uma explicação plausível de onde ele a contraiu. Sua história médica é excepcionalmente bem documentada, mas nem um pouco misteriosa ou incomum.

O colapso mental de Nietzsche inicialmente acendeu duas reações opostas nas relativamente poucas pessoas que já conheciam algo do que ele havia escrito. De um lado havia aqueles que, já perturbados por suas obras, recordaram ou foram informados de que seu pai havia morrido de "encefalomalacia", e assim sentiram-se aptos a concluir que Nietzsche talvez tivesse "herdado" a insanidade dele e tivesse sido louco o tempo todo. Dificilmente seria necessário notar que essa não é uma conclusão científica. A palavra, obtida pela tradução e junção das palavras vernaculares para "cérebro" e "mole" em grego, descreve uma condição do cérebro. Contudo, a suposição de que essa condição produz "insanidade", que pode então ser transmitida geneticamente, é realmente uma peça de folclore, equiparável à descoberta por parte de Wagner, comunicada por carta ao médico de Nietzsche, de que a causa das dores de cabeça de Nietzsche e de seu mal-estar geral era a "masturbação excessiva". O pensamento aqui, novamente, é pré-científico.

A outra reação ao colapso de Nietzsche foi idealizá-lo como uma "ascensão" para além das preocupações do mundo ordinário. Aqui está Gabriele Reuter, escrevendo nos anos 1890: "Detive-me tremendo sob o poder de seu olhar [...]. Parecia-me que seu espírito habitava em uma solidão sem limites, infinitamente distante de todos os assuntos humanos";[11] Ernst Bertram, escrevendo em 1918, refere-se a uma "subida para o místico";[12] Rudolf Steiner refere-se à "exultação insondável" da expressão facial de Nietzsche.[13] Aqui, fiel à natureza da lenda, a ficção substitui os fatos: um espírito habitando em uma solidão sem limites usurpa na lenda o lugar ocupado no mundo real pelo autor da filosofia de Nietzsche.

Os primeiros anos de Nietzsche

A vida de Nietzsche pode ser dividida em quatro partes desiguais: 1844-1869, criança, jovem, estudante; 1869-1879, professor universitário; 1879-1889, filósofo autônomo; 1889-1900, inválido. Dos livros que ele publicou ou teve intenção de publicar, três, *O nascimento da tragédia*, as *Considerações extemporâneas* em quatro partes, e a primeira parte de *Humano, demasiado humano*, pertencem à segunda divisão. O restante – a segunda e terceira partes de *Humano, demasiado humano*, *Aurora*, *A gaia ciência*, as quatro partes de *Assim falou Zaratustra*, *Para além do bem e do mal*, *Sobre a genealogia da moral*, *O caso Wagner*, *Crepúsculo dos ídolos*, *O anticristo*,

---

11 Citado em Erich Podach, *Der kranke Nietzsche* [*Nietzsche doente*] (Vienna, 1937, p. 25ss).
12 Ernst Bertram: *Nietzsche: Versuch einer Mythologie* [*Nietzsche: ensaio de uma mitologia*] (1918, p.361).
13 Citado em C. A. Bernoulli, *Franz Overbeck und Friedrich Nietzsche: eine Freundschaft* [*Franz Overbeck e Friedrich Nietzsche: uma amizade*] (Jena, 1908, vol. 2, p. 370).

Ecce homo, *Nietzsche contra Wagner* e os *Ditirambos de Dionísio* – pertencem à terceira. O grande número de anotações de caderno, algumas das quais foram publicadas após sua morte sob o título *A vontade de poder*, também pertencem a esse terceiro período. Foi somente nesse período, 1879-1889, que a vida de Nietzsche assumiu a forma que forneceu o alicerce real necessário para que a lenda pudesse posteriormente ser construída.

Nietzsche nasceu em 15 de outubro de 1844, no vilarejo de Rocken, próximo à cidade de Lützen, que fica próxima à cidade de Leipzig. Quando ele nasceu, Rocken ficava na Saxônia prussiana, e Nietzsche era, portanto, um cidadão da Prússia. Todos os lugares mencionados ficam hoje naquela que foi chamada de Alemanha oriental até 1989.

O pai de Nietzsche era o pastor luterano do vilarejo, e o pai de seu pai havia sido um superintendente, o equivalente luterano de um bispo. A mãe de Nietzsche fora a sexta dos onze filhos do pastor de um vilarejo vizinho. Ele foi o primeiro filho de seus pais, e recebeu o nome do então rei da Prússia, do qual o pastor Nietzsche era um admirador. O aniversário do rei também era em 15 de outubro, o que significa que quando ele era um menino, o aniversário de Nietzsche era um feriado público. Dificilmente ele poderia ter nascido mais confortavelmente inserido na Igreja e no Estado que viriam a reafirmar sua autoridade nos anos 1850 de *Nachmärz*.

É importante nos demorarmos sobre as origens de Nietzsche em um curato rural, pois elas fornecem um corretivo para o elemento da lenda do "orgulhoso e solitário buscador da verdade" que entra em conflito e obscurece o fato de que ele foi na realidade um produto daquela *Pfarrhaustradition* [tradição do curato] à qual pertenceram tantos da elite intelectual da Alemanha. Os fatos de sua biografia apoiam a conclusão à qual uma leitura despreconceituosa de suas obras, e especialmente uma leitura na ordem cronológica de sua produção, deve certamente conduzir – a de que suas origens não estavam nas nuvens, mas no cristianismo protestante, do qual ele é manifestamente um produto. Do ponto de vista da Igreja Católica, o pecado do protestantismo está em sua recusa a aceitar a fé na autoridade – uma recusa que deve enfim levar a uma perda de fé. O protestantismo é um estágio a meio caminho entre a crença em Deus e o ateísmo. Desse ponto de vista, as origens de Nietzsche no protestantismo devem parecer inquestionáveis: ele deve de fato, se tomado seriamente, parecer o fim inevitável do trajeto inaugurado por Lutero. Essa maneira de enxergar Nietzsche possui sobre a lenda do visionário solitário a vantagem de ser apoiada pela biografia. Nietzsche foi de fato um herdeiro de gerações dos clérigos e, em sua própria pessoa, um filho do curato.

O estágio inicial da existência de Nietzsche chegou ao fim quando seu pai morreu de "encefalomalacia" e a família – ele, sua mãe, sua irmã mais nova Elisabeth, e duas tias solteiras – tiveram de desocupar o presbitério para o sucessor do pastor. Nietzsche tinha na época quatro anos e meio. A família mudou-se para Naumburg, uma pequena cidade na Turíngia, na Alemanha oriental. Nietzsche viveu ali de 1850 até partir para a escola de internato de Pforta em 1858. Sua mãe permaneceu lá pelo resto da vida dela, e ele foi levado de volta para lá após seu colapso mental de 1889.

Em 1850, Naumburg ainda era rodeada por uma muralha; os portões eram fechados à noite. A cidade de Kaisersaschern do romance *Doutor Fausto* de Thomas Mann é inspirada em Naumburg, e a palavra que ela irresistivelmente traz à mente é "medieval". A cidade não podia, é claro, ser verdadeiramente medieval em 1850; mas o exagero contido na imagem ajuda na compreensão da atitude subsequente de Nietzsche em relação aos "alemães" e de suas respostas à pergunta "O que é um alemão?".

Aqui novamente a biografia atua como um corretivo para a lenda. Antes da era da predominância alemã na Europa, que seguiu-se à fundação do *Reich* [Reino] em 1871, o conservadorismo, a inércia, e um tipo sinistro de qualidade antiquada eram as características universalmente atribuídas à sociedade alemã e à natureza alemã. A Alemanha era o lugar remoto da Europa onde se podia esperar que todas as coisas obsoletas teriam seu lar; e devemos lembrar que essa Alemanha, que qualquer pessoa viva hoje só pode experienciar na imaginação, foi o mundo real de Nietzsche durante seus anos formativos.

O primeiro efeito dos escritos de Nietzsche dos anos 1880 em um novo leitor, o efeito sobre o qual repousa sua reputação, é o sentimento de quão "moderno" ele é, e essa modernidade obscurece suas origens e, portanto, em certa medida, as fontes de seus julgamentos. É um pouco como se um escritor residente em Connecticut tivesse nascido e sido criado no Mississipi: sua resposta à pergunta "O que é americano?" poderia facilmente surpreender seus vizinhos que passaram suas vidas inteiras na Nova Inglaterra.

De 1858 a 1864, Nietzsche frequentou a *Schulpforta* [Escola de Pforta]. Já estava claro para ele que ele não seguiria seu pai e seus avôs na igreja. Ele não tinha nenhuma ideia específica sobre o que faria; mas Pforta colocava uma forte ênfase nos clássicos gregos e romanos. Ele descobriu que estes não lhe apresentavam nenhuma dificuldade, e assim tornou-se um classicista. Não parece ter havido nenhuma outra razão para essa escolha de disciplina.

A "filologia clássica", como estudo da vida, linguagem e letras da Grécia e Roma antigas, foi um campo em que Nietzsche posteriormente se distinguiu, e provavelmente não é exagero dizer que ele revolucionou o modo como percebemos os gregos. Contudo, ainda maior do que a influência que ele teve nos estudos gregos foi a influência que seus estudos gregos tiveram nele. Seu efeito mais geral foi demonstrar-lhe que uma alta civilização – de fato, a mais alta, como ele rapidamente veio a pensar – podia ser erguida sobre um fundamento moral inteiramente diferente do cristão, e que a moral cristã não era a única. Seria correto chamar Nietzsche de um dos grandes helenófilos: só que ele teve primeiro de redefinir a Hélade antes de poder admirá-la.

As universidades de Nietzsche foram, conforme indicado, Bonn e Leipzig. Em Bonn ele estudou teologia e filologia, mas logo abandonou a teologia. Em Leipzig ele descobriu Schopenhauer e Wagner, e tornou-se a estrela dentre os estudantes de filologia. Em 1869 ele foi indicado para a cátedra de filologia clássica em Basileia, à jovem e quase sem precedentes idade de vinte e quatro anos, e foi-lhe concedido seu doutorado por Leipzig sem exame, com base em trabalhos que ele já havia publicado. A Universidade de Basileia queria que ele mudasse sua nacionalidade de prussiana para suíça. Ele foi capaz de cumprir com a primeira parte do pedido, mas nunca obteve a qualificação residencial necessária para a concessão da cidadania suíça. Assim, pelo resto de sua vida ele permaneceu sem nacionalidade.

Nietzsche ensinou em Basileia, com bastante sucesso ao que parece, por pouco menos de dez anos. Ele obteve uma modesta notoriedade com seu primeiro livro, *O nascimento da tragédia*, que hoje goza de uma reputação como um contragolpe à escola de helenismo da "doçura e luz". Todavia, na época de sua publicação, em 1872, o livro foi considerado seriamente não acadêmico para ser o trabalho de um professor de filologia clássica; e a veemente defesa dele por parte de Wagner colocou cada vez mais sua carreira acadêmica em risco. Em uma visão geral de sua vida, contudo, os anos de Nietzsche em Basileia parecem um período de transição. Foi somente quando sua incapacitação pela doença o compeliu a abandonar a vida acadêmica que ele se tornou, em todos os sentidos realmente importantes, ele mesmo.

Nietzsche como escritor solitário

Nietzsche adentrou então a década de independência que constitui o material essencial da lenda, mas que a lenda falsifica em aspectos essenciais. A vida que ele levava era certamente incomum, mas há muitas testemunhas da falta de fundamento da lenda que o retrata como um asceta distante e ensimesmado, dedicado inteiramente à busca solitária da verdade superior. Ao contrário, quase todos os relatos que temos falam dele como sendo cortês e civilizado em um grau incomum.[14] Todos os que comentam sobre o assunto, por exemplo, notam a atenção que ele dedicava ao ato de vestir-se: ele nunca aparecia em público sem estar bem arrumado.

Porque ele estava frequentemente doente, Nietzsche ficava frequentemente na cama ao longo do dia; e porque ele era um escritor, ele ficava

---

14 Por exemplo, *Conversations with Nietzsche* [*Conversas com Nietzsche*], ed. Sander L. Gilman (OUP, 1987), contém recordações sobre Nietzsche de mais de cinquenta pessoas que o conheceram, e ele produziu em todas elas a impressão de um companheiro quase excessivamente cortês e autocontrolado. Parece claro que algumas depois tiveram dificuldades em identificar o destruidor dionisíaco de deuses dos anos 1890 e anos posteriores como o cavalheiro que haviam encontrado e com o qual haviam conversado. Mas todos os documentos relacionados à vida de Nietzsche anterior a seu colapso mental dão testemunho da mesma coisa.

igualmente com frequência fora do olhar público, pois estava sentado atrás de uma escrivaninha. É necessário enfatizar este último ponto. Se levarmos em conta a massa de materiais não publicados que ele escreveu, bem como os livros publicados, perceberemos que entre seu trigésimo quarto e seu quadragésimo quarto anos Nietzsche escreveu um tanto considerável. Além de quaisquer outras coisas que ele possa ter feito ou sofrido durante esses anos, ele passou boa parte do tempo sentado sozinho escrevendo. Isso é algo que você tem de esquecer se quiser vê-lo, como a lenda o faria vê-lo, como sendo solitário e arredio em um grau anormal.

Sobriamente considerada, a "solidão" que caracterizava a existência de Nietzsche era, de fato, apenas a solidão do homem solteiro sem família: a sua não era em nenhum sentido uma vida vivida em isolamento no deserto. O lugar onde ele vivia era ditado por sua condição médica, na medida em que ele necessitava de calor no inverno e frescor no verão. Ele passava os verões na Suíça – em Sils-Maria a partir do verão de 1881 – e os invernos na Riviera francesa ou italiana, principalmente em Nice ou Gênova. Às vezes ele voltava para a Alemanha (Naumburg, Marienbad, Leipzig), e às vezes ia para Veneza. Quando entrou em colapso, ele estava em Turim. Com exceção de seus retornos ao quarto em Sils, ele nunca se estabeleceu em nenhum lugar, mas permaneceu repetidamente em movimento, e isso talvez possa ser considerado um sinal de inquietação anormal em um homem tão doente quanto ele; note, contudo, que sua escolha de locais de descanso não sugere precisamente um ascetismo.

O gancho pelo qual a lenda se prende ao homem real não é de fato nenhuma solidão buscada por si mesma, mas a independência intelectual de Nietzsche como filósofo durante essa década, da qual suas andanças livres pela Alemanha, Suíça, França e Itália podem ser vistas como um correlato objetivo. O fato de que ele ficou forçosamente "livre" da universidade e nunca se vinculou depois disso a qualquer outro lugar ou instituição oferece um paralelo biográfico à liberdade que caracterizou seu pensamento. Ele também fornece um ponto de apoio para a lenda do solitário desimpedido. Entretanto, essa consideração não se aplica ao ícone paraliticamente imóvel do "pensador" absorvido em si mesmo, que as pessoas que nunca leram uma linha do que ele escreveu não têm nenhuma dificuldade em reconhecer como "Nietzsche". Essa é a cabeça idealizada, não de Nietzsche como pensador, mas de Nietzsche conforme ele apareceu durante o único período em que os artistas gráficos que criaram o ícone o viram, que foi quando ele havia deixado inteiramente de pensar.

O papel de Elisabeth Förster-Nietzsche

Após o colapso mental de Nietzsche, a figura mais importante em sua vida foi sua irmã, Elisabeth, que foi o principal instrumento na criação da lenda. Embora muitos outros tenham dado suas contribuições, ela foi em última instância a responsável pelo fato de que Nietzsche é muito mais conhecido do que seus livros.

Dois anos mais nova que seu irmão, Elisabeth viveu trinta e cinco anos a mais do que ele, ou quarenta e seis, se acrescentarmos os onze anos da incapacitação dele. Embora ele fosse ainda bastante desconhecido no mundo em geral, ela fundou o "Arquivo Nietzsche" na casa da família em Naumburg, e depois transferiu-o para uma vila em Weimar, a capital cultural da Alemanha. Seu modelo de comportamento parece ter sido igual a viúva de Wagner, Cosima Wagner, que após a morte de Wagner preservou sua "herança" em Bayreuth mais ou menos ao estilo de uma sacerdotisa de um culto de mistério. Elisabeth buscou fazer o mesmo com Nietzsche. A diferença entre elas foi que Cosima entendeu Wagner muito bem, e agiu de uma maneira que quase certamente seria a mesma como ele teria agido se estivesse vivo, enquanto Elisabeth parece não ter tido nenhuma noção do que Nietzsche representava, ou do que é a filosofia, ou do que significa integridade intelectual.

As falhas de Elisabeth Förster-Nietzsche são copiosamente documentadas e não necessitam de substanciação adicional no momento. Elisabeth fora casada com Bernhard Förster, um político antissemita e protonazista, até o suicídio dele em 1889, e juntos eles haviam fundado uma colônia, Nova Germânia, no Paraguai. Após a morte do marido e o aparente fracasso da colônia – a qual de fato sobreviveu até o presente em uma forma rudimentar – ela voltou para a Alemanha e adotou Nietzsche como uma "tarefa de vida" substituta. Até onde foi capaz, ela impôs os valores de Förster ao "Arquivo Nietzsche" e adaptou Nietzsche de acordo com eles. Ignorante da filosofia, ela visualizava um "filósofo" como um híbrido de vidente solitário e santo elevado, e é assim que Nietzsche aparece nas biografias que ela fez dele. Em última instância, ele foi para ela uma mercadoria, que ela vendeu em troca não tanto de dinheiro, mas de prestígio, por um lugar proeminente na nova Alemanha.

Auxiliada por um agudo senso comercial e pelas novas leis de direitos autorais, Elisabeth obteve o controle sobre tudo que Nietzsche havia escrito – impedir qualquer outra pessoa de adquiri-lo era uma das funções do Arquivo – e como "irmã de Nietzsche" ela alegou possuir uma habilidade única para compreendê-lo e interpretá-lo. A lenda que estivemos discutindo foi um resultado dos esforços dela.[15] Outros mais talentosos (para colocá-lo de modo suave) que Elisabeth contribuíram para a propagação dessa lenda, e em casos seletos (por exemplo, Stefan George) para seu maior refinamento e intelectualização; mas o cerne dela não foi afetado, e chegou até nós intacto.

O dano causado pela lenda de Nietzsche

A lenda de Nietzsche é a lenda moderna do indivíduo isolado e aguerrido: o herói como forasteiro. Ele pensa mais, sabe mais e sofre mais do que outros homens, e como consequência é elevado acima deles. Tudo que ele tem de valor foi criado por ele a partir de si mesmo, pois fora dele próprio há apenas a "compacta maioria", que está sempre errada. Quando fala, ele é usualmente incompreendido, mas de qualquer maneira pode ser

---

15 Descrições e às vezes documentações do papel principal de Elisabeth na criação da lenda e na elevação de Nietzsche a uma figura de culto e herói cultural podem ser encontradas na maioria dos relatos contemporâneos da vida de Nietzsche, mesmo os breves (por exemplo, o artigo sobre ele na *Nova Enciclopédia Britânica*, 1982). Não existe nenhum relato recomendável sobre a vida dela, e provavelmente não seja necessário nenhum fora do contexto do envolvimento dela com seu irmão.

compreendido apenas por indivíduos isolados e aguerridos tais como ele próprio. No fim, ele se muda para uma distância em que ele e a compacta maioria podem se tornar mutuamente invisíveis, mas sua imagem é preservada em seu ícone: o homem que segue sozinho.

Assim como no caso de Schopenhauer, a lenda possui uma atração óbvia. Ela certamente cativou muitos que não teriam achado cativante, ou mesmo compreensível, a filosofia da qual ela supostamente é o veículo, mas da qual ela se libertou para gozar uma existência independente. Certamente não é exagero dizer que milhares que alegam ter sido iluminados por Nietzsche, e que acreditam no que dizem, foram na realidade seduzidos pela lenda do homem que seguiu sozinho, o andarilho das altas planícies da filosofia.

Contudo, houve também muitos que encontraram a lenda e acharam-na repelente; e estes concluíram que a filosofia deve também ser repelente. Aqui a lenda revela-se de fato bastante prejudicial. "A maioria das pessoas", alguém me disse recentemente, "considera Nietzsche como um maluco muito inteligente." Não duvido de que isso seja verdade. Também não duvido de que "a maioria das pessoas" nunca tenha lido uma linha do que ele escreveu. Como então podem ter uma opinião sobre ele, desfavorável ou não? Elas encontraram a lenda, que faz parte do ar cultural que respiramos, e formaram uma opinião sobre ela, na ilusão de estarem formando uma opinião sobre o homem e sua filosofia.

3 Nietzsche e a tradição judaico-cristã

JÖRG SALAQUARDA

Visão geral

Nietzsche foi um dos críticos mais influentes do cristianismo. Assim como Feuerbach e outros filósofos da Esquerda Hegeliana, ele não se contentou em meramente rejeitar o cristianismo. Em vez disso, ele desenvolveu uma espécie de "crítica genética". Em outras palavras, ele afirmou que sua crítica da religião demonstrava as razões pelas quais os seres humanos se tornam religiosos e os mecanismos pelos quais eles compreendem a esfera religiosa.

Durante algum tempo, Nietzsche, o filho de um ministro luterano, foi ele próprio um cristão ativo. Ele era familiarizado com a prática cristã, com a Bíblia e com a doutrina cristã. Em sua crítica da religião, ele fez mais uso dessa familiaridade e conhecimento do que outros críticos o fizeram. Sua crítica foi efetiva não apenas pelos argumentos que ele articulou, mas também pela vitalidade de sua linguagem e pela riqueza e esplendor de sua retórica. Emulando a tradução da Bíblia para o alemão feita por Lutero e a poesia e a prosa de Goethe, Nietzsche utilizou imagens agudas e símiles impressionantes para persuadir seus leitores.[1]

Durante vários anos após perder sua fé, Nietzsche se apoiou na refutação histórica do cristianismo disponível na época. Nesse período, sua própria crítica da religião recapitulava principalmente a de Schopenhauer. Em certa

---

[1] Portanto, ao interpretar Nietzsche devemos levar em consideração sua retórica. E. Biser propôs uma hermenêutica específica para Nietzsche, especialmente para compreender o modo como ele lidou com o cristianismo. Ver Biser, 1980, e Biser, 1982.

medida, ele aceitava a religião como uma "potência supra-histórica" fictícia, esperando ao mesmo tempo que a religião em geral, e o cristianismo em particular, desaparecessem automaticamente com a passagem do tempo.

A crítica psicológica ou "genealógica" do cristianismo específica de Nietzsche, com seus ataques ferozes, pode ser encontrada principalmente nas publicações da segunda metade dos anos 1880.[2] Mas suas raízes vinculam-se a um passado bem mais distante. A dramática mudança de argumento e de tom deveu-se à "descoberta" por Nietzsche, como ele colocou, de que a religião era apenas uma forma superficial e popular de uma moral subjacente. Assim, os ataques posteriores de Nietzsche ao cristianismo podem ser entendidos como sua luta desesperada contra a forma mais bem-sucedida da moral do ressentimento,[3] que ele considerava como hostil à vida humana. Seus ataques tornaram-se mais severos quanto mais ele se convenceu de que a maioria das "ideias modernas" (por exemplo, o liberalismo, o socialismo, a política da emancipação etc.) não era de modo algum anticristã, como seus apoiadores pretendiam; em vez disso, elas eram elas mesmas expressões do ideal cristão. Nietzsche também parecia acreditar que sua crítica genealógica era totalmente nova e absolutamente decisiva, tornando-o "um destino".[4] De fato, Nietzsche iniciou uma espécie de crítica que hoje é associada à psicologia profunda e à sociologia. E por isso temos uma dívida para com ele.

Até o fim, Nietzsche permaneceu suspeitando de que suas próprias análises pudessem elas mesmas ser baseadas em impulsos cristãos, que suas próprias críticas pudessem manifestar em vez de colocar de lado o objeto de sua análise.[5] Enquanto ele atacou e até amaldiçoou o cristianismo,[6] ele nunca se

---

2 ABM, GM, AC e outras.
3 Para uma discussão do significado e do papel do ressentimento na filosofia de Nietzsche, ver o ensaio de Robert C. Solomon neste volume.
4 Cf. EH, "Por que sou um destino".
5 Cf., por exemplo, "Como nós, também, ainda somos piedosos", GC, 5º livro (1887), #344. Nietzsche conclui suas considerações como se segue: "[...] tereis percebido [...] que mesmo nós [...] ateus e antimetafísicos, ainda acendemos nosso fogo com a chama acesa por uma fé que tem milhares de anos de idade, aquela fé cristã [...] de que Deus é a verdade, de que a verdade é divina." (tradução de Walter Kaufmann).
6 "Maldição ao cristianismo" é o subtítulo de AC. Cf. Salaquarda, 1973, 128ss.

esqueceu de mencionar e enfatizar a importância de toda a tradição judaico-cristã para o desenvolvimento da cultura e, de fato, da humanidade.[7]

A crítica de Nietzsche revelou tentações às quais o cristianismo sucumbiu uma vez ou outra. Mas ela não eliminou de fato o cristianismo, nem elaborou uma refutação logicamente irresistível dele. Por certo, uma doutrina e prática cristã que não integre as críticas de Nietzsche não pode sobreviver sob as condições da modernidade. Mas nem todos os tipos de doutrina e prática cristãs são tornadas impossíveis por sua crítica.

Antecedentes: a biografia religiosa de Nietzsche[8]

Nietzsche foi o único filho de um ministro luterano.[9] Ele teve uma única irmã, Elisabeth. Ambos os seus avôs haviam sido ministros, assim como seu pai o fora. Em sua linhagem paterna, essa tradição clerical se estendia a seus ancestrais por várias gerações. O curato protestante alemão é famoso pelo número surpreendente de indivíduos famosos que criou. Muitos artistas e estudiosos alemães e, acima de tudo, "pessoas de letras" (escritores, poetas, filósofos, filólogos e historiadores) nasceram e foram criados como filhos de ministros. Também não devemos esquecer as "pessoas de tom", isto é, compositores e músicos. Nietzsche, que também exemplificou a maioria desses talentos, tinha consciência e orgulho dessa origem. Desde seus primeiros esboços autobiográficos[10] até sua autobiografia tardia altamente estilizada, *Ecce homo*, ele elogiou o curato como a fonte de sua "esperteza". Ele também costumava condensar o significado do curato simbolicamente na pessoa de seu pai. "Considero um privilégio eu ter tido um pai assim."[11]

---

7   *Cf.* especialmente Grau, 1958.
8   *Cf.* Bohley, 1987, 1989; Pernet.
9   *Cf.* Janz, I, p. 23-64.
10 *Cf.* especialmente BAW, I, p. 38: "A paz e quietude pairando sobre um curato impressionaram seus traços indeléveis em minha mente, como se pode reconhecer geralmente que as primeiras impressões recebidas por nossa psique são as mais imperecíveis." (tradução minha).
11 EH, "Por que sou tão esperto", 2 (tradução minha, pois na nova Edição Crítica de Colli

Nietzsche foi familiarizado, acima de tudo, com dois tipos de fé religiosa: por um lado, a fé prática de sua mãe, que carecia inteiramente de reflexão teológica e sofisticação; e, por outro lado, a tradição mais racionalista de sua tia Rosalie, que foi a figura teológica dominante na família após a morte de seu pai. Desde sua primeira infância, esperava-se que Nietzsche seguisse a tradição da família e se tornasse ele próprio um ministro. Até inclusive 1864, quando ele estudou os clássicos e teologia na Universidade de Bonn, ele parece ter aderido às expectativas da família (mesmo que não mais inteiramente). Um ano depois, quando finalmente abandonou a teologia, ele provocou uma crise na família.

A discordância persiste entre os estudiosos de Nietzsche acerca de quando, e exatamente por quais razões, ele rompeu com o cristianismo.[12] No corpus de suas primeiras notas, encontramos testemunhos de uma fé viva até inclusive 1861. Mas essas notas conflitam com outros textos nos quais Nietzsche submeteu os ensinamentos cristãos a uma análise sóbria, ou escreveu comentários bastante blasfemos.[13] De qualquer modo, aproximadamente a partir de 1862 Nietzsche já estava claramente afastado do cristianismo, e em 1865, quando limitou seus estudos exclusivamente aos clássicos, ele rompeu com o cristianismo de maneira explícita e irrevogável.

Como razão para essa renúncia ao cristianismo, em suas notas o jovem Nietzsche ofereceu uma crítica histórica.[14] Ele se tornara familiarizado com a crítica histórica e viera a conhecê-la e defendê-la por si mesmo na *Schulpforta* [Escola de Pforta], a principal escola de internato protestante da Alemanha, na qual lhe fora concedida uma bolsa de estudos, e onde ele passou

---

e Montinari, o texto até então conhecido como #2 foi substituído por outro texto que ainda não era conhecido por Walter Kaufmann quando ele traduziu EH). A mesma condensação e elevação simbólica de seu pai pode ser encontrada já nas primeiras notas do menino. É claro, elas dizem respeito a sua imagem de seu pai, em vez de seu pai real.

12   *Cf.* Deussen; H.-J. Schmidt, 1991, vol. I.

13   H.-J. Schmidt argumenta que Nietzsche já havia perdido a fé desde a infância, como resultado do terrível sofrimento e morte prematura de seu amado pai. Embora a cuidadosa leitura que Schmidt faz dos poemas e notas que Nietzsche escreveu entre os dez e os quatorze anos de idade sugira que Nietzsche já se preocupava com questões e problemas religiosos quando menino, o material fornece pouco suporte para sua hipótese central.

14   *Cf.* especialmente suas reflexões sobre *Destino e história* (BAW, II, p. 54ss).

boa parte de sua infância e adolescência. Os estudantes ali aprendiam e eram treinados para lidar com tais críticas durante a interpretação de textos gregos e latinos, mas a crítica histórica também era aplicada à tradição cristã. Nietzsche parece ter adotado esse método. Sua primeira crítica explícita de algumas doutrinas cristãs foi inspirada pela tensão entre o suposto absolutismo dessas doutrinas, por um lado, e a óbvia relatividade histórica de suas origens e tradições, por outro lado.[15] Em seus escritos do início dos anos 1870, Nietzsche fez uso de dois argumentos adicionais. Juntamente com Overbeck, ele zombou da pobreza das tendências cristãs contemporâneas. Ele também tentou desmascarar a inconsistência ou "mendacidade", não apenas de cristãos particulares, mas da doutrina cristã como tal. Nos anos 1880, a crítica de Nietzsche tornou-se mais agressiva e psicológica em sua orientação.[16]

Olhando em retrospecto para a totalidade de sua vida, da perspectiva do final dos anos 1880, Nietzsche afirmaria acerca de sua relação inicial com o cristianismo que ele estivera fundamentalmente em conflito com ele desde o início, e que seu ateísmo não fora evocado por argumentos, mas emergira "por instinto". Ele também negaria qualquer animosidade pessoal contra os cristãos. Ao contrário, ele não experienciara nada além de boa vontade para com os cristãos sinceros.[17] Além disso, ele chamou o cristianismo de "a melhor peça de vida ideal" que ele conheceu,[18] o Cristo Crucificado de "ainda o símbolo mais sublime"[19] etc.

Desde a infância, e talvez até o final dos anos 1870, Nietzsche claramente favoreceu o protestantismo luterano, do qual ele próprio havia se originado.[20] No entanto, ele não foi atraído por doutrinas especificamente luteranas, pelo menos não depois de sua apostasia. Em vez disso, ele foi atraído pelo parentesco (suposto ou real) de Lutero e da tradição luterana com as ideias do Iluminismo.[21] Entretanto, posteriormente, quando a

---

15 *Cf.* #2 abaixo.
16 *Cf.* #3 abaixo.
17 EH, "Por que sou tão esperto", #1 e #7 (tradução de Walter Kaufmann).
18 Carta a Overbeck, 23 de junho de 1881 (tradução minha).
19 EP, outono de 1886-outono de 1887: VIII, 2 (96) (tradução minha).
20 *Cf.* Grau, 1958, 1972.
21 *Cf.* a carta de Nietzsche a Rohde, 28 de fevereiro de 1875, na qual ele reclamava das

crítica de Nietzsche à incerteza do cristianismo moderno tornou-se mais radical, ele tendeu especialmente a rejeitar o protestantismo como uma espécie de "hemiplegia do cristianismo – e da razão".²² Há algumas evidências de que ele tenha começado a preferir relativamente o catolicismo romano.²³

Através das influências de Schopenhauer e Wagner, o jovem Nietzsche tendeu ao antijudaísmo e mesmo ao antissemitismo. Quando Nietzsche rompeu com Wagner, na segunda metade dos anos 1870, ele também superou o viés anterior que ele havia adquirido sob influência de Wagner e Schopenhauer. E embora rejeitasse toda a tradição judaico-cristã, ele agora preferia o Antigo ao Novo Testamento, especialmente por causa dos exemplos de grandeza humana evidentes na tradição anterior.²⁴

O conhecimento de Nietzsche sobre a tradição judaico-cristã²⁵

Embora o rompimento de Nietzsche com o cristianismo não possa ser datado com precisão, a maioria dos estudiosos concorda que por vários anos, talvez até 1861, quando ele foi crismado, ele próprio havia sido um cristão praticante. Ele participara de orações em casa, frequentara regularmente serviços formais, desfrutara feriados cristãos com a família etc. Além disso, desde sua primeira infância ele fora considerado um futuro ministro e internalizara essa expectativa. Nietzsche, portanto, sabia por experiência própria o que significavam para os crentes o culto, a oração, o sermão, a leitura da Sagrada Escritura, a bênção, a comunidade cristã etc., positiva ou negativamente. Esses antecedentes pessoais são evidentes em suas análises psicológicas posteriores sobre a vida cristã.²⁶

---

intenções do amigo comum de ambos, Romundt, de converter-se ao catolicismo romano.
22 AC, 10 (tradução minha).
23 *Cf.* OM, 226, onde Nietzsche começa contrastando a "generosidade" católica com a teimosia luterana, mas termina rejeitando ambas as tradições por lidarem apenas com ilusões.
24 A, 38; ABM, 52 etc. *Cf.* Kaufmann, p. 298-300, e Lonsbach.
25 *Cf.* Figl, 1984, p. 47-120.
26 Isso é evidente, por exemplo, em sua consciência das raízes cristãs de sua crítica anticristã; ou em seu desmascaramento de formas seculares de moral cristã; ou em sua descrição

Nietzsche era excepcionalmente familiarizado com a Escritura. Ele aprendera a soletrar e aprendera a linguagem bíblica a partir da Bíblia, por assim dizer, e o "livro dos livros" esteve entre os primeiros que o menino tentou ler por si mesmo, sem auxílio, quando pequeno. As lições da classe preparatória que ele frequentou em Naumburg em 1851 consistiram em grande medida em ensinamentos bíblicos.[27] E embora na *Schulpforta* os estudos bíblicos fossem considerados menos importantes que os clássicos, Nietzsche conhecia bem a maioria dos livros da Bíblia quando deixou a escola. Ele nunca deixou de procurar citações e frases bíblicas, e pelo menos uma vez ele parece ter relido grandes partes da Escritura para preparar seus ataques ao cristianismo em suas obras tardias.[28]

Não apenas *Assim falou Zaratustra*, no qual isso é mais óbvio, mas todos os livros de Nietzsche contêm padrões, frases, citações e alusões bíblicas em abundância. Em geral, o filósofo fez um uso crítico, se não polêmico, desse material. Contudo, ele quase sempre reteve a linguagem da tradução alemã da Bíblia feita por Lutero.[29]

Durante seus dias de escola e em seus primeiros estudos, Nietzsche também obteve suas primeiras compreensões e conhecimentos teológicos.[30] Já na *Schulpforta*, ele foi apresentado à leitura crítica da Escritura e à discussão filosófica de doutrinas cristãs, especialmente das provas clássicas da existência de Deus (bem como aos argumentos de Kant contra a validade delas). Na Universidade de Bonn, Nietzsche, entre outras coisas, frequentou aulas que inventariavam as três grandes tendências teológicas do protestantismo do século XIX. Estas incluíam: a perspectiva apologética, baseada em uma leitura sobrenatural da Bíblia; a escola crítica de F. Chr. Baur, que tinha suspeitas, se não hostilidade, em relação à Igreja contemporânea; e a "*Vermittlungstheologie*" [teologia da mediação] do historiador da Igreja K. A. V. Hase.

---

favorável das emoções ligadas à oração; e coisas semelhantes.
27 *Cf.* a primeira autobiografia de Nietzsche, BAW, I, p. 8ss.
28 *Cf.* as volumosas evidências de Kaempfert sobre o impacto da linguagem bíblica na obra de Nietzsche.
29 *Cf.* Hirsch, Bluhm.
30 *Cf.* Benz, Ernst, Figl, 1984, p. 71ss.

Nietzsche leu cuidadosamente as duas obras críticas de destaque produzidas pela assim chamada Esquerda Hegeliana, obras que eram amplamente conhecidas, mesmo para além dos limites estreitos da discussão acadêmica. Estas eram *A vida de Jesus* de David Strauss e *A essência do cristianismo* de Ludwig Feuerbach. Mas foi na pessoa de um de seus amigos mais íntimos a partir de 1870, Franz Overbeck, com quem ele partilhou a mesma moradia por algum tempo (alguém que foi também seu colega na Universidade de Basileia), que Nietzsche veio a conhecer pessoalmente um dos membros mais radicais da corrente crítica. Foi Overbeck que recomendou a Nietzsche livros que viriam a ser influentes na formação de sua visão sobre a religião em geral, e sobre o cristianismo e doutrinas cristãs específicas em particular.[31]

Apesar de sua extrema miopia, Nietzsche era um leitor diligente, interessado em uma ampla variedade de áreas científicas e acadêmicas. Mais frequentemente do que o contrário, ele desenvolveu suas ideias na forma de uma discussão e envolvimento críticos com a literatura contemporânea. Isso também é verdadeiro acerca de suas ideias sobre a religião e o cristianismo.[32]

A influência de Schopenhauer[33]

Arthur Schopenhauer teve uma influência profunda e duradoura sobre a compreensão de Nietzsche acerca da tradição judaico-cristã. Nietzsche leu a obra principal de Schopenhauer, *O mundo como vontade e representação*, em 1864.

Schopenhauer observara que houve religiões em todas as épocas, e que elas foram, e são, de grande importância para os seres humanos. Disso

---

31 Ver, por exemplo, um estudo sobre Paulo pelo estudioso do Novo Testamento H. Luedemann. (*Cf.* Salaquarda, 1974, versão inglesa, p. 103ss). Ver também a história da Reforma por J. Janssen, historiador católico romano da Igreja.

32 *O anticristo*, por exemplo, exibe não apenas a influência de Renan e Jacolliot, autores que Nietzsche citou explicitamente, mas também de Tolstoy, Dostoyévsky, Wellhausen e outros.

33 *Cf.* Goedert, 1978, Salaquarda, 1988, A. Schmidt.

ele inferiu um impulso antropológico fundamental,³⁴ que ele chamou de *"metaphysisches Bedürfnis"* [necessidade metafísica]. A religião e a filosofia se esforçam para satisfazer esse impulso ou necessidade, mas o fazem de maneiras muito diferentes. Enquanto a filosofia argumenta e concentra-se em razões, a religião apoia-se na autoridade. Portanto, a atitude de Schopenhauer em relação à *"Volksmetaphysik"* [metafísica do povo (comum)],³⁵ como ele chamava a religião, era ambivalente. Ele aceitava e até elogiava a religião, pois ela preservava a consciência de que o mundo da experiência cotidiana, e também o da experiência científica, não é o mundo real. Na opinião de Schopenhauer, a vasta maioria das pessoas era e seria sempre incapaz de filosofar de modo apropriado e, portanto, a religião não podia ser abandonada. Mas, é claro, ele teria preferido que mais pessoas – de fato todas as pessoas – abandonassem o pensamento religioso e se voltassem para a filosofia. Pois a religião não era imune a autoincompreensões. Os aderentes das religiões tendiam a exibir três disposições compartilhadas. Eles tendiam (I) a afirmar a verdade literal de suas doutrinas, que no máximo podem ser verdadeiras em um sentido alegórico. Eles tendiam (II) a considerar as doutrinas de seus respectivos sistemas de fé como verdadeiras em um sentido absoluto, à custa de todas as outras doutrinas, incluindo as da filosofia. E eles tendiam (III) a adotar ideias errôneas sobre o mundo, porque as religiões se baseiam na autoridade em vez do raciocínio.

Schopenhauer argumentou que se a religião é essencialmente a consciência simbólica da mesma realidade metafísica que a filosofia apreende em seu sentido próprio, uma religião deve ser melhor quanto mais seus fundamentos se assemelharem aos da verdadeira filosofia (isto é, a filosofia schopenhaueriana). Não é surpreendente, portanto, que uma religião seria melhor se compartilhasse pelo menos quatro características pertinentes à filosofia de Schopenhauer. Estas incluem (I) reter a distinção entre um mundo empírico e um mundo metafísico (nisto Schopenhauer meramente

---

34 Cf. especialmente *O mundo como vontade e representação* (doravante indicado como "MVR"), II, Capítulo 17 [as citações deste capítulo são traduções minhas].
35 A expressão de Nietzsche "platonismo para 'o povo'" (ABM, Prefácio [trad. de R. J. Hollingdale]) pode ser uma adaptação livre dessa expressão.

seguia a tradição ocidental dominante, de Platão a Kant); (II) reconhecer e reter a realidade metafísica da "vontade", seu estatuto ontológico, que não é nem inteligente nem boa. Nisto, a filosofia de Schopenhauer contradizia as mesmas grandes tradições ocidentais que antes dele haviam abraçado a distinção entre uma realidade empírica e uma realidade metafísica. Para Schopenhauer, o mundo empírico era não apenas essencialmente sofrimento, mas esse sofrimento era baseado tanto na entrada dos entes na existência quanto na persistência deles nela. Desse ponto de vista, o sofrimento que experienciamos é autoimposto; portanto, ele é simultaneamente culpa e punição. Uma religião "melhor", isto é, uma mais consistente com os princípios schopenhauerianos, abraçaria também (III) a moral da compaixão. Enxergando através do caráter meramente aparente de multiplicidade do mundo, e reconhecendo a unidade metafísica de todas as representações (incluindo ele próprio), o ser humano compassivo volta-se contra o egoísmo de buscar sua própria vantagem às custas de todos os outros. Finalmente, uma religião simbolicamente harmonizada com princípios schopenhauerianos abraçaria uma forma de (IV) pessimismo metafísico. Uma vez que o esforço da vontade essencialmente não pode ser satisfeito, não há nenhuma esperança de uma vida melhor neste ou em outro mundo. Esse pessimismo schopenhaueriano não pode ser superado por atividades compassivas, mas somente pelo abandono de todo esforço. Isso envolve passar para um estado de "santidade", que Schopenhauer descreveu como um ascetismo quietista.

Portanto, para além da fraqueza fundamental de todas as religiões, Schopenhauer avaliava uma religião mais favoravelmente quanto mais dualista e pessimista ela fosse; quanto mais ela reconhecesse o sofrimento e o compreendesse como culpa e punição ao mesmo tempo; e quanto mais ela estimulasse a compaixão e tendesse a uma renúncia ascética da realidade como tal (entendida como o mundo aparente).

Uma vez que, na opinião de Schopenhauer, as religiões indianas são as que melhor exemplificam essas características, ele as tinha na mais alta conta. No outro extremo do espectro, ele situava as religiões nacionais, como as religiões antigas da Grécia e de Roma, religiões que serviam para propósitos políticos e prometiam uma vida melhor. Ele considerava o judaísmo e o islã quase tão ruins quanto aquelas, especialmente por causa das ideias delas sobre a criação *ex nihilo* como sendo boa e sua promessa de uma vida melhor. No entanto, Schopenhauer situava o cristianismo em uma posição muito superior a suas religiões irmãs do Oriente Próximo. Enquanto rejeitava o que ele considerava serem as tendências "otimistas" que o cristianismo compartilha com elas, ele elogiava algumas das doutrinas fundamentais do cristianismo que se adequavam melhor a sua própria filosofia. Estas incluíam a doutrina do pecado hereditário (isto é, original), a necessidade geral de redenção, sofrimento e morte do homem justo (Deus), a moralidade da *caritas* (o amor cristão, que Schopenhauer entendia como uma espécie de compaixão), e as tendências ascéticas cristãs.[36]

Uma importante razão adicional para a alta consideração de Schopenhauer pelo hinduísmo e o budismo era o caráter místico de ambas. Schopenhauer estava convencido de que sua filosofia, sem precedentes na tradição filosófica ocidental dominante, havia fornecido uma interpretação adequada da experiência mística. Ele se orgulhava de preservar a experiência mística de falsas objetificações. O ponto crucial, de acordo com Schopenhauer, era que a Unidade do místico era diferente da unidade do mundo empírico. Em vez disso, sua essência era idêntica à unidade da vontade metafísica. Em contraste com os objetos do mundo empírico, o "objeto" da experiência mística era, em vez disso, o nada. Mas se pudéssemos adotar outro ponto de vista, esse nada poderia se revelar como a verdadeira realidade, comparada à qual "este mundo, com todos os seus sóis e galáxias, seria – o nada".[37] Entretanto, uma vez que até mesmo nossa linguagem se restringe a traduzir o mundo como representação (o mundo fenomênico), não podemos falar adequadamente desse "nada" metafísico. Toda tentativa falsificaria o cerne da experiência mística. É evidente aqui um segundo e decisivo motivo para a crítica às vezes dura de Schopenhauer à religião, além de sua simpatia pelas objeções do Iluminismo ao partidarismo

---

36 Schopenhauer enfatizava as semelhanças espirituais entre, por um lado, o hinduísmo e o budismo, e, por outro lado, o cristianismo. Ele também esperava que os estudiosos algum dia encontrassem evidências de uma conexão histórica entre as tradições. *Cf.* Salaquarda, 1992.
37 MVR, I, fim do 4º livro.

dogmático daquela. Em sua visão, a verdadeira mas incomunicável realidade da experiência mística deveria ser defendida contra formulações religiosas inadequadas.[38]

Quando Nietzsche leu Schopenhauer pela primeira vez, ele já havia abandonado o cristianismo, mas ainda não havia começado a atacá-lo. *O mundo como vontade e representação* ajudou-o a esclarecer sua atitude em relação à religião de sua juventude. Em seus primeiros escritos, ele recapitulou muito da filosofia da religião de Schopenhauer. Embora depois ele tenha rejeitado algumas partes dessa filosofia, em certa medida ele nunca deixou de interpretar o cristianismo em linhas schopenhauerianas. Aos constantes pressupostos schopenhauerianos na compreensão de Nietzsche sobre a religião, as seguintes características pertencem acima de tudo. Dado que o cristianismo é uma religião, ele é essencialmente mítico. Portanto, suas doutrinas não podem ser verdadeiras em um sentido estrito, mas, no melhor dos casos, exigem uma interpretação filosófica. Além disso, Nietzsche argumentou que o cristianismo se assemelha principalmente ao platonismo, com o qual compartilha um dualismo que acarreta uma desvalorização deste mundo. O cristianismo – como ele colocou em *Crepúsculo dos ídolos* – é um "platonismo para 'o povo'". Além disso, Nietzsche considerou o cristianismo como uma religião pessimista, que tende para o ascetismo, e consequentemente para o niilismo. Embora concordasse com Schopenhauer em que a *caritas*, o amor cristão, fosse uma forma de compaixão, Nietzsche reinterpretou-a como uma forma de piedade, que Nietzsche considerou prejudicial tanto para quem tem piedade quanto para quem é alvo dela.

Acerca de outros pontos, Nietzsche voltou-se contra as posições sustentadas por Schopenhauer. Em suas *Considerações extemporâneas*, por exemplo, Nietzsche também relacionou a filosofia e a religião a uma "necessidade metafísica" como motivação inegável, mas ele também mudou de opinião depois.[39] Além disso, juntamente com seus ataques posteriores ao

---

38 Quando Wittgenstein, que lera cuidadosamente o MVR em sua juventude, expressou o famoso "*Schweigegebot*" [preceito de silêncio] no final de seu *Tractatus*, ele poderia estar recordando essa conclusão schopenhaueriana. *Cf.* Clegg.
39 *Cf.* SE, 51 com GC, 151, onde ele deriva a "necessidade metafísica" da religião que se

antissemitismo cristão, cujos aderentes sonhavam com um "cristianismo ariano", Nietzsche – diferentemente de Schopenhauer – enfatizava a conexão íntima entre o cristianismo e o judaísmo. Dessa maneira, ele implicitamente contradizia a tentativa de Schopenhauer de separar tanto quanto possível o cristianismo do judaísmo, tanto histórica quando logicamente.

O Nietzsche tardio também não compartilha a alta consideração de Schopenhauer pelo misticismo. Para ele, as experiências místicas não eram de nenhuma maneira "mais profundas" que as outras, e ele negava fortemente que quaisquer *insights* pudessem ser derivados delas.[40]

A crítica histórica: o argumento básico de Nietzsche[41]

O primeiro argumento de Nietzsche contra as religiões em geral, e contra o cristianismo em particular, baseava-se na história. Ele argumentou que o método histórico e a crítica histórica de textos haviam tornado inválidos os pressupostos místicos sem os quais as religiões não podem sobreviver. Esse argumento apareceu primeiro nas notas, cartas e papéis enquanto ele ainda era um estudante na *Schulpforta*; e o filósofo maduro defendeu essa forma de crítica até seus últimos escritos e notas. O ponto saliente do argumento já é enunciado claramente no ensaio de adolescência *Destino e história*, de 1862.[42] Ali ele argumentava que a pesquisa histórica, especialmente em comparação com a pesquisa em outras áreas, havia transformado doutrinas cristãs centrais em meras opiniões. Apelos tradicionais à "autoridade da Sagrada Escritura", ou à sua "inspiração" e coisas semelhantes, haviam perdido sua credibilidade. Quando Nietzsche finalmente abandonou seus estudos teológicos, ele se referiu novamente a argumentos desse tipo:

---

tornou habitual. A filosofia (metafísica) ele agora considerava como uma compensação que florescia no período relativamente curto entre o fim da crença religiosa e o fim das expectativas anteriormente baseadas naquela crença.

40 *Cf.*, por exemplo, HDH, 8.
41 *Cf.* Grau, 1958, Figl, 1982 (2), p. 54-73.
42 BAW, II, p. 54-59.

Toda fé verdadeira é também infalível – ela realmente realiza aquilo que a respectiva pessoa fiel espera ganhar com ela. Mas ela não prepara nenhum ponto de referência que possa garantir sua verdade objetiva. Aqui os caminhos dos seres humanos se bifurcam. Se você prefere a paz de espírito e a felicidade, então é melhor crer! Mas se você gostaria de ser um discípulo da verdade, volte-se para a pesquisa![43]

A crítica histórica permaneceu sendo o argumento mais importante de Nietzsche contra a religião até o início dos anos 1880. Comparadas com os duros ataques de seus escritos posteriores, suas formulações iniciais tinham um tom muito pouco polêmico. Nietzsche limitava-se a uma atitude cética e não afirmava que a falsidade das ideias e doutrinas religiosas que ele rejeitava pudessem ser provadas.[44] Não obstante, ele era bastante explícito na convicção de que ninguém que fosse familiarizado com métodos acadêmicos poderia continuar baseando sua alegria e sofrimento em um fundamento tão fraco quanto aquele oferecido pela religião. A partir de *Humano, demasiado humano*, Nietzsche advogou por uma nova "filosofia histórica" que substituísse a "filosofia metafísica". Ele agora considerava a metafísica como uma mera substituta para a religião; e agora passava a considerar Schopenhauer como o último filósofo metafísico.

Pode-se objetar que em suas publicações do início dos anos 1870 Nietzsche obviamente não favoreceu a crítica histórica, mas, pelo contrário, rejeitou-a como uma "doença" de sua época. Contra o poder totalmente relativizante da história, ele parecia nessa época afirmar as "potências supra-históricas", entre elas a religião, e mesmo o cristianismo. "Ponham-se alguns desses biógrafos modernos a considerar a origem do cristianismo ou da reforma luterana: suas investigações práticas e sóbrias seriam bastante suficientes para tornar impossível toda 'ação a distância' espiritual."[45]

Nessa década, a partir do início dos anos 1870, Nietzsche geralmente apelou para a "cultura", que ele definiu como "a unidade de estilo artístico

---

43 Carta a Elisabeth Nietzsche, 11 de junho de 1865 (tradução minha).
44 *Cf.*, por exemplo, HDH, 9.
45 UAH, 7 (tradução de A. Collins).

em todas as expressões da vida de um povo".⁴⁶ A cultura, continuava ele, necessita de um "horizonte não histórico", que até então tinha sido dado pelas religiões, pelas filosofias, ou pela arte. Nada de grande, e nenhum valor poderiam crescer ou perdurar na ausência de tal horizonte; e a crítica (histórica) irrestrita levaria à barbárie, e em última instância à extinção humana, pensava ele nessa época. O paradigma de Nietzsche era a cultura da Grécia do século V a.C., uma cultura centrada na tragédia. Em contraste, a ideia de barbárie de Nietzsche era moldada pela iluminação socrática, que, em sua visão, destruíra a atitude trágica dos gregos em relação à vida. O programa de uma "*Gesamtkunstwerk*" [obra de arte completa] de Richard Wagner podia superar a civilização "alexandrina" que desde então dominara a tradição ocidental, e tornar-se-ia o fundamento de uma nova cultura. Uma boa medida desse tipo de argumento pode ser encontrada em seu primeiro livro oficialmente publicado, *O nascimento da tragédia*.

Durante o primeiro dos "*Bayreuther Festspiele*" [Festivais de Bayreuth] em 1876, Nietzsche finalmente perdeu essa esperança. Olhando retrospectivamente, ele até mesmo denunciou-a e deplorou a desonestidade de seus enunciados anteriores sobre religião e metafísica.⁴⁷ De acordo com essa autointerpretação nietzscheana, ele nunca abandonara a crítica histórica, mas apenas colocara-a de lado por um tempo a fim de ajudar a formar uma nova cultura (alemã) baseada na arte wagneriana e na metafísica schopenhaueriana.

Uma vez que essa autointerpretação se ajusta muito bem ao que encontramos nos livros e notas de Nietzsche daquela década, não precisamos falar em "desonestidade" da parte de Nietzsche.⁴⁸ Pois ele nunca rejeitou totalmente a crítica histórica, nem nunca defendeu a validade irrestrita de projetos "supra-históricos". Mesmo na segunda de suas *Considerações extemporâneas*, ele não sustentou seu esquema original de "enfermidade histórica" em oposição à "saúde não histórica". A lógica do problema forçara-o a

---

46 DS, 1 (tradução minha).
47 *Cf.*, especialmente, EP, outono de 1883: VII, 16 (23).
48 Pelo menos não como uma desonestidade consciente, embora ela possa ter sido o que Sartre chamou de "*mauvaise foi*" [má-fé].

diferenciar entre fenômenos não históricos e fenômenos supra-históricos, e admitir que o ser humano necessariamente envolve uma certa medida de "historicidade".⁴⁹ Também é verdade que Nietzsche não mais aderia à metafísica de Schopenhauer quando elogiou a importância das "potências supra-históricas". Pois as crenças metafísicas também haviam sido presas de sua análise histórica. Contudo, a evidência sugere fortemente que ele havia começado a adotar e empregar uma forma do "ponto de vista do ideal" de F. A. Lange, uma versão neokantiana da doutrina das ideias de Kant. Esse construto filosófico permitiu-lhe utilizar noções schopenhauerianas como conceitos unificadores fictícios, mas ainda assim úteis. Os apelos de Nietzsche, por exemplo, às doutrinas de "grandes seres humanos" ou da religião como "metafísica para o povo" são obviamente tais "ideias".⁵⁰ Essa manobra permitiu-lhe advogar o crescimento de uma nova cultura baseada em potências supra-históricas sem denunciar o poder totalmente relativizante da crítica histórica.⁵¹

Por alguns anos, Nietzsche aderiu a esse "ponto de vista do ideal", mas parece ter se sentido cada vez mais incomodado com ele. Não obstante, em suas obras publicadas desde *O nascimento da tragédia* em diante, ele defendeu a validade dos produtos das potências supra-históricas. Mas em suas notas ele deixou espaço para suas dúvidas, pelo menos acerca da religião. Em uma nota do verão ou outono de 1873 (não conhecemos o referencial temporal preciso) ele colocou-o dessa maneira: "O cristianismo como um todo deve render-se à história crítica."⁵²

Nietzsche deixou bastante claro que aderir a uma religião ou a uma filosofia de tipo metafísico não eram mais opções para ele. Ambas – a religião e a metafísica convencional – podiam, em sua visão, recuperar o poder somente por uma renovação do mito, que ele não desejava e nem mesmo considerava possível. O método histórico não podia ser rescindido – menos

---

49   Um fenômeno que Heidegger posteriormente chamou de "*Geschichtlichkeit*" [historicidade].
50   *Cf.* Stack, Salaquarda, 1978.
51   Em UAH, 91, Nietzsche confessou que considerava a relatividade de todas as coisas e opiniões como "verdadeira", mas também "fatal". Esse enunciado exibe melhor seu conflito interno.
52   III, 29 (203) (tradução minha).

ainda desde que o próprio cristianismo o havia adotado, promovendo assim sua própria dissolução. Assim como muitos grandes movimentos, o cristianismo terminaria, portanto, em suicídio.[53] A "refutação histórica" permaneceu sendo para Nietzsche "a refutação final".

> *O que é a verdade?* – Quem não aceitaria a inferência que os crentes gostam de fazer: "A ciência não pode ser verdadeira, pois nega Deus; por conseguinte, ela não é verdadeira, – pois Deus é a verdade." O erro não está contido na inferência, mas na premissa. E se Deus não fosse a verdade, e se fosse exatamente aquilo que fosse provado? Se ele fosse a vaidade, o desejo de poder, a impaciência, e o terror do homem? Se ele fosse a loucura extasiada e terrível do homem?[54]

Crítica genealógica[55]

No decurso dos anos 1880, Nietzsche ficou cada vez mais descontente com apenas estar "de passagem" em silêncio, como certa vez ele recomendara.[56] Em vez disso, ele escreveu ataques cada vez mais duros e sarcásticos contra o cristianismo, apresentando-se finalmente como o "anticristo" que pronuncia a "maldição" decisiva sobre o cristianismo, decidido a erradicar essa religião de uma vez por todas.

Por que ele mudou de ideia dessa maneira, tão dramática e tão drasticamente? Uma das principais razões parece ter sido a inércia do cristianismo. Embora historicamente ultrapassado, ele não cedera lugar a novas ideias. Esse problema ocorrera a Nietzsche muito cedo, mas ele tivera de deixá-lo de lado por quase uma década: "É recomendável agora eliminar os lembretes da vida religiosa, porque eles são débeis e estéreis, e têm a

---

53 *Cf.*, por exemplo, NT, 11.
54 A, 93 (tradução minha).
55 *Cf.* Goedert, 1978; Grau, 1958; Figl, 1982 (1), 1982 (2), p. 73-83; Valadier.
56 Za, III, "De passagem". Em EP, verão-outono de 1873, III, 29 (203), Nietzsche escreveu: "o que é exigido parece ser apenas uma abstinência pensada e adequada; com ela eu honro a religião, embora ela esteja morrendo" (tradução minha).

probabilidade de enfraquecer a devoção a um objetivo apropriado. Morte aos fracos!".[57]

Nietzsche começou a suspeitar de que mesmo onde ideias novas e seculares se espalhavam, elas não eram realmente novas.[58] Como Nietzsche colocou depois, ele havia feito uma "descoberta", que ele publicara pela primeira vez em *Aurora*. De acordo com essa compreensão, a moral permanecia no fundamento das expressões correntes das "potências supra-históricas". As religiões e filosofias ocidentais tradicionais não haviam sido até então nada além de sistematizações de uma atitude moral. Embora mudassem na superfície, essa atitude básica permanecia a mesma e se expressava em formas sempre novas.[59]

A famosa fábula de Nietzsche sobre o "Louco" que anuncia que "Deus está morto" [*A gaia ciência*, #125] ataca principalmente os aderentes de versões secularizadas do velho ideal moral cristão. Os ouvintes do louco ficam surpresos e até mesmo zombam de sua declaração da morte de Deus. Eles próprios, convencidos pela crítica histórica, não são mais cristãos. Contudo, na opinião de Nietzsche, eles ainda retêm a moral subjacente da qual o cristianismo é apenas uma expressão histórica. Assim, eles não podem compreender a urgência das palavras do louco, "esse feito ainda está mais distante deles que as estrelas mais distantes – e ainda assim eles mesmos o fizeram".[60]

Os ataques cada vez mais polêmicos de Nietzsche contra o cristianismo visavam tornar conscientes as pessoas sobre o significado e as consequências reais da "morte de Deus". Nietzsche insistia que seus contemporâneos deviam assumir a tarefa de uma "transvaloração de todos os valores", uma tarefa que se tornara iminente, bem como urgente. Assim como em outras áreas de sua filosofia, Nietzsche tentou realizar esse objetivo de várias maneiras diferentes. Alguns dos elementos mais importantes de sua própria

---

57 EP, 1871, III, 9 (94) (tradução minha).
58 *Cf.* Mueller-Lauter, p. 81-94 ("*Nihilismus und Christentum*" ["Niilismo e cristianismo"]).
59 Por exemplo, no cristianismo do século XIX, que Nietzsche desprezava não menos do que Tolstoy e Kierkegaard haviam feito; ou no liberalismo, no socialismo, no culto ao Estado etc.
60 GC, 125 (trad. de W. Kaufmann). *Cf.* GC, 108.

tentativa de transvaloração dos valores incluíram os seguintes: primeiro, ele traçou perfis psicológicos dos fundadores das religiões para tornar óbvia a lacuna entre suas doutrinas e seus motivos reais. Segundo, ele revelou os desenvolvimentos sociais que tornaram possível ou favoreceram o crescimento do cristianismo. Terceiro, ele tornou inteligíveis os estados psicológicos e fisiológicos que tendiam a dispor os indivíduos a aceitar a moral cristã. Finalmente, quarto, ele esboçou estados mentais que motivaram o interesse em manter vivo e estável esse tipo de moral, sob qualquer disfarce. Não se segue daí que Nietzsche tenha desenvolvido um sistema de crítica convencionalmente sistemático ou coerente. De fato, argumentou-se às vezes que o estilo de filosofar de Nietzsche tornava tal tarefa impossível. Ele não tirou sempre a mesma conclusão em suas várias análises. Em *O anticristo*, por exemplo, ele culpou Paulo por ser "o (verdadeiro) fundador do cristianismo", enquanto colocara outros, entre eles Jesus, nesse papel em textos anteriores.[61] Quando falou sobre uma moral dos fracos, ele caracterizou os fracos de várias maneiras, como "escravos", seres humanos ordinários, pessoas fracas em geral etc.

Embora Nietzsche conscientemente evitasse sistemas, seu objetivo não era ser paradoxal ou contradizer-se. Alguns temas básicos ocorrem repetidas vezes em suas obras tardias e estabelecem efetivamente a estrutura de sua crítica genealógica (seu ataque contra as origens do cristianismo). Entre esses temas descobrimos que, em primeiro lugar, a crítica histórica é um pressuposto. O cristianismo deve ser analisado genealogicamente, argumenta ele, porque embora tenha sido superado pela crítica histórica, o cristianismo ainda vive e floresce na forma de uma moral particular e de um impulso moralista absolutista. Em segundo lugar, Nietzsche argumentou que o ressentimento[62] é fundamental para a moral cristã. Como um antídoto, e em contraste, a análise genealógica tenta mostrar que o cristianismo é apenas uma forma da moral do "ressentimento", ainda que historicamente seja a mais importante e a mais virulenta. Com o termo "ressentimento" [*ressentiment*] Nietzsche designou uma disposição psicológica (embora, de acordo com suas

---

61 *Cf.* Salaquarda, 1973, versão inglesa, p. 103-110.
62 Nietzsche desenvolveu essa concepção em GM, "Primeira dissertação". *Cf.* Scheler.

análises posteriores, essa disposição seja fisiologicamente condicionada). Ela é motivada pela fraqueza e pelo desejo frequentemente autoenganoso de vingança. O ressentimento é essencialmente *reativo*, e foi esse caráter reativo de qualquer moral baseada no ressentimento (particularmente do cristianismo) que Nietzsche rejeitou.[63] Em terceiro lugar, Nietzsche tendeu a argumentar em seus anos maduros que os "fortes" deveriam desprezar o cristianismo. Uma vez que o cristianismo é baseado em uma "moral de escravos", deve ser um ponto de honra para os "fortes" superá-lo. Para eles, é "indecente" serem ainda cristãos.[64] Em quarto lugar, o Nietzsche maduro pareceu afirmar com regularidade que a religião é necessária principalmente ou unicamente para os fracos. A fim de combater a influência do cristianismo, portanto, Nietzsche o faria ser substituído por uma outra religião – uma que também tivesse apelo para os fracos, mas que fosse livre do ressentimento. "Um budismo europeu talvez seja indispensável",[65] afirma Nietzsche. Um quinto tema recorrente na estrutura de sua crítica genealógica é a insistência em que o método genealógico seja aplicado ao cristianismo. À primeira vista, não é óbvio para todos que a moral e os valores cristãos e pós-cristãos sejam baseados no ressentimento. Nietzsche, portanto, desenvolveu um método genealógico combinando pesquisas históricas e psicológicas como instrumentos para detectar essa motivação subjacente e sustentadora. Talvez o elemento mais controverso na estrutura da crítica genealógica de Nietzsche seja, em sexto lugar, a tese de que os seres humanos são essencialmente vontade de poder. Em suas análises genealógicas, Nietzsche não simplesmente renunciou os métodos da história e da psicologia que eram preponderantes em sua época. Em vez disso, ele desenvolveu seus próprios métodos baseados em uma epistemologia e em uma ontologia da "vontade de poder".[66] Ele entendeu a cognição (ou conhecimento) como uma interpretação feita por um "centro de poder" (o ser humano individual), e sustentou que o

---

63 Em sua "Lei contra o cristianismo", que seria originalmente o final de *O anticristo*, Nietzsche anunciou ao longo do caminho: "Luta até a morte à corrupção [*Laster*]. O cristianismo é a corrupção." (KGW, VI/3, p. 252) (tradução minha).
64 AC, 55 (tradução minha). Ver também as seções subsequentes.
65 EP, maio-julho, 1885, VII, 35 (9) (tradução minha). Ver também as seções subsequentes.
66 *Cf.* o estudo pioneiro de Mueller-Lauter.

indivíduo emprega o conhecimento para administrar suas relações com outros centros de poder. Talvez de modo igualmente controverso, o Nietzsche maduro parece ter argumentado consistentemente que o valor e a importância das cognições dependem não apenas, e nem mesmo principalmente, da capacidade intelectual e do grau de conhecimento de um indivíduo. Em vez disso, eles dependem principalmente da força e coragem da "vontade de poder" envolvida. Finalmente, em oitavo lugar, a estrutura genealógica de Nietzsche argumentava que, uma vez que não existe nenhuma "coisa em si", não faz nenhum sentido perguntar se sua ontologia corresponde ao modo como as coisas realmente são. É crucial para a ontologia de Nietzsche a tentativa (consciente ou inconsciente) que um centro de poder faz para aumentar seu poder. Um método para realizar um aumento de poder é construir uma explicação convincente de sua origem, juntamente com as origens de outros. Tal explicação, se for aceita, pode servir para enfraquecer o poder de um inimigo, ao apresentar a origem do inimigo como "humana, demasiado humana".[67]

A gênese do cristianismo a partir do ressentimento[68]

Mantendo a tradição da filosofia política moderna, Nietzsche começou sua análise em *Sobre a genealogia da moral* com uma reconstrução hipotética do surgimento da sociedade humana. Ele retratou dois grupos diferentes de "*Vormenschen*" [proto-humanos], um deles um pequeno mas bem-organizado "bando de bestas louras de rapina, uma raça conquistadora e de senhores", e o outro "uma população talvez tremendamente superior em número, mas ainda nômade e sem forma". Ambos ainda viviam

---

67 *Cf.* os três tipos de "história, na medida em que ela serve à vida (humana)", que Nietzsche descrevera em sua segunda *Consideração extemporânea*. As genealogias de seus escritos posteriores envolvem o que ele chama aqui de "história crítica". Ele havia afirmado acerca da história crítica que embora "não seja a justiça que esteja sentada em juízo aqui [...] em geral a sentença seria a mesma se a própria Justiça a pronunciasse [...]": UAH, 3 (trad. de A. Collins).
68 *Cf.* GM, "Segunda dissertação", Seções 16-25 (trad. de W. Kaufmann).

no estado de consciência "semianimal", o que significa que podiam agir e de fato agiam de acordo com seus impulsos e pulsões.

Nietzsche estava interessado no resultado do conflito que ocorreria entre esses grupos, ou, colocado de modo mais apropriado, no desenvolvimento que tal conflito iniciaria.[69] Em contraste com as outras narrativas de guerreiros primordiais, no relato de Nietzsche os nômades até então desorganizados não venceram ou morreram, mas em vez disso foram subjugados. Eles se tornaram escravos, e não mais podiam agir de acordo com *seus próprios* impulsos, mas tinham de agir de acordo com a vontade de seus senhores.

Essa escravidão iniciou uma completa transformação das mentes dos escravos. A fim de sobreviver, eles tiveram de reprimir qualquer expressão imediata de suas pulsões. Dado que essas pulsões não desapareceram, os escravos tiveram de aprender a modificá-las, ou antes, a alterar sua direção. Nietzsche fala em um processo de "internalização" que ocorreu. Em termos de psicologia profunda, esse doloroso processo incluiu o "*Triebverzicht*" [negação de pulsões], o "*Triebaufschub*" [adiamento de pulsões], e, acima de tudo, a "*Triebverschiebung*" [deslocamento de pulsões]. Por esses meios, a "esfera interior" da psique humana cresceu, e por meio dela os "*Vormenschen*" se tornaram seres humanos – nossos antepassados.

Assim, as pulsões e impulsos originais dos escravos não foram extirpados, mas apenas redirecionados. Quando a agressão, a crueldade, o desejo de poder, *et cetera*, não podiam mais ser expressados diretamente, sob risco de morte, essas pulsões voltaram-se para o interior: "Quase tudo aquilo que chamamos de 'cultura superior' é baseado na espiritualização e intensificação da *crueldade* – essa é minha proposição; a 'besta selvagem' não foi morta, ela vive, prospera, ela apenas tornou-se – deificada."[70] O resultado dessa transformação e internalização foi a consciência, que, sob essas circunstâncias, fez-se sentida principalmente como *má* consciência. Dado que essa incômoda tensão interior[71] pedia por um alívio, os escravos sofredores

---

69 Há paralelos notáveis com a famosa "dialética do senhor e do escravo", de Hegel e Marx. *Cf.* Wandel, p. 65-85.
70 ABM, 229 (tradução de R. J. Hollingdale).
71 Intimamente relacionado ao que Freud chamou de "mal-estar na cultura".

projetavam alguém – ou algo – que pudessem tornar responsável por sua miséria, especificamente um demônio hostil. Essa identificação do responsável pedia um passo adicional, a projeção de algum outro que fosse capaz e disposto a lutar contra o Demônio e subjugá-lo – a saber, o Deus supremo.

Em *Sobre a genealogia da moral*, Nietzsche atribuiu apenas uma parte desse projeto religioso aos próprios escravos, que se conformaram com um Deus de consolação e com a crença na felicidade futura em uma pós-vida.[72] Dentre os "fortes" entre os escravos, contudo, emergiu um outro tipo importante de ser humano. Aqueles que haviam perdido a influência entre seus pares descobriram a possibilidade de recuperar o poder como líderes dos escravos.[73] Esses "sacerdotes ascéticos" ofereceram aos escravos um novo bode expiatório no qual podiam depositar a culpa de seus sofrimentos: seus próprios pecados. Combinada com a promessa de redenção para aqueles que acreditassem em Deus, e somente em Deus, essa interpretação tornou-se irresistível. Aparecendo historicamente primeiro no judaísmo, e depois reformulada na tradição cristã, ela produziu a primeira "transvaloração dos valores".[74] A nova interpretação dos sacerdotes ascéticos teve sucesso em inspirar os escravos com um forte "sentimento de poder" ["*Gefühl der Macht*"] que finalmente lhes permitiu superar seus "senhores".[75]

Pode-se perguntar: o que havia de errado nessa interpretação, na visão de Nietzsche? Não é verdade que ela eventualmente libertou os escravos? De acordo com Nietzsche, ocorreu exatamente o contrário: essa interpretação também escravizou os senhores! A solução dos sacerdotes ascéticos não curou a doença da fraqueza. Ela funcionou e ainda funciona apenas enquanto os fracos estejam dispostos a permanecer fracos, e apenas ajudá-os a lidar com seu conflito interno.[76] Nietzsche compreendia a si mesmo

---

72 Isso lembra o dito de Marx sobre a religião como um "ópio do povo".
73 Como um exemplo histórico crucial, Nietzsche apresenta os líderes religiosos dos judeus exilados no século V a.C.
74 ABM, 46. Ver também as seções subsequentes.
75 *Cf.*, por exemplo, a imagem da "gaiola de conceitos" pela qual a nobreza teutônica foi enfraquecida (CI, "Aqueles que querem 'melhorar' a humanidade").
76 Novamente enunciado em termos de psicologia profunda: o aderente de uma religião de ressentimento é um neurótico que se tornou confortável com sua neurose e resiste à

como um "*Arzt der Kultur*" [médico da cultura] que romperia esse círculo vicioso. Sua nova "transvaloração de todos os valores" visava substituir todas as morais de ressentimento com uma nova moralidade de senhores mais sofisticada, uma moralidade de expressão de si.

Discussão e avaliação da crítica de Nietzsche à religião

Até os anos 1960, a maioria dos autores cristãos que lidaram com as críticas de Nietzsche alegaram que ele tinha apenas um conhecimento superficial de seu objeto.[77] Essa visão é insustentável, e desde então foi abandonada.[78] É claro, é possível que a compreensão de Nietzsche sobre o cristianismo seja problemática, se não falsa, ou pelo menos necessite de correção em alguns aspectos. Por exemplo, há boas razões para questionar se o cristianismo foi fundamentalmente uma religião ascética, como Nietzsche sustentou junto com Schopenhauer e Overbeck. A identificação geral do amor cristão como "*Mitleid*" [compaixão ou empatia entendidas como piedade] permanece problemática. No mínimo, dever-se-ia diferenciar entre um sentido fraco de "*Mitleid*" (entendida como "piedade"), que Nietzsche parece ter tido em mente em suas discussões, e uma "*Mitleid*" (entendida como "compaixão") que deriva da consciência dos males do mundo e que motiva a pessoa a lutar contra eles.[79]

Há outras áreas, no entanto, nas quais Nietzsche apreendeu e criticou tendências essenciais do cristianismo de maneira precisa e perspicaz. Certamente o desenvolvimento do protestantismo em nosso século exibe muitas das tendências que Nietzsche descreve. Sua ala liberal aceitou em grande

---

terapia. *Cf.* a interpretação de Freud sobre a religião como "neurose coletiva" em *O futuro de uma ilusão*.

77 *Cf.* Koster; Willers, p. 22-32.
78 *Cf.* Barth, como um dos primeiros exemplos. Os trabalhos de Biser, Figl, Koster, Willers, Valadier, e outros apresentam exemplos de interpretações cristãs que levam as críticas de Nietzsche a sério.
79 O próprio Schopenhauer já havia notado essa diferença (*cf.* Goedert, 1977). Isso também poderia ser útil no caso de Nietzsche, como foi sugerido pela primeira vez por J. Stambaugh.

medida os padrões e descobertas de estudiosos e cientistas, mas essa ala corre o risco de perder o caráter especificamente religioso do cristianismo. Por contraste, os aderentes do fundamentalismo tendem para a falsidade em seu escapismo rumo a uma espécie de consciência de "duplo vínculo", aceitando a tecnologia e as premissas do mundo moderno, mas ao mesmo tempo sustentando ideias irreconciliáveis com essa visão de mundo. Esses grupos, juntamente com grupos comparáveis em outras religiões, são vítimas da crítica de Nietzsche. Se há defesas legítimas da tradição judaico-cristã contra os ataques de Nietzsche, as religiões em questão deveriam enfrentar e superar os argumentos dele.

A teologia cristã, pelo menos em princípio, tentou nesse meio-tempo integrar e superar o tipo de crítica de Nietzsche. As igrejas cristãs defenderam-se por muito tempo contra críticas históricas da Escritura.[80] Mas na época da vida do próprio Nietzsche, os teólogos e as igrejas haviam aprendido a aceitar a crítica histórica. Pelo menos nas principais igrejas e denominações cristãs, incluindo o catolicismo romano, ninguém pode entrar para o clero sem ser pelo menos familiarizado com os elementos da crítica histórica.

Nietzsche tinha consciência do início dessa tendência. Ele pensava que ela aceleraria o declínio do cristianismo. Contudo, a teologia e a filosofia da religião ofereceram em vez disso distinções e modelos que lhes permitem afirmar a verdade absoluta de sua fé apesar do relativismo de suas respectivas expressões. Exemplos incluem a formulação de Bultmann da fé como uma forma de "ser-no-mundo" (seguindo Heidegger), e a descrição de Hare da fé como "*blik*" (um tipo significativo de experiência, mas que não pode ser analisado em termos cognitivos).

O cerne dessas e outras teorias é a distinção entre a fé como uma perspectiva fundamental e os fatos específicos que são objetos de pesquisa histórica. Se a fé pretende relatar fatos que se mostram inacurados, ela é corretamente criticada pelo estudo histórico.[81] Mas a partir de seu próprio pressuposto

---

80 O islã mantém essa defesa até o presente. Algumas tendências fundamentalistas no judaísmo e no cristianismo seguem a mesma linha.
81 Em AC, 51, Nietzsche alude ironicamente a 1Cor 13, 2: embora a fé não seja capaz de

ontológico do perspectivismo, Nietzsche não pode simplesmente rejeitar a afirmação de que a fé pode lançar uma nova luz sobre fatos dados. Além disso, se não existem fatos de modo algum, mas apenas interpretações, como ensinou Nietzsche,[82] o que há de errado em um estudioso cristão formular o *significado* de eventos históricos em termos de uma perspectiva cristã específica? No mínimo, Nietzsche deveria admitir isso enquanto os estudiosos cristãos identificassem a *atualidade histórica* de pessoas e eventos em concordância com os padrões e métodos da história secular.

Nietzsche tinha bastante consciência disso, mas isso não o impediu de rejeitar o cristianismo. O que ele rejeitou foi precisamente a perspectiva da fé cristã – ou, pelo menos, o que ele considerava como sendo a perspectiva distintiva da tradição judaico-cristã. Ainda assim, os conceitos e modelos oferecidos pela teologia moderna colocaram em questão a afirmação de Nietzsche de que a crescente consciência histórica havia destruído o fundamento de qualquer religião, incluindo o cristianismo. Nietzsche pode legitimamente lutar contra interpretações cristãs porque elas são *cristãs*. Mas se ele as ataca porque elas são *interpretações*, vinculando-se ele mesmo aos padrões da pesquisa histórica, ele contradiz suas próprias compreensões filosóficas.

A crítica genealógica à tradição judaico-cristã pressupõe que a religião seja dependente da moral, e de fato que ela seja em algum sentido uma expressão da moral nascida do ressentimento. Nesse aspecto, a crítica genealógica é uma teoria *reducionista* da religião.

As teorias reducionistas eram comuns na época do Iluminismo. O jovem Schleiermacher, um contemporâneo mais velho de Hegel, foi o primeiro filósofo-teólogo alemão influente que argumentou, em oposição à interpretação moral de Kant acerca da religião, que tais teorias ignoravam o cerne da religião. Desde então, uma certa abordagem fenomenológica enfatizou a autonomia da religião. Tais abordagens tendem a admitir que a religião permeia todas as áreas de uma cultura e, por sua vez, é influenciada por elas. Mas elas corretamente acrescentam que a religião é mais do que apenas uma moral ou uma ciência populares, ou coisas semelhantes. A

---

mover montanhas, ela é bem capaz de colocar montanhas onde não existe nenhuma.
82 EP, final de 1886-primavera de 1887: VIII, 7 (60).

religião é *experienciada* pelos seres humanos de uma maneira específica.[83] Aqueles que adotam essa abordagem "fenomenológica" não adotaram uma hipótese uniforme sobre a natureza da religião ou da experiência religiosa. Mas eles ofereceram alguns argumentos em favor da autonomia e da independência da religião que são dignos de consideração.

No entanto, as genealogias de Nietzsche fazem mais do que afirmar que a religião é dependente da moral. Elas argumentam criticamente que o cristianismo foi a expressão religiosa de uma moral de ressentimento, uma moral reativa que é hostil à vida enquanto tal. Para avaliar essa acusação, é aconselhável distinguir entre a descrição de Nietzsche do ressentimento como uma atitude psicológica, por um lado, e sua sugestão de que as religiões judaico-cristãs são meramente expressões de ressentimento. Embora a descoberta do ressentimento em geral tenha sido um *insight* psicológico de valor duradouro, a associação do cristianismo com o ressentimento permanece problemática, como o fenomenólogo alemão Max Scheler corretamente indicou.

Uma segunda distinção também pode ser útil. Nietzsche está certamente correto quando enfatiza que as respostas reativas, tais como a inveja, o ódio e o ressentimento, ameaçam envenenar *todas* as áreas de relações humanas, incluindo as interações religiosas. Poderíamos até acrescentar que a área religiosa é especialmente propensa ao impacto do ressentimento. Mas não se segue desse fato putativo que a tradição judaico-cristã não tenha sido desde seu início nada além do resultado e da expressão do ressentimento.

Legenda de abreviações

NT   *O nascimento da tragédia*
DS   *David Strauss, o devoto e o escritor*
UAH   *Sobre os usos e abusos da história*
SE   *Schopenhauer como educador*
HDH   *Humano, demasiado humano*

---

83   *Cf.* os estudos relevantes desde R. Otto até M. Eliade.

OM   *Opiniões misturadas...*
A   *Aurora*
GC   *A gaia ciência*
Za   *Assim falou Zaratustra*
ABM *Para além do bem e do mal*
GM   *Sobre a genealogia da moral*
CI   *Crepúsculo dos ídolos*
AC   *O anticristo*
EH   *Ecce homo*
EP   *Escritos póstumos* (as citações são estabelecidas por época de origem, e por parte e números de manuscrito da KGW; por exemplo: EP outono de 1883: VII 25 [204])
BAW *Beck-Ausgabe, Werke* (5 volumes das notas iniciais de Nietzsche)
KGW *Kritische Gesamtausgabe, Werke*, ed. Colli e Montinari

As citações de cartas são estabelecidas pelo nome do destinatário e data.

Referências

AUSMUS, H. J. "Nietzsche and Eschatology". *In:* JR 58/1978, 347-64.
BAEUMER, M. L. "Nietzsche and Luther: A Testimony to Germanophilia". *In: Nietzsche and the Judaeo-Christian Tradition.* 143-60.
BALKENOHL, M. *Der Antitheismus Nietzsches: Fragen und Suchen nach Gott.* Paderborn, 1976.
BARTH, Karl. *Kirchliche Dogmatik* III/2. Zürich, 1979, 276-293. Trad. de G. W. Bromiley e T. F. Torrence como "Humanity without the Fellow-Man: Nietzsche's Superman and Christian Morality", *In: Nietzsche and the Judaeo-Christian Tradition*, 353-374.
BENZ, E. *Nietzsches Ideen zur Geschichte des Christentums und der Kirche.* Leiden, 1956.
BISER, E. "Gott ist tot". *Nietzsches Destruktion des christlichen Bewusstseins.* Munique, 1962.
_____. *Gottsucher oder Antichrist? Nietzsches provokante Kritik des Christentums.* Salzburgo, 1982.

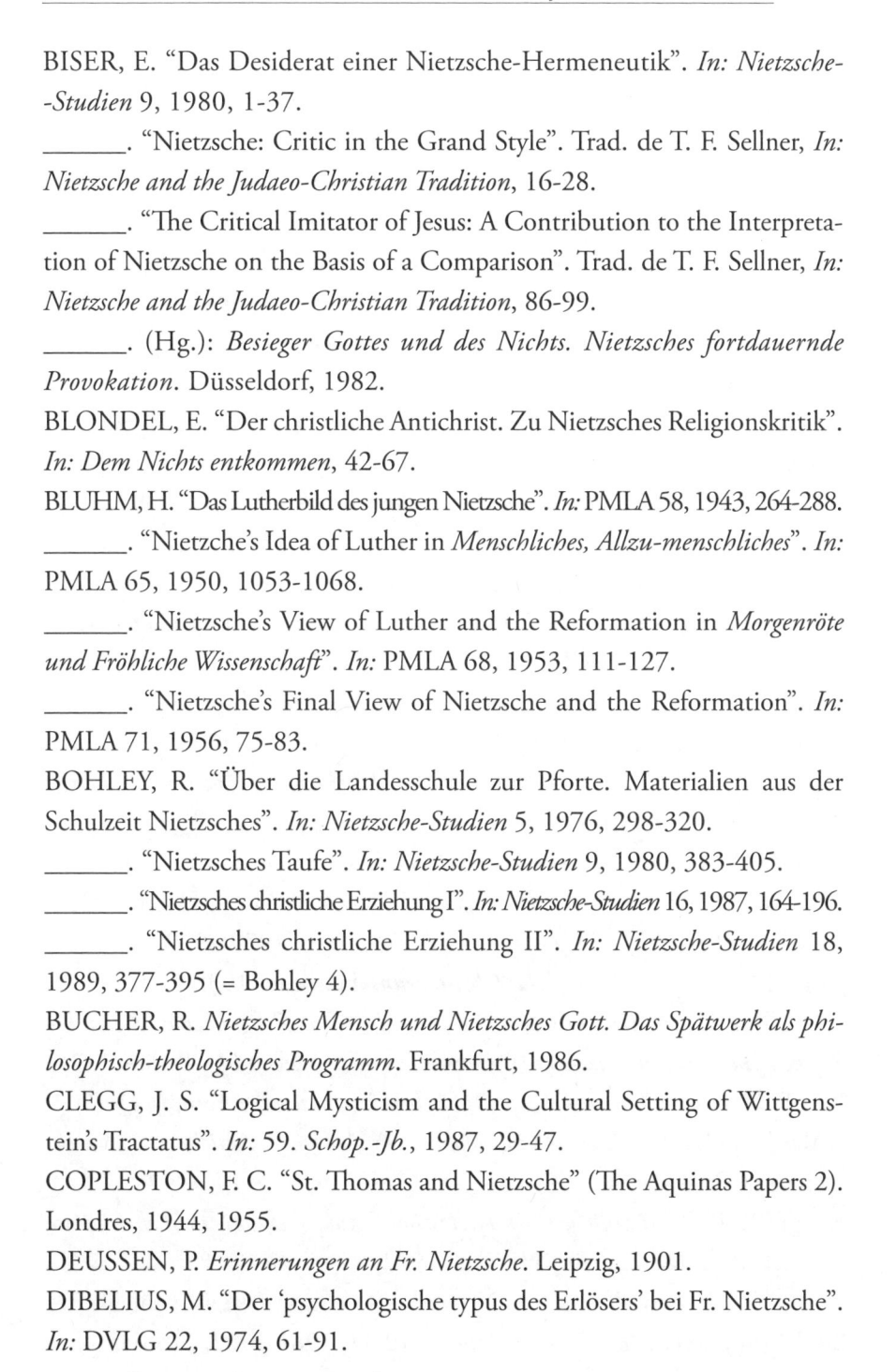

BISER, E. "Das Desiderat einer Nietzsche-Hermeneutik". In: Nietzsche-Studien 9, 1980, 1-37.

_____. "Nietzsche: Critic in the Grand Style". Trad. de T. F. Sellner, In: Nietzsche and the Judaeo-Christian Tradition, 16-28.

_____. "The Critical Imitator of Jesus: A Contribution to the Interpretation of Nietzsche on the Basis of a Comparison". Trad. de T. F. Sellner, In: Nietzsche and the Judaeo-Christian Tradition, 86-99.

_____. (Hg.): *Besieger Gottes und des Nichts. Nietzsches fortdauernde Provokation*. Düsseldorf, 1982.

BLONDEL, E. "Der christliche Antichrist. Zu Nietzsches Religionskritik". In: Dem Nichts entkommen, 42-67.

BLUHM, H. "Das Lutherbild des jungen Nietzsche". In: PMLA 58, 1943, 264-288.

_____. "Nietzche's Idea of Luther in *Menschliches, Allzu-menschliches*". In: PMLA 65, 1950, 1053-1068.

_____. "Nietzsche's View of Luther and the Reformation in *Morgenröte und Fröhliche Wissenschaft*". In: PMLA 68, 1953, 111-127.

_____. "Nietzsche's Final View of Nietzsche and the Reformation". In: PMLA 71, 1956, 75-83.

BOHLEY, R. "Über die Landesschule zur Pforte. Materialien aus der Schulzeit Nietzsches". In: Nietzsche-Studien 5, 1976, 298-320.

_____. "Nietzsches Taufe". In: Nietzsche-Studien 9, 1980, 383-405.

_____. "Nietzsches christliche Erziehung I". In: Nietzsche-Studien 16, 1987, 164-196.

_____. "Nietzsches christliche Erziehung II". In: Nietzsche-Studien 18, 1989, 377-395 (= Bohley 4).

BUCHER, R. *Nietzsches Mensch und Nietzsches Gott. Das Spätwerk als philosophisch-theologisches Programm*. Frankfurt, 1986.

CLEGG, J. S. "Logical Mysticism and the Cultural Setting of Wittgenstein's Tractatus". In: 59. Schop.-Jb., 1987, 29-47.

COPLESTON, F. C. "St. Thomas and Nietzsche" (The Aquinas Papers 2). Londres, 1944, 1955.

DEUSSEN, P. *Erinnerungen an Fr. Nietzsche*. Leipzig, 1901.

DIBELIUS, M. "Der 'psychologische typus des Erlösers' bei Fr. Nietzsche". In: DVLG 22, 1974, 61-91.

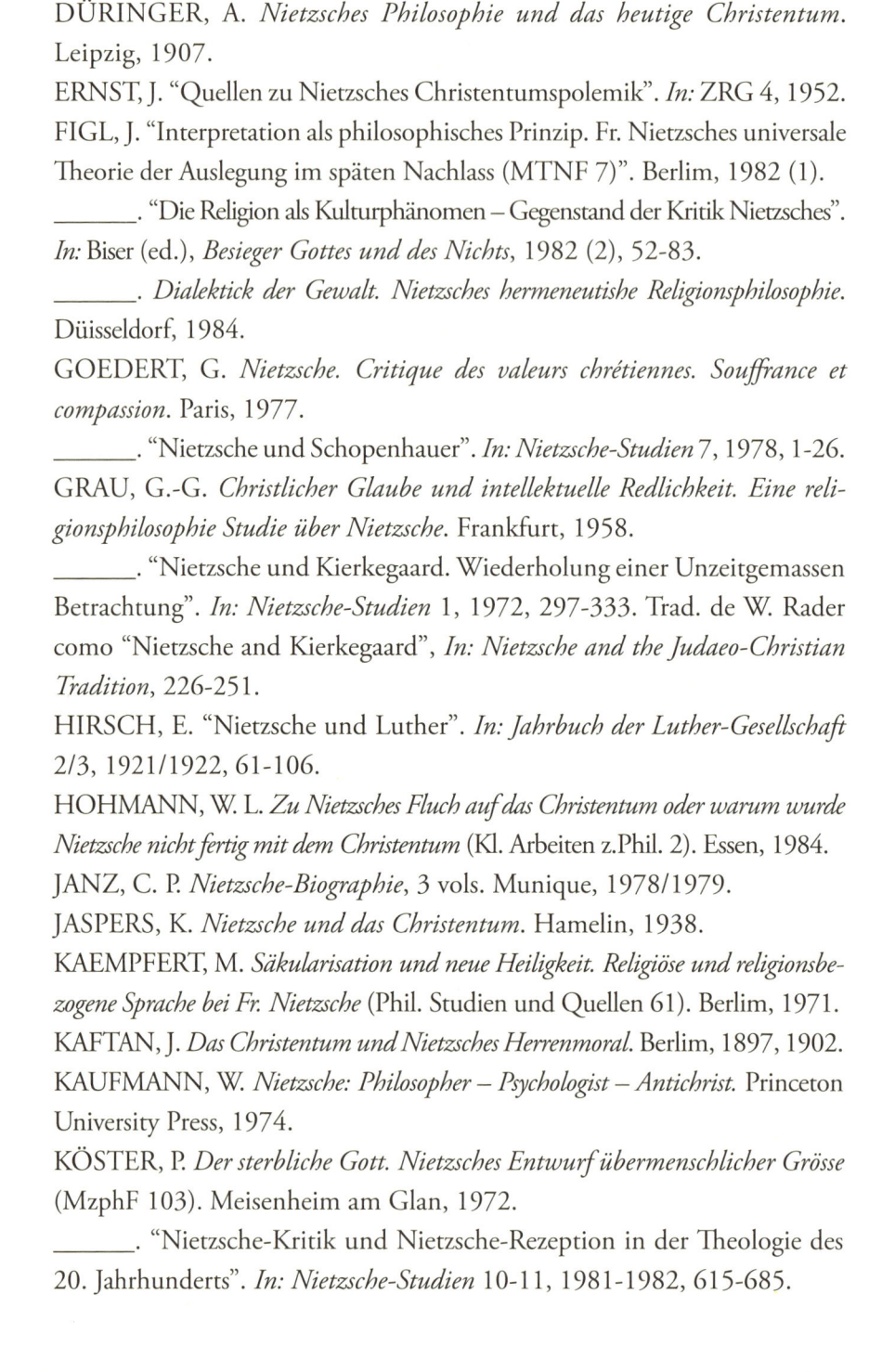

DÜRINGER, A. *Nietzsches Philosophie und das heutige Christentum.* Leipzig, 1907.

ERNST, J. "Quellen zu Nietzsches Christentumspolemik". *In:* ZRG 4, 1952.

FIGL, J. "Interpretation als philosophisches Prinzip. Fr. Nietzsches universale Theorie der Auslegung im späten Nachlass (MTNF 7)". Berlim, 1982 (1).

_____. "Die Religion als Kulturphänomen – Gegenstand der Kritik Nietzsches". *In:* Biser (ed.), *Besieger Gottes und des Nichts,* 1982 (2), 52-83.

_____. *Dialektick der Gewalt. Nietzsches hermeneutishe Religionsphilosophie.* Düisseldorf, 1984.

GOEDERT, G. *Nietzsche. Critique des valeurs chrétiennes. Souffrance et compassion.* Paris, 1977.

_____. "Nietzsche und Schopenhauer". *In: Nietzsche-Studien* 7, 1978, 1-26.

GRAU, G.-G. *Christlicher Glaube und intellektuelle Redlichkeit. Eine religionsphilosophie Studie über Nietzsche.* Frankfurt, 1958.

_____. "Nietzsche und Kierkegaard. Wiederholung einer Unzeitgemassen Betrachtung". *In: Nietzsche-Studien* 1, 1972, 297-333. Trad. de W. Rader como "Nietzsche and Kierkegaard", *In: Nietzsche and the Judaeo-Christian Tradition,* 226-251.

HIRSCH, E. "Nietzsche und Luther". *In: Jahrbuch der Luther-Gesellschaft* 2/3, 1921/1922, 61-106.

HOHMANN, W. L. *Zu Nietzsches Fluch auf das Christentum oder warum wurde Nietzsche nicht fertig mit dem Christentum* (Kl. Arbeiten z.Phil. 2). Essen, 1984.

JANZ, C. P. *Nietzsche-Biographie,* 3 vols. Munique, 1978/1979.

JASPERS, K. *Nietzsche und das Christentum.* Hamelin, 1938.

KAEMPFERT, M. *Säkularisation und neue Heiligkeit. Religiöse und religionsbezogene Sprache bei Fr. Nietzsche* (Phil. Studien und Quellen 61). Berlim, 1971.

KAFTAN, J. *Das Christentum und Nietzsches Herrenmoral.* Berlim, 1897, 1902.

KAUFMANN, W. *Nietzsche: Philosoph – Psychologist – Antichrist.* Princeton University Press, 1974.

KÖSTER, P. *Der sterbliche Gott. Nietzsches Entwurf übermenschlicher Grösse* (MzphF 103). Meisenheim am Glan, 1972.

_____. "Nietzsche-Kritik und Nietzsche-Rezeption in der Theologie des 20. Jahrhunderts". *In: Nietzsche-Studien* 10-11, 1981-1982, 615-685.

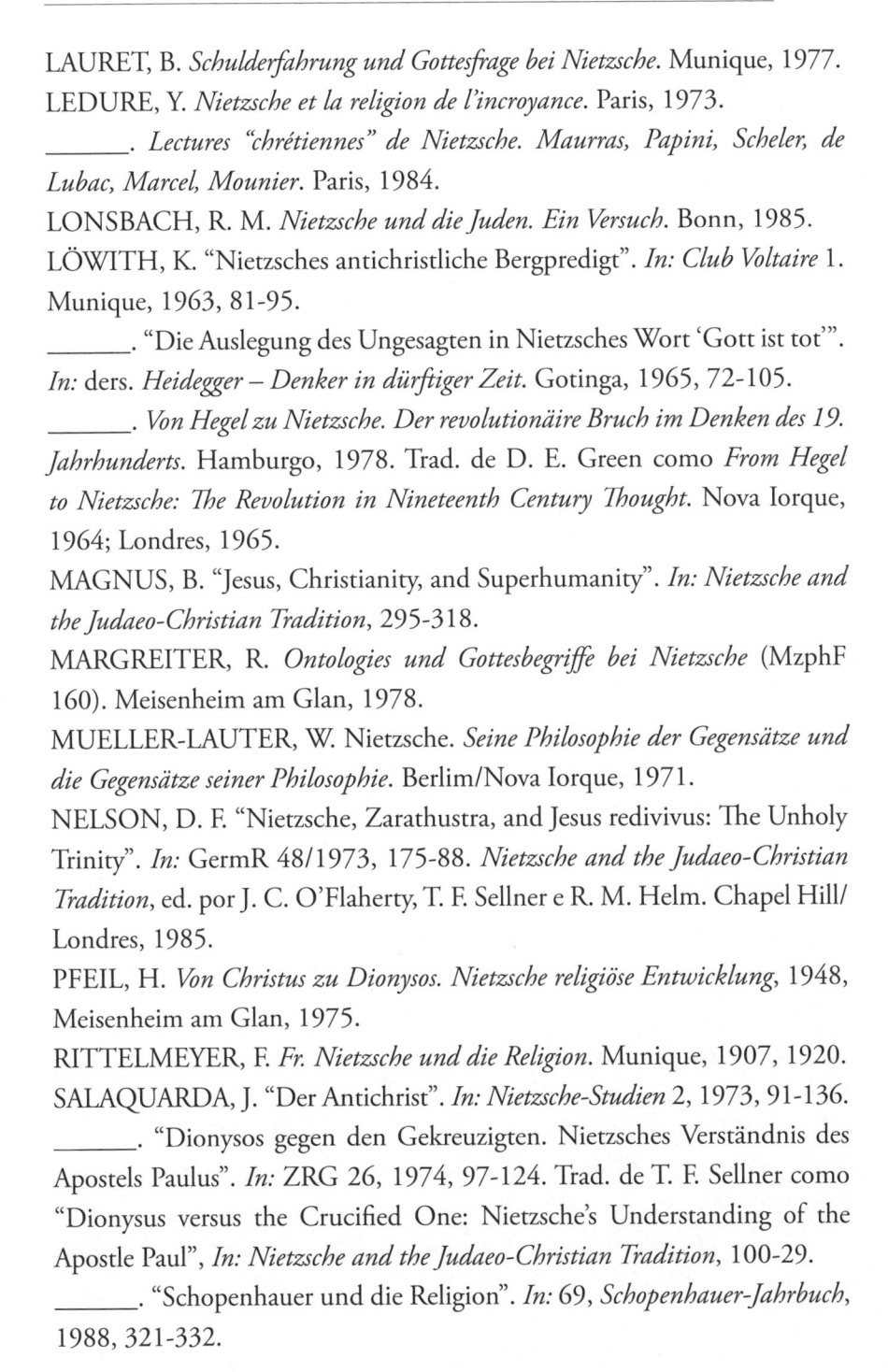

LAURET, B. *Schulderfahrung und Gottesfrage bei Nietzsche*. Munique, 1977.

LEDURE, Y. *Nietzsche et la religion de l'incroyance*. Paris, 1973.

_____. *Lectures "chrétiennes" de Nietzsche. Maurras, Papini, Scheler, de Lubac, Marcel, Mounier*. Paris, 1984.

LONSBACH, R. M. *Nietzsche und die Juden. Ein Versuch*. Bonn, 1985.

LÖWITH, K. "Nietzsches antichristliche Bergpredigt". *In: Club Voltaire* 1. Munique, 1963, 81-95.

_____. "Die Auslegung des Ungesagten in Nietzsches Wort 'Gott ist tot'". *In:* ders. *Heidegger – Denker in dürftiger Zeit*. Gotinga, 1965, 72-105.

_____. *Von Hegel zu Nietzsche. Der revolutionäire Bruch im Denken des 19. Jahrhunderts*. Hamburgo, 1978. Trad. de D. E. Green como *From Hegel to Nietzsche: The Revolution in Nineteenth Century Thought*. Nova Iorque, 1964; Londres, 1965.

MAGNUS, B. "Jesus, Christianity, and Superhumanity". *In: Nietzsche and the Judaeo-Christian Tradition*, 295-318.

MARGREITER, R. *Ontologies und Gottesbegriffe bei Nietzsche* (MzphF 160). Meisenheim am Glan, 1978.

MUELLER-LAUTER, W. *Nietzsche. Seine Philosophie der Gegensätze und die Gegensätze seiner Philosophie*. Berlim/Nova Iorque, 1971.

NELSON, D. F. "Nietzsche, Zarathustra, and Jesus redivivus: The Unholy Trinity". *In:* GermR 48/1973, 175-88. *Nietzsche and the Judaeo-Christian Tradition*, ed. por J. C. O'Flaherty, T. F. Sellner e R. M. Helm. Chapel Hill/Londres, 1985.

PFEIL, H. *Von Christus zu Dionysos. Nietzsche religiöse Entwicklung*, 1948, Meisenheim am Glan, 1975.

RITTELMEYER, F. *Fr. Nietzsche und die Religion*. Munique, 1907, 1920.

SALAQUARDA, J. "Der Antichrist". *In: Nietzsche-Studien* 2, 1973, 91-136.

_____. "Dionysos gegen den Gekreuzigten. Nietzsches Verständnis des Apostels Paulus". *In:* ZRG 26, 1974, 97-124. Trad. de T. F. Sellner como "Dionysus versus the Crucified One: Nietzsche's Understanding of the Apostle Paul", *In: Nietzsche and the Judaeo-Christian Tradition*, 100-29.

_____. "Schopenhauer und die Religion". *In:* 69, *Schopenhauer-Jahrbuch*, 1988, 321-332.

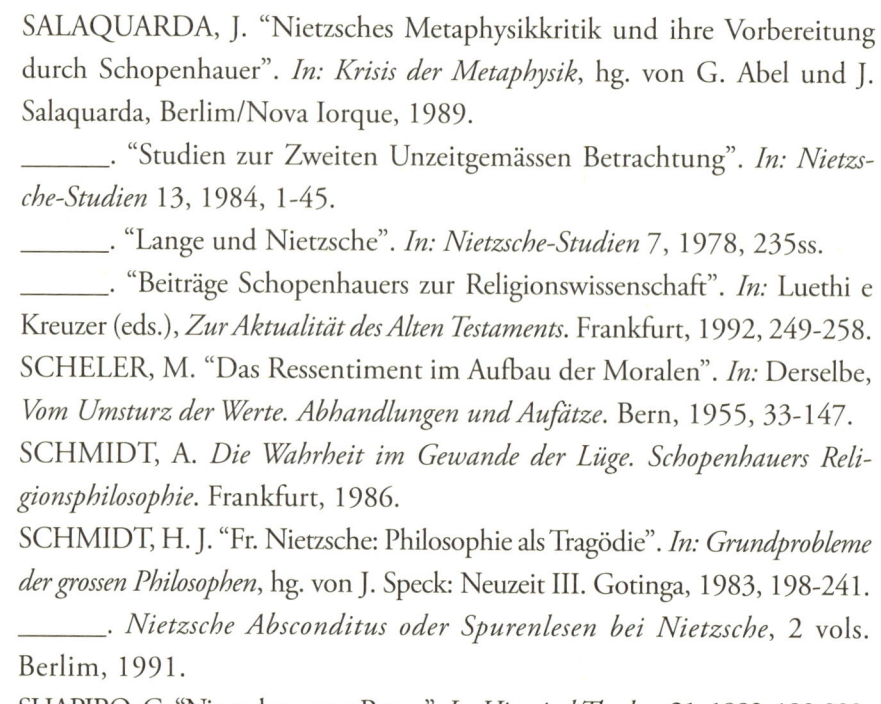

SALAQUARDA, J. "Nietzsches Metaphysikkritik und ihre Vorbereitung durch Schopenhauer". *In: Krisis der Metaphysik*, hg. von G. Abel und J. Salaquarda, Berlim/Nova Iorque, 1989.

_____. "Studien zur Zweiten Unzeitgemässen Betrachtung". *In: Nietzsche-Studien* 13, 1984, 1-45.

_____. "Lange und Nietzsche". *In: Nietzsche-Studien* 7, 1978, 235ss.

_____. "Beiträge Schopenhauers zur Religionswissenschaft". *In:* Luethi e Kreuzer (eds.), *Zur Aktualität des Alten Testaments*. Frankfurt, 1992, 249-258.

SCHELER, M. "Das Ressentiment im Aufbau der Moralen". *In:* Derselbe, *Vom Umsturz der Werte. Abhandlungen und Aufätze*. Bern, 1955, 33-147.

SCHMIDT, A. *Die Wahrheit im Gewande der Lüge. Schopenhauers Religionsphilosophie*. Frankfurt, 1986.

SCHMIDT, H. J. "Fr. Nietzsche: Philosophie als Tragödie". *In: Grundprobleme der grossen Philosophen*, hg. von J. Speck: Neuzeit III. Gotinga, 1983, 198-241.

_____. *Nietzsche Absconditus oder Spurenlesen bei Nietzsche*, 2 vols. Berlim, 1991.

SHAPIRO, G. "Nietzsche contra Renan". *In: Historical Theology* 21, 1982, 193-222.

SPLETT, J. "Dionysos gegen den Gekreuzigten. Philosophische Vorüberlegungen zur christlichen Antwort auf die Herausforderung Fr. Nietzsches". *In:* ThPh 50, 1975, 161-182.

STACK, G. J. *Lange and Nietzsche* (MTNF 10). Berlim/Nova Iorque, 1983.

STAMBAUGH, J. "Thoughts on Pity and Revenge". *In: Nietzsche-Studien* 1, 1972, 27-35.

TAURECK, B. "Nihilismus und Christentum. Ein Beitrag zur philosophischen Klärung von Nietzsches Verhältnis zum Christentum". *In:* WissWeltb 26, 1973, 115-33.

VALADIER, P. *Nietzsche et la critique du christianisme*. Paris, 1974.

_____. "Dionysus Versus the Crucified". Trad. de K. Wallace, *The New Nietzsche*, ed. por D. B. Allison, Cambridge/Londres, 1985, 247-261 (= Valadier 2).

WILLERS, U. Fr. *Nietzsches antichristliche Christologie. Eine theologische Rekonstruktion*. Innsbruck/Viena, 1988.

4 A má apropriação política de Nietzsche

TRACY B. STRONG

> *Il faut être absolument moderne.* [É necessário ser absolutamente moderno.]
> (Arthur Rimbaud)
>
> Não é possível: é necessário ir em frente, isto é, *adiantando-se passo a passo rumo à decadência*. (F. Nietzsche, "Para o ouvido dos conservadores", *Crepúsculo dos ídolos*)
>
> Outro mundo! Não existe outro mundo! O fato inteiro está aqui ou em lugar nenhum. (R. W. Emerson)

Quero escrever aqui sobre os usos políticos de Nietzsche, sobre o que Nietzsche diz acerca da política (compreendida de modo amplo), e sobre a política de ler e escrever sobre Nietzsche. Vinte e cinco anos atrás, poucas pessoas teriam se importado. Nietzsche era uma figura menor, estimulante para adolescentes, sem rigor, um pouco bobo. Agora ele é uma pequena indústria nas profissões intelectuais. Todo mundo está escrevendo sobre Nietzsche, alguns já em seu terceiro ou quarto livro. Artigos aparecem em todo lugar: os bastiões e muralhas internas da maioria dos redutos analíticos caíram; revistas de literatura, tanto eruditas quanto populares, competem por textos. Nietzsche parece inexaurível – ele está disponível, ao que parece, para todos. Tudo em Nietzsche parece vivo. Porém, se tudo é vivo, tudo acerca de Nietzsche também parece frágil.

Quero dizer algo aqui sobre as várias reivindicações que foram feitas em relação a Nietzsche. Não quero argumentar que Nietzsche é ou não aliado de alguma persuasão política particular, mas investigar por que ele se presta a uma variedade tão ampla de posições, e o que significa, em relação a um escritor, que ele possa ser sujeito a tantas reivindicações diversas de aliança política. O que é mais importante, quero levantar a questão de o que significa para um escritor, tal como Nietzsche, resistir às identidades políticas atualmente disponíveis.

Nietzsche acerca da política

Com isso em mente, vamos olhar primeiro para o que Nietzsche realmente diz acerca da política e do político. Três temas amplos aparecem.[1] Nietzsche faz declarações sobre situações políticas contemporâneas; ele nega que a moralidade possa servir como base para a construção de uma sociedade; e tenta analisar a natureza da identidade política.

Primeiro há as coisas específicas que Nietzsche diz sobre assuntos obviamente políticos. Aqui as opiniões dele, embora mais complexas do que frequentemente se pensa, não têm nenhuma importância filosófica particular. A maior parte da política contemporânea é caracterizada por Nietzsche, como seria por Weber, pela ausência de governança ou liderança política. "Tudo um rebanho e nenhum pastor." Por sua vez, Nietzsche liga essa situação à democratização crescentemente generalizada das relações sociais, um fenômeno que, assim como J. S. Mill e Tocqueville, ele via como o fenômeno social central de sua época. Isso é em si mesmo relacionado à ascensão do socialismo, um fenômeno que Nietzsche vê como um passo adicional necessário na evolução da moral escrava.[2]

O desenvolvimento político e social ocidental faz parte de um único bloco para Nietzsche, pelo menos desde as revoluções na política da epistemologia e da autoridade interpretativa efetuadas por Sócrates e Cristo. Contra a ideia de que as posições sociais e políticas devam ser moralmente justificadas, Nietzsche reafirma uma de suas alegações centrais: posições sociais não são resultados de merecimento, isto é, elas não podem se apoiar

---

1 Para uma discussão mais completa, ver Tracy B. Strong, *Friedrich Nietzsche and the Politics of Transfiguration* [*Friedrich Nietzsche e a política da transfiguração*] (Berkeley: University of California Press, 1975), cap. 7.
2 FW 40; WKG V, p. 81-82 (ver a legenda de abreviações ao final do artigo).

em uma alegação moral de justificação. "Ninguém merece sua felicidade, ninguém merece sua infelicidade."³

Aqui é importante notar que Nietzsche não deseja apenas um líder, como se qualquer líder servisse e as pessoas simplesmente necessitassem ser comandadas.⁴ De fato, um dos maiores perigos que Nietzsche enxerga no mundo contemporâneo é a existência de "líderes" que permanecem alheios a seu mundo político e manipulam-no instrumentalmente para seus próprios fins. À medida que o Estado moderno é transformado de arena do poder (tal como fora na Grécia pré-socrática) em instrumento de poder, afirma Nietzsche, um novo tipo de ser humano que faz escolhas racionais emerge para fazer uso dessa ferramenta. Armados com abstrações e consciência de si socráticas, tais indivíduos ficam essencialmente fora do horizonte de qualquer comunidade. Aqueles que possuem essa consciência de si instrumental podem começar a manipular o Estado para seus próprios fins e se considerarão parte dele apenas na medida em que ele coincida com seus próprios instintos. Eles utilizam a política. Em um de seus primeiros ensaios, "O Estado grego", Nietzsche escreve:

> Ao considerar o mundo político dos helenos, *não esconderei aqueles desenvolvimentos do presente nos quais temo perigosas atrofias da esfera política*. Se existissem homens que, pelo nascimento, por assim dizer, fossem situados fora do instinto cultural (*Volks*) e do instinto do Estado [...] então esses homens achariam que seu objetivo político último seria a coexistência mais pacífica possível de grandes comunidades, nas quais lhes fosse permitido seu próprio propósito sem resistência.⁵

Tais indivíduos tendem a destruir a política, e é claro que Nietzsche encontra falha neles e com eles. No mundo em que ele cresceu, por exemplo, Nietzsche logo abandonou sua admiração juvenil de Bismarck e passou

---

3 WKG, IV₂, p. 557.
4 Como observa Robert Pippin em sua resenha de Bruce Detwiler, *Nietzsche and the Politics of Aristocratic Radicalism* [*Nietzsche e a política do radicalismo aristocrático*], em *American Political Science Review* 86:2 (junho de 1992): 505-506, não é de todo claro que os *Übermenschen* [seres sobre-humanos] necessitariam comandar, ou o fariam "naturalmente".
5 *Der griechiche Staat* [*O Estado grego*]; WKG III₂, p. 266 (itálico meu).

a ver o Chanceler de Ferro como um novo Alcibíades traidor.⁶ Em 19 de julho de 1870, ele escreve a seu amigo mais próximo Erwin Rohde que a guerra franco-prussiana é desastrosa, um juízo que será finalizado em sua última carta, escrita a Jakob Burckhardt, já com um pé na insanidade, proclamando que ele está mandando Wilhelm, Bismarck e todos os antissemitas serem fuzilados.⁷ Posteriormente, no asilo, ele verá um de seus médicos como Bismarck.

Para Nietzsche, Bismarck é emblemático da instrumentalização do instinto político. Em *O nascimento da tragédia*, Nietzsche havia acusado Eurípides de produzir uma arte que era "essencialmente um eco de seu próprio conhecimento consciente", na qual o próprio *agon* (disputa ou competição) servia para reforçar a ordem imposta.⁸ Bismarck, eu diria, atua da mesma maneira na política da época de Nietzsche. A resolução da crise de Schleswig-Holstein (uma disputa acerca de quem governaria os disputados ducados de Schleswig e Holstein, uma disputa que foi resolvida a favor de Bismarck) dependeu de Bismarck convencer os austríacos a aceitarem sua narrativa particular dos eventos (que sustentava que a falha dos austríacos em cederem às exigências de Bismarck fortaleceria a causa do socialismo de uma maneira que em última instância seria destrutiva para o império austríaco). Assim como a resolução dos enredos trágicos por parte de Eurípides por meio do *deus ex machina* e da "sinceridade divina", Bismarck havia "garantido o enredo" em um prólogo à ação – seus alertas aos austríacos sobre as consequências de o recusarem.⁹

O segundo tema de Nietzsche é que as alegações morais ou éticas não fornecem o fundamento para uma sociedade. No que quer que uma

---

6 Ver meu *Friedrich Nietzsche and the Politics of Transfiguration* [*Friedrich Nietzsche e a política da transfiguração*], p. 186-217. O parágrafo anterior baseia-se em alguns materiais dessas páginas.
7 Ver meu "Nietzsche's Political Aesthetics" ["A estética política de Nietzsche"], *In:* Michael Allen Gillespie e Tracy B. Strong (eds.), *Nietzsche's New Seas* [*Os novos mares de Nietzsche*] (Chicago: University of Chicago Press, 1988, p. 153-174).
8 GT 12; WKG III$_1$, p. 82.
9 Para uma análise brilhante, que apoia inteiramente aquilo que Nietzsche teria condenado, ver Henry Kissinger, "Bismarck: the White Revolutionary" ["Bismarck: o revolucionário branco"], *Daedalus* XCVII (verão de 1968): 888-924.

sociedade se apoie, isso não pode ser um argumento filosófico (especificamente ético). Todavia, Nietzsche não se junta aqui à posição de diversos "comunitários" modernos no sentido de que a sociedade se apoia em uma compreensão "densa" historicamente cumulativa de pessoas em contexto.[10] Em vez disso, ele argumenta que os sistemas morais são baseados em (e derivam de) relações de poder, da política.

Isso é tornado bastante explícito em *Sobre a genealogia da moral*. No primeiro ensaio, Nietzsche esboça dois sistemas morais que refletem estruturas de dominação.[11] A moral do senhor baseia-se em uma afirmação não reflexiva de si. O senhor diz: "Eu sou bom, você não é como eu e você é mau." O "caráter é destino", nessa moral. Era perfeitamente possível para pessoas muito diferentes, mesmo inimigos, pensarem sobre si mesmos e uns sobre os outros como bons, mesmo em combate.[12] Os fracos (ainda não psicologicamente escravos) sofrem com sua dominação pelos mestres irreflexivos. Não gostando de seu sofrimento, eles tentam aliviá-lo introduzindo a reflexão em seu mundo – e também no mundo do senhor. Daí em diante, o senhor opressor sentirá a necessidade de responder à questão de "por que" ele oprimiu. E com isso uma nova configuração moral é introduzida no mundo. Esta tem como premissa a habilidade de fornecer razões para legitimar as ações: a pessoa deve merecer aquilo que obtém.

A moral do escravo – que é o que agora se estabelece – não é então simplesmente a potência inversa da moral do senhor. Ela tem uma lógica completamente diferente. Ela se baseia no seguinte argumento: "Você me oprime, e portanto é mau; eu sou o oposto de você, e portanto sou bom." O que é central aqui é que a identidade da pessoa que adota a moral escrava se baseia em duas coisas. Primeiro, ela é a negação dialética da opressão do (antes) senhor. Segundo, para que ela seja possível, para que ela tenha um

---

10   Tenho em mente pensadores como Michael Sandel, Benjamin Barber, e às vezes Alasdair MacIntyre e Michael Walzer.
11   Para uma consideração mais completa, ver meu "'What have we to do with morals?': Nietzsche and Weber on Ethics and History" ["'O que temos a ver com a moral?': Nietzsche e Weber acerca da ética e da história"], *History of the Human Sciences* V: 3 (agosto de 1992): 9-18.
12   Pensar-se-ia aqui, por exemplo, no conflito entre Glauco e Diomedes na Ilíada, Livro 6, linhas 59-209.

resultado, a opressão tem de continuar a estar presente na vida da pessoa que adota a moral escrava. Uma ameaça é necessária. Nietzsche passa no restante da *Genealogia* a mostrar como o escravo garante que ele ou ela será suficientemente oprimido para reter um senso de identidade, um senso de quem ele ou ela "é".

Dito isso, a questão torna-se então o que está "atrofiado" na política moderna. As relações de poder, ao que parece, estão no alicerce de qualquer alegação de "identidade". Desde sua primeira obra, *O nascimento da tragédia*, Nietzsche tivera como uma de suas preocupações e propósitos a exploração do que se pode chamar de uma política da identidade. (Adiarei a investigação de *O nascimento* até um pouco mais tarde.). Por "identidade" entendo aqui algo como o que Nietzsche entende quando ele está preocupado com o que significa ser, digamos, alemão. Ou, como ele pergunta em certo ponto, "Como é possível ser grego?". A identidade é aquilo a que Nietzsche se refere como a "conexão e necessidade internas de qualquer verdadeira civilização", ou a "unidade dominante, chamemo-la de a vontade helênica [dos gregos]".[13] Em um sentido formal, eu poderia dizer que tenho uma identidade política quando posso usar os pronomes de primeira pessoa do plural e primeira pessoa do singular para me referir ao mesmo estado, quando a questão de quem nós somos e a questão de quem eu sou são respondidas da mesma maneira.[14]

Se, como é o caso com a moral escrava, a identidade política de uma pessoa é baseada na negação, em ser o oposto daquilo que ela não é, então o nada que se encontra no cerne daquela identidade eventualmente se tornará oco e produzirá a condição que Nietzsche chama de "niilismo".[15] O niilismo é o estado em que um ser tem a necessidade de colocar-se continuamente em questão, de levantar continuamente a questão dos fundamentos de sua existência, sem que nada seja capaz de contar como tais fundamentos.

---

13   *Le Livre du philosophe* [*O livro do filósofo*] (Paris: Flammarion, 1991, ed. 33, 45, p. 46, 52).
14   Ver Tracy B. Strong, *The Idea of Political Theory* [*A ideia de teoria política*] (Notre Dame, Indiana: Notre Dame University Press, 1990, cap. 1).
15   Ver, aqui, Philippe Lacoue-Labarthe, "History and Mimesis" ["História e mímesis"], em *Looking After Nietzsche* [*Cuidando de Nietzsche*], ed. L. Rickels (Albany: State University of New York Press, 1990, p. 209-231), que considera a relação de Nietzsche para com Rousseau.

A última sentença da *Genealogia* afirma que o homem moderno que adota a moral escrava preferiria antes "querer o nada a nada querer". Isto é, ele continuará a existir com uma identidade que é baseada no nada, em vez de não existir de todo.

A vontade é a faculdade que os seres humanos têm de moldar o mundo à sua própria imagem (como a memória é o modo como moldamos o passado). Ela é, portanto, um problema particularmente sério na modernidade, uma vez que a vontade moderna é fundamentalmente niilista. E se, como afirma Nietzsche, a vontade moderna é niilista, então a política moderna (pela qual qualquer mundo é estabelecido e mantido) é ela mesma ainda mais niilista.[16] Se algum livro pretender caracterizar a política moderna adequadamente, ele terá de abordar essa condição do niilismo, assim como a *Genealogia* é baseada no fato de que há algo a dizer sobre a moral. Se para Nietzsche o problema é efetuar uma transfiguração que tem a mesma dimensão daquela realizada pelos seres humanos que se juntaram para viver em cidades,[17] então o que pode ser dito sobre o mundo contemporâneo que tenha sentido?

É aos esforços para responder a essa pergunta, para entender qual o sentido que Nietzsche tinha em mente, que devemos a multidão de leituras sobre Nietzsche e a política. Será que a diversidade de reivindicações feitas em relação a Nietzsche é tão vasta que nem todo mundo pode estar correto em sua leitura? De fato, emergiram metainterpretações, classificações de interpretações.[18] Será que vale qualquer coisa? (Será que Deus sabe quem é o dono do texto de Nietzsche?). De fato, em uma época em que para alguns a proclamação de que "não existe nada fora do texto" poderia servir para alguns como um estandarte de agrupamento, falar em "má apropriação" de um texto pode parecer fora de moda. Pois se não existe nada fora do texto, então todas as apropriações podem parecer igualmente legítimas.

---

16   Esse é o argumento de Nietzsche na *Genealogia*.
17   GM II, 8-16; WKG VI$_2$, p. 321-340.
18   Para uma breve discussão, ver o Epílogo à edição expandida de meu *Friedrich Nietzsche and the Politics of Transfiguration* [*Friedrich Nietzsche e a política da transfiguração*] (Berkeley: University of California Press, 1988).

A negação de um *hors-texte* [fora do texto] é geralmente considerada como a negação de critérios independentes pelos quais se possa julgar a acurácia ou a validade de uma leitura. Ela parece dar licença para qualquer leitura. Sem decidir aqui se essa crítica em particular é válida,[19] devo notar que em qualquer caso essa visão não nos leva muito longe. Talvez, nada seja válido. Pois se todas as leituras são válidas, então todas são igualmente inválidas.

Assim, se desejamos abordar o problema da má apropriação política de Nietzsche, ou pelo menos investigar o que isso significaria, precisaremos compreender primeiro o que significa se apropriar ou se apropriar mal de um texto. Então, a primeira pergunta aqui tem de ser: o que é uma (má) apropriação?

A segunda pergunta é semelhante: o que é uma má apropriação política? O que quer que seja uma má apropriação, será que todas as más apropriações são políticas? Será que toda interpretação é política, isto é, imposição de poder e controle? Também precisamos saber o que faria uma leitura ser uma leitura política, isto é, quais são os critérios pelos quais se pode julgar que uma (má) apropriação em particular é política?

Todas essas perguntas são tornadas mais complexas pelos alertas com os quais Nietzsche envolve seus textos. Nietzsche alerta seus leitores que tentar entender seus textos levará a um exercício de autorreferência (talvez frustrante, mas mais provavelmente uma melhoria de si). Ele escreve: "Quem pensou ter entendido algo acerca de mim, fez de mim algo à sua própria imagem [...] e quem de mim nada entendeu negou que eu devesse em geral ter sido objeto de consideração."[20] A indicação aqui é que os textos funcionam de modo a confirmar as leituras que os leitores querem fazer deles. Em outras palavras, contanto que se busque tratar os textos de Nietzsche como recipientes de significado a serem abertos e exibidos, o único sentido que se fará deles será precisamente este, o da própria pessoa.[21]

---

19 O problema vem, como veremos, com o que se entende por "leitura", não com o falso problema da "validade". Há exatamente tantas leituras quanto leitores, e é muito difícil fazer uma leitura. Ver a discussão do perspectivismo em Alexander Nehamas, *Nietzsche: Life as Literature* [*Nietzsche: a vida como literatura*] (Cambridge, Massachusetts: Harvard University Press, 1985).
20 EH, "Por que escrevo livros tão bons", 1; WKG VI$_3$, p. 298.
21 Ver Stanley Fish, *Self-Consuming Artifacts* [*Artefatos autoconsumidores*] (Berkeley/Los Angeles: University of California Press, 1974, apêndice).

Essas perguntas podem ser consideradas rapidamente aqui, dado que retornaremos a elas depois. A raiz latina *proprius* carrega consigo conotações não apenas de propriedade, mas também de apropriado, estável, assegurado e, de fato, de comum e ordinário. Eu me apropriei de algo quando o tornei meu, de uma maneira que me sinto confortável, isto é, de uma maneira para a qual os desafios de outros terão pouca ou nenhuma importância. Poderíamos então dizer que um leitor ou uma leitora se apropriam de um texto quando não se acham colocados em questão pelo texto, mas se acham associados a ele. Um texto do qual alguém se apropriou com sucesso não mais perturba aquele que se apropriou dele, tendo se tornado parte de sua compreensão, e é reconhecido por outros como "possuído", não abertamente disponível para interpretação.

Poder-se-ia então dizer que um leitor se apropria *politicamente* de um texto quando o leitor pode usá-lo para fazer algo sem sentir vergonha, para apoiar um argumento ou uma posição; quando, em outras palavras, o texto pode ser invocado como uma autoridade em um argumento ou em uma luta. A afirmação de que alguém se apropriou mal e politicamente de um texto é uma afirmação de que os objetivos aos quais o texto está sendo submetido são ilegítimos, ou falsos em relação ao significado ou sentido do texto. A afirmação de má apropriação, bem como a de apropriação, baseia-se então sempre em uma afirmação de que a questão do sentido do texto pode ser resolvida. Alguém pode se apropriar com sucesso de um texto, mas assim apropriar-se mal e politicamente dele, isto é, aplicá-lo de uma maneira injustificada.

A questão da apropriação faz referência à posse do significado de um texto. Mas um texto deve também ser olhado em termos de sua atividade, não "apenas" de seu significado. A atividade de um texto não é o mesmo que seu significado. "Atividade" refere-se antes a quais tipos de respostas o texto exige de seus leitores. Algumas composições, por exemplo, algumas de John Cage, exigem de seus ouvintes a pergunta "Isso é música?". O Holocausto, de modo semelhante, exige que perguntemos "por quê" (e ao mesmo tempo nega-nos uma resposta que satisfaça).²² Então nossa pergunta em relação aos textos de Nietzsche deve ser, pelo menos eventualmente: "O que eles fazem a seus leitores?". E a pergunta subsequente será então qual pode ser a política de tal atividade – se houver tal coisa.

A política de ler Nietzsche

Com isso em mente nos voltamos para os textos de Nietzsche. Duas perguntas adicionais aparecem. Primeiro, existem de fato muitas leituras "políticas" de Nietzsche: qual sua legitimidade? Segundo, de todos – ou talvez como todos – os grandes pensadores, Nietzsche foi reivindicado como companhia por um conjunto muito amplo de pretensos discípulos. A despeito do fato de que ele tentou repetidas vezes distanciar-se de pretensos discípulos, aparentemente não há limite sobre quem pode reivindicá-lo como um precursor. Assim, devemos também perguntar: o que há nos escritos de Nietzsche que permite tal uso? Como será claro no restante deste ensaio, não estou em última instância interessado nas perguntas "Quem é o dono de Nietzsche?", ou "Quais são as crias legítimas e bastardas de Nietzsche?". Em vez disso, estou interessado em perguntar o que significa fazer tais perguntas. De fato, quero argumentar que a escrita de Nietzsche serve para romper o domínio que tais supostas genealogias possam ter sobre nós.

Falar sobre o "problema" da má apropriação política de Nietzsche é correr o risco de implicar que há uma apropriação "correta". Isso parece implicar que Nietzsche possa ser pensado como estando "do lado" de um ou outro grupo político, do modo como alguém pensaria em Edmund Burke como um homem da direita e em Marx como um homem da esquerda.

---

22 O mesmo é verdadeiro sobre boa parte da obra de Samuel Beckett. Para uma discussão de obras de arte exigirem respostas, ver Michael Fried, "Art and Objecthood" ["Arte e a condição de objeto"], *Artforum* 5:10 (1967): 12-28; Stanley Cavell, "A Matter of Meaning It" ["Uma questão de ter intenção de dizê-lo"], em *Must We Mean What We Say?* [*Será que devemos ter intenção de dizer o que dizemos?*] (Nova Iorque: Scribners, 1969); Tracy B. Strong, "How to Write Scripture: Words and Authority in Thomas Hobbes" ["Como escrever uma Escritura: palavras e autoridade em Thomas Hobbes"], *Critical Inquiry* 20 (outono de 1993): 128-178.

Deixe-me começar sendo tosco. Nossas categorias políticas (ocidentais) de hoje derivam suas dimensões da Revolução Francesa (esquerda-centro-direita) e estas correspondem frouxamente a uma compreensão diferente da mistura de poder estatal e vontade educada exigida para efetuar uma dada política. Diferentes combinações deram origem a diferentes "ismos": liberalismo, republicanismo, conservadorismo, libertarismo, anarquismo, e assim por diante. De modo geral, quando falamos sobre uma posição ou identidade política, estas são as categorias que usamos. O problema da (má) apropriação política de Nietzsche deve assim proceder primeiro em termos dessas categorias.

No mundo anglófono contemporâneo, Nietzsche é frequentemente reivindicado por aqueles que se veem do lado progressivo e democrático (à esquerda) do espectro político. Algumas das razões para essas reivindicações são históricas. Muitos daqueles – e eu me incluo em alguma medida entre eles – que primeiro levaram Nietzsche a sério nos anos 1960 e 1970 encontraram nele uma voz a favor da liberação, e de fato da transfiguração do mundo monótono que então nos sentíamos herdando. Éramos uma geração que não havia experienciado diretamente os horrores da Segunda Guerra Mundial. Éramos uma geração para quem o movimento dos direitos civis e os novos movimentos juvenis e estudantis prometiam a possibilidade de mudanças dramáticas na sociedade. Éramos uma geração para quem as batalhas do comunismo e do anticomunismo já não eram mais particularmente importantes.[23] Que éramos contra o fascismo[24] passava sem ser dito, e nem, de fato, pensado. Ser contra o comunismo, pelo menos nos Estados Unidos, não era um problema em uma época em que mais de cinquenta por cento dos membros do Partido Comunista Americano eram informantes pagos pelo FBI. Havia estruturas de poder estabelecidas, mas a realidade das categorias políticas às quais elas correspondiam era severamente atenuada. As campanhas de "Pânico Vermelho" dos anos

---

23 Ver a discussão sobre a questão comunista, por exemplo, na história inicial do movimento SDS [*Students for a Democratic Society*, Estudantes por uma Sociedade Democrática] em Jim Miller, *"Democracy Is in the Streets": From Port Huron to the Siege of Chicago* [*"A democracia está nas ruas": de Port Huron ao sítio de Chicago*] (Nova Iorque: Simon and Schuster, 1987).
24 O maior triunfo do fascismo foi nos ter feito esquecer que ele era bastante atraente.

1950 nos Estados Unidos da América apareceram, portanto, como uma tentativa de relegitimar estruturas de poder.

O ponto aqui é que a maioria das abordagens iniciais significativas a Nietzsche no mundo anglófono[25] ocorreram, de modo geral, em um contexto no qual a relevância das formas e categorias políticas que haviam governado os quarenta anos anteriores havia começado a ser relaxada. Agora, formas políticas excitantes pareciam necessárias. E Nietzsche era excitante. É claro que ele atraía muitos da geração pós-guerra por sua afirmação de que as estruturas morais e sociais eram estruturas de dominação disfarçadas. Isso também parecia verdadeiro acerca do mundo ao nosso redor. Nietzsche se mostrava atraente para aqueles que não podiam encaixar confortavelmente os pés nas categorias da primeira parte do século, e para os quais a "liberação" das estruturas cotidianas herdadas do mundo burguês era importante. No entanto, a geração de jovens intelectuais que seria a nova Esquerda americana era também democrata. Nietzsche assim necessariamente levantava também a questão de se a política de transformação estrutural de uma sociedade (será que poderíamos chamá-la de uma "revolução cultural"?) e a democracia eram ou não compatíveis.

Não quero argumentar aqui que eles – nós – estavam certos ou errados, mas apenas que essas eram as políticas de muitos daqueles para quem Nietzsche detinha um apelo. Deve ser notado que essa não foi a primeira vez que Nietzsche inspirou aqueles na esquerda política. De fato, essa foi uma porção considerável de seu apelo a partir da virada do século. Deixe-me ensaiar essa história brevemente, uma vez que ela foi recentemente bem exposta em outro lugar.[26]

---

25 A questão do Continente é um tanto diferente. Na França, a abordagem em relação a Nietzsche vem através das complexidades do crescente desafeto com Marx. Não é nenhum acidente que o principal ímpeto para os estudos sobre Nietzsche na França tenha sido a tentativa de uma revolução cultural em 1968 (um evento que Malraux, com sua costumeira percepção hiperbólica, proclamou como o fim da civilização ocidental). Na Alemanha, a publicação das aulas de Heidegger em 1961 dera início à renovação do interesse em Nietzsche; quando novamente em 1968 os franceses fizeram o que os alemães haviam estado contemplando, a revitalização decolou. No entanto, os alemães são sempre refreados pelas memórias dos anos 1930. Eu argumentaria que, enfim, a dinâmica é fundamentalmente a mesma em todo o mundo ocidental.

26 No excelente trabalho de R. Hinton Thomas, *Nietzsche in German Politics and Society,*

Nietzsche começou a ser amplamente conhecido e lido na Europa pouco depois do início de sua insanidade, em 1889. Desde o começo ele atraiu uma ampla gama de pessoas de diversas posições políticas. Os social-democratas, tais como Kurt Eisner, que viria a ser assassinado após a Primeira Guerra Mundial enquanto governava a República da Bavária, encontraram em Nietzsche um "diagnosticador genial".[27] Também na Alemanha, anarquistas, progressistas hostis às leis que oprimiam socialistas, feministas, românticos juvenis do movimento *Wandervogel*,[28] todos encontravam um terreno comum na crítica de Nietzsche ao mundo burguês contemporâneo. Na França, como Genevieve Bianquais demonstrou amplamente, a situação era semelhante.[29]

O que atraía esses progressistas, tanto nas primeiras partes do século quanto mais tarde, em nosso mundo contemporâneo, era o tropo do desmascaramento, a postura irônica.[30] A ironia é o modo progressivo moderno. Ela comunica que as coisas não são o que parecem e, mais especialmente, que tudo que alega ser alguma coisa claramente não tem direito a tal alegação. A tarefa intelectual e política dos progressistas modernos é em primeiro lugar uma tarefa de desmascaramento. Aquilo que atraía na direção de Nietzsche pessoas com sérias preocupações sociais era basicamente a mesma dinâmica que as atraía na direção de outros críticos culturais. Assim como Marx havia desmascarado o fetichismo das mercadorias e Freud havia exposto os totens da fé, Nietzsche havia feito ressoar o vazio dos ídolos modernos.

1890-1918 [*Nietzsche na política e na sociedade alemãs, 1890-1918*] (Manchester: Manchester University Press, 1983).

27 Citado em R. Hinton Thomas, *Nietzsche in German Politics and Society 1890-1918* [*Nietzsche na política e na sociedade alemãs, 1890-1918*], na p. 23 de Kurt Eisner, *Taggeist* [*O espírito do presente*] (Berlim, 1902).

28 Literalmente, movimento "ave de passagem", foi uma organização do final do século XIX que promovia caminhadas e atividades ao ar livre e enfatizava a fraternidade e a cultura popular alemã.

29 Genevieve Bianquais, *Nietzsche devant ses contemporains* [*Nietzsche perante seus contemporâneos*] (Mônaco: Du Rocher, 1954).

30 John E. Seery e Daniel W. Conway (eds.). *The Politics of Irony: Essays in Self-Betrayal* [*A política da ironia: ensaios em traição de si*] (Nova Iorque: St. Martin's Press, 1992).

Tudo isso talvez seja compreensível, mas a qual política o pensamento de Nietzsche poderia então estar vinculada e apoiar? É difícil à primeira vista encontrar em Nietzsche apoio para a democracia liberal igualitária em qualquer uma de suas encarnações modernas. Assim, em muitas leituras modernas, aqueles situados na esquerda democrática que foram atraídos por Nietzsche e quiseram alistar o pensamento dele para seus projetos o fizeram argumentando que, embora o pensamento de Nietzsche não seja (realmente) político, seu pensamento fornece material para desenvolver uma nova política progressista. Tais interpretações concluem então que é necessário colocar de lado os juízos políticos particulares de Nietzsche. William Connolly acha-se em um estado de "dívida antagônica" para com um Nietzsche, cujo pensamento ele deseja desenvolver (e não sem sucesso) transformando-o em um "liberalismo radicalizado reconstituído". Mark Warren sugere que, se liberarmos "a filosofia de Nietzsche de sua camisa de força política", encontraremos apoio ali para "os valores progressistas do nacionalismo moderno".[31] Leslie Thiele tenta engenhosamente assemelhar Nietzsche a uma mistura de romantismo e pragmatismo que encontra suas raízes mais complexas em Emerson. Ele argumenta que a interessante política de Nietzsche é limitada a uma "política da alma", que infelizmente resulta em um tipo fatal de solipsismo isolado.[32] Mais recentemente, Keith Ansell-Pearson estabeleceu de maneira brilhante um diálogo proveitoso entre Nietzsche e Rousseau para concluir que em Nietzsche há uma "profunda incompatibilidade entre os *insights* históricos de sua investigação sobre o problema da civilização e a visão política que ele desenvolve em resposta à problemática histórica particular do niilismo".[33]

---

31 William Connolly, *Political Theory and Modernity* [*Teoria política e modernidade*] (Cambridge, Massachusetts: Blackwell, 1989, p. 169-175); Mark Warren, *Nietzsche and Political Thought* [*Nietzsche e o pensamento político*] (Cambridge, Massachusetts: MIT Press, 1988, p. 247).
32 Leslie P. Thiele, *Friedrich Nietzsche and the Politics of the Soul: A Study in Heroic Individualism* [*Friedrich Nietzsche e a política da alma: um estudo sobre individualismo heroico*] (Princeton: Princeton University Press, 1990, p. 180); ver minha resenha em *Journal of the History of the Behavioral Sciences* 28 (julho de 1992), p. 269-271.
33 Keith Ansell-Pearson, *Nietzsche contra Rousseau* (Cambridge: Cambridge University Press, 1991, p. 223).

Esses esforços, sempre interessantes, são politicamente característicos de boa parte do interesse contemporâneo em relação a Nietzsche. Mas também é verdade, é claro, que desde o início Nietzsche também foi reivindicado por muitos situados na direita política. Na primeira parte do século, darwinistas sociais, bem como racistas explícitos tais como Frederick Lange, encontraram inspiração nos escritos de Nietzsche. Na França, Nietzsche influenciou pensadores como Charles Peguy, Charles Maurras e Maurice Barres (que exerceu uma importante influência em Charles DeGaulle), todos eles figuras importantes do conservadorismo francês.

Nietzsche também esteve no centro do conservadorismo americano contemporâneo. Sem implicar de maneira nenhuma que um pensador contemporâneo da direita como Allan Bloom seja ligado a tais indivíduos desagradáveis como os europeus supracitados, penso que não é nenhum acidente que Nietzsche tenha mais referências no índice do que qualquer outro assunto no recente *best-seller* de Bloom, *The Closing of the American Mind* [*O fechamento da mente americana*]. De fato, uma das afirmações centrais do livro é que um sinal do que há de errado com a sociedade americana manifesta-se em sua domesticação de Nietzsche sob um esquerdismo simples.[34] Para escritores como Bloom e Werner Dannhauser, e muitos de seus estudantes,[35] Nietzsche é um homem da direita, o maior dos modernos, sendo que enfrenta o desafio dos antigos, o pensador que ousa levantar novamente as velhas questões políticas de posição hierárquica, dominação, caráter e nobreza contra a dinâmica niveladora e o igualitarismo fácil do liberalismo.

Portanto, o mundo contemporâneo é caracterizado por alegações aparentemente mutuamente incompatíveis sobre quem é o dono do Nietzsche "verdadeiro". Assim como ocorreu com o corpo de Nietzsche com o advento de sua insanidade, é um pouco como se seu pensamento tivesse se tornado um tipo de texto paralisado e paralisante que só pudesse ser objeto de cuidado. Nietzsche no asilo, Nietzsche sob os cuidados de sua

---

34 Allan Bloom, *The Closing of the American Mind* [*O fechamento da mente americana*] (Nova Iorque: Simon and Schuster, 1987, p. 229).
35 Werner Dannhauser, *Nietzsche and the Problem of Socrates* [*Nietzsche e o problema de Sócrates*] (Ithaca: Cornell University Press, 1974).

irmã, Nietzsche nas mãos de seus leitores: Nietzsche sob controle. Esse foi frequentemente seu destino nas mãos de seus pretensos apropriadores.[36] Houve uma disputa política pelo direito de reivindicar sua herança. A presunção é que o pensamento era, no fundo, *útil* para a esquerda ou para a direita, e que o problema era estabelecer a superioridade da reivindicação. A implicação dessa disputa é que o pensamento de Nietzsche, se interpretado corretamente, se alinharia mais com um lado ou com outro. A presunção era, portanto, que os textos se prestam a uma interpretação "correta" (ou pelo menos mais correta).

Toda a disputa sobre o corpo dos textos de Nietzsche é tornada muito mais complexa pelo fato de que ela ocorre contra o pano de fundo das apropriações da época entre a morte de Nietzsche e a época após a Segunda Guerra Mundial. É bem conhecido que o nacional-socialismo alegou encontrar suas raízes nas doutrinas do *Übermensch* [além-homem] e da vontade de poder, na aparente validação da crueldade por parte de Nietzsche, e em suas declarações sobre grandeza e destino. De modo claro e aberto, os nazistas se apropriaram dos comentários de Nietzsche sobre a superioridade racial, a necessidade de força e crueldade, e sobre a guerra, buscando projetar Nietzsche como um ancestral intelectual do nacional-socialismo.

Duas questões gerais foram levantadas pela apropriação nazista. A primeira deriva do fato de que dentre todos os movimentos políticos importantes desde a Revolução Francesa, o nacional-socialismo parece ser o menos filosoficamente legitimado. Ao que parece, há pouca ou nenhuma teoria política associada ao movimento que tenha algum valor. De fato, alguns argumentaram[37] que a legitimação racional era incompatível com a própria natureza do projeto nacional-socialista. Disto se seguiria que nenhum pensador cujo pensamento fosse legitimamente útil para o nacional-socialismo poderia ser pensado como tendo qualquer importância intelectual séria.

---

36 Ver Jean-Luc Nancy, "Dei Paralysis Progressiva" ["Da paralisia progressiva"], em Thomas Harrison, ed. *Nietzsche in Italy* [*Nietzsche na Itália*] (Stanford: Anma Libri, 1988, p. 199-208).
37 Ver Ernst Nolte, *Three Faces of Fascism: Action Française, Italian Fascism, National Socialism* [*Três faces do fascismo: ação francesa, fascismo italiano, nacional-socialismo*] (Nova Iorque: New American Library, 1969, epílogo).

Tornou-se cada vez mais difícil sustentar essa posição em anos recentes. As revelações (renovadas) sobre o envolvimento de Heidegger na prática e nos argumentos ideológicos do nacional-socialismo deixam claro que um pensador de estatura indisputável percebeu uma "verdade interna e uma grandeza nesse movimento (a saber, o encontro entre a tecnologia global e o homem moderno)".[38] De modo semelhante, a significância da crítica do liberalismo em um pensador como o nazista Carl Schmitt continua a ter ressonância.[39] Não se pode argumentar que a associação de qualquer um desses homens com o nacional-socialismo foi um "erro".[40] O ponto é que ser um pensador importante não exclui por si mesmo o indivíduo de afiliações com o mal.

Tampouco a óbvia importância de Nietzsche o exclui ou diferencia do mal em e por si mesma. Não podemos simplesmente dizer que Nietzsche é um pensador sério, que não houve nenhum pensamento sério no nazismo, e que, portanto, os vínculos entre os dois são excluídos. É preciso ser claro: não estou tentando argumentar aqui que "Nietzsche foi (ou teria sido) um nazista", mas também não estou tentando excluir essa possibilidade com base no argumento de que seus textos nos "mostram" que ele não o foi (ou não teria sido). Tais "refutações" dependem de mostrar que os nazistas leram erroneamente os textos de Nietzsche. Para um texto ser lido erroneamente, é preciso assumir que ele contém um significado, ou pelo menos não contém certos significados, nesse caso aqueles que os nazistas alegaram

---

38 Martin Heidegger, *An Introduction to Metaphysics* [*Uma introdução à metafísica*] (1953), (Nova Iorque: Anchor, 1961, p. 166).
39 Carl Schmitt, *The Concept of the Political* [*O conceito do político*], trad. de George Schwab (New Brunswick, Nova Jersey: Rutgers University Press, 1976); ver Richard Wolin, "Carl Schmitt: The Conservative Revolutionary Habitus and the Aesthetics of Horror" ["Carl Schmitt: o habitus do revolucionário conservador e a estética do horror"], *Political Theory* 20: 3 (agosto de 1992): 424-448; Chantale Mouffe, "Philosophie politique de la droite" ["Filosofia política da direita"], *Esprit* (dezembro de 1993): 182-189; Stephen Holmes, *The Anatomy of Antiliberalism* [*A anatomia do antiliberalismo*] (Cambridge, Massachusetts: Harvard University Press, 1993).
40 Ver minha resenha de Victor Farias, *Heidegger and Nazism* [*Heidegger e o nazismo*], trad. de Paul Burrell (Philadelphia: Temple University Press, 1989), "The Heidegger Case: On Philosophy and Politics" ["O caso Heidegger: sobre filosofia e política"], *American Political Science Review* 87:3 (setembro de 1993): 775-776.

encontrar. A refutação aqui exige apenas que se traga à luz uma leitura "correta"; disto se seguiria que os nazistas estavam errados ou desesperados em sua leitura de Nietzsche, e a questão da relação seria fechada.

Tal abordagem do "significado do texto" encontrou muito sucesso. De fato, talvez nenhuma opinião nos estudos sobre Nietzsche seja agora mais amplamente aceita do que a de que os nazistas estavam errados e/ou foram ignorantes em sua apropriação de Nietzsche. O crédito no mundo anglófono por ter demonstrado isso, e, portanto, por ter novamente tornado possível o estudo sério de Nietzsche, é geralmente atribuído ao falecido Walter Kaufmann. O livro central de Kaufmann, *Nietzsche: Philosopher, Psychologist, Antichrist* [*Nietzsche: filósofo, psicólogo, anticristo*],[41] pareceu refutar de uma vez por todas as alegações feitas pelos expoentes nazistas de Nietzsche. Kaufmann nos deu um Nietzsche que participou da *philosophia perennis* [filosofia perene]. Sua companhia foi a de Shakespeare, Hegel, Goethe – os cumes do pensamento. Para Kaufmann, todos esses pensadores tiveram uma relação crítica ou pelo menos problemática com o cristianismo. Seu Nietzsche foi, portanto, um Nietzsche fundamentalmente do Iluminismo, da companhia daqueles que nos libertaram da autoridade, da tradição, das restrições sobre o pensamento. As passagens que pareceram inaceitáveis para tal *Freischwebendergeisterei* [qualidade de espírito livre] foram mais frequentemente atribuídas à inabilidade de Nietzsche de livrar-se da retórica de sua época, ou simplesmente a erros.

Kaufmann argumentou, por exemplo, que Nietzsche não foi um antissemita, e reuniu muitas passagens nas quais Nietzsche claramente falou contra o antissemitismo. Aquelas seções restantes onde Nietzsche parece dizer algo detestável sobre os judeus foram frequentemente atribuídas ao desejo juvenil de alcovitar para Wagner. (De fato, não há nada de novo aqui. Já durante o tempo de vida de Nietzsche, o antissemita Theodor Fritsch havia reclamado que os juízos negativos de Nietzsche sobre os antissemitas eram devidos a sua amizade com judeus com Paul Rée e a seu medo de desagradá-los.). Ainda assim, embora seja relativamente claro que Nietzsche

---

41 Walter Kaufmann, *Nietzsche: Philosopher, Psychologist, Antichrist* [*Nietzsche: filósofo, psicólogo, anticristo*]. 4ª edição (Princeton, Nova Jersey: Princeton University Press, 1974).

considerava que o antissemitismo partilhasse do ressentimento (ver sua carta de 23 de março de 1887), também é claro que ele culpava o judaísmo pelo desenvolvimento e aprofundamento da moral escrava. Aqui desculpas não servem, e apresentar textos contrários parece estranho. Imagine o que se diria hoje na maioria dos círculos sobre alguém que anunciasse, como fez Nietzsche em 1881, que "o instinto sacerdotal do judeu (havia) cometido o [...] grande crime contra a história".[42] De modo semelhante, embora Kaufmann sugira que o elogio da guerra por parte de Nietzsche deriva de um senso de guerra limitado e instrumental do século XIX, ocorre também que Nietzsche fala, aparentemente sem incômodo, sobre "guerras como ninguém nunca conheceu".

Claramente há muitas dificuldades em se buscar uma interpretação raciocinada e razoável da mensagem política ou das implicações políticas do pensamento de Nietzsche. Diante dessas incertezas, alguns leitores sugeriram que não há de fato nenhuma interpretação política correta, porque Nietzsche não tem de fato uma doutrina política "real". Aqui o argumento é que embora Nietzsche possa ter comentado (geralmente de maneira lamentável) sobre assuntos políticos, tais comentários são um tipo de erro de categoria da parte dele. Argumenta-se que seu pensamento é fundamentalmente estético e que só resultará desgosto (epistemológico, moral, e portanto, argumenta-se, político) de lê-lo politicamente. Uma razão às vezes oferecida sobre por que Nietzsche é suscetível ao mau uso na esfera política é que sua postura estética é traduzida de modo inapropriado para a política. Os comentadores divergem quanto a se o próprio Nietzsche tentou fazer isso ou não, mas eles são geralmente claros em que a tentativa de fazê-lo leva a uma atitude perigosamente amoral, ou no máximo ingênua, para com a esfera política. A política, segundo essa compreensão, requer um padrão intersubjetivamente válido pelo qual se possam julgar propostas políticas, o qual não é acarretado por uma postura estética.

A posição de Nietzsche é então geralmente associada por esses críticos à visão "pós-modernista" que sustenta que é sempre errado buscar

---

42 AC, 43. Jesse Jackson teve problemas com muito menos na campanha presidencial americana de 1988.

enunciados fundantes (ou "meta-narrativas") que possam fornecer bases racionalmente objetivas com as quais diferentes interpretações teriam de entrar em acordo.[43] Uma abordagem pós-moderna sustenta que um texto ou uma pessoa não se revelam como o que são, nem mesmo *in extremis*, uma vez que não há "coisa" alguma (no sentido de uma entidade estável) para reconhecer.

Uma importante formulação recente dessa crítica sobre Nietzsche foi feita por Jürgen Habermas. Ele acusa Nietzsche de uma nostalgia estética romântica.[44] Para Habermas, Nietzsche "abandona a modernidade" em favor de uma postura (associada por Habermas ao pós-modernismo, bem como ao arcaísmo) que abandona a possibilidade de construir um consenso intersubjetivo raciocinado.[45] Na medida em que a associação de Nietzsche com o pós-modernismo se sustenta – e em alguma medida ela deve se sustentar, uma vez que Nietzsche, assim como os pós-modernistas, questiona a estabilidade do sujeito –, ele parece tornar a ação política impossível, ou sem sentido, ou sem padrões. Essa é a essência da crítica habermasiana.

Qual a verdade desse tipo de crítica? Penso que Habermas não juntou as peças corretamente. É verdade que Nietzsche deprecia a política moderna e que desde o início de sua vida de estudioso Nietzsche expressou preocupações sobre a saliência da política na vida humana. Quando ele comenta sobre a política moderna, contudo, ele o faz mais frequentemente para depreciar não a política, mas aspectos da modernidade. Quando Nietzsche diz coisas negativas sobre a política, ele não está atacando a política em si, mas o Estado

---

43 Para uma leitura crítica, mas não desfavorável, ver Stephen F. White, *Political Theory and Postmodernism* [*Teoria política e pós-modernismo*] (Cambridge University Press, 1990); ver também Christopher Norris, *What's Wrong with Postmodernism: Critical Theory and the Ends of Philosophy* [*O que há de errado com o pós-modernismo: teoria crítica e os fins da filosofia*] (Baltimore: Johns Hopkins University Press, 1990).
44 Jürgen Habermas, *The Philosophical Discourse of Modernity* [*O discurso filosófico da modernidade*] (Cambridge, Massachusetts: MIT Press, 1989).
45 Uma crítica completamente devastadora da posição de Habermas foi realizada por David Wellbury, "Nietzsche-Art-Postmodernism: A Reply to Jürgen Habermas" ["Nietzsche-Arte--Pós-modernismo: uma resposta a Jürgen Habermas"], em Thomas Harrison (ed.), *Nietzsche in Italy* [*Nietzsche na Itália*] (Saratoga, California: ANMA libri, 1988, p. 77-100). Um ponto menor no artigo de Wellbury é que Habermas está simplesmente errado textualmente acerca do que diz Nietzsche. Wellbury chama atenção para duas das passagens que servem como epígrafes a este ensaio.

moderno – o "monstro mais frio dos monstros frios", como ele o chama em *Assim falou Zaratustra*.

Em um texto escrito por volta da época de *O nascimento*, ele escreve que há um "Perigo terrível: o de que o estilo americano de agitação política e essa inconsistente civilização do conhecimento se juntem."[46] Todavia, Nietzsche olha para os gregos, não a fim de retornar a eles (ele diz explicitamente que isso não pode ser feito[47]), mas para aprender com eles como se organiza uma forma de vida. É por essa razão que na "Tentativa de uma autocrítica" de 1886, com a qual ele reprefacia *O nascimento da tragédia*, Nietzsche identifica o problema da *Wissenschaft* [investigação erudita] – isto é, de como alguém conhece – como o problema central de *O nascimento*. Se Nietzsche e Habermas discordam, é sobre a natureza da modernidade, mas não sobre o desejo de retornar a algum passado romantizado.

Também é verdade que Nietzsche elogia o estético; mas ele não o faz em favor de alguma estética formalista, como afirma Habermas. Apesar das alegações de Habermas de que Nietzsche é um proponente de *l'art pour l'art* [a arte pela arte], Nietzsche explicitamente rejeita tal postura.[48] Nietzsche está de fato preocupado com o que Habermas chamaria de uma instrumentalização excessiva do conhecimento.[49]

A partir disso, ainda poderia parecer que o caminho mais sensato é dizer que não há nada a dizer sobre Nietzsche e a política. Penso que isso é ao mesmo tempo certo e errado. Nietzsche de fato parece estar ao menos ocasionalmente interessado em precisamente como alguém poderia alcançar uma identidade política e social. O mais obviamente político de seus livros – *O nascimento da tragédia* – tem como sua preocupação central, afinal, o exame de como era possível ser grego. *O nascimento da tragédia* fornece

---

46   *Le Livre du philosophe* [*O livro do filósofo*], I, #26, p. 43.
47   Basta começar com minha segunda epígrafe. Para uma discussão completa ver meu *Friedrich Nietzsche and the Politics of Transfiguration* [*Friedrich Nietzsche e a política da transfiguração*] (Berkeley/Los Angeles: University of California Press, 1975 e 1988, cap. 6).
48   Não há nada a acrescentar ao trabalho de David Wellbury acerca desse assunto. Ver Wellbury, *op. cit.*, p. 84.
49   Ver aqui Jürgen Habermas, *Knowledge and Human Interests* [*Conhecimento e interesses humanos*] (Boston: Beacon Press, 1971, cap. 1).

um tipo de dedução transcendental historicizada, não com a intenção de recriar a Grécia, mas de instruir os contemporâneos de Nietzsche acerca do que teria de ocorrer para que eles se tornassem o que eram. A intenção de Nietzsche não era apropriar-se dos gregos, mas tornar novamente disponível o que eles fizeram. E o que é tornado disponível é a "vitória" que eles obtiveram. *O nascimento* é, por assim dizer, uma lição sobre como lutar, isto é, uma lição de poder, uma lição de política.

Vamos então olhar para o modo como esse primeiro livro se desenvolve. Em *O nascimento*, Nietzsche argumenta que os gregos alcançaram um modo de estar no mundo, estabelecido entre o caos da Ásia Menor e a rigidez de Roma, e diferente de ambas. O problema era "imprimir em suas experiências o selo do eterno", ou, como ele tentou enunciar depois, "imprimir o ser na natureza do devir",[50] isto é, reter a qualidade de ser grego, estar na Grécia, enquanto se responde às mudanças que estavam ocorrendo no Mediterrâneo oriental. Em meio a parágrafos frequentemente voltados para deixar o leitor com vertigem, Nietzsche nota especificamente fatores como a introdução do dinheiro, o estabelecimento de cidades baseadas em relações não tribais, o desenvolvimento do comércio, e assim por diante.[51]

O processo de tornar-se grego, indica Nietzsche, levou tempo. Dois princípios governaram esse desenvolvimento, o apolíneo e o dionisíaco – Nietzsche está mais interessado na interação deles. Cada um desses princípios é um modo de apreender o mundo. O apolíneo consiste em tomar o mundo do modo como ele se apresenta a você, sem olhar "sob" ou por trás das aparências. Esse é o mundo que Homero nos dá (Nietzsche fica constantemente admirado com quão poucas perguntas temos para Homero), e sua realidade é a de um sonho contínuo. O dionisíaco envolve o reconhecimento de que o mundo conforme nós o experienciamos não tem nenhum fundamento na natureza ou na necessidade. O protótipo do homem dionisíaco é Hamlet.

O processo de tornar-se grego envolve elaborar o que Nietzsche chama de uma "relação fraterna" entre essas duas divindades. Isso não aconteceu de uma só vez. Já em seu primeiro livro, Nietzsche insiste na qualidade lenta e

---

50 GT 23; WKG III, 1, p. 144; WM 617.
51 GT 4; WKG III, 1, p. 36 (K 47). Ver também GM II, p. 137-139.

evolutiva de qualquer forma de vida. Na Hélade, o primeiro estágio "titânico" estabeleceu apenas a capacidade dos seres humanos de se moldarem em meio a um mar de "bárbaros", isto é, diante daquilo que não podia dar um nome a si próprio. Isso resultou em um segundo estágio, o de Homero, caracterizado por um domínio quase puro do apolíneo. A pressão do exterior caótico e sem forma, no entanto, conduziu a um terceiro estágio, o dórico, que Nietzsche enxerga como uma espécie de "acampamento militar permanente do apolíneo" em defesa contra o exterior. Finalmente, nos primórdios da tragédia ática, uma relação dupla foi estabelecida. Situados entre a Índia e Roma, os gregos tiveram sucesso em inventar uma nova forma estética/política.[52]

Assim, *O nascimento* reflete as preocupações de Nietzsche sobre o Estado grego. *O nascimento* considera como é ou foi possível ser grego. Nietzsche reconhece que a tragédia não apenas tinha como sua preocupação central a viabilidade da identidade grega, mas, de modo mais importante, que ela era a corporificação daquela identidade. Ela não era apenas um meio, uma espécie de instrumento pedagógico, mas a forma mesma daquela identidade.

Um alvo implícito de *O nascimento da tragédia* é a explicação da tragédia dada por Aristóteles. Na *Poética*, Aristóteles identificou o ponto alto da tragédia como o momento da *anagnorisis* [reconhecimento], o momento em que o protagonista apreende o enredo que ele ou ela tem vivido. Aristóteles tem em mente, é claro, momentos como aquele próximo do final de *Oedipus Tyrannos*, quando a história do próprio Édipo finalmente torna-se clara para ele, e quando ele pela primeira vez reconhece a si mesmo, sabe quem ele é.

Nesse ponto da peça, Édipo grita que tudo que ele fez (exceto ter cegado a si mesmo) fora estabelecido muito tempo antes por Apolo. Pode-se dizer que a explicação de Aristóteles privilegia essa narrativa teleológica. O reconhecimento significa passar a aceitar a si mesmo, por si mesmo, nos termos dados pela narrativa. Poderíamos descrever isso como uma espécie de apropriação de si. A solução de Aristóteles para o problema de Édipo[53] enfatiza a autodescoberta de Édipo, seu reconhecimento de sua própria história. O reconhecimento de si é o ponto e o objetivo.

---

52 Ver GT 4. Ver também GT 21, WKG III, 1, p. 129, sobre a "terceira forma".
53 A visão de Aristóteles é delicadamente criticada por Nietzsche em GT 22.

Nietzsche, é claro, não está recusando a tragédia, mas está recusando uma compreensão "aristotélica" dela,⁵⁴ e tal leitura é precisamente o que Nietzsche acha problemático. Se lemos a tragédia como o faz Aristóteles, então devemos entender o que acontece a Édipo em termos de uma narrativa cujo *telos* [objetivo] é a *anagnorisis* [o reconhecimento]. Tal leitura é, eu diria, quase hegeliana: a compreensão só chega no final. O perigo para uma sociedade ou para um indivíduo, indica Nietzsche, vem quando ele busca "compreender-se historicamente", isto é, em termos de uma narrativa que ele considera ser naturalmente fundamentada.⁵⁵

O que há de errado com a abordagem narrativa? Nietzsche associa-a à psicologia da redenção, que ele posteriormente descreve em *Sobre a genealogia da moral* como o desenvolvimento natural da dinâmica da moral escrava. A vinda do redentor completa a história de nosso sofrimento, enquanto mantém a necessidade do sofrimento. Em *O anticristo*, Nietzsche sugere que a psicologia do redentor se baseia em duas realidades psicológicas, primeiro um "ódio instintivo da realidade", e segundo, uma "exclusão instintiva de toda aversão, de toda inimizade, de todo sentimento de limitação e distanciamento".⁵⁶ "Odiar a realidade" supostamente significa querer que exista algo diferente de nossa situação atual, que haja um mundo que no presente não é acessível para nós. Desejar "excluir a limitação e o distanciamento" significa desejar que experienciemos o mundo como nosso mundo apenas, com o outro existindo apenas para ser convertido ou eliminado.⁵⁷ A identidade envolvida na moral escrava é uma que envolve o desejo de ser sem limites, ou que experiencia todos os limites negativamente, não como uma base para se alegrar com quem ou o que se é.⁵⁸ A acusação contra Eurípides e Sócrates em

---

54 Para os presentes propósitos, estou evitando a questão de se essa é ou não uma leitura "correta" de Aristóteles. Quer Nietzsche tenha ou não pensado que ela fosse, é claro que ela era (e ainda é) uma leitura padrão.
55 GT 23; WKG III$_1$, p. 141.
56 AC 30; WKG VI$_3$, p. 198-199.
57 Ver o trabalho recente de William Connolly nessa veia, especialmente "Beyond Good and Evil: The Ethical Sensibility of Michel Foucault" ["Para além do bem e do mal: a sensibilidade ética de Michel Foucault"], *Political Theory* 21:3 (agosto de 1993): 365-390.
58 É por isso que Nietzsche se refere a Sócrates como tendo estabelecido a razão como uma "tirana". Ver GD, "O Problema de Sócrates", 10; WKG VI$_3$, p. 66.

O nascimento da tragédia é que eles são espectadores que querem uma história completa e inteira, uma narrativa dominante e dominadora.⁵⁹

No entanto, o valor central da tragédia conforme Nietzsche o compreende é a negação de uma única narrativa dominante cujo *telos* seja o reconhecimento de si. O "protofenômeno" dramático a partir do qual a tragédia emergiu foi a procissão do coro. O coro não é, para Nietzsche, a representação do espectador no palco, mas em vez disso um duplo processo: "Ver a si mesmo transformado diante de seus próprios olhos e começar a agir como se se tivesse entrado em outro corpo, outro personagem." O indivíduo não é um objeto de contemplação para si mesmo aqui; em vez disso, ele é transformado. Nietzsche prossegue indicando que o indivíduo encontra a si mesmo "epidemicamente", isto é, em uma escala que não é apenas individual.⁶⁰ Além disso, o espectador não é apenas espectador e ator, ele ou ela é também, em certo sentido, o autor. Em Ésquilo e Sófocles (em contraste com Eurípides) os "dispositivos mais engenhosos [são usados] para colocar nas mãos do espectador, como que por acaso, todos os fios necessários para uma compreensão completa".⁶¹

O tipo de conhecimento que temos a partir da tragédia não é o de uma narrativa única. "Todo nosso conhecimento da arte é basicamente bastante ilusório, porque como seres conhecedores não somos idênticos àquele ser que prepara um entretenimento perpétuo para si mesmo."⁶² As realizações dramáticas registradas em *O nascimento* se baseiam na capacidade do membro da plateia para ser ao mesmo tempo espectador, autor e ator. Essa multiplicidade permite ao espectador entrar no mundo que Nietzsche chama de "mítico". Sua esperança é que o exemplo dos gregos possa ajudar os alemães contemporâneos a entrarem novamente no reino mítico.

Como tal coisa poderia ser realizada? *O nascimento* se baseia em duas esperanças políticas não expressadas acerca de seu texto. Primeiro, Nietzsche

---

59 GT 12; WKG III$_1$, p. 81.
60 GT 8; WKG III$_1$, p. 58.
61 GT 12; WKG III$_1$, p. 87.
62 GT 5; WKG III$_1$, p. 43.

deixa muito claro que ele espera que *O nascimento* tenha sucesso em combinar a abordagem acadêmica padrão com sua nova visão do espectador. Ele começa com a afirmação de que teremos estabelecido muito "para a ciência da estética quando percebermos não apenas logicamente, mas com a certeza direta da visão", que a tragédia grega é envolvida na dualidade fraterna das duas divindades.[63] Nietzsche havia esperado, pelo menos nesse ponto de sua vida, que não haveria incompatibilidade entre seus esforços "acadêmicos" e seus esforços (como vou chamá-los) filosóficos. Isso explica em parte a profundidade de sua depressão diante da recepção incompreensiva que seu professor Ritschl e outros filólogos deram a seu primeiro livro.

A segunda esperança é que ainda possa existir no mundo contemporâneo o tipo de leitor, o tipo de plateia, que Nietzsche pensara terem tornado possíveis as realizações dos gregos. *O nascimento é um chamado para aqueles que podem responder ao mundo miticamente, isto é, responder profundamente ao mundo como ele é em si mesmo, sem nenhuma referência a qualquer outro mundo, positivo ou negativo.* Nietzsche escreve:

> Quem desejar testar rigorosamente em que medida ele é relacionado ao verdadeiro ouvinte estético ou pertence à comunidade das pessoas socráticas-críticas precisa apenas examinar sinceramente o sentimento com o qual ele aceita milagres representados no palco: se ele sente seu senso histórico, que insiste na estrita causalidade psicológica, ser insultado por eles, ou se ele experiencia qualquer outra coisa.

"Qualquer outra coisa" não é um chamado muito forte, uma expressão talvez de ansiedade sobre se tal espectador ainda pode existir. Mas Nietsche continua: "Pois dessa maneira ele será capaz de determinar em que medida é capaz de compreender o mito como uma imagem concentrada

---

63 Ver a discussão expandida em meu "The Destruction of the Tradition: Nietzsche and the Greeks" ["A destruição da tradição: Nietzsche e os gregos"], em Tom Darby, Bela Egyed e Ben Jones (eds.), *Nietzsche and the Rhetoric of Nihilism: Essays on Interpretation, Language, and Politics* [*Nietzsche e a retórica do niilismo: ensaios sobre interpretação, linguagem e política*] (Ottawa: Carleton University Press, 1989, p. 55-69).

do mundo, que, como uma condensação de fenômenos, não pode dispensar os milagres."

Penso que por "mito" e "condensação de fenômenos" Nietzsche entende algo como aquilo ao qual Thoreau se refere quando fala na habilidade de "ver a eternidade em um grão de areia", isto é, o reconhecimento da qualidade que o mundo tem de ser um, e somente um, e apenas este. Tal mundo seria experienciado tanto como uma ilusão e como ele mesmo, ao mesmo tempo. A maioria das pessoas, Nietzsche deixa claro, não pode fazer isso por si mesma: "É provável, contudo, que quase todas as pessoas, examinando-o de perto, achem que o espírito crítico-histórico de nossa cultura as tenha afetado tanto que só podem tornar a existência prévia do mito crível para si mesmas por meio da erudição, através de abstrações intermediárias."

Isso foi o que Nietzsche buscou fazer em *O nascimento*, "abordar um problema estético seriamente",[64] e o que está em jogo é a totalidade das coisas. O mito unifica a cultura, salva a imaginação de divagar, é central para a educação das crianças. "Nem mesmo o Estado conhece leis não escritas mais poderosas do que o fundamento mítico que garante sua conexão com a religião e seu crescimento a partir de noções míticas." A isso Nietzsche contrapõe a situação contemporânea:

> [O] homem abstrato, não tutelado pelo mito; a educação abstrata; a moral abstrata; o Estado abstrato; imaginemos [pede ele] a perambulação sem lei da imaginação artística, não restrita por qualquer mito nativo; pensemos em uma cultura que não tenha nenhum lugar primordial fixo e sagrado, mas que seja fadada a exaurir todas as possibilidades e nutrir-se miseravelmente de todas as outras culturas.[65]

Considero "abstrato" aqui como significando o oposto de "mítico". Também considero que "mítico" significa "não histórico", isto é, não sujeito à narrativa.

---

64 GT, Prefácio a Richard Wagner; WKG III$_1$, p. 19.
65 GT 23; WKG III$_1$, p. 141-142.

A omissão de um livro sobre política por Nietzsche

Tentei estabelecer duas coisas. Primeiro, Nietzsche está disponível para um amplo conjunto de apropriações políticas, de fato talvez para todas. Segundo, para ele o mundo moderno parece ser politicamente empobrecido. Mas com exceção do que ele diz aqui e ali sobre temas políticos, Nietzsche não escreve sobre assuntos políticos. Por que não? Seus escritos sobre política são espalhados, embora isso não seja verdade sobre sua preocupação com outros tópicos. É simplesmente errado enxergarmos as obras de Nietzsche como uma coleção de aforismos mais ou menos bem reunidos.[66] Aqui a questão é bem diferente. Embora seja certamente o caso que os livros de Nietzsche, especialmente aqueles dos anos 1880, não sejam escritos como tratados ou ensaios, cada um deles tem de fato um tema distinto. Tomados como um todo, os livros que ocupam Nietzsche durante os anos 1880 são de fato uma tentativa bastante sistemática de investigar várias esferas de assuntos humanos. *Sobre a genealogia da moral* é sobre a moral; *Para além do bem e do mal* é sobre *Wissenschaft*, o saber; o *Crepúsculo dos ídolos* é sobre a autoridade; *Zaratustra* é sobre, entre outras coisas, instituições mundanas. Sua autobiografia, *Ecce homo*, é, penso eu, sobre a escrita, e portanto sobre o eu e a autoria. Depois de olharmos para *O nascimento da tragédia*, somos agora tentados a dizer que esses livros são as "deduções transcendentais" de Nietzsche. Mas não há nenhum livro dele que faça pela política o que os outros fazem por seus respectivos temas.[67]

---

66 Para uma demonstração clara da necessidade de ler as obras de Nietzsche como obras, ver Alexander Nehamas, "Who are 'The Philosophers of the Future'?" ["Quem são 'os filósofos do futuro'?"], em *Reading Nietzsche* [*Lendo Nietzsche*], Robert C. Solomon e Kathleen M. Higgins (eds.) (Nova Iorque: Oxford University Press, 1988), e Robert Pippin, "Irony and Affirmation in Nietzsche's *Thus Spoke Zarathustra*" ["Ironia e afirmação no *Assim falou Zaratustra* de Nietzsche"], em Gillespie e Strong (eds.), *Nietzsche's New Seas* [*Os novos mares de Nietzsche*], p. 44-71.

67 E para continuar a analogia com Kant, também não há um em Kant, exceto talvez (significativamente) a *Crítica do juízo*. Ver Hannah Arendt, *Lectures on Kant's Political Philosophy* [*Lições sobre a filosofia política de Kant*], Ronald Beiner (ed.) (Chicago: University of Chicago Press, 1982); Ronald Beiner, "Hannah Arendt and Leo Strauss: the Uncommenced Dialogue" ["Hannah Arendt e Leo Strauss: o diálogo não começado"], *Political Theory* 18: 2 (maio de 1990): 238-245.

O que está acontecendo aqui? Ao longo dos anos 1870 e 1880, Nietzsche desenvolveu uma compreensão que veio a ser chamada de "perspectivismo nietzscheano". Mais frequentemente esta é interpretada como uma espécie de relativismo epistemológico – a doutrina de que não há nenhum modo intersubjetivamente válido de determinar qual interpretação de um fenômeno é melhor do que outra. Tal leitura, embora talvez seja compreensível, me parece bastante afastada da intenção de Nietzsche. A doutrina do perspectivismo de Nietzsche não implica, penso eu, que há muitas "posições" a partir das quais alguém possa ver uma entidade, que eu vejo do "meu" jeito e você do "seu", e assim, que com uma crescente tolerância deveríamos permitir essa diversidade. Ela é antes um argumento de que quem (ou antes, "o que")[68] um indivíduo é o resultado, não a fonte, de alegações de conhecimento ou da ação.[69]

Consequentemente, os textos de Nietzsche não são precisamente deduções transcendentais, isto é, eles não perguntam "como nosso conhecimento de X é possível?". Em vez disso, eles buscam investigar o que acontece no mundo moderno (ocidental) àqueles que buscam fazer alegações nessas várias esferas de assuntos humanos. Nietzsche pergunta: que tipo de conhecedor é substituído por qualquer alegação particular de conhecimento sobre tais assuntos? O sujeito é consequente à atividade, na visão de Nietzsche, e não o originador da atividade.

Então por que Nietzsche passaria uma década investigando as várias identidades que as atividades disponíveis ao homem moderno engendraram? Penso que ele percebeu que a lógica da genealogia da moral escrava é suficientemente forte para que um simples chamado para viver no "mítico", tal como o feito em *O nascimento*, não serviria. Os textos dos anos 1880 são de fato "prelúdios" para uma filosofia do futuro. Isto é, eles buscam mostrar ao leitor em que medida ele ou ela é de fato ao mesmo tempo autor, ator e espectador nos vários dramas da vida: na moral, no conhecimento,

---

68 Devo a Alexander Nehamas a lembrança de que Nietzsche fala em como alguém "se torna o que é", e não "quem" é.
69 Ver Tracy B. Strong, "Texts and Pretexts" ["Textos e pretextos"], *Political Theory* XIII: 2 (maio de 1985): 164-182.

na autoridade, nas instituições sociais e assim por diante. Esses textos nos mostram o tipo de domínio que essas atividades têm sobre nós e, sem nos livrarem delas, nos concedem a distância em relação a elas que a verdadeira condição de espectador permite.[70] Com apenas algumas poucas mudanças – o foco nos "alemães", por exemplo – o projeto de Nietzsche permanece constante por boa parte de sua vida.

Agora estamos prontos para compreender por que os textos de Nietzsche se prestam a tal variedade de supostas apropriações. *O nascimento da tragédia* forma o modelo para o modo como os textos de Nietzsche atuam. Cada um dos textos de Nietzsche atua de duas maneiras sobre seus leitores. Ele oferece uma oportunidade para o leitor encontrar a si mesmo no interior do texto. Nesse sentido, ele constitui os leitores como espectadores perfeitos de uma identidade particular – ser grego, ou ser um artista, ser uma pessoa moral escrava, ser uma pessoa de *Wissenschaft* [saber]. Ao mesmo tempo, ele também imprime em nós a convencionalidade e a qualidade de falta de fundamento daquela identidade. Nietzsche tomou, eu diria, a preocupação moderna com a identidade – isto é, a preocupação com a capacidade do indivíduo de fazer de uma identidade a sua própria, de apropriar-se dela para si por meio de uma narrativa teleológica, uma história com um objetivo – e virou-a contra ela mesma.

Os textos de Nietzsche, portanto, são escritos de tal maneira que se alguém busca descobrir o que eles "realmente significam", apropriar-se deles, esse alguém apenas projetará sua própria identidade neles. O leitor será como o Édipo de Aristóteles, encontrando apenas a si mesmo, prisioneiro de uma história contada há muito tempo, um último homem, um último filósofo.[71]

Assim, não ocorre que Nietzsche simplesmente omite a escrita de uma "dedução transcendental" do político. Em vez disso, pareceria que o tipo de

---

70 Para alimentar um pensamento gnômico aqui: se o mundo é um palco, então os atores são de fato imitações das ações naquele palco. Essa é uma parte do argumento de Aristóteles sobre a *mímesis*.

71 *Le Livre du philosophe* [*O livro do filósofo*], I, 87 (p. 73); ver Tracy B. Strong, "Oedipus as Hero: Family and Family Metaphors in Nietzsche" ["Édipo como herói: família e metáforas de família em Nietzsche"], em *Why Nietzsche Now?* [*Por que Nietzsche agora?*], Daniel O'Hara (ed.) (Bloomington: Indiana University Press, 1985, p. 311-335).

livro que ele pode escrever sobre a moral, ou sobre a autoridade, ou mesmo sobre "tornar-se e ser o que se é", não pode ser escrito sobre a política.

A razão para isso provém do triunfo da moral escrava, isto é, da filosofia e da ética que Nietzsche identifica com o triunfo do socratismo. Nietzsche lê Sócrates e Platão como tendo eliminado o político como a experiência fundamental da vida.[72] Em *Crepúsculo dos ídolos*, por exemplo, Nietzsche alega encontrar em Tucídides uma cura para Platão em sua "vontade incondicional de não [se] enganar e de ver a razão na realidade – não na razão, e menos ainda na 'moral'. [...] Os filósofos são os decadentes do helenismo, o movimento de oposição contra o antigo gosto aristocrático (contra o instinto agonal, contra a *pólis* [...])".[73] A *pólis* é assim associada por Nietzsche à "realidade", em contraste com a razão e a moral. E para que a política seja possível, a experiência da realidade tem de ser possível de novo.

Daí pareceria que o problema com a modernidade é que ela vive no pensamento, não na realidade, que ela busca soluções para os problemas no pensamento e não na vida. Com os antigos gregos, escreve Nietzsche, "tudo tornou-se vida. Conosco tudo permanece no nível do conhecimento."[74]

O nascimento da tragédia estabelecera que a *pólis* agonística fora tornada possível pela tragédia, por aquela dupla apreensão do mundo como presença e ilusão que Nietzsche chama de "*übersehen*" [sobrevisão].[75] A tentativa de basear o mundo na "verdade", em um argumento filosófico, destrói a realidade do mundo, e assim destrói a possibilidade da política.

A partir disso, vemos uma resposta para a questão de por que a tentativa de uma apropriação política do pensamento de Nietzsche sempre continuará. A política requer em primeiro lugar a habilidade de experienciar a "realidade", que para Nietzsche é o que os gregos tornaram disponível para si mesmos como "mito". Na falta dessa realidade, a tentativa de encontrar a política será abstrata. "Nossos nervos", escreve Nietzsche, "não poderiam suportar" a

---

72 Sheldon Wolin fez tais acusações contra Platão trinta anos atrás. Ver seu *Politics and Vision* [*Política e visão*] (Boston, Little, Brown, 1960, cap. 2).
73 GD, "O que devo aos antigos", 2, 3; WKG VI$_3$, p. 149-151.
74 *Le Livre du philosophe* [*O livro do filósofo*] I, 47 (p. 53).
75 GT 8.

própria realidade concreta do Renascimento.[76] O mundo abstrato é o mundo de qualquer pessoa, e não é nenhum mundo. "Quem pensou ter entendido algo acerca de mim fez de mim algo à sua própria imagem." Assim, para Nietzsche, "todas as nossas teorias políticas e constituições de Estado [...] são consequências, efeitos necessários do declínio. [...] Nossos socialistas são decadentes, mas também o Sr. Herbert Spencer é um decadente."[77] Pode então a política ser uma fonte da habilidade de suportar a realidade? Essa pergunta vale para todos aqueles que se apropriariam de Nietzsche para uma teoria política. Suportar a realidade significa reconhecer a ilusão, recusar-se a confiar exclusivamente no apolíneo, receber o caos sobre si mesmo.[78] Eu tendo a pensar que na maior parte de seus escritos Nietzsche não pensa que a política possa fazer isso. Assim, seus textos são escritos de modo que a tentativa de se apropriar deles meramente força o indivíduo a olhar para si mesmo, sem, no entanto, proporcionar o alívio catártico do reconhecimento. Foi somente no fim dessa mesma parte de sua vida que Nietzsche começou a enxergar outra possibilidade e necessidade para a política.

As cartas escritas durante o período entre seu colapso em Turim, em dezembro de 1888, e seu retorno à Alemanha para o asilo são cheias de uma política explícita. Ele mandará fuzilar as principais figuras políticas da Alemanha; ele está pronto para ocupar o assento do governo na Itália; ele está pronto para "governar o mundo".[79] É quase como se, tendo resistido ao envolvimento explícito na política durante a maior parte de sua vida, agora, com um pé no mundo do inominado, ele encontra a política. Talvez haja uma lição aqui: a política requer algo do dionisíaco para ser política. Aqueles que querem uma política sem o dionisíaco, portanto, não quereriam realmente a política, mas apenas a segurança de uma história com um final ético.

Por que então escrever textos que têm como seu objetivo político não permitir que o leitor se contente com qualquer significado que ele ou ela

---

76 GD, "Escaramuças", 37; WKG VI$_3$, p. 131.
77 *Ibidem*.
78 Quando T. S. Eliot fala em reunir "estilhaços contra nossa ruína", ele adota a postura oposta.
79 Ver meu "Nietzsche's Political Aesthetics" ["A estética política de Nietzsche"], em Gillespie e Strong, *Nietzsche's New Seas* [*Os novos mares de Nietzsche*], p. 153-174.

possa querer encontrar neles, que tornam impossível apropriar-se deles com sucesso de uma vez por todas? Qual é a política da escrita em Nietzsche?

Penso que a resposta é a seguinte. Um texto do qual alguém se apropriou é um texto que não mais me perturba, que deixa quieto quem, se não o que, eu sou. Ele me dá segurança, talvez da maneira como a Escritura deu segurança a alguns quando foi assimilada. Tal segurança, tal qualidade de "uma vez por todas", deve sempre estar errada, pois ela alega estar sempre certa; e a segurança, Nietzsche sabia, é a base para a dominação. Ela se transforma fatalmente em uma moralização da moral, em uma justificação para a ação em termos que escapam deste único mundo. O maior medo de Nietzsche é que ele terá "trinta anos de Glória, com tambores e pífanos, e trinta anos de cavar sepulturas".[80]

Não pode, portanto, haver nenhuma apropriação de Nietzsche para a teoria política. Tudo que se pode aprender é deixar a incerteza e a ambiguidade penetrarem em seu mundo, abandonar a necessidade de ter a última palavra, abandonar a necessidade de que haja uma última palavra. Na política, Nietzsche pode nos dar apenas a primeira palavra – mas isso pode ser mais do que temos agora.

Legenda de abreviações

Trabalhei a partir da *Friedrich Nietzsche, Werke Kritische Gesamtausgabe* [Edição crítica das obras completas de Friedrich Nietzsche], Berlim, Bruyter, 1968ss (WKG). A edição contém "divisões" (por exemplo, III) e volumes (dados em subscrito). As citações usam a seguinte legenda:

AC	*Der Antichrist* [*O anticristo*]
EH	*Ecce homo*
FW	*Die Fröhliche Wissenschaft* [*A gaia ciência*]

---

80 Alfred Bäumler (ed.), *Der Unschuld des Werdens* [*A inocência do devir*] (Kroner Verlag, 1956, vol. 2, p. 478-479).

GD   *Götzendämmerung* [*Crepúsculo dos ídolos*]
GM   *Zur Genealogie der Moral* [*Sobre a genealogia da moral*]
GT   *Die Geburt der Tragödie* [*O nascimento da tragédia*]

As notas de rodapé referem-se primeiro à obra (por exemplo, GD), depois à sua divisão interna, se houver (por exemplo, "Escaramuças"), depois ao número do parágrafo (por exemplo, 37). Isto é seguido pela citação da página referente ao volume apropriado da WKG.

PARTE III
Nietzsche como filósofo

5 O tipo de filosofia de Nietzsche[1]

Richard Schacht

Que eu me atenha ainda hoje [...] às ideias que retomo nas dissertações presentes [...], que elas tenham se tornado nesse meio-tempo mais firmemente ligadas umas às outras, de fato entremeadas e entrelaçadas umas às outras, fortalece minha alegre confiança de que elas tenham surgido em mim desde o início não como coisas isoladas, fortuitas, ou esporádicas, mas a partir de uma raiz comum, de uma *vontade fundamental* de conhecimento, que aponta imperiosamente para as profundezas, que fala com uma determinação cada vez maior, exigindo uma precisão cada vez maior. Pois apenas isto convém a um filósofo. (GM, P: 2)[2]

Alguma educação histórica e filológica, juntamente com um gosto inato de meticulosidade em relação a questões psicológicas em geral, logo transformaram meu problema em outro: sob quais condições o homem arquitetou esses juízos de valor, bom e mau? E qual valor eles mesmos possuem? Será que eles até agora obstruíram ou promoveram a prosperidade humana? [...]

Para isso, descobri e arrisquei respostas diversas [...]; especializei meu problema; de minhas respostas cresceram novas perguntas, investigações,

---

1 A brincadeira é intencional (no espírito daquele maravilhoso comentário no primeiro parágrafo do Prefácio a *Crepúsculo dos ídolos*). Ao mesmo tempo, abordo o tópico do presente ensaio com muita seriedade (no espírito que acompanha as linhas de abertura daquele parágrafo), e acho muito desconcertante a tendência comum de abordá-lo de uma maneira brincalhona demais, que negligencia as injunções de Nietzsche a seus leitores (por exemplo, na última seção de seu Prefácio a *Sobre a genealogia da moral*). Como ele observa ali, o espírito da época pareceria incompatível com a "arte da exegese", com a "ruminação" que seus escritos exigem se se pretende que sejam apropriadamente compreendidos, e com as tentativas de lidar com ele de maneira adequada.

2 Nas referências às passagens citadas, fornecerei simplesmente o número da seção (quando a obra em questão for evidente), ou o acrônimo costumeiramente utilizado para o título da tradução da obra, juntamente com os números de seção (quando a obra não for evidente). As traduções utilizadas são as de Kaufmann ou (no caso de *Humano, demasiado humano, Considerações extemporâneas* e *Aurora*) as de Hollingdale.

conjeturas, probabilidades – até que finalmente eu possuía um país todo meu [...]. Ó, quão afortunados somos nós, homens de conhecimento, desde que saibamos ficar em silêncio por tempo suficiente! (GM, P: 3)

I

O Nietzsche que fala aqui é o Nietzsche de 1887 – um Nietzsche de alta qualidade, sob qualquer avaliação, comentando sobre o pensamento que culminou em *Sobre a genealogia da moral*. Nessas passagens e nesse Prefácio inteiro encontram-se muitas coisas interessantes e importantes em conexão com a questão do tipo de filosofia de Nietzsche. O mesmo é verdadeiro acerca dos outros prefácios que ele forneceu para suas obras anteriores e subsequentes (e, é claro, também acerca das próprias obras pós-*Zaratustra*).

É nesse período final, começando com *Para além do bem e do mal*, que inquestionavelmente encontramos "Nietzsche como filósofo". Nessas obras e prefácios nós o encontramos fazendo e descrevendo o tipo de coisa que a filosofia se tornou para ele. Considero implausível (para dizer o mínimo) atribuir-lhe visões sobre o que é a filosofia que estejam em discordância fundamental com o que ele faz nessas obras, e com o que ele diz nesses prefácios acerca do que ele está fazendo.

Por certo, Nietzsche tem muitas coisas críticas a dizer sobre os filósofos e a filosofia conforme estes tradicionalmente foram e continuam tipicamente a ser. Ele também tem muito a dizer sobre a verdade e o conhecimento, a razão e a linguagem, e a interpretação e a "perspectiva", que deve ser levado em conta. Mas ele dá muita importância à possibilidade de "novos filósofos", do tipo que ele não apenas vislumbra e propõe, mas que ele mesmo também tenta ser. E ele dá muita importância a uma "filosofia do futuro", da qual se pode esperar mais do que dos tipos de trabalho filosófico e interpretação demasiado humanos que ele deprecia e castiga.

Alguns tomam os comentários críticos de Nietzsche sobre "filósofos" como sua última palavra sobre a filosofia, e leem esses comentários como incitando o abandono e o repúdio da filosofia em favor de outros tipos de pensamento, expurgados de todas as pretensões cognitivas. Essa interpretação, a meu ver, falha fundamentalmente em fazer jus às intenções e empreendimentos de Nietzsche. Ela falha em levá-lo a sério acerca do assunto em relação ao qual ele mesmo foi mais sério, acima de tudo durante os últimos anos de sua vida produtiva.

Nietzsche não apenas aceitou, mas reivindicou o rótulo de "filósofo"; e ele pregou e praticou algo que ele não hesitou em chamar de "filosofia", que ele considerava mais merecedora desse nome do que aquilo que normalmente passa como sendo filosofia. Ele também reteve e reivindicou o termo "conhecimento" a esse respeito, embora tenha enfaticamente rejeitado a ideia de que qualquer coisa alcançável ao longo dessas linhas pudesse ser absoluta, final, indubitável ou incorrigível. Além disso, ele se apropriou livremente da linguagem da "verdade" e das "verdades" – apesar de sua rejeição de "verdades eternas" e da ideia da verdade como correspondência do pensamento com um "mundo verdadeiro do ser", e a despeito de suas visões sobre a linguagem, a "perspectiva", e a interpretação.

Essas tensões aparentes em suas visões levaram alguns a suporem que Nietzsche fosse confuso e inconsistente, ou que ele simplesmente fosse incapaz de se livrar dos modos de falar e pensar que suas próprias visões excluem e deveriam tê-lo feito abandonar. Sugiro que essas tensões deveriam antes incitar uma reconsideração de quais eram realmente as visões dele, ou no que elas se transformaram, em seus escritos pós-*Zaratustra*.

Será que Nietzsche foi "realmente" um filósofo? Essa pergunta foi frequentemente feita e respondida na negativa por aqueles que quiseram rejeitá-lo como não disposto ou incapaz de jogar segundo as regras do jogo da filosofia conforme eles próprios o entendiam. A mesma resposta foi dada mais recentemente por outros que abraçaram Nietzsche como um precursor de sua própria rejeição do empreendimento filosófico tradicional.

O tipo de filosofia e de filósofo de Nietzsche admitidamente difere o bastante daqueles da visão dominante para fornecer algumas bases para aqueles que argumentam que ele se afasta dessa visão dominante. Pode haver algum sentido no debate sobre se esse afastamento é suficiente para justificar situar Nietzsche fora da visão dominante. Mas essa não é uma controvérsia muito iluminadora. Sempre se pode argumentar (como foi feito pelo próprio Nietzsche) que os paradigmas estabelecidos pela visão dominante são eles mesmos estreitos demais ou mal orientados de maneiras importantes, de modo que não podem estabelecer nada que tenha importância.

Uma questão mais interessante e frutífera diz respeito ao caráter do tipo de filósofo e de filosofia que Nietzsche propõe e exemplifica, particularmente durante os últimos anos de sua vida produtiva. Nesses escritos, encontramos o Nietzsche maduro; e eles fornecem os exemplos mais claros do significado da investigação filosófica para ele. Examinando-os, podemos averiguar de modo bastante confiável a concepção de Nietzsche sobre a filosofia e o filósofo. Não será um avanço pequeno na discussão sobre "Nietzsche como filósofo" se a atenção puder ser voltada principalmente para esses exemplos de Nietzsche como filósofo trabalhando.[3]

Embora esses escritos geralmente preservem algo da forma aforismática das obras de Nietzsche pré-*Zaratustra*, cada um deles tem uma coerência maior do que a que pode ser prontamente aparente. Em cada um deles, Nietzsche adota um "problema" fundamental ou um conjunto de problemas relacionados, os quais ele passa a abordar de várias maneiras. No nível mais geral, todos eles são exemplos de seu envolvimento no par de tarefas básicas de seu empreendimento filosófico: a *interpretação* e a *avaliação*. Essas duas tarefas não são operações inteiramente separadas, pois cada uma se utiliza e contribui para a outra, em um tipo de dialética. Elas podem, contudo, ser consideradas "momentos" um tanto diferentes da investigação filosófica nietzscheana, nenhum dos quais se reduz inteiramente ao outro. Elas podem ser comparadas a um par de mãos, que são usadas juntas para

---

3 A controvérsia acadêmica sobre o estatuto de uma porção desses esforços – os extensos cadernos que ele manteve durante esses anos, bem como anteriormente – pode ser evitada pela restrição da atenção ao que ele escreveu para publicação durante esse período. Acredito, de fato, que um bom uso desse material do *Nachlass* [legado] possa e razoavelmente venha a ser feito ao se tentar compreender o pensamento de Nietzsche sobre um bom número de questões, incluindo esta; mas a fim de evitar a aborrecedora questão de seu estatuto e confiabilidade, nada do que direi aqui será baseado no *Nachlass*. O argumento em favor de minha interpretação pode ser desenvolvido suficientemente bem apenas pela referência aos escritos publicados de Nietzsche.

alcançar um propósito unificado. Seu propósito fundamental é o de uma maior compreensão, envolvendo tanto o entendimento quanto a avaliação.

Embora os "problemas" que Nietzsche aborda nessas várias obras possam ser distinguidos, eles não são inteiramente desvinculados. Sua interconexão fundamental possibilita que o tratamento de Nietzsche para cada um deles lance luz sobre os outros, direta ou indiretamente. Esses problemas derivam de sua preocupação básica com *o caráter e a qualidade da vida humana*, como ela veio a ser e como ela pode ainda vir a ser. As obras tardias podem ser consideradas como tentativas de explorar essa questão básica, aproximando-se dela a partir de diferentes ângulos, cada qual suplementando os outros de maneiras importantes. Isso exigia frequentes balanços, reconsiderações e ajustes. O "perspectivismo" que Nietzsche adota tem diversos propósitos e aplicações; e entre eles a aplicação *metodológica* é de grande importância para a compreensão de sua prática filosófica.

A abordagem perspectivista de Nietzsche é ligada ao caráter "experimental" que ele atribui a seu tipo de pensamento filosófico. Seu tratamento dos problemas é admitidamente apenas provisório e indeterminado. O resultado do que ele tem a dizer sobre problemas específicos em qualquer uma dessas obras nunca é completo e final, pois sempre permanece aberto a revisões quando investigações subsequentes forem realizadas, envolvendo ainda outras abordagens que possam lançar mais luz sobre os problemas.

Isso não significa que para Nietzsche nada semelhante a uma "compreensão" genuína possa alguma vez ser alcançada através de tais investigações, e que todos os esforços interpretativos e avaliativos sejam exercícios de futilidade. Ele insiste repetidamente na distinção entre a plausibilidade e a validade de várias ideias, por um lado, e seu "valor para a vida", por outro lado (entre seu "valor de verdade" e seu "valor de vida", por assim dizer). Embora alguns de seus comentários descuidados possam parecer sugerir o contrário, ele investe explicitamente contra a conflação dessas duas coisas – mesmo enquanto também argumenta que o valor de todo conhecimento e veracidade deve em última instância ser relacionado a seu "valor para a vida" para os seres humanos, porém seres humanos com diferentes constituições e condições de preservação, florescimento e crescimento.

II

Alguém que leia os livros e prefácios de Nietzsche com cuidado não pode deixar de notar que ele fala constantemente em "problemas", "questões" e "tarefas". Esses termos reaparecem repetidamente em seus enunciados sobre o que ele está fazendo. Não é suficiente observar que Nietzsche considera a filosofia um empreendimento interpretativo, envolvendo fundamentalmente a reinterpretação e a avaliação crítica de interpretações propostas. Isso é certamente verdadeiro, de modo importante. Mas não é menos essencial observar que Nietzsche defende e se envolve em tais atividades em relação a uma variedade de problemas, questões e tarefas que ele coloca para si mesmo, e que ele gostaria que filósofos com interesses semelhantes se juntassem a ele.

Como foi frequentemente observado, Nietzsche não foi um pensador e escritor sistemático; mas ele foi declaradamente e de modo bastante evidente um pensador de problemas. Seus escritos iniciais – *O nascimento da tragédia*, o ensaio sobre "Verdade e mentira" e as quatro *Considerações extemporâneas* – são todos dedicados a coisas que ele concebeu como "problemas" que pediam para serem considerados. O mesmo é verdadeiro acerca dos livros que ele publicou depois de *Zaratustra* – embora em alguns casos sejam as partes dos livros, em vez de as obras inteiras, que são organizadas em torno de "problemas" sobre os quais ele fixa a atenção. Os livros publicados em seu "período intermediário" (*Humano, demasiado humano*, *Aurora* e *A gaia ciência*) podem parecer exceções. No entanto, quando escreveu novos prefácios para eles em 1886 (e novamente quando discutiu-os em *Ecce homo*), ele se esforçou para indicar os "problemas" com os quais ele estivera fundamentalmente ocupado neles.

Esse ponto é de grande importância para a compreensão da concepção e da prática da filosofia de Nietzsche. Ele de fato busca ampliar e modificar o conjunto dos "problemas" que os filósofos precisam abordar, e de fato sugere que se deve lidar com tais problemas de novas maneiras. Suas repetidas referências a "problemas" tornam evidentes, contudo, que ele não propõe transformar a filosofia em algo inteiramente diferente de uma consideração de problemas. Ele de fato resiste à ideia de que os filósofos deveriam preocupar-se apenas com problemas com os quais possam lidar por meio de "argumentos" de tipo puramente lógico, conceitual ou linguístico. Não obstante, ele claramente considera que uma variedade de tratamentos semelhantes a "argumentos" seja necessária ao lidar com muitas questões.

Quais são só "problemas" anunciados por Nietzsche? Um inventário deles constitui uma leitura bastante estranha para alguém cuja ideia de um "problema filosófico" envolva questões com algum conjunto nitidamente distinguível e claramente articulado de respostas possíveis, que possam ser debatidas segundo o modelo de uma disputa escolástica. Exemplos de tais problemas padronizados vêm logo à mente: por exemplo, os problemas da existência de Deus, da realidade do mundo exterior, da liberdade da vontade, da possibilidade do conhecimento sintético *a priori*, da derivabilidade do "deve" a partir do "é", e outros lugares-comuns da literatura tradicional e dos livros didáticos de filosofia. Tais problemas caracteristicamente se reduzem a conjuntos de proposições adversárias que depois devem ser demonstradas como sendo verdadeiras ou falsas (ou, ceticamente, indecidíveis).

Nietzsche tem pouco interesse por tais disputas. De fato, ele as faria serem abandonadas, não apenas como inúteis, mas também como desvios em relação às tarefas genuínas da filosofia. Os problemas reais da filosofia, para ele, envolvem a identificação e a avaliação de interpretações e valorações dominantes, e o desenvolvimento e defesa de alternativas mais satisfatórias. Seu inventário de problemas perde sua aparência de estranheza quando isso é reconhecido.

Assim, por exemplo, Nietzsche chama atenção para os "problemas" dos ideais ascéticos, do ressentimento, da má consciência, da vontade de verdade, e de diferentes formas de arte, religião e moral, bem como várias formas de romantismo, nacionalismo e niilismo. Ele dá muita importância aos "problemas" da arte, da ciência, da verdade, do conhecimento, da moral, do valor e do "tipo *Mensch* [humano]" de modo mais geral – sob o qual podem ser agrupados os "problemas" da consciência e da consciência de si, da lógica e da razão, dos afetos e suas transformações, da humanidade como "rebanho" e da humanidade "superior", e muitos outros. Todos esses assuntos, de acordo com Nietzsche, colocam problemas que exigem (re)interpretação e (re)valoração, que ele considera serem as principais atividades da filosofia.

Nietzsche não é apenas um pensador de "problemas", mas também um pensador de "casos". Seu modo predileto de abordar os problemas maiores com os quais ele se preocupa é refletir sobre vários "casos" de figuras ou desenvolvimentos que ele acredita serem reveladores em relação aos problemas. Esses casos levantam os problemas com os quais ele está preocupado de maneira vívida e concreta. Nietzsche foi atraído por essa abordagem de "estudos de caso" desde suas primeiras obras. *O nascimento da tragédia* fornece um dos principais exemplos: o caso dos gregos e suas diferentes formas de arte – e também o caso de Sócrates. As *Considerações extemporâneas* fornecem outros: os casos de David Strauss, de Schopenhauer, de Wagner em Bayreuth, e da nova moda de estudo acadêmico da história. Os casos dos gregos, de Sócrates, de Wagner e de Schopenhauer continuaram a fascinar Nietzsche pelo resto de sua vida; e os casos do cristianismo, de Platão, Kant, Goethe, Napoleão, o novo *Reich* [reino], e uma multidão de outros foram acrescentados àqueles. As obras aforísticas de Nietzsche pré-*Zaratustra* (*Humano, demasiado humano*, *Aurora* e *A gaia ciência*) são cheias de estudos de casos em pequena escala. Em suas obras pós-*Zaratustra* ele desenvolveu tais estudos em maior escala. *Sobre a genealogia da moral*, *O anticristo* e *O caso Wagner* são exemplos particularmente óbvios, com *Para além do bem e do mal* e *Crepúsculo dos ídolos* também exibindo um número considerável de casos.

A estratégia mais comum de Nietzsche nessas obras é invocar um caso para levantar um problema, e depois examiná-lo e empregá-lo juntamente com outros casos relacionados para abordar o problema. Os casos são (por assim dizer) as testemunhas que ele chama ao tribunal, das quais o interrogatório e a interpretação servem para lançar luz sobre os problemas maiores que eles exemplificam ou introduzem. Eles também servem à importante função de impedir que seus tratamentos de problemas se percam em reflexões abstratas, e de mantê-lo (e a nós) conscientes de que esses problemas têm uma relevância real para a vida e a experiência humanas.

Há um outro sentido importante em que a filosofia de Nietzsche lida com "casos". Conforme ele a pratica, a filosofia envolve a *proposta de casos* a favor e contra várias interpretações e avaliações. Na maior parte das vezes, Nietzsche não apresenta argumentos de tipo costumeiro.⁴ Mas ele reconhece a necessidade de fazer mais do que apenas dizer o que pensa, a fim de tornar suas críticas memoráveis e suas próprias ideias convincentes. Ao atacar, ele tipicamente busca *propor casos contra* certos modos de pensar. Ele procede apresentando um leque de considerações para nos fazer suspeitar e tomar consciência de justamente quão problemáticos são esses métodos, e em última instância privá-los de sua credibilidade. Ele geralmente não alega que as considerações que ele propõe realmente *refutem* seus alvos. Em vez disso, ele visa e pretende *livrar-se* de seus alvos. Ele tenta enfraquecê-los o suficiente para inutilizá-los, tendo sido expostos como indignos de serem levados a sério – pelo menos por aqueles que possuem integridade intelectual.

Quando ele se dedica a propor alternativas, Nietzsche procede de maneira semelhante, apresentando como apoio várias outras considerações, tanto gerais quanto específicas. Nenhuma delas poderia ser decisiva sozinha; mas tomadas em conjunto essas considerações visam ser convincentes. Elas supostamente estabelecem o "direito" dele à visão que ele está propondo, apesar da novidade dessa visão ou da relutância inicial das pessoas em adotá-la. Aqui também ele está geralmente preparado para reconhecer que os casos que propõe não *provam* realmente suas alegações; e ele redige suas

---

4 Isso reflete sua admiração inicial pelo "profetismo" intuitivo de Heráclito, em oposição ao "raciocínio encadeado" de Parmênides, conforme ele coloca esse contraste em "A filosofia na época trágica dos gregos" – um ensaio inacabado e publicado postumamente, escrito por volta da época de *O nascimento da tragédia*. Esse ensaio, juntamente com *Schopenhauer como educador*, deveria ser consultado por qualquer pessoa interessada pelo pensamento inicial de Nietzsche sobre a filosofia, que é bastante relevante para meu tópico aqui. Ver meu "Nietzsche on Philosophy, Interpretation, and Truth" ["Nietzsche acerca da filosofia, da interpretação e da verdade"], em Y. Yovel (ed.), *Nietzsche as Affirmative Thinker* [*Nietzsche como pensador afirmativo*] (Dordrecht: Martinus Nijhoff, 1986, p. 1-19, especialmente p. 8-11), e minha "Introdução" à tradução de William Arrowsmith de *Schopenhauer como educador* [*Schopenhauer as Educator*] em sua edição das *Considerações extemporâneas* de Nietzsche: *Untimely Meditations* (New Haven: Yale University Press, 1990, p. 149-161).

hipóteses e conclusões em uma linguagem tentativa e provisória. Ele até mesmo insiste em que elas deixem aberta a possibilidade de outras interpretações e a subsequente modificação, à medida que considerações adicionais sejam introduzidas. Todavia, ele claramente supõe ser possível *propor casos a favor* de suas interpretações e avaliações, cujo resultado positivo seja suficientemente forte para justificar a confiança de que ele esteja pelo menos no caminho certo. Ele sugere, por exemplo, que essas são "verdades *dele*", às quais outros podem não ter direito facilmente. Isso pode ser lido como um desafio a *obter o direito* de fazer uma alegação semelhante, de compreender o que ele apreendeu, em vez de uma admissão de que as verdades "dele" não são nada além de ficções de sua imaginação.

O procedimento de Nietzsche também pode ser comparado ao que Sartre descreveu em suas *Questões de método* como o "método progressivo-regressivo", a estratégia de descrever a situação presente em sua complexidade, examinando sua história, e depois conjugando esses relatos em uma análise informada do presente. No caso de Nietzsche, contudo, os movimentos do pensamento são ainda mais complexos. Ele vai e volta constantemente entre a consideração de casos e fenômenos bastante particulares, e reflexões mais gerais sobre características básicas associadas, ou traços mais fundamentais da vida humana e de tipos humanos – relacionando os primeiros e os últimos para lançar luz sobre cada um deles. Ele também muda de foco constantemente, passando de alguns fenômenos para outros, de alguns tipos humanos para outros, e de alguns traços da vida humana de modo mais geral para outros.

Essa estratégia torna inicialmente muitos dos livros de Nietzsche, tanto antes quanto depois de *Zaratustra*, difíceis de acompanhar; é muito fácil perder-se na floresta, deixando de enxergar o contorno mais amplo do conjunto das árvores. Em certo sentido, Nietzsche *de fato* pretende nos manter em desequilíbrio. Ele tenta nos impedir de nos acomodarmos em qualquer linha de pensamento única que possa se tornar uma rotina e nos levar a negligenciar outras que não são menos pertinentes para os assuntos sob consideração. Nietzsche sugere que seu tipo de filósofo deve ser um *dançarino* em vez de um operário, hábil em mover-se rapidamente de uma posição para outra, evitando assim ficar congelado em qualquer uma delas e evitando tornar-se incapaz de colocar em cena uma multidão delas. O movimento do pensamento filosófico para Nietzsche deve ser não apenas alternadamente progressivo e regressivo, mas também horizontal em termos de perspectiva, nos níveis tanto da especificidade quanto da generalidade, a fim de fazer minimamente jus à complexidade emaranhada dos assuntos humanos. Esse é o que considero ser o sentido básico da bem conhecida (mas raramente apreciada em sua plenitude) passagem de *Sobre a genealogia da moral* a seguir:

> Mas precisamente porque buscamos o conhecimento, não sejamos ingratos para com tais inversões resolutas de perspectivas e valorações costumeiras, com as quais o espírito, com aparente malícia e futilidade, tem se enfurecido contra si mesmo por tanto tempo: ver assim diferentemente, *querer* ver diferentemente, é uma grande disciplina e preparação do intelecto para sua futura "objetividade" – a qual é entendida não como "contemplação desinteressada" (que é um absurdo sem sentido), mas como a habilidade de *controlar* seus prós e contras e dispor deles, de modo a saber empregar uma *variedade* de perspectivas e interpretações afetivas a serviço do conhecimento.
> Doravante, meus caros filósofos, guardemo-nos contra a antiga e perigosa ficção conceitual que postulava um "sujeito puro do conhecimento, isento de vontade, alheio à dor e ao tempo"; guardemo-nos contra as ciladas de conceitos contraditórios como "razão pura", "espiritualidade absoluta", "conhecimento em si": estes sempre exigem que pensemos em um olho completamente impensável, um olho que não é voltado para nenhuma direção, do qual as forças ativas e interpretativas, as que fazem com que ver seja ver *algo*, devem estar ausentes; estes sempre exigem do olho algo absurdo e sem sentido. Existe *apenas* uma visão perspectiva, *apenas* um "conhecer" perspectivo; e quanto *mais* afetos permitimos falarem sobre uma coisa, quanto *mais* olhos, diferentes olhos, pudermos usar para observar uma coisa, mais completo será nosso "conceito" dessa coisa, nossa "objetividade". Mas eliminar completamente a vontade, suspender

cada um e todos os afetos, supondo que fôssemos capazes disso – o que isso significaria senão *castrar* o intelecto? (GM III: 12)

III

O que exatamente Nietzsche escreveu e publicou, ou preparou para publicação, nos quatro anos entre *Assim falou Zaratustra* e seu colapso? Fazemos bem em lembrar, pois isso fornece um ponto de partida útil para nossa consideração da abordagem de Nietzsche à filosofia. Primeiro, ele compôs *Para além do bem e do mal*, um livro declarado em seu subtítulo como sendo um "prelúdio" a algo que Nietzsche vê como digno de ser chamado de "filosofia". Essa filosofia ("do futuro") virá evidentemente a divergir da prática comum. Por outro lado, ela se coloca em alguma relação significativa com aquele empreendimento tradicional, suficiente para permitir que ele a chame pelo mesmo nome. De fato, um acerto de contas com essa tradição e com esse empreendimento é uma das primeiras e contínuas questões de ordem do livro.

Em seguida, em rápida sucessão, Nietzsche compôs uma série de prefácios para obras publicadas anteriormente – para ambos os volumes de *Humano, demasiado humano*, *O nascimento da tragédia* e *A gaia ciência*. Todos esses prefácios retrospectivos foram escritos em 1886, juntamente com um Livro Quinto acrescentado a uma nova edição de *A gaia ciência* (publicada no ano seguinte). Posteriormente, em 1887, apareceu *Sobre a genealogia da moral*. Assim como os novos prefácios e o Livro Quinto de *A gaia ciência*, a *Genealogia* ao mesmo tempo se remete a trabalhos iniciados antes (como Nietzsche observa em seu Prefácio), e também se move para além, levando adiante esse trabalho. O Livro Quinto de *A gaia ciência* claramente continua o projeto daquela obra, sugerindo que a anunciada "filosofia do futuro" de Nietzsche não envolve nenhum afastamento do empreendimento que ele chamara de *frőliche Wissenschaft* [gaia ciência], mas antes leva-o adiante. De modo semelhante, a *Genealogia* pode ser considerada como um exemplo do tipo de investigação a ser realizada tanto sob o estandarte do espírito livre quanto do filósofo do futuro.

Após a *Genealogia*, seguiram-se as obras de 1888 – *O caso Wagner*, *Crepúsculo dos ídolos*, *O anticristo* e *Ecce homo* – todas, novamente, olhando ao mesmo tempo para trás e para frente. *O caso Wagner* e *O anticristo*, assim como a *Genealogia*, têm alvos relativamente específicos. O *Crepúsculo*, em contraste, é mais comparável a *Para além do bem e do mal* e *A gaia ciência* na amplitude do terreno que abrange. Essas obras nos revelam os esforços finais de Nietzsche sobre uma *fröhlich-wissenschaftliche* [gaiata e científica] "filosofia do futuro" – ou pelo menos seu prelúdio para ela.

A vida produtiva de Nietzsche concluiu com uma reconsideração dos tópicos com os quais ela havia se iniciado: com a arte e a cultura, a verdade e a história, a religião e a ética, a filosofia e a ciência, e com figuras desde Sócrates a Schopenhauer e Wagner. Nietzsche também refletiu sobre suas obras anteriores, tanto em seus prefácios de 1886 quanto em *Ecce homo*. Nessas reflexões tardias, ele fez um uso crescente de certas noções-chave – tais como o "incremento da vida" e a "vontade de poder" – e trouxe para a linha de frente vários problemas centrais relacionados. Estes incluem, em particular, os problemas do valor e da avaliação de valores; da moral; do "tipo *Mensch* [humano]" e de nossa humanidade alcançada e alcançável; e, finalmente, do conhecimento e da filosofia, conforme foram e poderiam ser buscados. As obras de Nietzsche pós-*Zaratustra* giram em torno desses grandes problemas fundamentais. No curso de sua lida com esses problemas, Nietzsche chegou a sua concepção da filosofia em termos das tarefas gêmeas de interpretação e avaliação. Ele considerou que essas tarefas envolvem a avaliação de interpretações e valorações recebidas, mas também a reinterpretação e uma fundamental "transvaloração dos valores".

De modo bastante evidente, para Nietzsche, essas tarefas não são apenas "desconstrutivas", mas também, e de modo mais importante, *construtivas*. Não se faz justiça a seu tipo de filosofia se a primeira dimensão é enfatizada em detrimento da outra, ou excluindo-a. O gosto e a disposição filosófica de alguém podem ser dirigidos apenas para a desconstrução ou para a investigação analítica; mas isso não deveria impedir esse alguém de enxergar a evidência de que Nietzsche tomou tais exercícios meramente como pontos de partida. A filosofia que não aspira a nada além disso não é muito mais do que um mero "trabalho filosófico", que Nietzsche contrastou com um "pensamento filosoficamente genuíno". Ele não teria ficado mais satisfeito com tais abordagens do que ficou com o neokantismo, que ele rejeitou como "não mais que um tímido registro de época e uma doutrina de abstinência – uma filosofia que nunca vai além da soleira e que se esforça para *negar* a si mesma o direito de entrar – isto é, uma filosofia em seus últimos espasmos, um fim, uma agonia, algo que inspira pena" (ABM, 204).

A reflexão sobre as obras dos últimos anos produtivos de Nietzsche também produz uma compreensão sobre seu gosto pelas noções de "perspectiva" e "perspectivismo". Essas noções são comumente consideradas como tendo seu lugar principal no pensamento de Nietzsche *dentro* do contexto de seu tratamento da percepção, do conhecimento e da avaliação. Elas são então extrapoladas para serem aplicadas a sua concepção de filosofia de modo mais geral. Contudo, essa pode ser uma abordagem errônea do assunto, e um engano sobre o resultado do que ele tem a dizer.

Suponha que acreditemos na palavra de Nietzsche quando ele descreve seus esforços para abordar certos fenômenos – tais como formas de arte, moral, religião, sociedade, e pensamento científico e filosófico – a partir de "perspectivas" sob as quais eles não são ordinariamente vistos, a fim de alcançar uma melhor compreensão. Suponha que reconheçamos ainda que isso não apenas é o que Nietzsche vê a si mesmo como tendo feito em suas obras iniciais, mas também o que ele se propõe fazer de modo mais autoconsciente e deliberado em muitas de suas obras posteriores.

Suponha que consideremos também que isso explique o fato de que Nietzsche retorna repetidas vezes a tais fenômenos, para adotar diferentes olhares sobre eles. Isso é exatamente o que parece necessário para aumentar a compreensão sobre eles, se concordarmos com Nietzsche que esses fenômenos são por demais complexos e multiplamente condicionados para serem apreendidos adequadamente por qualquer maneira única de olhar para eles. Esse objetivo só pode ser atingido levando-se em conta interpretações daquilo que vem à luz coletivamente quando os fenômenos são abordados de muitas maneiras diferentes, com olhos focalizados de maneiras diferentes. Esse poderia ser chamado de um tipo de pensamento "perspectivo" – como o próprio Nietzsche o chama; mas ele não significaria o abandono da própria ideia de compreensão como seu objetivo. Pelo contrário, ele seria bastante compatível com uma aspiração à compreensão, e de fato isto seria precisamente o que seria exigido por sua busca.

Os pronunciamentos "perspectivistas" de Nietzsche com relação ao conhecimento podem e devem ser entendidos em linhas semelhantes. O entendimento assim concebido e alcançado nunca pode ser certo ou absoluto. Ele pode e supostamente irá sempre admitir melhorias e revisões para levar em conta o que vem à luz conforme diferentes perspectivas relevantes são encontradas. O tipo de compreensão possibilitada dessa maneira pode, mesmo assim, ser considerada digna de ser chamada de conhecimento, ainda que (como Nietzsche sugere) sua distinção em relação ao erro raramente seja uma simples questão de preto no branco.

Um exemplo pode ser útil. Considere por um momento o Prefácio escrito por Nietzsche em 1886 para *O nascimento da tragédia*, onde ele descreve o que ele estava fazendo naquela obra. No final da Seção 2 ele observa: "como parece estranho agora, dezesseis anos depois – ante um olhar mais velho, cem vezes mais exigente, mas de modo algum mais frio, que não se tornou um estranho à tarefa de que esse livro temerário ousou aproximar-se pela primeira vez: *olhar para a ciência com a perspectiva do artista, mas para a arte com a da vida.*" E um pouco depois, no final da Seção 4, ele escreve: "É aparente que este livro se carregou com todo um feixe de questões graves. Acrescentemos a questão mais grave de todas. Qual é, vista da perspectiva da vida, a importância da moral?".

Em seus Prefácios a *Humano, demasiado humano* e *Aurora*, Nietzsche reconhece que essas obras também haviam sido dirigidas para uma consideração ulterior das mesmas questões de perspectiva. Ele também expressa sua consciência crescente de outro problema ainda mais fundamental: "o problema da hierarquia". Esse, ele diz, é "*nosso* problema, de nós outros, espíritos livres" (HDH I, P: 7). Esse tema é posto novamente em seu prefácio do ano seguinte à *Genealogia*.

Em duas de suas outras obras iniciais, o ensaio sobre "Verdade e mentira" e a segunda *Consideração* sobre a história, Nietzsche claramente se dedica a olhar para vários tipos de "conhecimento" sob o que novamente pode ser chamado de modo amplo de "perspectiva da vida", e mais especificamente no contexto daquilo que certos tipos de necessidades humanas básicas exigem. Tanto no início quanto no fim, ele também volta sua atenção para fenômenos como a arte wagneriana e outras formas de arte, o cristianismo e outras religiões, o pensamento de filósofos como Sócrates, Schopenhauer, Platão, Kant, várias tendências culturais e políticas, o ascetismo e o ressentimento, e muito mais. Que luz pode ser lançada sobre elas, pergunta ele, e que luz pode ser lançada sobre outros assuntos relacionados, ao se olhar para essas coisas a partir de uma variedade de perspectivas sobre elas, e então relacioná-las aos contextos maiores no interior dos quais elas surgiram, aos interesses a que elas podem servir e refletir, e a suas consequências para a vida humana?

Todas as avaliações a partir de perspectivas, para Nietzsche, culminam em última instância no que ele chama de "perspectiva da vida" e no problema relacionado do valor da "hierarquia". As interpretações e transvalorações mais amplas que essas noções tornam possível dependem de muitas análises a partir de perspectivas diversas e mais específicas. Essa adoção e comparação de várias perspectivas é uma das aplicações mais importantes da maneira "experimental" de filosofar de Nietzsche. Outra de suas aplicações é vinculada a tentativas de integrar e dar um sentido de conjunto aos resultados obtidos quando algum fenômeno é considerado a partir de uma variedade de perspectivas mais estreitas e limitadas. Mas Nietzsche dedica pelo menos tanto esforço à busca de "perspectivas" específicas a partir das quais algo novo possa ser aprendido quanto à experimentação com tais perspectivas quando ele as encontrou.

Isto, eu sugeriria, é o que Nietzsche já estava fazendo – mais por preferência do que por planejamento – em suas obras pré-*Zaratustra*, como ele reconheceu quando escreveu seus prefácios de 1886. Isso é também o que ele se dedicou a fazer autoconscientemente em suas obras posteriores, de *Para além do bem e do mal* em diante. Ao menos parcialmente motivando e assegurando sua metodologia "perspectivista" estava sua convicção emergente de que os fenômenos que o preocupavam eram eles próprios condicionados e engendrados por relações complexas. Essa circunstância torna uma abordagem perspectivista ao mesmo tempo necessária e possível. Pois só podemos obter *insights* sobre as naturezas relacionalmente constituídas dos fenômenos ao aprendermos a olhar para eles a partir de perspectivas que se ajustem a essas relações, com olhos que se tornaram sensíveis a elas (daí a célebre passagem de GM III: 12).

IV

Uma consequência da abordagem perspectivista de Nietzsche é que se devem empregar modelos e metáforas derivados de quaisquer recursos disponíveis, ao se conceitualizar e articular o que pode ser discernido a partir das perspectivas adotadas. De fato, em grande medida, essas perspectivas são elas mesmas delineadas apenas por meio de tais recursos. Esse ponto pode ser elaborado de modo útil por meio de alguns comentários sobre o que Alexander Nehamas chamou de o "esteticismo" de Nietzsche, e sobre a tese relacionada da "vida como literatura" que Nehamas propõe (a visão de que Nietzsche concebeu a vida segundo o modelo da literatura).[5] Nehamas enfatiza que Nietzsche se baseia fortemente e frequentemente em recursos do domínio da atividade e da experiência artística-estética. Ao destacar a literatura e um certo tipo de personagens literários, contudo, parece-me que Nehamas erra o alvo em dois aspectos. Primeiro, Nietzsche faz uso de modelos e metáforas de *outras* partes do domínio artístico-estético, pelo menos tanto quanto desta parte. E segundo, esse é apenas um dentre um número significativo de domínios nos quais ele se baseia para realizar seus experimentos de perspectiva, e esse não é de modo algum um domínio exclusivamente privilegiado entre eles.

É inegável que Nietzsche frequentemente faz uso de noções como "texto", "signo" e "interpretação", que certamente derivam do discurso sobre a

---

5 Alexander Nehamas, *Nietzsche: Life as Literature* [*Nietzsche: a vida como literatura*] (Cambridge, Massachusetts: Harvard University Press, 1985).

literatura. Tais termos, contudo, têm a ver mais geralmente com coisas escritas ou de outro modo expressas pela linguagem – assuntos que estiveram bastante na mente de Nietzsche ao longo de sua carreira como filólogo e filósofo.[6] Também é inegável que ele frequentemente faz uso de noções que têm a ver com *outras* artes, diferentes da literatura, tais como a música, a pintura, a arquitetura e a escultura, junto com formas mais gerais de experiência humana e os fenômenos aos quais *elas* são relacionadas, assim como a literatura é relacionada à linguagem. O "esteticismo de Nietzsche" deveria ser interpretado de maneira apropriada como se referindo a essa tendência de pensar a vida e o mundo segundo modelos fornecidos pelas *várias* artes – incluindo, mas não unicamente privilegiando, a literatura entre elas. De fato, embora o uso pesado da "interpretação" por parte de Nietzsche seja evocativo da literatura, ele é também associado de modo importante à música; e outras artes, particularmente as artes *plásticas*, são tipicamente invocadas por seu uso proeminente da noção de "perspectiva".

Todavia, mesmo nessa versão mais generalizada, a tese do "esteticismo" não pode ser sustentada se ela significar algo além da ideia de que o domínio das artes é apenas *uma das* fontes nas quais Nietzsche baseia seus modelos e metáforas. Pois ele também se baseia de maneira forte e significativa em muitas outras fontes. As ciências biológicas são um exemplo relevante, que levaram alguns intérpretes a dar tanta importância ao "biologismo" de Nietzsche quanto Nehamas deu a seu "esteticismo". Mas, a esse respeito, a biologia (enquanto teoria evolutiva) não é mais exclusiva entre as ciências do que a literatura é entre as artes. Nietzsche se baseia também na nova física e na cosmologia de sua época, e mesmo na neurofisiologia, de uma maneira muito semelhante. Ele também toma modelos e metáforas das ciências sociais e comportamentais, desde a economia até a psicologia. Basta pensar no uso extenso que ele faz de noções como "valor", "estruturas sociais" e "afetos" para reconhecer esse ponto. Ele ainda se apropria de

---

6   Eu notaria de passagem que não parece haver nenhuma boa razão para se acreditar que Nietzsche estivesse preocupado com aqueles escritos canonizados como "literatura" dentro dessa categoria maior, e que isso levanta dúvidas adicionais sobre a validade da tese de Nehamas sobre a "vida como literatura".

recursos retirados de outros domínios de discurso, incluindo o direito, a medicina, a linguística, e mesmo a teologia.

Minha preocupação aqui não é meramente defender o argumento negativo de que sob essa perspectiva pouco resta da tese do "esteticismo de Nietzsche", além da correta observação de que as artes são uma das fontes dos modelos e metáforas de Nietzsche. Meu argumento maior é positivo – e tem uma consequência importante sobre o modo como seu "perspectivismo" deve ser entendido. Nietzsche deriva seus modelos e metáforas de diversas fontes, apropriando-se dos diferentes modos de pensar associados de várias maneiras a elas, precisamente a fim de *contrapô-las umas às outras*, e de evitar ficar preso a qualquer uma delas ou a qualquer conjunto particular delas. Elas lhe concedem meios para descobrir e vislumbrar um repertório crescente de perspectivas sobre os assuntos pelos quais ele se interessa, e assim desenvolver e aguçar o que ele chama de muitos "olhares" diferentes necessários para contribuir para uma compreensão crescente e mais aprofundada.

À medida que Nietzsche os utiliza e faz experiências com eles, seus modelos e metáforas são modificados, assim como o são as interpretações provisórias que ele formula por meio deles. Conectar e integrar esses modelos e metáforas exige ao mesmo tempo a "agilidade" e a habilidade de alcançar a "visão abrangente" que ele afirma ser necessária para o filósofo. Isso também exige a capacidade e a prontidão de aprender (*cf.* GC 335), e a criatividade conceitual e interpretativa que distingue tais filósofos em relação aos "dogmáticos" e a todos os meros "operários filosóficos". Também são essenciais uma "honestidade" e integridade intelectual inequívocas, e o que ele está preparado para chamar de uma "*vontade fundamental* de conhecimento, que aponta imperiosamente para as profundezas, falando com determinação cada vez maior, exigindo uma precisão cada vez maior" (GM, P: 2).

O produto desses comentários é uma indicação de como o "perspectivismo" de Nietzsche deve ser entendido mais fundamentalmente. Ele caracteriza sua estratégia para trazer à tona aspectos da "verdade" sobre os muitos assuntos que o interessam. Como ele observa em seu Prefácio a *Para além do bem e do mal*, a verdade não se rendeu aos filósofos dogmáticos no passado, e continuará a eludir todos os que se aproximarem dela de maneira igualmente rude, lerda e cega. Contudo, ele parecia ter maiores esperanças para seu tipo de filósofo e de investigação.

V

Uma outra indicação de o que esse "perspectivismo" envolve e não envolve é dada pela linguagem que Nietzsche usa ao referir-se a diferentes tipos de perspectivas. Essa linguagem está frequentemente longe de ser neutra em relação ao estatuto epistêmico dessas perspectivas. Por exemplo, ao falar debochadamente sobre "as valorações populares e os valores opostos sobre os quais os metafísicos depositam seu selo", ele sugere que elas podem muito bem ser "meramente estimativas preliminares, apenas perspectivas provisórias, por assim dizer, para tomar emprestada uma expressão usada pelos pintores" (ABM, 2). Nas seções subsequentes dessa obra, e frequentemente em outros lugares, Nietzsche contrasta tais perspectivas estreitas, míopes, baixas e meramente "provisórias" com outras que seriam mais amplas, de visão mais distante, melhor situadas e menos problemáticas do que as primeiras. Ele constantemente defende a realização de tentativas de se posicionar para uma visão – de coisas como valores, moralidades, religiões, tipos de arte, e modos de pensar típicos de estudiosos, cientistas e metafísicos – que sejam mais abrangentes, menos superficiais e menos ingênuas, menos distorcidas por motivações demasiado humanas, mais livres dos modismos e das preocupações típicas de uma época, e mais honestas do que aquelas que a maioria das pessoas e dos filósofos estão dispostos a aceitar, ou são capazes de superar. Nesse sentido, Nietzsche frequentemente se refere à desejabilidade de ver as coisas "a partir do alto". Um exemplo vívido é encontrado na seguinte passagem do Livro Quinto de 1887 de *A gaia ciência*:

> Pensamentos sobre preconceitos morais, caso não devam ser [meros] preconceitos sobre preconceitos, pressupõem uma posição *fora* da moral, algum ponto além de bem e mal, ao qual é preciso subir,

galgar, ou voar [...]. *Querer* assim se colocar fora e acima talvez seja uma leve loucura, um peculiar e irrazoável "tu deves" – pois nós, buscadores de conhecimento, também temos nossas idiossincrasias de "vontade não livre" – a questão é saber se *é possível* realmente chegar lá em cima.

Isso pode depender de múltiplas condições. No conjunto, trata-se de saber quão leves ou pesados nós somos – o problema de nossa "gravidade específica". É preciso ser *extremamente leve* para impelir sua vontade de conhecimento a tal distância e, por assim dizer, para além de sua época, para criar para si mesmo olhos para abranger milênios e, além disso, para que céus claros se reflitam nesses olhos. (GC, 380)

Esse último comentário é digno de nota. Ele sugere a possibilidade de alcançar, pelo menos em alguns tipos de casos e sob certas condições, uma perspectiva ("criar para si mesmo olhos") que Nietzsche considera ser privilegiada ("para além de sua época", "para que céus claros se reflitam nesses olhos") em relação a outras, tornando possível uma visão abrangente e com maior discernimento dos assuntos sob consideração. Essas condições incluem não apenas força, mas também "leveza", juntamente com um tipo especial de motivação (que ele caracteriza tanto aqui quanto em outros lugares como "vontade de conhecimento"). Não importando quão problemática essa motivação possa ser *em termos de seu "valor para a vida"*, e quão mundana e maculada seja sua genealogia, Nietzsche evidentemente não considera que essas circunstâncias sejam tais que nada que mereça o nome de conhecimento jamais possa ser alcançado.

Talvez a possibilidade de alcançar tais perspectivas mais elevadas e abrangentes não seja suficiente para permitir a alguém discernir os traços básicos de toda a realidade (caso ela tenha de fato quaisquer traços desse tipo).[7] Mas mesmo que seja esse o caso, não se segue que *não haja nada* de

---

7 Pode ser que Nietzsche nos faria dispensar até mesmo a própria ideia de algo desse tipo. Permaneço convencido de que ele pelo menos considerou seriamente a ideia de que o mundo possua um certo caráter básico, que seja possível para nós discerni-lo, e que a interpretação do mundo que ele oferece em termos de "*quanta* dinâmicos" fundamentalmente dispostos de uma maneira que pode ser expressa como "vontade de poder" fosse uma boa

qualquer importância para ser compreendido. Nietzsche claramente considera que as formas de moral que emergiram admitem uma compreensão melhor do que a ordinária, se abordadas dessa maneira e com esse espírito. O mesmo se aplica, para ele, a um amplo conjunto de outros fenômenos semelhantes encontrados no âmbito da experiência humana. O domínio que assim se apresenta deveria ser bastante suficiente para manter os filósofos de Nietzsche ocupados por muito tempo, com importância suficiente para sustentar o interesse desses filósofos (*cf.* GM P: 3).

À medida que Nietzsche permaneceu como o tipo de kantiano que ele fora em seus escritos iniciais, ou como um ex-kantiano após a repercussão deles, seus comentários sobre o conhecimento e sua possibilidade têm um caráter distintamente negativo no que diz respeito à maioria das questões de interesse metafísico e cotidiano. Esses comentários são frequentemente acompanhados por lamentos sobre aquilo que não podemos ter, ou por palavras de coragem sobre nossa habilidade de passar sem isso, ou por anseios de algo (possivelmente mitos) que possam substituí-lo, psicologicamente ainda que não cognitivamente. Por outro lado, os comentários de Nietzsche desse período têm tipicamente um caráter mais positivo e esperançoso em contextos científicos. Se ele tivesse permanecido como um neokantiano quase positivista e quase niilista, seu pensamento e seu tipo de filosofia teriam sido de um interesse apenas modesto. Ela teria sido uma variante bastante complexa da postura pós-hegeliana, refletindo e antecipando várias tendências filosóficas familiares do século passado, que foram subsequentemente levadas adiante sob diversos rótulos em ambos os lados do Canal Inglês.

Mas não acredito que Nietzsche tenha parado aí. De modo hesitante a princípio, nas obras dos anos imediatamente anteriores a *Assim falou Zaratustra*, e depois com maior ousadia e segurança em suas obras pós-*Zaratustra*, vejo-o como tendo se livrado dessa situação insatisfatória. Livrando-se das limitações de sua herança, ele encontrou seu caminho rumo a uma compreensão e avaliação muito diferentes sobre o mundo, sobre nossa existência, e sobre a natureza e a possibilidade do conhecimento.

---

representação dele. Ver meu *Nietzsche* (Londres: Routledge and Kegan Paul, 1983, capítulo IV. Mas nada do que digo aqui depende disso).

No estágio final de seu desenvolvimento, o caráter dos comentários de Nietzsche sobre o conhecimento e sua direção mudou. Eles se tornaram mais afirmativos, conforme ele reconsiderou suas visões anteriores. Seu respeito pelas ciências foi em alguns sentidos não apenas preservado, mas aprofundado; contudo, seu entusiasmo em relação a elas como domínios privilegiados e paradigmáticos diminuiu. As limitações das ciências haviam sido aparentes para ele por muito tempo. Ele também se convenceu de que elas não representavam o melhor que podemos fazer ao lidar com muitos dos assuntos pelos quais ele se interessava.

À medida que Nietzsche reconsiderou a distinção entre "aparência e realidade" (evidente em sua exposição de "Como o 'mundo verdadeiro' tornou-se uma fábula" em *Crepúsculo dos ídolos*), a noção de "conhecimento" (para além do que as ciências podem por si mesmas possibilitar) adquiriu uma vida nova para ele, em uma forma modificada, mas ainda assim significativa. Como se fosse um Vico contemporâneo, ele se apegou à ideia de que é humanamente possível compreender pelo menos algo daquilo que foi humanamente constituído. E "o mundo que nos diz respeito" – que inclui nós mesmos – consiste em fenômenos que são, de várias maneiras bastante reais, "criação nossa".

Assim, Nietzsche efetivamente propôs substituir o Santo Graal de uma realidade última (seja ela concebida em termos de uma divindade transcendente, ou como algum outro tipo de "mundo verdadeiro" do "ser"), e a busca por essa realidade última como sendo a missão apropriada e a imagem do conhecimento verdadeiro, por diferentes paradigmas de realidade e compreensão. Suponha que tomemos como nosso paradigma de realidade o mundo de nossas atividades e experiências, e concebamos o conhecimento em termos da compreensão que somos capazes de ter delas. Podemos então considerar até onde expandimos o escopo da aplicação desses paradigmas no mundo em que nos encontramos, enquanto dedicamos nossos principais esforços a explorar o que pode ser encontrado *no interior* da esfera humana, e a desenvolver estratégias mais apropriadas para sua compreensão. Mesmo que não possamos fazer muito mais do que compreender a nós mesmos e as coisas humanas, isso pelo menos será algo – e algo bastante significativo e digno de realizar.

VI

Em apoio à interpretação que estou propondo, considerarei brevemente alguns dos prefácios da série notável que Nietzsche compôs entre 1885 e 1888, começando com o famoso Prefácio a *Para além do bem e do mal* (escrito no verão de 1885). Ele começa com a estranha pergunta: "Suponha que a verdade seja uma mulher – e então?". Essa pergunta ocasionou um grande número de comentários, muitos dos quais críticos em relação a suas implicações e sentimentos aparentemente sexistas. A intenção de Nietzsche aqui, no entanto, é interessante e importante, e pode ser apreciada, ainda que o sexismo sugerido por sua maneira de expressá-la não possa.

O que acredito que Nietzsche pretende invocar com esse modo de falar é a ideia de que a "verdade" de um grande número de coisas pode ser comparada, de maneira útil, mais com a figura estereotipada da "mulher" com a qual seus leitores contemporâneos estão familiarizados do que com sua contraparte masculina estereotipada. Aqueles que buscam a verdade se sairão melhor, sugere ele, se conduzirem sua busca mais de acordo com o modo correspondentemente estereotipado de ganhar o coração de uma tal "mulher" do que se procederem como se estivessem jogando um tipo diferente de jogo, de natureza estereotipicamente masculina.[8]

O tipo de filósofo que Nietzsche pretende ridicularizar aqui – o "dogmático" – é bastante semelhante a Henry Higgins em *My Fair Lady* [*Minha bela senhora*], querendo que a "verdade" nesses assuntos seja "mais semelhante a um homem". Se fosse assim, seria possível lidar com a verdade à maneira direta dos jogos masculinos, nos quais as regras são simples e diretas, com vitórias obtidas por assaltos frontais suficientemente fortes. O jogo a ser jogado é um assunto muito mais imprevisível e delicado, no qual tais assaltos são fadados ao fracasso, e uma mistura sensível de abordagens

---

8 Também não se deve deixar de notar que em alemão o substantivo *Wahrheit* [verdade] é feminino. Pode ser que tenha sido essa a circunstância que inicialmente levou Nietzsche a formular sua pergunta de abertura, como um fato da linguagem sugerindo a linha de reflexão a que ele brevemente se dedica. Esse certamente não seria o único exemplo em que ele joga com a indicação oferecida por um ponto linguístico e a capitaliza.

mais indiretas tem muito mais chances de ser bem-sucedida – ainda que o sucesso em alcançar o desejo do coração nunca seja completo e final, e nunca se possa estar certo de tê-lo alcançado.

Se essa passagem for lida dessa maneira, é possível dar-lhe um sentido bom e importante que concorda muito bem com a estratégia "perspectivista" de Nietzsche. Pode haver alguns domínios de investigação nos quais o conhecimento deva ser concebido e obtido de maneira diferente – a lógica, por exemplo, ou a matemática. Todavia, no que diz respeito à maioria das coisas humanas, Nietzsche está convencido de que as coisas não são tão simples. Sua primeira tarefa, nesse Prefácio a seu "Prelúdio a uma filosofia do futuro", é apresentar esse ponto através de uma figura vívida de linguagem que tem a garantia de atrair nossa atenção. Infelizmente, ela pode muito facilmente desviar a atenção desse ponto – como tão frequentemente ocorre quando ele faz uso de tais imagens emprestadas.

Nietzsche em seguida insiste que devemos nos livrar não apenas dos modos dogmáticos de pensar e de proceder, mas também das muitas "superstições" antigas (como a "superstição da alma") que por muito tempo foram artigos de fé, tanto entre filósofos quanto entre o resto de nós. A essas injunções críticas ele acrescenta então uma injunção positiva. Sua "filosofia do futuro" deve começar e proceder reconhecendo "a perspectiva, a condição básica de toda vida".

Aqui Nietzsche retorna a um tema de sua segunda *Consideração* sobre a história e de outros escritos iniciais, o qual, a partir de *Para além do bem e do mal*, passa para o primeiro plano e é continuamente enfatizado. A vida humana, como toda vida, é para Nietzsche um assunto relacional. Criaturas particulares e tipos de criaturas vêm a existir e se preservam – e podem se desenvolver e prosperar – somente pelo estabelecimento de relações com o mundo que as cerca. Elas interagem com seu mundo de maneiras que estabelecem relações delimitadas, prontamente registrando coisas que fazem diferença para elas, e filtrando aquelas que não fazem. Assim são geradas "perspectivas funcionais" que correspondem a diferentes constituições e situações, e que variam de acordo com elas.

Eu sugeriria que o vínculo entre essa concepção de "perspectiva" e a estratégia perspectivista que Nietzsche advoga encontra-se em seu reconhecimento de que a chave para compreender qualquer coisa é aprender a avaliar as relações envolvidas. A única maneira de fazer isso, ademais, é adquirindo os olhos necessários para discernir essas relações em diferentes casos. Longe de associar a ideia de "perspectiva" à dissolução da noção de "verdade", aqui Nietzsche liga diretamente o reconhecimento da primeira à obtenção da segunda, comentando que "falar do espírito e do bem como fez Platão" significa "colocar a verdade de pernas para o ar e negar a perspectiva, a condição básica de toda vida" (ABM, Prefácio). Uma avaliação das maneiras como "toda vida" envolve o estabelecimento de "perspectivas" e a operação no interior delas é um passo para a compreensão correta desses assuntos.

VII

A *Genealogia* e seu Prefácio de 1887 ocupam um lugar muito especial nos últimos anos da vida mental de Nietzsche. Neles, Nietzsche se dirige a nós do alto de suas capacidades, após seu balanço do ano anterior, no qual ele escrevera sua série de prefácios retrospectivos,[9] e antes da corrida frenética do ano seguinte, o último. O Prefácio é datado "Julho de 1887", e portanto foi escrito no verão que pode ser considerado o último "grande meio-dia" de Nietzsche, o ápice de sua ascensão filosófica, antes que o sol de sua vida começasse sua acelerada jornada descendente rumo à noite. O que Nietzsche tem a dizer sobre seu tipo de filosofia nesse Prefácio é de suma importância e autoridade. Se alguém lê-lo e relê-lo, e realmente *ouvir* o que ele está dizendo e como ele fala sobre suas preocupações e esforços, encontrará um forte apoio para a interpretação que estou propondo.

"Nós, homens de conhecimento, somos desconhecidos para nós mesmos" (GM, P: 1). Com essas palavras de abertura, Nietzsche indica que o conhecimento é algo com o qual ele está preocupado aqui. O próprio livro,

---

[9] Sugiro aos leitores interessados que leiam todos os prefácios de Nietzsche juntos, tendo em mente a questão básica deste ensaio.

de fato, lida antes e acima de tudo com a "moral" e sua genealogia; mas lida também com um grande número de outros assuntos, para os quais ele considera que a "genealogia da moral" seja relevante. Estes incluem nossa própria natureza humana alcançada e suas expectativas, e também a natureza e as expectativas daqueles que são "conhecedores" humanos.

As investigações "genealógicas" de Nietzsche são frequentemente consideradas como tendo uma espécie de intenção reducionista, como se ele acreditasse que o modo como algo se originou *resolvesse* todas as questões acerca de sua natureza. De fato, porém, enquanto ele realmente acredita que se faz bem em *começar* considerando o modo como algo pode ter se originado, ele insiste igualmente em que isso não resolve nada. Pois o que é de importância decisiva, como ele repetidamente insiste, é o que emergiu e o que se tornou possível a partir daí. É acima de tudo *por seus frutos* – e não meramente *por suas raízes* – que ele nos faria "conhecê-los", quer o que esteja em questão seja a moral, ou o "tipo *Mensch* [humano]", ou nós mesmos como "homens de conhecimento". E, com esse objetivo, ele sugere que uma variedade de questões deve ser colocada e investigada a partir de uma variedade de perspectivas diferentes.

Nesse Prefácio, Nietzsche defende essa posição por meio de outra reflexão retrospectiva – sobre o desenvolvimento de seu próprio pensamento acerca da moral – começando na segunda seção. Observando que ele estivera por muito tempo interessado pela "*origem* de nossos preconceitos morais" (GM, P: 2), e antes ainda pela "questão de onde se originaram realmente nosso bem e nosso mal" (GM, P: 3), ele então comenta que seu interesse eventualmente deu ensejo e espaço a outras questões, tanto interpretativas quanto avaliativas: "*que valor eles mesmos possuem?* Será que obstruíram ou promoveram até agora a prosperidade humana? São indício de calamidade, empobrecimento, degeneração da vida? Ou, pelo contrário, revela-se neles a plenitude, a força, a vontade da vida, sua coragem, sua certeza, seu futuro?" (GM, P: 3).

As passagens citadas no início deste ensaio, lidando explicitamente com a visão de Nietzsche sobre a filosofia, ocorrem nessas seções. Nietzsche julga que seus esforços iniciais deixaram muito a desejar, à medida que ele prosseguiu "de modo canhestro", mas ainda assim com determinação, "como convém a um espírito positivo, para substituir o improvável pelo mais provável" – mesmo que então isso pudesse ter sido frequentemente apenas substituir "um erro por outro", enquanto ele "ainda carecia de minha própria linguagem para minhas próprias coisas" (GM, P: 4). Muito claramente, contudo, o retrato que ele pinta do tipo de filósofo que ele estava se tornando é o de um "espírito positivo" que busca "o mais provável" segundo o melhor de sua habilidade.

Como Nietzsche imediatamente observa, suas preocupações se estendiam à avaliação tanto quanto à interpretação. Ele resume assim a relação entre esses tipos de investigação:

> Articulemos essa *nova exigência*: necessitamos de uma *crítica* dos valores morais, *o valor desses valores mesmos deve ser posto em questão* – e para isso necessita-se de um conhecimento das condições e circunstâncias nas quais eles cresceram, nas quais eles evoluíram e mudaram [...], um conhecimento de um tipo que jamais existiu ou que jamais foi desejado. (GM, P: 6)

As investigações genealógicas de Nietzsche visam prover esse tipo de "conhecimento" preparatório, e é essa "exigência" adicional (entre outras coisas) que seu empreendimento filosófico mais amplo visa satisfazer. Digo "entre outras coisas" porque essa "transvaloração dos valores" não é tudo que ele envolve. Seu empreendimento é também uma resposta a outras "exigências" que ele articula em outros lugares, estendendo-se à avaliação da natureza e do significado de fenômenos tão diversos quanto as variedades de arte, religião, organização social, ciência, e da própria humanidade – todos os quais Nietzsche toca nesse livro. E ele se estende ainda a questões que dizem respeito ao caráter, o escopo, a busca e o valor das variedades de conhecimento humanamente alcançado e alcançável, como seus comentários de abertura sugerem.

Olhar para esses assuntos à luz de sua relação com a "moral" não é a única maneira de olhar para eles, nem é em si algo decisivo no que diz respeito a sua natureza ou sua importância; mas isso possibilita uma perspectiva iluminadora sobre eles. Olhar para eles sob outras perspectivas ilumina-os de outras maneiras – assim como olhar para os fenômenos morais sob uma variedade de perspectivas é igualmente necessário para permitir a alguém fazer qualquer tipo de justiça para com eles. E esse é justamente o ponto que Nietzsche defende em seguida. Tendo reconhecido quão profundamente problemática é a moral, ele escreve:

> Em suma, desde que essa perspectiva se abriu para mim, tive razões para procurar ao meu redor por camaradas estudiosos, ousados e industriosos (ainda procuro). O projeto é atravessar o imenso, longínquo, e recôndito território da moral – da moral que realmente existiu, que realmente foi vivida – com perguntas bastante novas, e como que com novos olhos; isso não significa praticamente *descobrir* esse território pela primeira vez? (GM, P: 7)

Não vejo como alguém possa ler esse Prefácio, e levar a sério o Nietzsche que se encontra ali, sem reconhecer que o tipo de filosofia com o qual ele está comprometido aspira à compreensão em um sentido forte do termo, e não aceitará nada menos que isso.

VIII

Antes de concluir, eu chamaria atenção para diversas passagens em dois dos breves prefácios que Nietzsche forneceu para as quatro obras que ele completou com um ímpeto final em 1888. Eles mostram vividamente que seu compromisso com essa concepção de filosofia não apenas foi sustentado até o fim, mas, além disso, tornou-se ainda mais forte.

> As condições sob as quais sou compreendido, sob as quais sou *necessariamente* compreendido – eu as conheço muito bem. Deve-se ser honesto em assuntos do espírito ao ponto da dureza, antes de poder suportar minha seriedade e minha paixão. Ter habilidade para viver em montanhas – vendo o miserável burburinho efêmero da política e do nacionalismo *abaixo de si*. Deve-se ter se tornado indiferente;

nunca perguntar se a verdade é útil ou se ela poderá vir a ser nossa ruína. Possuir uma predileção – nascida da força – por questões que ninguém hoje tem a coragem de enfrentar; a coragem para o *proibido*; predestinação para o labirinto. Uma experiência de sete solidões. Novos ouvidos para nova música. Novos olhos para o que está mais distante. Uma nova consciência para verdades que até agora permaneceram mudas. *E* a vontade para uma economia de grande estilo: acumular nossa força, nosso *entusiasmo*.

Em seu último prefácio, a *Ecce homo*, Nietzsche aborda novamente o mesmo tema. Ele deixa claro de início que embora a "derrubada de ídolos" seja "parte de meu ofício", ela não é a totalidade do que ele entende por "filosofia". Ao mesmo tempo, não é sua intenção meramente substituir aqueles ídolos derrubados por "novos ídolos" do mesmo tipo, ligados a alguma visão igualmente fictícia do ideal. Então ele escreve: "Subtraiu-se à realidade o seu valor, o seu sentido, a sua veracidade, na medida em que se inventou mentirosamente um mundo ideal." Sua principal preocupação, para além de sua guerra contra todos os "ídolos" e sua "transvaloração dos valores" associados a eles, é recuperar o que foi desvalorizado e mal interpretado, e assim alcançar uma compreensão mais clara e mais profunda daquilo de que depende a "saúde, o futuro, o sublime *direito* ao futuro" da humanidade (S. 2).

Em uma das passagens mais significativas e notáveis desse Prefácio, Nietzsche descreve muito vividamente seu tipo de filosofia, em uma linguagem que ecoa e amplifica coisas que ele estivera dizendo sobre ela desde *Para além do bem e do mal* (*cf.* 39):

> A filosofia, conforme eu a entendi e vivi até agora, significa [...] a procura de tudo que é estranho e questionável na existência, de tudo que até agora foi banido pela moral. [...]
> Quanta verdade um espírito *suporta*, quanta é a verdade a que ele se *aventura*? Cada vez mais isso tornou-se para mim a real medida do valor. [...]
> Toda realização, todo passo adiante no conhecimento, deriva da coragem, da dureza contra si mesmo, da pureza em relação a si mesmo [...].

Nimitur in vetitum [Aspiramos ao proibido]: neste sinal minha filosofia um dia triunfará, pois o que foi proibido até agora como uma questão de princípio sempre foi – apenas a verdade. (EH, P: 3)

IX

O interesse e a importância desses prefácios para a compreensão da visão de Nietzsche sobre a filosofia devem estar claros. Ele não os teria fornecido se não acreditasse que eles ajudariam os leitores a entender o que ele pretende. Suas obras pós-*Zaratustra* por si mesmas – desde *Para além do bem e do mal* e do Livro Quinto de *A gaia ciência*[10] em diante – nos mostram seu tipo de filosofia na prática. Se forem lidas com esses prefácios em mente, elas revelam um filósofo e um tipo de atividade filosófica bastante diferente dos retratos frequentemente feitos deles tanto por seus admiradores quanto por seus detratores. A prática de Nietzsche merece amplamente o nome de "filosofia", e é bastante digna de ser levada a sério por filósofos hoje – pelo que ela é e também pelo exemplo que ela estabelece.[11]

Neste ensaio, tentei mostrar que o tipo de filosofia que Nietzsche pediu e no qual ele se engajou – especialmente durante o período final de sua vida produtiva – é uma atividade interpretativa e avaliativa, à qual se pode dar um sentido bom e importante. Apresentei-a como uma atividade de *produção de sentido*, voltada para a melhoria não apenas da "vida", mas também da *compreensão* – não apenas apesar de, mas de fato por meio de seu modo "perspectivista" de proceder. Concluirei com alguns comentários gerais sobre esse ponto.

A interpretação e a avaliação para Nietzsche são atividades humanas disseminadas e inescapáveis que assumem muitas formas e funções. Ambas

---

10 Para uma discussão dessa obra como um todo, em corroboração, ver meu "Nietzsche's Gay Science, Or, How to Naturalize Cheerfully" ["*A gaia ciência* de Nietzsche ou Como naturalizar com alegria"], em Robert C. Solomon e Kathleen M. Higgins (eds.), *Reading Nietzsche* [*Lendo Nietzsche*] (Nova Iorque: Oxford University Press, 1988, p. 68-86).
11 Ver meu *Nietzsche* e meu *Making Sense of Nietzsche* [*Entendendo Nietzsche*] (Urbana e Chicago: University of Illinois Press, 1995).

são atividades através das quais os seres humanos dão sentido às coisas. Dar sentido às coisas é um traço tão central e tão básico da vida humana que pode ser considerado uma das insígnias de nossa humanidade. Em uma maneira nietzscheana de falar, poder-se-ia caracterizar *der Mensch* [o homem] como "o animal produtor de sentido".

Pode-se dar sentido às coisas de muitas maneiras diferentes; e uma vez produzido, esse sentido pode se tornar ele mesmo um material adicional para o moinho de produzir sentido. Além disso, no decurso dos eventos humanos, uma variedade de formas relativamente distintas de produção de sentido emergiu e tomou corpo, cada qual exibindo variações múltiplas e mutáveis. Algumas destas são comumente agrupadas sob rótulos gerais como arte, religião, moral e ciência. Todos esses fenômenos se bifurcam em diferentes direções a partir da linguagem e do discurso ordinários (nos quais esse impulso encontra-se igualmente sempre em atividade), e frequentemente voltam a influenciá-los.

Além disso, toda essa produção de sentido não ocorre em um vácuo, mas antes no contexto variado e sempre mutante da vida humana. Ela é estimulada e condicionada por uma multiplicidade de necessidades, propósitos e capacidades humanas – coletivas bem como individuais, e fisiológicas bem como psicológicas e sociais. A filosofia é outra dessas atividades de produção de sentido, e também não ocorre em um vácuo. Como Nietzsche gosta de nos lembrar, ela também sempre ocorreu no contexto da vida humana, e sempre o fará. Isso vale para seu tipo de filosofia bem como para qualquer outra. Todas as formas de filosofia são adendos, híbridos ou parentes de outras formas de produção de sentido, pelas quais elas podem continuar a ser influenciadas. A exploração desse domínio vasto e complexo, abrangendo praticamente tudo que ocorre na vida humana para além do nível dos fenômenos meramente fisiológicos e biológicos que subjazem a ela, está entre as tarefas gerais do tipo de filosofia de Nietzsche.

As atividades de interpretação e avaliação, sendo atividades de produção de sentido, são fundamentalmente práticas em sua operação, ainda que não sejam empregadas para fins imediatamente práticos. Elas também têm um caráter fundamentalmente criativo, pois não refletem passivamente aquilo sobre o qual elas produzem sentido. Em vez disso, elas *produzem algo a partir disso*, ainda que tal atividade envolva pouco mais do que aplicar ao que é encontrado maneiras herdadas de produzir sentido.

Essas atividades se iniciam em – e dão sustentação a – modos de pensar e de avaliar que podem vir a ser tomados como dados por aqueles que os assimilam. Não obstante, é somente em um nível muito superficial ou provisório de consideração que se lhes pode atribuir a condição de "verdades" e tomá-las como merecedoras do nome de "conhecimento". As atividades de interpretação e avaliação também podem ser limitadas ao que é humanamente possível ou concebível. Contudo, isso não condena à paridade perpétua todos as maneiras de produzir sentido, de modo que nenhuma delas possa fazer qualquer reivindicação mais forte do que qualquer outra sobre as noções de "verdade" e "conhecimento", como na "noite em que todas as vacas são pardas" de Hegel.

Conforme os comentários precedentes implicam, "verdade" e "conhecimento" não podem mais ser concebidos em termos totalmente abstraídos das atividades humanas de produção de sentido. No entanto, uma vez que esse ponto seja apreendido e aceito, pode-se passar a diferenciar entre várias maneiras de pensar que aspiram à "verdade" e ao "conhecimento". Pode-se privilegiar aquelas que levam em consideração um conjunto mais amplo de perspectivas alcançáveis, em detrimento de outras que são motivadas por incitações de interesses mais estreitos ou "demasiado humanos".

Considero que o grande mérito de Nietzsche foi ter lutado para livrar-se dos emaranhados de maneiras de pensar mais dogmáticas e menos esclarecidas, e enfrentado esse desafio de confrontar e transcender a "noite escura da alma" na filosofia, que ele veio a associar ao pessimismo e ao niilismo. E enquanto fazia isso, ele se aventurou nos "novos mares" com os quais ele se viu confrontado, aprendendo a permanecer à tona e a avançar neles conforme prosseguia, começando a mapeá-los, e nos mostrando como poderíamos fazer o mesmo e continuar sua exploração. É por isso que, em minha opinião, ele não marca o fim da filosofia, mas sua chegada à idade adulta. E é também por isso que o que ele nos oferece é de fato um "prelúdio a uma filosofia do futuro".

6 O argumento *ad hominem* de Nietzsche: perspectivismo, personalidade e ressentimento revisitados[1]

ROBERT C. SOLOMON

> Que nos meus escritos fala um psicólogo sem igual, eis porventura a primeira compreensão a que chega um bom leitor – um leitor tal como eu o mereço, que me lê como os bons velhos filólogos liam o seu Horácio.
> (Nietzsche, *Ecce homo*)[2]

Nietzsche insistiu repetidamente em sua importância em primeiro lugar e acima de tudo como um *psicólogo*,[3] mas isso não foi sempre levado tão a sério quanto deveria, especialmente pelos filósofos. Os filósofos tendem a insistir na verdade de uma crença, mas os psicólogos estão mais interessados em por que alguém acredita no que acredita. "A falsidade de um juízo não é para nós necessariamente uma objeção [...]. A questão é em que medida ele preserva a vida."[4] As doutrinas filosóficas também carregam consigo um forte senso de universalidade e necessidade, enquanto as análises psicológicas permanecem inevitavelmente ligadas às contingências

---

[1] Algumas porções deste ensaio que foram anteriormente apresentadas à *North American Nietzsche Society* [Sociedade Nietzsche Norte-Americana] apareceram depois em "Nietzsche, Postmodernism and Resentment" ["Nietzsche, pós-modernismo e ressentimento"] em Clayton Koelb, *Nietzsche and Postmodernism* [*Nietzsche e o pós-modernismo*] (S.U.N.Y., 1990); no capítulo 6 de meu *Passion for Justice* [*Paixão pela justiça*] (Addison-Wesley, 1990); e em "One Hundred Years of *Ressentiment*: Nietzsche's '*Genealogy of Morals*'" ["Cem anos de ressentimento: a '*Genealogia da moral*' de Nietzsche"] em Richard Schacht (ed.) *Nietzsche, Genealogy, Morality* [*Nietzsche, genealogia, moralidade*] (University of California Press, 1994).
[2] Nietzsche, *Ecce homo* III, 5 (*Viking Portable Nietzsche* [WK], p. 266).
[3] Friedrich Nietzsche, *Beyond Good and Evil* [*Para além do bem e do mal*], trad. de W. Kaufmann (Nova Iorque: Random House, 1967, I, 23).
[4] Friedrich Nietzsche, *Para além do bem e do mal*, 4. Cf. "O que é necessário é que algo seja sustentado como verdadeiro, não que ele seja verdadeiro." (Friedrich Nietzsche, WP [*Vontade de poder*], 507).

particulares de uma personalidade ou de um povo. Mas Nietzsche suspeitava das alegações de universalidade e necessidade, e quase sempre preferia a compreensão psicológica astuciosa, deslumbrante, ou mesmo ofensiva, em detrimento de uma grande tese filosófica. Escrevendo sobre Sócrates, ele começava: "Na origem, Sócrates pertencia à classe mais baixa: Sócrates era da plebe [...]. Ele era feio."[5] Sobre Kant, ele notou: "O instinto que erra sem falha, a *antinatureza* como instinto, a decadência alemã como filosofia – *isso é Kant!*".[6] Sobre as origens "surradas" da moral, ele sugeriu: "A revolta dos escravos na moral começa quando o próprio ressentimento torna-se criativo e dá à luz os valores."[7] E sobre a filosofia alemã ele reclama: "Quanta cerveja há na inteligência alemã!".[8] Ele via a si mesmo e elogiava a si mesmo como um diagnosticador, e sua filosofia consiste em grande medida em diagnósticos especulativos que dizem respeito às virtudes e aos vícios daqueles que ele lê e sobre os quais ele lê, cuja influência determinou o temperamento das épocas. Sua estratégia central, consequentemente, foi o uso do argumento *ad hominem*, uma técnica retórica frequentemente rejeitada como uma "falácia", um ataque aos motivos e emoções de seus antagonistas, em vez de uma refutação de suas ideias enquanto tais ("Sabemos, podemos ainda ver por nós mesmos, quão feio era [Sócrates]. Mas a feiura, em si mesma uma objeção, era entre os gregos quase uma refutação.").[9]

Nietzsche é frequentemente tratado como um daqueles pensadores herméticos cujo universo consistia inteiramente de seu eu isolado e suas ideias grandiosas sobre a "modernidade", a "cultura", a "humanidade", e coisas semelhantes. Mas embora a solidão intelectual e a vasta ambição de Nietzsche sejam óbvias, o que é ainda mais óbvio é que ele frequentemente

---

5   Friedrich Nietzsche, *Twilight of the Idols* [*Crepúsculo dos ídolos*], trad. de W. Kaufmann (Nova Iorque: Viking, 1954), "The Problem of Socrates" ["O problema de Sócrates"], 3.
6   Friedrich Nietzsche, *Antichrist* [*O anticristo*], trad. de W. Kaufmann (Nova Iorque: Viking, 1954, 11).
7   Friedrich Nietzsche, *On the Genealogy of Morals* [*Sobre a genealogia da moral*], trad. de W. Kaufmann (Nova Iorque: Random House, 1967, I, 10). O adjetivo "surrada" vem de *Will to Power* [*Vontade de poder*], trad. de R. J. Hollingdale e W. Kaufmann (Nova Iorque: Random House, 1968, 7).
8   Friedrich Nietzsche, *Twilight of the Idols* [*Crepúsculo dos ídolos*], "Germans" ["Alemães"], 2.
9   Friedrich Nietzsche, *Crepúsculo dos ídolos*, "O problema de Sócrates", 3.

escreveu sobre si mesmo, e ocasionalmente acrescentou, por precaução, alguma confissão ou ressalva. Ele não escrevia usualmente em grandes generalizações, ainda que tivesse um entusiasmo de filósofo por ideias abstratas, como, por exemplo, sua fascinante tese do "eterno retorno", a noção de que todas as coisas acontecem de novo e de novo, um número infinito de vezes. Quando Nietzsche apresentava tais teses abstratas, ele o fazia mais como um teste psicológico, não como uma tese metafísica. Embora ela não fosse nenhum "humanista" no sentido usual, ele se deleitava em compreender e escrever sobre *pessoas*. Seus comentários, observações e ensaios mais brilhantes e mordazes envolvem uma aguda compreensão e entendimento sobre pessoas, fossem elas consideradas como grupos, tipos ou indivíduos. Ele se perguntava o que motiva as pessoas, e corretamente suspeitava que o que elas pensavam e diziam sobre si mesmas e seus ideais era quase sempre enganoso, errôneo, ou simplesmente fraudulento. Mas em nenhum outro lugar o autoengano e a hipocrisia são mais abundantes do que naqueles aspectos da vida em que pessoas comuns, bem como filósofos e teólogos, tendem a fazer pronunciamentos grandiosos sobre assuntos elevados tais como Deus, a liberdade humana e a moral. Os argumentos *ad hominem* de Nietzsche não refutaram as doutrinas da religião e da moral, mas enfraqueceram-nas ao expor os motivos e emoções às vezes patéticos que as motivaram ("O moralismo dos filósofos gregos desde Platão é patologicamente condicionado.").[10]

Nietzsche observava as pessoas ao seu redor e lia os grandes pensadores do passado. Ele refletia e especulava sobre os motivos e emoções escondidos que incitavam as pessoas a pontificar sobre a "moral" e a defender dogmaticamente crenças às vezes incoerentes sobre Deus, a justiça divina, o céu e o inferno. Ele queria explicar práticas perversas de negação de si, tais como o ascetismo, e empreendimentos aparentemente "desinteressados", tais como a erudição livresca. Ele queria compreender o que chamava de "vontade de verdade", e desejava chegar à verdadeira natureza de sentimentos suspeitos como pena, piedade, e muito do que é chamado de "amor". Acima de tudo, ele queria rastrear as vicissitudes daquele conjunto insidioso

---

10   Friedrich Nietzsche, *Crepúsculo dos ídolos*, "O problema de Sócrates", 10.

e tipicamente pretensioso de emoções que dão origem ao que chamamos de "moral", notavelmente o "ressentimento" e seus preconceitos e princípios morais de longo alcance. Sua tese, hoje famosa, era que o que chamamos de "moral" originou-se de fato e continua a ser gerada por um conjunto de valores particularmente "servis" e "negadores da vida". A humildade, por exemplo, é um desses valores. Ela é a negação do orgulho, a recusa de alguém a reconhecer seus próprios talentos, realizações e virtudes. Assim, o filósofo autodeclarado "pagão" David Hume castigou a humildade como uma virtude "monástica", e Aristóteles, um pagão genuíno, criticou-a como um vício. Valores servis tendem a negar a alegria e celebrar a seriedade, condenar o risco e o perigo, e enfatizar a segurança. Eles encorajam a reflexão cautelosa e rejeitam ou rebaixam a paixão e o "instinto". Em suma, eles "dizem 'não' à vida".

Contudo, essa "moral escrava" não pensa em si mesma como uma perspectiva psicológica particular, uma maneira de olhar para o mundo e de viver nele. Antes, ela se apresenta como uma prescrição "objetiva", essencial e universal, e mesmo como uma precondição para a vida humana. A moral, embora pretenda ser baseada nos mais nobres motivos, ou mesmo apenas na "razão prática pura", de fato revela ser motivada principalmente pela insegurança e pelo ressentimento, e até mesmo por vingança. Ao revelar tais motivos e emoções intricados nos outros, Nietzsche tentou e frequentemente conseguiu lançar suspeitas sobre as ideias e valores dessas pessoas. E ao elogiar outros (usualmente após eles estarem mortos há séculos), ele apontava o caminho para ideias e valores alternativos, cuja motivação não é tão suspeita ou subterrânea. Infelizmente, o estilo ácido de Nietzsche nem sempre torna evidente se sua intenção é a suspeita ou o elogio, se ele está condenando ou admirando o gênio da moral escrava, ou quando ele está enunciando seus preconceitos notavelmente ambíguos acerca de Jesus ou de Sócrates ("Acima do fundador do cristianismo, Sócrates é distinguido pelo tipo de seriedade alegre e por aquela *sabedoria travessa* que constituem o melhor estado da alma do homem. Além disso, ele tinha uma inteligência maior"[11] e "Sócrates foi o bufão que se

---

11 Friedrich Nietzsche, *The Wanderer and His Shadow* [*O andarilho e sua sombra*], trad. de W. Kaufmann (Nova Iorque: Viking, 1954, 86).

fez levar a sério.").¹² Assim, também, mesmo quando parece estar propondo uma tese moral própria, ele o faz tipicamente por meio de uma pergunta ou alegoria, em vez de uma afirmação.

Neste ensaio, quero olhar para Nietzsche e sua filosofia a partir de uma perspectiva um tanto incomum. Quero olhar para Nietzsche tanto como um perpetrador quanto como uma vítima de argumentos *ad hominem*. Suas obras são cheias de tais argumentos, e, por sua vez, seus críticos e detratores frequentemente usaram tais argumentos contra ele. Allan Bloom escreve: "Nietzsche, por outro lado, pensava que escrever um poema podia ser um ato erótico tão primário quanto o intercurso sexual."¹³ Quero concentrar nossa atenção na orientação psicológica e às vezes bastante pessoal de Nietzsche em filosofia. É através dessa insistência de que a dimensão pessoal não pode ser excluída da filosofia que quero olhar para o estilo inimitável de Nietzsche e sua tese do "perspectivismo", a visão de que *todas* as doutrinas e opiniões são apenas parciais e limitadas por um ponto de vista particular. Sobre a filosofia e os filósofos: "se quisermos explicar como surgiram realmente as afirmações metafísicas mais abstrusas dos filósofos, é sempre bom (e sábio) perguntar primeiro: que tipo de moral tudo isso (*ele*) visa?".¹⁴ Sobre o "instinto teológico" de Kant: "Mais uma palavra contra Kant como *moralista*. Uma virtude deve ser nossa própria invenção, deve surgir de nossa necessidade de expressão e em nossa defesa: qualquer outro tipo de virtude é apenas um perigo. [...] A 'virtude', o 'dever', o 'bem em si', o bem que é impessoal e universalmente válido – são quimeras e expressões do declínio, da exaustão final da vida [...]. As leis fundamentais da autopreservação e do crescimento exigem o contrário – que cada um invente *sua própria* virtude, *seu próprio* imperativo categórico."¹⁵ Finalmente, quero olhar de maneira particular para o ataque *ad hominem* justificadamente famoso de Nietzsche contra

---

12 Friedrich Nietzsche, *Crepúsculo dos ídolos*, "O problema de Sócrates", 6.
13 Allan Bloom, *The Closing of the American Mind* [*O fechamento da mente americana*] (Nova Iorque: Simon and Schuster, 1987, p. 231).
14 Friedrich Nietzsche, *Para além do bem e do mal*, I, 6.
15 Friedrich Nietzsche, *O anticristo*, 11.

a "moral escrava" e o ressentimento, a fim de avaliar quão complexos e persuasivos tais argumentos podem ser.

O estilo de Nietzsche e a filosofia de Nietzsche

[...] para que eu não rompa com meu estilo, que é afirmativo e lida com a contradição e a crítica apenas como um meio, apenas involuntariamente [...] (Nietzsche, *Crepúsculo dos ídolos*)[16]

Desconfio de todos os sistematizadores e os evito. A vontade de sistema é uma falta de integridade. (Nietzsche, *Crepúsculo dos ídolos*)[17]

Nietzsche é frequentemente acusado de ser "apenas desconstrutivo", de criticar mas não afirmar, de destruir mas não construir. No entanto, pode-se argumentar que os muitos argumentos *ad hominem* de Nietzsche de fato produzem, como sua somatória, uma filosofia afirmativa. Certamente, a filosofia de Nietzsche não é um sistema ao estilo hegeliano, mas ela é um ponto de vista coerente, um conjunto de ideias distintivo e frequentemente afirmativo.[18] O estilo fragmentário e frequentemente aforístico de Nietzsche torna seu pensamento notoriamente difícil de sintetizar ou resumir. Várias de suas maiores e mais bem conhecidas ideias – o eterno retorno, a vontade de poder, e o *Übermensch* [ser sobre-humano] – são em sua maior parte encontradas em suas notas não publicadas e em seu *tour de force*

---

16 Nietzsche, *Crepúsculo dos ídolos*, VIII, 6 (WK 511).
17 Nietzsche, *Crepúsculo dos ídolos*, I, 26 (WK 470).
18 A coerência das ideias de Nietzsche é uma questão que provocou uma quantidade notável de comentários, desde a tese de Karl Jaspers de que Nietzsche se contradiz completamente, até as teses "pós-modernas", agora populares (e elas mesmas tediosamente unilaterais), de que Nietzsche fala com várias vozes, a partir de várias perspectivas, e que não há nenhum "Nietzsche" único. A isto só se pode responder: "é claro". Não obstante, várias vozes podem cantar em harmonia, e várias perspectivas podem convergir para um único conjunto de alvos, e terem origens semelhantes. Sobre a filosofia "afirmativa" de Nietzsche, ver, por exemplo, os vários ensaios em Yirmiyahu Yovel (ed.), *Nietzsche as Affirmative Thinker: Papers Presented at the Fifth Jerusalem Philosophical Encounter, April 1983* [*Nietzsche como pensador afirmativo: ensaios apresentados no Quinto Encontro Filosófico de Jerusalém, abril de 1983*] (Dordrecht: Nijhoff, 1986); e Alexander Nehamas, *op. cit.*, p. 221-234.

literário *Assim falou Zaratustra*. Mas se afrouxarmos nossa exigência de uma filosofia unificada e olharmos, em vez disso, para a abordagem *ad hominem* de Nietzsche a uma ampla variedade de questões, torna-se evidente que ele está de fato interessado em muitas das questões tradicionais que desafiaram os filósofos desde os tempos antigos – a natureza da verdade, da moral e da religião, a gênese e estrutura da sociedade, o lugar do eu e sua suposta liberdade e racionalidade. É claro que Nietzsche não está simplesmente tentando dar novas respostas a essas velhas questões, nem está tentando reformular as questões. Em vez disso, ele está tentando descobrir como tais questões curiosas – e os conceitos que fornecem o material para elas – podem ter surgido. Assim, argumentou-se com alguma plausibilidade que Nietzsche não é tanto um filósofo, mas sim um "antifilósofo" que deseja levar a filosofia como a conhecemos a um "fim".[19] Penso que essa afirmação é forte demais, tal como se encontra, e assume uma concepção excessivamente estreita sobre o que a filosofia é e deve ser. A abordagem de Nietzsche à filosofia é peculiarmente psicológica, mas não deveríamos exagerar a distinção entre filosofia e psicologia aqui, uma distinção que Nietzsche às vezes sugere, mas que ele não endossaria. Nietzsche não está tão preocupado com a análise e a justificação de conceitos e doutrinas filosóficos, mas sim com uma compreensão do tipo de pessoa que formularia tais conceitos e acreditaria em tais doutrinas. Ele não se concentra apenas no conceito ou na doutrina, como fazem muitos filósofos ("Paulo concebeu, e Calvino reconcebeu a ideia de que a danação foi decretada para inúmeras pessoas desde a eternidade, e que esse belo plano do mundo foi instituído para revelar a glória de Deus [...] Que cruel e insaciável vaidade deve ter cintilado na alma do homem que concebeu ou reconcebeu algo assim!").[20] Ele não visa verdades eternas (exceto como alvos), mas tampouco sua filosofia não é nada além de uma tentativa de explodir falsas verdades e pôr um fim a questões fraudulentas. Ela não é uma antifilosofia, mas uma

---

19 Bernd Magnus, "Nietzsche and the Project of Bringing Philosophy to an End" ["Nietzsche e o projeto de levar a filosofia a um fim"], *The Journal of the British Society for Phenomenology* 14 (outubro de 1983): 304-320.
20 Friedrich Nietzsche, *O andarilho e sua sombra*, 85.

abordagem mais pessoal à filosofia, na qual a filosofia e o filósofo não são tão radicalmente distintos, na qual o que conta é o caráter da pessoa – e não apenas a "corretude" daquilo em que ele ou ela acredita ("*O valor natural do egoísmo.* O autointeresse vale tanto quanto a pessoa que o possui.").[21]

Essa abordagem é refletida no "estilo" provocativo e altamente pessoal de Nietzsche (mas é enfaticamente irredutível a ele). Nietzsche não apenas escreve filosofia, isto é, registra seus pensamentos e articula suas ideias e argumentos. Em vez disso, ele praticamente *grita* conosco. Ele nos adula, nos provoca, nos faz confidências. Mesmo quando Nietzsche está defendendo algum argumento prosaico, como, por exemplo, em um elogio à honestidade, o modo como ele faz isso é surpreendente e memorável. Mas "o estilo de Nietzsche" não esconde ou não deveria esconder as ideias que ele está defendendo, e é provavelmente um erro assumir que a variedade de estilos reflete uma filosofia inconsistente ou conscientemente autodestrutiva. A escrita de Nietzsche consiste em ideias, frequentemente ideias deslumbrantes, compreensões e insultos, e não apenas "*tropos*" e retórica, deixando transparecer uma inclinação para os aforismos e para o *bon mot* [comentário espirituoso], e uma preferência por hipérboles e pronunciamentos em primeira pessoa. Ele é, independentemente de qualquer outra coisa, um filósofo profundo. Não é como se Nietzsche estivesse apenas brincando com a linguagem e não levando seus próprios preconceitos morais a sério.[22] Se os críticos mais antigos foram excessivamente desdenhosos da prosa criativa de Nietzsche, muitos comentadores recentes são excessivamente impressionados pelo fato de que Nietzsche escreveu em um estilo tão claramente inadequado para a maioria dos periódicos acadêmicos de hoje.[23] Mas o estilo na filosofia não é apenas uma questão

---

21 Friedrich Nietzsche, *Twilight of the Idols* [*Crepúsculo dos ídolos*], "Skirmishes" ["Escaramuças"], 33.
22 Richard Rorty, notavelmente, defendeu o Nietzsche "brincalhão" em oposição ao Nietzsche filosófico sério ("um dos piores dos vários Nietzsches"), mas por que, além de certas escaramuças internas à profissão da filosofia, alguém deveria sentir-se compelido a enxergar esses dois como opostos? Ver seu *Contingency, Irony and Solidarity* [*Contingência, ironia e solidariedade*] (Cambridge: Cambridge University Press, 1989).
23 Alguns dos críticos mais antigos e mais duros incluem Brand Blandshard e Bertrand Russell. Os novos comentadores incluem um pequeno exército de pós-modernistas e desconstrucionistas, mas talvez o ainda exemplar seja Paul de Man, por exemplo "Nietzsche's Theory of Rhetoric" ["A teoria da retórica de Nietzsche"], *Symposium*, primavera de 1974.

de sensibilidade literária (admitidamente incomum); ele é antes de mais nada um estilo de pensamento, uma abordagem à vida, e não apenas um modo de escrever. Um estilo não é superficial, mas profundo, não um jogo de palavras, mas ele mesmo uma visão de mundo, uma expressão profunda de *quem a pessoa é*. Um estilo é em si mesmo uma filosofia, ou, invertendo a ordem, a filosofia é antes de tudo uma questão de estilo. Isso não deve ser trivializado, particularmente no caso de Nietzsche. O ponto fundamental da filosofia de Nietzsche é como *viver*, não como escrever, e confundir a jovialidade verbal de Nietzsche com sua seriedade moral é simplesmente não compreendê-lo.[24] ("Pode ser que para a educação de um filósofo genuíno seja necessário que ele mesmo [...] tenha sido crítico, cético, dogmático, historiador, e também poeta, colecionador, viajante, e decifrador de enigmas, moralista e vidente [...] mas todas essas são meramente precondições de sua tarefa; ela exige que ele *crie valores*.").[25]

O estilo de Nietzsche é frequentemente o do caricaturista, do profeta, do crítico social, e mesmo do boateiro. Aproximar-se de Nietzsche através de seu interesse pelos motivos e emoções particulares de outras pessoas pode

---

Três discussões excelentes sobre o estilo de Nietzsche são Arthur Danto, "Some Remarks on Nietzsche's *The Genealogy of Morals*" ["Alguns comentários sobre *A genealogia da moral* de Nietzsche"], em Solomon, Higgins (ed.), *Reading Nietzsche* [*Lendo Nietzsche*] (Oxford University Press, 1988); Alexander Nehamas, *Nietzsche: Life as Literature* [*Nietzsche: a vida como literatura*] (Harvard, 1985); e Bernd Magnus, Stanley Stewart, e Jean-Pierre Mileur, *Nietzsche's Case: Philosophy as/and Literature* [*O caso de Nietzsche: filosofia como/e literatura*] (Routledge, 1993).

24 Em um debate recente (o foco era o livro de Alexander Nehamas, *Nietzsche: Life as Literature*), tanto Nehamas quanto Bernd Magnus argumentaram de modo bastante extenso contra a ideia de que Nietzsche tenha tentado em qualquer sentido nos dizer "como viver". Eu respondi, na ocasião, assim como sustento aqui, que as apaixonadas prescrições de Nietzsche e seu impacto não podem ser entendidos de outra maneira. "Dizer a alguém como viver", é claro, não precisa envolver prescrições específicas, como "nunca diga uma mentira", ou "troque sua roupa de baixo diariamente", mas pode consistir inteiramente em exortações gerais. "Seja você mesmo" (ou "torne-se quem você é") não é, nas circunstâncias corretas e para os leitores corretos, uma vacuidade irritante, mas um conselho profundo, e mesmo capaz de mudar a vida. Da mesma forma, "não se sinta culpado" pode não ser nada semelhante a "nunca diga uma mentira", mas para algumas pessoas ela pode ser a admoestação mais importante que alguma vez elas receberão.

25 Friedrich Nietzsche, *Para além do bem e do mal*, 211.

parecer uma maneira limitada e mesmo vulgar de se aproximar de sua filosofia notoriamente sutil. E quanto ao grande ceticismo que leva Nietzsche a declarar, de várias maneiras, que não existe nenhuma verdade?[26] Onde os grandes e famosos temas do "eterno retorno", do *Übermensch*, e da vontade de poder se encaixam nessa abordagem psicológica de pés-no-chão? Será que isso não é um material muito tênue para basear uma crítica devastadora do cristianismo e da moral judaico-cristã? Mas nossa propensão de crer (incluindo, especialmente, a de crer na verdade) é ela mesma um fenômeno a ser explicado, e aquela tríade de famosas doutrinas zaratustrianas é melhor se não interpretada como um conjunto de grandes teses filosóficas. Por que a "verdade" é tão importante para nós, não apenas enquanto filósofos?[27] E quanto à mentira nobre ou edificante? Mas por que deveríamos pensar que a resposta a essas questões perturbadoras se encontra em um nível abstrato de generalidade, em vez de em um exame cuidadoso de nós mesmos como seres humanos vulneráveis? De modo semelhante, penso que a melhor interpretação do eterno retorno é, na expressão de Bernd Magnus, como um "imperativo existencial", uma certa *atitude* para com a vida, em vez de uma teoria sobre a natureza do tempo ou uma grande tese sobre o significado da existência.[28] Como alguém se sentiria acerca da perspectiva de ter de repetir esta vida, este momento, de novo e de novo e de novo? O *Übermensch* também é muito melhor caracterizado como uma atitude para com a vida e em termos da presença (e ausência) de certas emoções do que como uma projeção metafísica ou um possível produto da evolução biológica. O *Übermensch* é o que quisermos ser, da maneira mais profunda. A vontade de poder não é nada senão a única tentativa de Nietzsche de formular uma hipótese psicológica totalmente abrangente, mesmo que não absolutamente convincente. Como explicamos o masoquismo, o comportamento autodestrutivo,

---

26 Por exemplo, WP 540.
27 Explorei esse tópico em meu "What a Tangled Web: Deception and Self-Deception in Philosophy" ["Que teia emaranhada: engano e autoengano em filosofia"] em Michael Lewis e Caroline Saarni (eds.), *Lying and Deception in Everyday Life* [*Mentira e engano na vida cotidiana*] (Nova Iorque: Guildord Press, 1993, p. 30-58).
28 Bernd Magnus, *Nietzsche's Existential Imperative* [*O imperativo existencial de Nietzsche*] (Bloomington: Indiana University Press, 1978).

a autonegação pretensiosa, o impulso para o martírio, a crueldade gratuita. O "desejo de prazer" fracassa em todos esses casos. O desejo de poder nos dá uma compreensão muito melhor.

É em contraste com as pretensões às vezes exacerbadas da filosofia, da teologia e do dogma metafísico que os apelos simples aos motivos e à emoção adquirem sua força. Ao atacar o cristianismo e a moral cristã, notavelmente, Nietzsche não permanece no mesmo nível de abstração esotérica que seus antagonistas religiosos e morais. Em vez disso, o que ele faz é *cavar por baixo deles*. O que seria mais devastador contra a pretensão orgulhosa de alguns filósofos e teólogos do que um argumento *ad hominem* que mina sua credibilidade, que reduz sua racionalidade e piedade a uma insignificante indignação ou inveja pessoal? O que seria mais humilhante do que uma acusação, contra uma moral que prega incessantemente contra o egoísmo e o autointeresse, de que ela também é, de fato, não apenas o produto de um autointeresse impotente, mas também hipócrita? E o que poderia ser um argumento mais efetivo contra o teísmo do que ridicularizar a base da qual tal crença emergiu? ("Todos os homens incapazes de brandir algum tipo de arma – incluindo-se a boca e a pena – tornam-se servis: para estes o cristianismo é muito útil, pois no cristianismo a servidão assume a aparência de uma virtude e é espantosamente embelezada. As pessoas cuja vida diária lhes parece muito vazia e monótona facilmente tornam-se religiosas: isso é compreensível. [...]").[29]

Essa humilhação, é claro, é o objetivo de Nietzsche em sua guerrilha psicológica contra o cristianismo e a moral burguesa judaico-cristã. A humilhação, se quiserem, é o estilo dele. Ele quer chocar-nos. Ele quer nos repugnar. Ele quer que vejamos para além da superfície bem racionalizada da moral tradicional, para enxergarmos o desenvolvimento histórico e os seres humanos reais que estão por trás dela. Assim como Hegel, seu grande antecessor incompreendido, ele sustenta que alguém só compreende verdadeiramente um fenômeno quando compreende suas origens, seu desenvolvimento, e seu lugar geral na consciência. Mas compreender um fenômeno, nesse sentido, nem sempre conduz a uma apreciação ulterior.

---

29 Friedrich Nietzsche, *Human, all too Human* [*Humano, demasiado humano*], trad. de R. J. Hollingdale (Cambridge: Cambridge University Press, 1986, 115).

A teoria da moral de Nietzsche é sugerida em suas "obras intermediárias", *Aurora* e *A gaia ciência*, mas é plenamente formulada em *Para além do bem e do mal* (1886) e especialmente em seu *Sobre a genealogia da moral* (1887). Ele afirma que o que chamamos de "moral" originou-se entre os escravos miseráveis, o *Lumpenproletariat* [o proletariado em trapos] do mundo antigo (isto é, as classes mais baixas da sociedade, um termo introduzido por Marx). A moral continua a ser motivada pelas emoções servis e ressentidas daqueles que são "pobres de espírito" e sentem-se inferiores. A "moral", não importando quão brilhantemente racionalizada por Immanuel Kant como sendo constituída pelos ditames da Razão Prática ou pelos utilitaristas como "o maior bem para o maior número de pessoas", é essencialmente uma estratégia intricada dos fracos para obter alguma vantagem (ou pelo menos para não ficar em desvantagem) em relação aos fortes. O que chamamos de moral, mesmo que inclua (e de fato enfatize) a santidade da vida, exibe um desgosto e um "cansaço" palpável em relação à vida, uma nostalgia "de outro mundo", que prefere alguma outra existência, idealizada, a esta aqui. Mostrar isso, é claro, não é o mesmo que "refutar" as alegações da moral. A moral ainda pode ser, como argumentou Kant, o produto da Razão Prática, e como tal uma questão de princípios universalizados. Ela pode de fato ser uma via para o maior bem para o maior número de pessoas. Mas ver que tais obsessões com princípios racionais e com o bem público são produtos e sintomas de um senso subjacente de inferioridade é certamente o mesmo que remover o *glamour* e a aparente "necessidade" da moral. Demonstrar essa embaraçosa verdade é um dos principais objetivos de Nietzsche, e seu estilo é o de um vivisseccionista – uma profissão repugnante e chocante como nenhuma outra. Cortando até o próprio coração da moral, ele é um diagnosticador implacável, e seu método de diagnóstico é o argumento *ad hominem*.

Em defesa dos argumentos *ad hominem*

Toda filosofia é a filosofia de uma idade da vida. A idade da vida em que um filósofo encontrou sua doutrina ecoa através dela [...]. Assim,

a filosofia de Schopenhauer permanece como reflexo de uma *juventude* ardente e melancólica – ela não é um modo de pensar para pessoas mais velhas. E a filosofia de Platão lembra os meados dos trinta anos, quando uma corrente fria e uma quente costumam arremeter impetuosamente uma contra a outra, de modo que surgem uma neblina e delicadas nuvenzinhas – e em circunstâncias favoráveis, sob os raios do sol, um encantador arco-íris.[30]
Percebe-se que desejo ser justo para com os alemães: não quero aqui romper com a fé em mim mesmo. Devo, portanto, declarar as objeções que lhes faço. [...] Quanto pesadume mal-humorado, quanta paralisia, quanta umidade, [...] quanta cerveja há na inteligência alemã! (Nietzsche, *Crepúsculo dos ídolos*)[31]

Um argumento *ad hominem*, como todo mundo aprende em qualquer curso de Introdução à Lógica ou de Composição Básica, é um ataque dirigido "contra a pessoa", em vez de endereçado ao argumento ou à tese da pessoa. Atacar a pessoa dessa maneira é cometer uma falácia elementar, embora "informal". Não obstante, essa falácia é tão rotineiramente desaprovada quanto é de fato usada, na filosofia assim como na política, e em praticamente todo outro empreendimento humano onde as pessoas se preocupam mais em vencer o argumento que em obedecer às regras da etiqueta acadêmica.

Mas será que os argumentos *ad hominem* são realmente falácias? Ou será que eles fornecem bases justas para rejeitar ou pelo menos para suspeitar das visões ou opiniões de uma pessoa? A resposta à segunda pergunta é: "claro que sim", e a resposta à primeira é, no mínimo: "nem sempre". Reconhecer alguém como um mentiroso compulsivo é, no mínimo, suspeitar de seus pronunciamentos feitos no maior tom de sinceridade. Reconhecer que alguém tem um interesse ou investimento pessoal (por exemplo, um cientista contratado pelo Instituto do Tabaco para refutar o vínculo entre o hábito de fumar e o câncer) é uma boa razão para suspeitar profundamente da suposta "objetividade" da pesquisa, não importando quão esmeradamente

---

30 Friedrich Nietzsche, *Mixed Opinions and Maxims* [*Opiniões e máximas diversas*], 271.
31 Friedrich Nietzsche, *Crepúsculo dos ídolos*, VIII, 1-2 (Kaufmann, *Viking Portable*, p. 507).

pura seja a metodologia experimental. É obviamente verdade que tais suspeitas não mostram que tais pronunciamentos ou que as conclusões de tal pesquisa sejam falsos. Mas o emaranhado de verdade e método, conhecimento e conhecedor, é tal que o argumento *ad hominem* é frequentemente conclusivo – pelo menos em termos de prática. A tese pode realmente ser verdadeira, mas na ausência de argumentos de outras fontes menos suspeitas, podemos corretamente não mais estar dispostos a ouvir.

É dito frequentemente que o problema com um argumento *ad hominem* é que ele reduz uma tese ou argumento (possivelmente bons) às falhas e fraquezas de seu promulgador, assim eliminando ou eclipsando nossa busca pela verdade. Um argumento barato ("ele está bêbado", ou "ela é apenas uma estudante de graduação") pode ter esse efeito infeliz, mas uma compreensão *ad hominem* bem formulada pode explicar algo que muitas páginas ou horas de análise e exegese textual não poderiam ("Busco compreender de que idiossincrasia nasceu aquela equação socrática de razão, virtude e felicidade: aquela mais bizarra das equações, que além disso é contrária a todos os instintos dos antigos gregos.").[32] Os argumentos *ad hominem* expandem, e não limitam, o campo da argumentação filosófica. Em vez de restringir o foco a meras teses, antíteses e argumentos, a abordagem *ad hominem* traz os motivos, as intenções, as circunstâncias e o contexto daqueles que têm um interesse no resultado. Ou, segundo a metáfora nietzscheana, os argumentos *ad hominem* nos fazem olhar para o solo e a semente, bem como para a planta da qual cresce a flor. Eles também nos permitem ver o que não está sendo dito ou argumentado, as limitações de uma posição, bem como suas possibilidades ("As virtudes socráticas foram pregadas porque os gregos as haviam perdido.").[33]

A verdade é que até mesmo os filósofos mais conservadores deixam algum espaço para a legitimidade de argumentos *ad hominem*. Se alguém procurar ver como a assim chamada falácia *ad hominem* é qualificada nos principais livros didáticos, descobrirá que certos usos de argumentos *ad*

---

32 Friedrich Nietzsche, *Crepúsculo dos ídolos*, "O problema de Sócrates", 4.
33 Friedrich Nietzsche, *Twilight of the Idols* [*Crepúsculo dos ídolos*], "What I Owe to the Ancients" ["O que devo aos antigos"], 3.

hominem não são falácias de modo algum, notavelmente nos casos em que há um "especialista". Em seu *Logic and Philosophy* [*Lógica e filosofia*], por exemplo, Howard Kahane dá a definição usual, "um ataque à pessoa em vez de ao argumento".[34] Mas ele acrescenta: isso nem sempre é uma falácia. Advogados que atacam o testemunho de uma testemunha especialista e questionam o caráter moral dela argumentam *ad hominem*, mas não falaciosamente.[35] Mas por que testemunhas "especialistas" deveriam ser a exceção? Um especialista é apresentado (ou se apresenta) como particularmente instruído em uma certa área, e lançar dúvida sobre sua instrução ou sobre sua objetividade desacreditará seu testemunho e minará suas opiniões enunciadas. Mas na medida em que uma pessoa qualquer faz um pronunciamento qualquer em uma área qualquer, não é verdade que a pessoa está se apresentando como instruída e, portanto, sujeita a suspeitas semelhantes, ou ainda maiores? Não é verdade que as questões sobre o conhecimento das pessoas, suas tendências a mentir ou exagerar, ou o fato de fazerem parte de um ou outro grupo de interesse são igualmente relevantes e (às vezes) decisivas? Supomos que um ou uma "especialista" (em teoria, se não na prática) é definido(a) (em parte) por sua "objetividade" e "desinteresse", bem como por seu conhecimento, mas o fato de que especialistas em um tribunal são frequentemente contratados e pagos por um lado ou outro em uma posição defendida obviamente compromete seu "desinteresse", se não sua "objetividade". De fato, olhando para a academia (e não apenas a academia), torna-se cada vez mais óbvio que muitos "especialistas" se definem cada vez mais não apenas em termos de seu conhecimento, e muito

---

34 Howard Kahane, *Logic and Philosophy* [*Lógica e filosofia*], 2ª ed., p. 240.
35 Michael Scriven, em *Reasoning* [*Raciocínio*] (Prentice-Hall, 1976, p. 228), parece concordar com a exceção acerca dos "especialistas", e com o contexto legal outra vez em mente ele distingue entre "a confiabilidade, a consistência e a credibilidade" de uma testemunha, três preocupações acerca das quais a crítica sobre o caráter moral dela pode ser "apropriada". Mas por que, novamente, deve ocorrer que os argumentos *ad hominem* sejam toleráveis quando aplicados a uma "testemunha especialista", mas não em geral? Paul Feyerabend sem dúvida ficaria bastante contente com esse exemplo de discriminação antiautoritária, mas por que os especialistas deveriam ser destacados para serem alvos de acusações *ad hominem*? Por que os argumentos *ad hominem* legítimos deveriam ser confinados aos tribunais e excluídos, supostamente, dos seminários de filosofia?

menos em termos de objetividade, mas antes com base em suas posições bem-conhecidas e seus antagonismos entrincheirados. Quão prontamente a posição de alguém torna-se compreensível – quer ela seja ou não também comprometida – pelo conhecimento de que "ela é uma desconstrucionista" ou "ele é um libertário".

Para aqueles de nós que não afirmam ser "especialistas", mas que podem ainda assim falar como tal em qualquer número de ocasiões, argumentos *ad hominem* são frequentemente efetivos em nos colocar em nosso lugar ("como você poderia saber qualquer coisa sobre isso?" e "você só está com ciúmes"). Mas aquelas que podem ser as mais efetivas de todas são as respostas genéricas e globais: "Ah, você pensa que sabe tudo", "você tem que encontrar defeito em tudo", ou "você não pode aceitar as opiniões de ninguém a não ser as suas". Levantar questões sobre um juízo ou opinião particular permite que o falante altere sua posição, ou modifique sua ênfase, ou qualifique o que já foi enunciado. Mas uma represensão genérica e global mina a legitimidade de tudo que o falante disse ou poderia dizer. Assim, Nietzsche busca rejeitar toda a moral com base no argumento de que ela nasceu do ressentimento ("Enquanto toda moral nobre se desenvolve de uma afirmação triunfante de si, a moral escrava desde o início diz 'Não' àquilo que está 'fora', ao que é 'diferente', ao que não é 'ela mesma'.").[36] Assim, também, Nietzsche complementa seu pronunciamento "do louco" sobre "a morte de Deus"[37] com sua "refutação histórica como refutação definitiva" ("Em épocas anteriores, buscava-se provar que não existe Deus – hoje, indica-se como a crença de que existe um Deus pôde *emergir* e como essa crença adquiriu seu peso e importância.").[38]

Enfraquecer um "especialista" significa mostrar que não se pode confiar nele, mesmo que seu nível de instrução não esteja em questão. Mas o que diremos, então, acerca de um assunto no qual não é evidente de modo algum o que um "nível de instrução" significaria – na ética (em contraste com o estudo técnico de teorias e argumentos éticos), na religião (em

---

36 Friedrich Nietzsche, *Genealogia* I, 10.
37 *Idem, Gaia ciência*, 125, *cf.* 343.
38 *Idem, Aurora*, I, 95.

contraste com o estudo acadêmico da teologia ou da história da religião) e na filosofia (em contraste com o estudo acadêmico da história da filosofia ou o uso de certas técnicas de notação e argumentação)? Há muitas "questões de fato" em filosofia? Será que os fiéis são necessariamente mais instruídos que os sem fé? (Kierkegaard certamente diria que "não"). Será que a moral realmente requer um conhecimento de qualquer coisa além da "diferença entre certo e errado" e a habilidade de deliberar em assuntos práticos? Nesses campos, nos quais não há nenhum especialista, poder-se-ia dizer que todo mundo é um "especialista", isto é, nossas diferenças de conhecimento enquanto tais não são particularmente importantes, mas quem somos e o que fazemos é de uma importância considerável. Um cristão deveria ser julgado com base na fé, não na teologia. Um moralista deveria ser julgado não em virtude do que ele ou ela diz, mas no que ele ou ela faz. E um filósofo (aqui está a parte difícil) deveria ser julgado não apenas pelos argumentos e pela esperteza dele ou dela, mas pela integridade não apenas de sua filosofia, mas também de seus sentimentos, ações e associações ("Sua associação com um chefe antissemita expressa uma estranheza a todo meu modo de vida que me preenche repetidas vezes de ira ou melancolia. [...] que o nome de Zaratustra seja usado em toda *Folha de Correspondência Antissemita* quase me deixou doente várias vezes. [...]").[39]

William Halverson nos fornece a visão padrão de que "a discussão racional exige que as visões sejam consideradas por seus próprios méritos, não importando quem venha a sustentá-las ou expressá-las. A falácia dos argumentos contra a pessoa ocorre quando alguém que deseja se opor a uma certa visão tenta desacreditar a pessoa que sustenta a visão, em vez de avaliar os méritos da própria visão."[40] Halverson não se preocupa em qualificar ou questionar o escopo da suposta falácia, e nisto podemos tomá-lo como fornecendo a mesma velha visão padrão e tradicional. Mas ele também fornece um exemplo particularmente apropriado: "Não perca seu tempo estudando a filosofia de Nietzsche. Ele não apenas foi um ateu,

---

39 Friedrich Nietzsche, carta a sua irmã, Natal de 1887 (em Kaufmann, *Viking Portable*, p. 456-457).
40 William Halverson, *A Concise Logic* [*Uma lógica concisa*], p. 58.

mas terminou seus dias em um asilo de insanos."[41] Halverson prossegue distinguindo argumentos *abusivos*, voltados contra o caráter de uma pessoa, ou despertando sentimentos negativos por parte da audiência; argumentos *circunstanciais*, voltados contra o contexto, e, portanto, contra a provável motivação pessoal; e argumentos *tu quoque* ou "tu também", que deslocam o foco do acusado para o acusador. Todos os três, é claro, foram levantados contra Nietzsche (1. Ele era louco. ["Abusivo"] 2. Ele viveu em uma família de mulheres protestantes. ["Circunstancial"] 3. E ele não era tão cheio de ressentimento quanto qualquer pessoa? ["*Tu quoque*"]). Se os argumentos *ad hominem* são aceitáveis no tribunal da filosofia, não é verdade que eles poderiam se aplicar com efeitos devastadores àquele autodeclarado "especialista" em psicologia moral, Friedrich Nietzsche?

Pode-se argumentar que um argumento *ad hominem* não lança nenhuma luz sobre a verdade de uma proposição (não importa quem a pronuncia) ou sobre a correção de um argumento (não importa quem o argumenta). Mas as proposições são postas na mesa apenas porque são pronunciadas por alguém, em algum contexto, por alguma razão; e os argumentos são argumentados (exceto, talvez, em uma aula de lógica ou de debate) apenas porque alguém (em algum contexto, por alguma razão) quer provar ou estabelecer algo. Quando a verdade pode ser conhecida ou investigada de modo independente (por exemplo, uma afirmação sobre a possibilidade da "fusão a frio", obviamente voltada para obter o aplauso da comunidade científica e o investimento da comunidade financeira), argumentos *ad hominem* são algo como um espetáculo à parte, no máximo um dispositivo para diminuir a atenção dirigida ao promulgador e voltá-la para a própria investigação. O fato de que tais argumentos são tipicamente motivados pelo ressentimento, ainda que não iniciados por ele, é irrelevante aqui. Mas quando não há nenhuma verdade ou prova desse tipo disponível (a típica afirmação ontológica em filosofia), ou quando o argumento é essencialmente incompleto, com inúmeros contraexemplos e contra-argumentos em vista, então os argumentos *ad hominem* tornam-se particularmente atrativos e apropriados.

---

41 William Halverson, *A Concise Logic* [*Uma lógica concisa*], p. 58.

Argumentos *ad hominem* são apropriados quando um filósofo que de outro modo seria articulado repete continuamente uma tese incompreensível ou muito implausível ("aquela equação socrática de razão, virtude e felicidade: aquela mais bizarra das equações" [*Crepúsculo*, "Sócrates", #3]), quando o argumento não faz sentido ou não é coerente ("Carlyle: [...] constantemente fascinado pelo desejo de uma fé forte e pelo sentimento de sua incapacidade de tê-la" [*Crepúsculo*, "Escaramuças", #12]), ou quando um argumento é notoriamente incompetente ("Afinal, a primeira igreja, como é bem conhecido, lutou contra os 'inteligentes' em favor dos 'pobres de espírito'. Como se poderia esperar dela uma guerra inteligente contra as paixões?" [*Crepúsculo dos ídolos*, "A moral como antinatureza", #1]). É claro que também existem argumentos *ad hominem* ruins, a saber, aqueles que são incorretos (por exemplo, o falante simplesmente não tem a característica que lhe é atribuída) e aqueles que invocam características irrelevantes, isto é, irrelevantes para a tese ou argumento em questão, ou simplesmente exageram em sua detestabilidade ("Não posso suportar esse estilo de papel de parede variegado, não mais do que a aspiração da massa a sentimentos generosos. [...] Quão fria ela deve ter sido por inteiro, essa artista insuportável! Ela se dava corda como um relógio – e escrevia. [...] E com quanta satisfação consigo mesma ela deve ter se deitado ali todo o tempo, essa fértil vaca escritora [...]." [sobre George Sand, *Crepúsculo*, "Escaramuças", #6]). Em assuntos de ciência, argumentos *ad hominem* podem ter uma importância secundária, mas em assuntos de moral, religião e filosofia eles são adequados mais frequentemente que o contrário, pois o *homo* deve nos preocupar tanto quanto o argumento.

Perspectivas e interpretações: onde está a "verdade"?

Com a necessidade com que uma árvore dá seus frutos, nascem de nós nossas ideias, nossos valores, nossos sins e nãos, nossos ses e quês, – [...] evidências de *uma* vontade, *uma* saúde, *um* solo, *um* sol. (Nietzsche, *Sobre a genealogia da moral*, Prefácio, 2)

O que justifica um argumento *ad hominem* é a conexão essencial entre o pensamento e o pensador, a insistência em que a qualidade ou valor de uma ideia depende em parte da pessoa e do contexto. Mas não é necessariamente a pessoa *como tal* que é relevante para o argumento, se com isso entendemos que a pessoa seja uma "pura particularidade", ou a pessoa como portadora incidental de uma coleção inumerável de aspectos, propriedades e relações. Uma pessoa é relacionada a uma ideia "na medida em que [...]", na medida em que ela ou ele é cristã, ou acredita em Deus, ou é republicana, ou ateísta, é homem ou mulher, americana ou americana-asiática. O fato de que uma filósofa fume charutos não é relevante para suas opiniões sobre Aristóteles ou para suas crenças religiosas. O fato de que um filósofo dirija um Lotus Elan pode ser ou não ser relevante para suas opiniões sobre o sentido da vida ou a finalidade da morte, dependendo de qual ele acredita ser esse sentido e de como ele tende a dirigir. Posto de outra maneira, uma pessoa é relacionada a uma tese ou a um argumento em virtude de sua participação em uma certa classe, trivialmente a classe daqueles que promulgam aquela tese ou argumento. Muito menos trivialmente, essa é a classe daqueles que estão em uma certa posição, compartilham uma certa preocupação, utilizam um certo aparato ou linguagem. Para considerarmos um exemplo óbvio, os argumentos que dizem respeito à existência e à natureza de fenômenos astronômicos distantes e misteriosos dependem do acesso a certos equipamentos muito sofisticados e extremamente caros, e das evidências obtidas por meio deles. Pode-se argumentar sobre tais assuntos sem a vantagem de tais equipamentos (o argumento *a priori* de Hegel a favor da necessidade de que existam somente sete planetas em nosso sistema solar é um exemplo embaraçoso), mas uma vez que tais equipamentos estejam disponíveis seu uso torna-se essencial para o tema. Um argumento *ad hominem* apropriado, consequentemente, seria que "Fulano simplesmente não sabe como usar o telescópio. Ele fica apontando-o para seu dedão do pé". Na religião, a classe em questão seria a classe dos crentes, embora que classe seja essa dependa da especificidade do tema em questão. Disputas acerca da infalibilidade papal tenderão a incluir apenas católicos (embora outros possam prontamente expressar suas opiniões irrelevantes), enquanto argumentos acerca de "quem é judeu" incluirão principalmente judeus, políticos israelenses, e antissemitas. Questões sobre a divindade de Cristo incluirão naturalmente praticamente todo cristão, enquanto os argumentos *ad hominem* de Nietzsche contra a tradição judaico-cristã pressupõem uma certa postura antagônica que compreensivelmente tende a alienar e ofender os crentes. Quando Nietzsche comenta que ele é um ateu "por instinto", é essa perspectiva antagônica que ele sem dúvida tem em mente.[42]

Assim, também, todas as questões relacionadas à moral dependem do pertencimento a uma cultura (Claude Lévi-Strauss: "Quando vejo certas decisões ou modos de comportamento em minha própria sociedade, fico cheio de indignação e repulsa, ao passo que se observo um comportamento semelhante em uma assim chamada sociedade primitiva, não faço nenhuma tentativa de um juízo de valor. Tento compreendê-lo.").[43] Se existem quaisquer regras ou princípios universais de moral, é porque compartilhamos um contexto comum, minimamente o contexto de sermos "humanos". A acusação de "especismo" aparece aqui, uma estimativa exagerada da importância dos interesses humanos e uma negligência dos interesses de outras espécies. A moral depende do contexto, e quer existam ou não regras ou princípios universais de moral, a visão que uma pessoa tem de como as coisas são e de como deveriam ser dependerá de sua cultura particular, de seus antecedentes e de sua experiência, de sua família e amigos, de sua classe, de sua saúde e sua posição financeira. Da mesma maneira, de modo mais geral, a busca pela verdade em filosofia depende da habilidade da pessoa, de sua abordagem e de seu ponto de vista. A contínua busca por um "método" em filosofia reflete o desejo perene de algum acesso direto e definitivo às questões, mas a proliferação de tais métodos (o fenomenológico e o analítico, por exemplo) apenas sublinha o fato evidente de que as filosofias diferem conforme diferem as pessoas e as perspectivas. Quem uma pessoa é (no sentido relevante) é um determinante significativo (embora não suficiente) dos resultados filosóficos. "Métodos" são meios de confirmação *post hoc*.

---

42 Friedrich Nietzsche, *Ecce homo* (trad. de W. Kaufmann, com *Genealogy* [*Genealogia*]), II, 1.
43 Claude Lévi-Strauss, Entrevista, 1970, citado em R. Solomon, *A Handbook for Ethics* [*Um manual de ética*] (Harcourt Brace, 1995, p. 9).

Em outras palavras, o uso de argumentos *ad hominem* por Nietzsche tem muito a ver com seu bastante debatido "perspectivismo". Isto é, sua visão de que alguém sempre conhece, ou percebe, ou pensa sobre algo a partir de uma "perspectiva" particular – não apenas um ponto de vista espacial, é claro, mas um contexto particular que envolve impressões, influências e ideias concebidas através da linguagem da pessoa e de sua formação social, e, em última instância, determinado por praticamente tudo que diz respeito àquela pessoa, sua constituição psicológica e sua história. Não existe nenhum ponto de vista global livre de uma perspectiva, nenhuma visão do "olho de Deus", mas apenas esta ou aquela perspectiva particular. Não há, portanto, nenhuma comparação ou correspondência externa a ser feita entre aquilo em que acreditamos e a verdade "em si", mas somente a comparação, competição e diferenças de qualidade no interior das próprias perspectivas ou entre elas. E uma vez que a acusação de que um argumento *ad hominem* é uma falácia depende dessa assunção rejeitada de que existe uma tal distinção pronta disponível, a saber, a comparação entre aquilo em que acreditamos e a verdade "em si", o perspectivismo de Nietzsche já é uma defesa de seu método *ad hominem*.

A metáfora da perspectiva de fato deixa em aberto a questão de se existe ou pode existir alguma "verdade em si", que é o objeto último (mesmo que nunca "não mediado") de todas as perspectivas. A resposta de Nietzsche para essa pergunta absolutamente cética é, de modo geral, equívoca. Em *Para além do bem e do mal* ele famosamente afirma: "não existem fatos, somente interpretações"; e em outro lugar ele diz: "não existem fatos morais".[44] Mas esse relativismo exuberante é tipicamente mal interpretado; primeiro, ao se passar à conclusão injustificada de que a interpretação, portanto, não tem nenhum fundamento e as perspectivas não podem ser comparadas; e segundo, ao se passar, de modo semelhante, à conclusão de que o perspectivismo não deixa nenhuma base para a avaliação. Em sua forma mais vulgar: "uma interpretação é tão boa quanto qualquer outra" (insistir que algo é uma interpretação não é necessariamente dizer que ela não seja

---

44 Friedrich Nietzsche, *Vontade de poder*, 481; *Para além do bem e do mal*, I, 22, IV, 108.

também verdadeira.). Uma perspectiva é sempre uma perspectiva de algo. Não faria sentido falar sobre perspectivas se também não fizesse sentido comparar e contrastar perspectivas em termos daquele "algo". A questão de se aquele "algo" é o mesmo em duas interpretações muito diferentes é uma questão em aberto (e às vezes, impossível de responder). Será que o "gene" da genética clássica é "o mesmo" que algumas fitas ou partículas da proteína complexa chamada DNA? Será que o corpo visto e descrito por um amante extasiado é "o mesmo" corpo examinado pelo médico? Assim, também, uma interpretação é sempre uma interpretação de algo. Há sempre aquele conjunto crítico de questões sobre a "fidelidade" ao original, sobre a "profundidade" e a "compreensão", sobre ser "forçada" ou simplesmente implausível. E é claro, há um certo número de preocupações práticas e heurísticas que nos levam muito rapidamente a preferir algumas interpretações em detrimento de todas as outras. As perspectivas e interpretações são sempre sujeitas à medida, talvez não por comparação com alguma "verdade" externa, mas pela avaliação em seu contexto e de acordo com os propósitos para os quais elas são adotadas.

Conversas vagas sobre perspectivas, como se elas não fossem nada senão pontos de vista em potencial, deixam de fora o aspecto crítico do perspectivismo de Nietzsche: o fato de que uma perspectiva é *ocupada*. Pode-se falar metaforicamente, como faz Nietzsche, sobre "olhar ora dessa janela, ora daquela outra",[45] mas a imagem de uma perspectiva como ainda não ocupada contradiz o impulso principal de seu argumento. Não há nada separando o espectador do espetáculo, e ao avaliar um, nós inevitavelmente avaliamos também o outro. É claro que, de modo abstrato, pode-se falar alegremente, por um lado, sobre uma perspectiva possível, e por outro lado, sobre as pessoas que poderiam ocupar aquela perspectiva. Mas no interior de uma perspectiva não há nenhuma distinção pronta desse tipo entre a pessoa particular e a própria perspectiva. Se meu ponto de vista é o de um judeu ou acadêmico ou pessimista ou pervertido, quanto desse ponto de vista é *minha* perspectiva e quanto é *a* perspectiva de um judeu, ou acadêmico, ou

---

45 Friedrich Nietzsche, *Will to Power*, 410.

pessimista, ou pervertido? E que concepção macilenta do eu seria necessária a fim de considerar que todos poderiam (ou deveriam) adotar exatamente "a mesma" perspectiva? Enfaticamente, isso não significa sugerir que "todo mundo tem sua própria perspectiva", ou que não possa haver nenhuma comparação ou contraste de uma perspectiva com outra. Esse é todo o sentido de um argumento *ad hominem*, não a substituição de meros insultos ofensivos pela consideração séria da tese em questão, mas a consideração séria da pessoa através de quem e da perspectiva através da qual a tese veio a estar em questão.

Assim, também, uma interpretação é formulada e adotada por alguém, e a qualidade ou valor da interpretação depende, em parte, do que pensamos sobre o intérprete. Por certo, uma simples observação empírica ("o gato está no tapete") pode ser mais ou menos confirmada sem nos aprofundarmos no caráter do falante. Mas será que qualquer enunciado sobre valores – seja ele acerca do gosto do café ou da desejabilidade de uma redução de impostos sobre retornos de capital – pode ser adequadamente considerado sem se perguntar quem o faz? A abordagem *ad hominem* à filosofia pergunta: de quem é essa interpretação? Se a alegação é sobre a justiça, ela é do virtuoso Sócrates ou do rude Trasímaco? Não é incidental para o "argumento" geral da *República* que Trasímaco seja apresentado por Platão como um brutamontes sarcástico, enquanto Sócrates é a corporificação da virtude. Os argumentos de Sócrates não são realmente tão bons ou convincentes, e o "realismo" político de Trasímaco não é tão implausível. Mas Sócrates ganha o dia pela força do caráter e a expansividade da visão (e Trasímaco sai com raiva, em frustração). Outros diálogos platônicos nos mostram, de modo semelhante, um *personagem*, e não apenas uma sequência de argumentos separados por um pouco de drama. São a virtude e o charme de Sócrates, não seus argumentos, que nos persuadem.

Nietzsche foi ele mesmo cativado por Sócrates, que ele frequentemente chamou de "bufão", um termo de alguma ternura.[46] Não surpreendentemente, é o caráter de Sócrates (e também sua aparência) que atraem a

---

46 Friedrich Nietzsche, *Crepúsculo dos ídolos*, II, 4. Ele diz o mesmo de si mesmo (*Ecce homo* IV, 1) e de Shakespeare (*Ecce homo* II, 4).

atenção de Nietzsche, ainda que Sócrates seja, tanto para ele quanto para nós, em grande medida uma figura literária criada para nós por Platão.[47] Não há nenhuma separação fácil entre o caráter e a posição, nem uma maneira de desembaraçar os argumentos do contexto, a não ser por meio de uma vivissecção fatal. Em outros lugares nos diálogos platônicos, o caráter também é apresentado como um "argumento". Céfalo, um velho rico mas superficial, exibe tanto quanto apresenta suas visões na *República*, assim como o faz Trasímaco. No *Banquete*, os caracteres do canalha Alcibíades e do belo e jovem poeta Agaton são essenciais para seus "discursos" sobre o amor. O caráter de Sócrates no *Banquete* é mostrado como excessivamente alheio e um tanto insensível, demonstrando algo importante sobre como devemos receber as doutrinas derivadas de sua suposta conversa com a musa Diotima.[48] Uma interpretação não é apenas uma possibilidade abstrata; ela é um ponto de vista corporeado, às vezes apaixonado. Ela envolve um envolvimento no qual a lógica desapaixonada do argumento sozinha pode ter pouca relevância e despertar um interesse mínimo. Assim, o truque retórico de alguns lógicos, que facilmente demonstram a proliferação infinita de interpretações e a inacessibilidade do mítico "texto originário", rapidamente se arruína na prática. Sob as interpretações encontra-se uma pessoa, e embora nós prontamente admitamos que uma pessoa possa ter "duas (ou mais) opiniões" sobre uma questão, há um ponto de parada na vida real que a lógica pode não reconhecer.

Será que seria razoável sugerir que toda interpretação, toda perspectiva, é tão boa quanto qualquer outra? Somente se as interpretações e perspectivas forem consideradas em um isolamento abstrato de qualquer contexto no qual possam ser avaliadas. Mas isto é, de modo bastante sensível, precisamente o que Nietzsche nega. *Sempre* há tal contexto, e ele é definido

---

47 Sobre o Sócrates "real", ver Gregory Vlastos, "The Paradox of Socrates" ["O paradoxo de Sócrates"], em Vlastos (ed.), *The Philosophy of Socrates* [*A filosofia de Sócrates*] (Nova Iorque: Doubleday, 1971, p. 1-4).

48 Ver, por exemplo, Vlastos, "The Individual as Object of Love in Plato's Dialogues" ["O indivíduo como objeto de amor nos diálogos de Platão"], em *Platonic Studies* [*Estudos platônicos*] (Princeton: Princeton University Press, 1973, p. 1-34); Martha Nussbaum, "The Speech of Alcibiades" ["O discurso de Alcibíades"], *Philosophy and Literature* 3, 2 (1979): 131-169.

em parte pelo caráter e as circunstâncias da pessoa que sustenta a interpretação. Algumas interpretações são superiores a outras porque algumas pessoas são melhor educadas, mais sensíveis e mais perceptivas do que outras. Somente o mais decadente e preguiçoso igualitarismo argumentaria que "todo mundo tem sua própria opinião" (isto é, "uma opinião é tão boa quanto qualquer outra"), que todas as interpretações e perspectivas são iguais porque todas as pessoas são iguais, não importando o que mais possa ser verdade acerca delas. É claro que a verdade de até mesmo tal igualdade mínima é uma das doutrinas que Nietzsche mais deseja colocar em questão. Seria possível argumentar também que sempre haverá uma pluralidade de interpretações e que, apartada de alguma perspectiva ou propósito particular, a escolha entre elas é "indecidível". Mas essa sugestão plausível foi absurdamente expandida para a possibilidade meramente matemática de que possa haver uma infinidade de interpretações e perspectivas e nenhuma "verdade" ou "fatos" para distinguir entre elas. Se levarmos em conta a "verdade" de nossas preocupações práticas e os "fatos" de nosso corporeamento social e biológico, contudo, será que haveria ou poderia haver uma tal miríade de interpretações conflitantes que realmente importassem para nós? Não devemos ficar excessivamente presos ao distintivo uso americano do termo, mas Nietzsche não era outra coisa senão "pragmático" em suas visões sobre valores. O que importa é o que "faz diferença", e não as possibilidades abstratas da diferença enquanto tais.

O que define o contexto de nossa preocupação com o conhecimento e com os valores, igualmente, é o "fato" inevitável do conflito. Tipicamente, nós só chegamos a perceber que temos uma perspectiva, que aquilo em que acreditamos é (apenas) uma interpretação, quando nos deparamos com uma perspectiva diferente ou confrontamos uma interpretação alternativa. Encontramos uma pessoa ou entramos em uma cultura, e nos descobrimos simplesmente incapazes de compreender o que está acontecendo. Entramos em uma discussão e nos achamos em aguda discordância, não sobre "os fatos" (na medida em que estes não sejam também determinados por nossas interpretações), mas sobre a significância desses fatos. Duas alegações de conhecimento contradizem uma à outra; dois sistemas de valores se chocam no que poderia se tornar uma guerra ideológica. Mas as interpretações colidem precisamente porque elas afirmam ser interpretações de um mesmo fenômeno, porque elas afirmam compartilhar um contexto, embora tenham implicações muito diferentes e incompatíveis para nossas vidas. As perspectivas podem ser reconhecidas como perspectivas justamente porque diferem e discordam. Assim, exigimos critérios com os quais possamos avaliar nossa discordância e ordenar nossas perspectivas. Usaremos "fatos" se pudermos encontrá-los, mas na maioria dos assuntos filosóficos nós mais provavelmente nos basearemos em nosso próprio senso de convicção e reuniremos quaisquer argumentos e armas retóricas que pudermos para afastar a dúvida e impedir a humilhante refutação (a qual, no entanto, raramente enfraquece nossa fé na doutrina em questão). Em outras palavras, tendemos a justificar nossa(s) perspectiva(s) principalmente com base no fato singular de que elas vêm a ser nossas ("'Meu julgamento é *meu* julgamento': ninguém mais é facilmente autorizado a tê-lo – isso é o que tais filósofos do futuro podem talvez dizer sobre si mesmos.").[49]

O perspectivismo de Nietzsche e as perspectivas da moral

> Perambulando entre as morais mais sutis e as mais grosseiras que até agora prevaleceram sobre a terra ou que ainda prevalecem, [...] por fim descobri dois tipos básicos e uma diferença básica. Existe *moral de senhores* e *moral de escravos* [...]. A diferenciação moral de valores originou-se, seja entre um grupo dominante cuja consciência de sua diferença em relação ao grupo dominado era acompanhada de prazer – ou entre os dominados, os escravos e dependentes de todo grau. (Nietzsche, *Para além do bem e do mal*, 260)[50]

O "perspectivismo" de Nietzsche está em jogo principalmente em sua filosofia moral, e as duas perspectivas mais em questão na filosofia moral de

---

49   Friedrich Nietzsche, *Para além do bem e do mal*, 43.
50   *Idem, ibidem*, 260.

Nietzsche são os pontos de vista morais conflitantes do senhor e do escravo, respectivamente. Nietzsche nega que haja quaisquer "fatos morais", mas o que é mais notável de um ponto de vista nietzscheano é que nem a moral do senhor nem a moral do escravo vê a si mesma como uma perspectiva, e muito menos como uma mera interpretação. Ambas veem a si mesmas como "objetivamente verdadeiras".

O senhor vê a si mesmo e seu ponto de vista como simplesmente superior, embora os padrões segundo os quais ele é superior sejam, é claro, os seus próprios, não examinados e autossatisfatórios. O nobre é seu próprio paradigma, ou como canta o arrogante aristocrata na comédia *A Funny Thing Happened on the Way to the Forum* [*Uma coisa engraçada aconteceu a caminho do fórum*], "Eu sou meu próprio ideal". O escravo, por outro lado, é mais interessante, pois a moral escrava desde seu surgimento é uma reação à moral do senhor, ligada a um referencial teórico e ansiosa por autoexame e justificação. Isso emerge, em primeiro lugar, no incrível senso de presunção que ela gera, e em segundo na proliferação de teorias e teologias que são trazidas para apoiá-la. Em contraste, uma "teoria" da moral do senhor é praticamente impensável. O mais próximo a que uma poderia chegar é a *Ética* de Aristóteles, na qual as virtudes atenienses são simplesmente descritas, juntamente com um rico comentário de finas distinções. A moral do senhor é uma perspectiva que, apesar de nunca se preocupar em se reconhecer como tal, é *a* perspectiva moral, em virtude da superioridade inerente e inquestionada de seus praticantes. Mas a ética de Aristóteles, de acordo com Nietzsche, já é "decadente", muito distanciada das virtudes homéricas que Nietzsche às vezes parece estar defendendo.

Assim, também, a moral dos "escravos" é vista como a única perspectiva moral, e também não é vista como uma perspectiva. Mas os escravos de fato veem sua antagonista, a moral do senhor, como uma perspectiva que é falsa, e o rigoroso igualitarismo da moral escrava acarreta a *i*moralidade da moral elitista do senhor. A ênfase da moral escrava sobre a "bondade interior", em contraste com a fortuna exterior, de fato coloca os senhores, com toda sua riqueza e poder, em uma grave desvantagem moral.

[...] um ato da *mais espiritual vingança*. [...] Foram os judeus que, com espantosa consistência, ousaram inverter a equação de valor aristocrática (bom = nobre = poderoso = belo = feliz = amado de Deus) e agarrar-se a essa inversão com seus dentes, os dentes do ódio mais abissal (o ódio da impotência), dizendo, "somente os miseráveis são os bons; [...] somente os sofredores, os despossuídos, os doentes, os feios são piedosos, somente eles são abençoados por Deus [...]; e vós, os poderosos e nobres, são pelo contrário os maus, os cruéis, os lascivos, os insaciáveis, os ímpios por toda eternidade, e sereis por toda eternidade os desventurados, os malditos, e os condenados!"[51]

Os "senhores" veem os escravos como simplesmente inferiores dentro de sua própria perspectiva moral, negando ou ignorando os peculiares delírios e racionalizações da moral escrava; mas, porque os escravos claramente veem a moral dos senhores como uma perspectiva, eles sentem a necessidade de defender uma perspectiva contra a outra. A moral escrava é "reativa", pois consiste antes de tudo na rejeição de uma outra perspectiva, a da moral do senhor. A evolução subsequente da teoria ética como uma teoria da "moral" e a tentativa de definir e defender a moral contra todas as objeções e alternativas é, antes e acima de tudo, uma tentativa de desacreditar absolutamente a moral dos senhores. "A força faz o direito."

Mas será que a moral escrava é vista por sua vez como uma perspectiva? Por certo ela é vista como uma alternativa, a alternativa *correta* à moral dos senhores. Mas será que ela é uma *perspectiva* alternativa? A resposta pareceria ser um inequívoco "não". Porque ela é "verdadeira", a perspectiva dos escravos não é vista como uma perspectiva. Por que será que a noção de "perspectiva" implica não apenas "mais de uma", mas também neutraliza a afirmação de que qualquer perspectiva única seja a "correta"? Toda a história da moral, desde os Dez Mandamentos até o "imperativo categórico" de Kant pareceria sublinhar a natureza absoluta da moral, e sua lógica interna também indicaria isso. "Moral" significa algo como uma posição de "trunfo". Assim, podemos apreciar o quanto a frase corrente "o ponto de

---

51 Friedrich Nietzsche, *Genealogia*, I, 7.

vista moral" constitui um retiro notável para a tradição moral. A moral não pode se ver como uma perspectiva, um "ponto de vista", mas ainda assim isso é exatamente o que ela é. A crítica de Nietzsche à moral consiste em uma recusa de partilhar da ênfase exclusiva de Kant sobre os aspectos "*a priori*" da assim chamada lógica da moral, para incluir uma consideração sobre os aspectos empíricos não apenas do contexto, mas também do *caráter*. A questão de Nietzshce poderia ser colocada assim: que tipo de pessoa adotaria (e que tipo de pessoa realmente adotou) o tipo de "lógica" prática que Kant tão incisivamente analisa e, de certa forma, defende? Que tipos de filósofos passariam suas vidas analisando (e "justificando") tal lógica?

O eixo de sustentação dessa lógica, aquilo que alguns autores consideraram como sendo o cerne conceitual da moral e dos juízos morais, é a *universalizabilidade*. O que quer que alguém *deva* fazer, qualquer outra pessoa (em circunstâncias suficientemente semelhantes) também deveria fazer. As complicações dessa tese (e, especialmente, de sua qualificação entre parênteses) havia sido uma questão de sério debate desde Hegel,[52] mas o que Nietzsche destaca é que a formulação da universalizabilidade pressupõe uma falsidade aparentemente óbvia, a de que todos os agentes morais (pelo menos *enquanto* agentes morais) são essencialmente os mesmos. Essa universalizabilidade representa a exata antítese do argumento *ad hominem*, uma vez que todo seu objetivo é negar a relevância das diferenças pessoais e insistir que não tratemos a nós mesmos como exceções à lei moral (Kant nos alerta: "Se atentarmos para nós mesmos sempre que transgredimos um dever, descobriremos que nós de fato não pretendemos que nossa máxima se torne uma lei universal [...] nós apenas tomamos a liberdade de fazer uma exceção a ela para nós mesmos [ou mesmo só dessa vez].").[53] Assim, também, supõe-se (embora o próprio Kant não argumentasse dessa maneira utilitarista) que

---

52 Já em suas lições em Iena no início do século XIX, G. W. F. Hegel rejeitara o formalismo da moral de Kant. Tanto em sua *Fenomenologia do espírito*, em 1807, quanto em sua *Filosofia do direito*, em 1821, ele abertamente rejeita a "moral" formal em favor de uma "ética dos costumes" mais situada.

53 Immanuel Kant, *Groundwork of the Metaphysics of Morals* [*Fundamentação da metafísica dos costumes*], trad. de Paton (Nova Iorque: Harper and Row, 1964, p. 91). Edição original alemã p.424.

uma vez que estamos todos no mesmo barco moral, as regras morais são, em última instância, para a vantagem de todos. Mas qualquer regra que tenha qualquer substância, não importando quantas pessoas ela beneficie, atuará para desvantagem de alguém. Um "campo de jogo nivelado" atua para desvantagem daqueles que são hábeis em escalar morros e saltar buracos. Um sistema fácil de atribuição de notas atua contra os interesses dos melhores estudantes, que não têm nenhuma oportunidade de mostrar sua superioridade. A moral escrava, baseando-se no pressuposto de que todos nós temos, em algum sentido, o mesmo valor moral, tem sucesso em proteger aqueles que são vulneráveis a danos e ofensas, enquanto inibe aqueles que protegeriam a si mesmos e causariam danos e ofensas a outros ("Deixar o indivíduo *desconfortável*, eis minha tarefa", nota Nietzsche.).⁵⁴

É claro que Nietzsche não sai em defesa das virtudes de ferir e ofender as pessoas (embora ocasionalmente ele chegue perigosamente perto de fazê-lo, por exemplo em sua aparente defesa da crueldade.)⁵⁵ Mas ele realmente enxerga nas restrições universais da moral um viés genuíno contra aqueles que iriam, poderiam e deveriam se afirmar tanto para seu próprio bem quando de sua sociedade. Argumentou-se desde os tempos antigos que aqueles que governam e aqueles que assumem os maiores riscos pelo bem da sociedade (seja este seu objetivo pessoal ou não) devem às vezes ignorar as inibições morais que são obrigatórias para os cidadãos ordinários. E desde o século XIX, pelo menos, artistas e intelectuais frequentemente argumentaram que devem permanecer "acima" das regras ordinárias se pretenderem ser criativos, culminando no culto romântico ao gênio, ao qual Nietzsche é associado. Por exemplo: "*Minha concepção do gênio*. Grandes homens, assim como grandes épocas, são explosivos nos quais uma tremenda força é armazenada. [...] Que importam, então, o ambiente, ou a época, ou o 'espírito da época', ou a 'opinião pública'!").⁵⁶ Mas o que também há de errado com a moral é o que ela esconde, e como ela nos distrai, mesmo a nós cidadãos ordinários. Ao presumir um eu absolutamente mínimo e a

---

54 Friedrich Nietzsche, *Notes* [*Notas*], 1875, VII, 216, em Kaufmann, *Viking Portable*, p. 50.
55 Idem, *Genealogia*, Segunda dissertação, 6, 7.
56 Idem, *Crepúsculo dos ídolos*, "Escaramuças", 44.

importância de seguir um conjunto estreitamente circunscrito de regras universais peculiarmente "morais", ela remove todas as considerações sobre o caráter e a virtude pessoais (exceto, é claro, na medida em que esses sejam redefinidos como a tendência a seguir essas regras).

Nietzsche não é um "imoralista" – como ele ocasionalmente gosta de se rotular. Ele é, em vez disso, o defensor de um tipo mais rico de moral, uma perspectiva mais ampla e mais variada (ou antes, um número indefinidamente grande de perspectivas) nas quais os dons e talentos de cada indivíduo contam primeiro e acima de tudo. Nietzsche não defende a imoralidade; em vez disso, ele nota quão mínima e inadequada é uma moral do "não deves". Em última instância, ela é uma negação da vida, uma negação de nossos melhores talentos, de nossas energias, e de nossas ambições. Não é que devamos romper com aqueles imperativos morais comuns contra roubar, matar e mentir. Antes, deveríamos enxergar quão pequeno e quão patético é apenas obedecer tais regras na ausência de quaisquer outras virtudes de caráter ou excelência. Quão presunçoso é que a moral atribua a si mesma uma posição de "trunfo" às custas de qualquer número de outras virtudes "não morais", como o heroísmo, a sagacidade, o charme e a devoção. Será que realmente queremos celebrar o homem "bom", quando poderíamos ter, em vez disso, um grande homem?

O perspectivismo na moral significa que não há nenhuma escala única de valores e nenhuma maneira única de medir as pessoas e suas virtudes, mas isso não significa que não haja comparação entre perspectivas ou que algumas não possam ser vistas como preferíveis a outras. É claro que tal preferência será baseada na (no tipo de) pessoa que a ocupa e, é claro, na pessoa de quem ela é a preferência. Mas quando comparamos a perspectiva autoconfiante do senhor com a perspectiva reativa do escravo, será que realmente queremos dizer que não há nenhuma razão para preferir uma à outra? ("A submissão à moral pode ser escrava, ou vã, ou egoísta, ou resignada, ou obtusamente entusiástica, ou impensada, ou um ato de desespero, assim como a submissão a um príncipe: em si mesma, ela nada tem de moral.").[57]

---

57 Friedrich Nietzsche, *Aurora*, 97.

A genealogia como argumento *ad hominem*: o ressentimento como um diagnóstico da moral

> Enquanto o homem nobre vive em confiança e franqueza consigo mesmo (*gennaios*, "de ascendência nobre", sublinha a nuance de "direto", e provavelmente também "ingênuo"), o homem de ressentimento não é nem direto, nem ingênuo, nem honesto e sincero consigo mesmo. Sua alma é vesga [...].
> [O homem de ressentimento] ama os esconderijos, os caminhos secretos e as portas dos fundos, tudo que é oculto o atrai como seu mundo, sua segurança, seu refresco; ele entende como manter silêncio, como não esquecer, como esperar, como provisoriamente diminuir-se e humilhar-se. Uma raça de tais homens de ressentimento está fadada a tornar-se eventualmente mais esperta que qualquer raça nobre; ela também honrará a esperteza em um grau muito maior. (Nietzsche, *Sobre a genealogia da moral*)[58]

Quero sugerir que a genealogia é uma espécie de argumento *ad hominem* prolongado escrito em grande escala. A genealogia não é mera história, uma busca de origens verbais ou materiais, mas uma espécie de desnudamento, desmascaramento, remoção de pretensões de universalidade e de alegações meramente interesseiras de espiritualidade. Nietzsche apresenta-a como se não fosse nada além de uma descrição, mas sua linguagem mostra que ela é qualquer coisa exceto isso. Walter Kaufmann sente-se compelido a nos lembrar que Nietzsche não está aqui defendendo a moral do senhor e atacando a moral do escravo,[59] mas depois de ele ter terminado de descrever a diferença em termos de "nobreza" e "excelência", por um lado, e "miséria" e "sofrimento", por outro lado, será que ainda há realmente qualquer coisa a ser dita sobre a "preferência de Nietzsche" em relação a uma em detrimento da outra? Essa é uma pergunta *ad hominem*: que tipo de pessoa desejaria ser um escravo e não um senhor?[60]

---

58 *Sobre a genealogia da moral*, I, 10, 11.
59 Kaufmann, *Nietzsche: Philosopher, Psychologist, Antichrist* [*Nietzsche: filósofo, psicólogo, anticristo*], p. 302.
60 Mas *cf.* "Os mensageiros" de Kafka: "Foi-lhes apresentada a escolha de se tornarem reis

Que os cordeiros não gostem das grandes aves de rapina não surpreende: só que isso não dá nenhum motivo para censurar as aves de rapina por raptarem os cordeirinhos. E se os cordeiros dizem entre si: "essas aves de rapina são más; e quem é menos semelhante a uma ave de rapina, mas antes seu oposto, um cordeiro – não seria ele bom?", não há razão para achar defeito nessa instituição de um ideal, exceto talvez que as aves de rapina poderiam vê-la um pouco ironicamente e dizer: "não os detestamos de modo algum, esses bons cordeirinhos; nós até os amamos: não há nada mais gostoso que um tenro cordeiro."[61]

O argumento da *Genealogia*, enunciado brevemente, é que aquilo que chamamos de "moral" não é de fato nada além do desenvolvimento de um conjunto especial de "preconceitos" particularmente pragmáticos de um grupo incomumente oprimido. O duplo apelo à história e à psicologia social visa *explicar* – em vez de *justificar* – os princípios morais e os fenômenos morais. Uma parte dessa explicação é que a moral consiste em princípios universais a fim de impor alguma uniformidade a um mundo social de indivíduos que são qualquer coisa exceto uniformes. Esse é o processo que Nietzsche, em concordância com (mas não seguindo) Kierkegaard, chama de "nivelamento". Quem se beneficia desse procedimento? Obviamente aqueles que estão em situação pior, os fracos, mas também, e talvez igualmente, os medíocres. O sistema atua acima de tudo para reprimir os impulsos e as energias dos superiores, dos fortes, daqueles que antes fariam de si mesmos algo que a "moral" não permite, ou, de qualquer maneira, não reconhece.

Um bom exemplo aqui é a ideia (popular entre estudantes) de que todo estudante deveria obter um "A". À primeira vista, isso pareceria beneficiar a todos, mas sob uma segunda e mais cuidadosa perspectiva isso

---

ou mensageiros de reis. À maneira das crianças, todos quiseram ser mensageiros." (de *Parables and Paradoxes* [*Parábolas e paradoxos*] [Schocken, 1958]; reimpresso em Solomon, *Existentialism* [*Existencialismo*] [Random House, 1974, p. 167]).

61 *Sobre a genealogia da moral*, I, 13. *Cf.* o verso de Bob Dylan sobre o personagem patético que é "deformado pelos alicates da sociedade" e "te leva para aquele buraco em que ele está". ("It's Alright Ma (I'm only bleeding)" ["Tudo certo, Mamãe (estou só sangrando)"], *Bringing it All Back Home* [*Trazendo tudo de volta para casa*], Columbia Records, 1965).

penaliza os melhores estudantes, pois neutraliza o valor de sua nota. Assim, também, se o que nos interessa é a grandeza, o heroísmo e a habilidade, então a moral é como dar um "A" aos meramente obedientes e ignorar ideais mais altos. Dessa perspectiva, a moral aparece não como um conjunto de virtudes, mas como uma injustiça. Novamente, isso não quer dizer que por causa de grandes ideais deve-se quebrar as regras morais ou abusar dos outros. Em vez disso, quer dizer que a maioria das exigências que nos são impostas pela moral são exigências muito mínimas, dificilmente dignas de nossa atenção, e também não, portanto, dignas do custo de violá-las. O uso de imperativos morais para insistir em uma igualdade uniforme e negar todas as virtudes não morais, no entanto, é uma história muito diferente. As virtudes não morais são tão importantes, e em alguns contextos (o amor, a guerra, a arte e os negócios, talvez) elas prontamente eclipsam as virtudes morais como o foco apropriado da atenção. Nesse sentido, pelo menos, Nietzsche defende a moral aristocrática, de "senhores", de Aristóteles, contra a moral universalizável, de escravos, de Kant.

A universalidade, de acordo com Nietzsche, é assim não tanto uma característica lógica dos juízos morais, como argumentaram filósofos desde Kant até R. M. Hare, mas antes uma parte da estratégia dos fracos para negar a significância das virtudes não morais e impor sua própria moral aos outros. Esse, afinal, é exatamente o objetivo da moral escrava: emitir juízos sobre outros em termos de categorias morais que podem não ser as deles. "Não é de estranhar que os afetos submersos que ardem escondidos, a vingança e o ódio, explorem essa crença para seus próprios fins e de fato não sustentem outra crença com maior fervor senão a crença de que o forte é livre para ser fraco, e a ave de rapina livre para ser cordeiro – pois assim obtêm o direito de tornar a ave de rapina *responsável* por ser ave de rapina."[62] Mesmo que a universalizabilidade fosse uma característica lógica (não trivial) da linguagem moral, é claro que se poderia levantar a questão de por que alguém adotaria tal lógica e tal linguagem, e por que tentariam com tanta força defendê-la e *justificá-la*, como fazem Kant e outros. A

---

62 *Sobre a genealogia da moral*, I, 13.

gramática também tem seus propósitos, e o objetivo último da linguagem moral é enfraquecer aqueles que viriam a ser seus superiores. Mesmo que isso não funcione, tem-se a vantagem subjetiva da presunção, sabendo que se é "bom" e "correto", enquanto eles são "maus" e "errados". A gramática do "deve" é política.

A moral dos senhores também emite juízos, mas os juízos aqui são antes de tudo dirigidos a si mesmos, dizendo respeito às suas próprias virtudes. Aristóteles nos fornece uma lista de virtudes (cada uma das quais é acompanhada de dois vícios, um de excesso e outro de falta). Falhar na virtude ou (pior) ter sucesso no vício é de fato digno de censura, mas Aristóteles deixa claro que a preocupação principal de sua ética é a virtude e a excelência, em vez do vício e a perversidade. A moral escrava, de acordo com Nietzsche, é obcecada pela categoria do mal, e suas virtudes, conforme notamos, são em sua maior parte banais. Para Aristóteles, é óbvio que diferentes homens virtuosos podem, não obstante, exibir diferentes virtudes em proporções variáveis.[63] A arma dos fracos, por outro lado, é uma escala única de valores que ignora ou neutraliza as virtudes, exceto a virtude mínima da "obediência" – ou pior, a mera passividade – não fazer nada errado ao não fazer absolutamente nada ("Só o homem macilento é o homem bom.").[64] Enquanto o aristocrata de Aristóteles mostra-se virtuoso ao "ser ele mesmo" e ao fazer bem o que ele faz melhor, o escravo moral de Kant mostra-se como sendo moral e possuindo virtude (apenas no singular) ao não fazer nada que seja proibido pela Lei Moral. Assim, é muito mais comum universalizar um mandamento negativo de abster-se de certas ações do que uma prescrição positiva para fazer algo. A lei proíbe afogar alguém, por exemplo, mas há poucas leis que exigem que um transeunte realmente salve alguém que está se afogando. De fato, na maioria dos Estados, não é contra a lei ficar sentado pescando enquanto se observa alguém afogar-se, "sem levantar um dedo". A distinção filosófica muito debatida entre "matar"

---

63 As concessões "decadentes" de Aristóteles à moral já podem ser notadas em sua defesa muito pouco convincente da "unidade das virtudes", a tese de que um homem bom deve ter e terá todas as virtudes. Essa é uma tese que Nietzsche naturalmente rejeita de modo absoluto.
64 Nietzsche, *Anticristo*, 47.

e "deixar morrer" depende, é claro, exatamente da mesma dicotomia.⁶⁵ Para impor a escala de valores supostamente singular ("absoluta") que a moral exige, é necessário um pressuposto metafísico de que "todo ego é igual a todo outro ego".⁶⁶ Nietzsche, por outro lado, está interessado principalmente em apreciar e defender *diferenças* interessantes.

O objetivo da genealogia é demonstrar a pluralidade de histórias humanas e a diferença essencial entre os valores dos fracos e as virtudes dos fortes. Se Nietzsche erra aqui, eu sugeriria que é na escassez de tipos morais que ele descobre, não em sua pluralidade, e me parece estranho que "a força e a fraqueza", que ele muito frequentemente associa aos "dominantes e dominados", os politicamente beneficiados e os socialmente prejudicados, constitua a diferença definitiva entre eles (*cf.*: "Encontrei força onde não se procura por ela; nas pessoas simples, amenas e agradáveis, sem o menor desejo de governar – e, pelo contrário, o desejo de governar frequentemente me pareceu um sinal de fraqueza interior.").⁶⁷ O poder social não dita a dominação ou a moral de senhores, e a moral escrava não é desconhecida entre aqueles que governam. Nietzsche nos alerta repetidas vezes contra confundir poder político com força, e infortúnio com fraqueza.⁶⁸ Pelo contrário ele frequentemente argumenta que o que constitui a força é a resistência ao infortúnio (*cf.* a famosa declaração de Nietzsche: "O que não me destrói me torna mais forte."). O que caracteriza a moral escrava não é um conjunto de circunstâncias sociais, mas um estado mental patético, um conjunto singularmente "reativo" de emoções. E isso, argumenta ele em sua *Genealogia*, deu origem ao que chamamos de "moral". A moral é o produto de um temperamento particular, de uma emoção insidiosa, e de um conjunto específico de circunstâncias históricas. Mas o argumento crucial, como sempre, não é voltado contra a moral ou contra sua suposta

---

65 Ver, por exemplo, Peter French, *Responsibility Matters* [Questões de responsabilidade, ou *A responsabilidade importa*] (Lawrence: University Press of Kansas, 1992).
66 *Vontade de poder*, 364.
67 *Aurora*, 413, citado em Kaufmann, p. 252.
68 Discuti extensamente as concepções de força e fraqueza de Nietzsche em meu "One Hundred Years of *Ressentiment: Nietzsche's Genealogy of Morals*" ["Cem anos de ressentimento: a *Genealogia da moral* de Nietzsche"], em R. Schacht (ed.), *Nietzsche, Genealogy, Morality*.

justificativa enquanto tal; antes, ele é colocado por meio de uma pergunta quase psicológica: *que tipo de pessoa escolheria viver dessa maneira?*[69]

A mentalidade escrava: *ressentiment* e ressentimento[70]

A revolta dos escravos na moral começa quando o próprio ressentimento torna-se criativo e dá à luz os valores. (Nietzsche, *Sobre a genealogia da moral*)[71]

O foco *ad hominem* da genealogia de Nietzsche sobre a moral escrava é uma emoção singular, a emoção que ele chama de "*ressentiment*".[72] A moral escrava, nos diz ele, é uma reação defensiva contra os valores dos mais poderosos. Na revolta, ela se torna criativa. Ela dá à luz valores, valores contrários, as virtudes senhoriais são viradas de cabeça para baixo para se tornarem vícios, e os infortúnios dos senhores tornam-se então virtudes. Se os senhores prezam a força, então celebre a mansidão. Se eles gostam da riqueza, elogie a pobreza. Se eles tiram vantagem de sua boa fortuna na vida, negue a relevância moral da fortuna e insista na importância da "alma" – cujo valor é bastante independente das fortunas e infortúnios da vida. Em termos contemporâneos, a moral escrava é a rejeição presunçosa de um sucesso que não se pode esperar alcançar, e também uma rejeição dos

---

69 Alexander Nehamas: "A fim de refutar [o perspectivismo de Nietzsche], devemos desenvolver uma visão que [...] não promova um tipo particular de pessoa e um tipo particular de vida – uma visão que se aplique igualmente bem a todos, em todas as épocas e em todos os contextos. A tarefa pode ser possível, mas simplesmente dizer que ela pode ser realizada não é o mesmo que realizá-la. Alternativamente, devemos mostrar, com o mesmo nível de detalhe com que Nietzsche revelou os pressupostos das visões que ele atacou, que seus esforços foram falhos." *Nietzsche: Life as Literature*, p. 68.
70 Porções desta seção foram adaptadas de meu ensaio em Richard Schacht (*op.cit.*).
71 Nietzsche, *Sobre a genealogia da moral*, I, 10.
72 É importante notar que o termo francês é muito mais amplo que o alemão ou o inglês, significando um sentimento profundo como reação a uma ofensa ou desapontamento. Arthur Danto sugeriu que talvez o próprio sentimento seja o sinal crucial da fraqueza, de tomar uma ofensa "pessoalmente" e ficar remoendo-a, em contraste com exercer a prerrogativa aristocrática de maneira natural.

valores que definem aquele sucesso. Em termos emocionais, essa é a reação da emoção que conhecemos como *ressentimento*, uma emoção vitriólica que é sempre voltada para o exterior, e cujo pressuposto é a opressão ou inferioridade de si mesmo. O argumento *ad hominem*, bastante familiar para nós hoje, é que os valores que se apresentam como ideais e objetivos não são de fato nada além de expressões de um amargo ressentimento, e devem ser entendidos como tal.

Como um mestre filólogo, Nietzsche traça a linguagem da moral de senhores e da moral de escravos até os senhores e escravos de tempos antigos. Ele sugere que nossos valores mais caros originaram-se não entre aqueles que foram os melhores e mais brilhantes de sua época, mas entre aqueles que foram os mais oprimidos e empobrecidos. A emoção dominante na evolução da moral, em outras palavras, não foi o orgulho de si mesmo ou de seu povo por parte do indivíduo, mas um preconceito defensivo contra todos aqueles que tiveram sucesso e alcançaram a felicidade que o próprio indivíduo não podia alcançar. Os antigos hebreus, e depois os primeiros cristãos, argumenta Nietzsche, arderam de ressentimento e inventaram uma fabulosa estratégia filosófica contra seus antigos senhores. Em vez de verem a si mesmos como fracassos na competição pela riqueza e pelo poder, eles viraram a mesa ("transvaloraram") seus valores e transformaram seu ressentimento em presunção. A moral é o produto desse ressentimento presunçoso, que não é nem de longe tão preocupado com a vida boa quanto com castigar aqueles que a vivem. Em sua forma extrema – o ascetismo – ela é a negação ativa da vida boa, o último escape de ressentimento como negação presunçosa de si.

No entanto, a moral não é justificada nem minada por suas origens. Os motivos que impulsionam a ação de uma pessoa não necessariamente minam seu valor. Mas Nietzsche não é o único que tenta ligar a correção (ou erroneidade) de uma ação à fonte e às intenções da ação. Ele está em plena concordância com Kant, por exemplo, quando pergunta: será que a ação "em conformidade com" as regras morais é suficiente para ser moral? E a resposta para ambos é claramente "não". A pessoa também tem de ter a motivação apropriada; ela tem de ter as intenções corretas. Como coloca

Kant, a pessoa tem de agir por causa do dever, e apenas do dever, sendo motivada pela razão e não pelas inclinações. Mas até mesmo Kant admite livremente que os motivos reais de nossos comportamentos podem ser desconhecidos para nós. Entre aquelas inclinações pode haver emoções amargas e de interesse próprio, como o ressentimento. Assim, o argumento *ad hominem* de Nietzsche emerge no interior do esquema kantiano: na medida em que o "comportamento moral" é motivado pelo ressentimento, ele é, portanto, abjeto. O argumento (complementar) de Kant é que na medida em que nossa ação é motivada pelo dever, ela tem "valor moral". É claro que Nietzsche não dá nenhuma importância ao "valor moral", e tampouco concordaria sobre o que conta como uma "inclinação". Por que o respeito pela lei moral e o impulso de cumprir um dever não são, para Kant, inclinações? Nietzsche, que rejeitaria a própria distinção entre a razão e as inclinações, argumentaria que o motivo do ressentimento pode ser tão relevante para a avaliação da moral quanto a intenção de cumprir um dever, mas com resultados muito diferentes.

Não é claro para Kant se o ressentimento enfraqueceria ou seria simplesmente irrelevante para o valor moral, assumindo (como o fazem tanto Kant quanto Nietzsche) que a motivação é complexa e que tanto o respeito pelo dever quanto o ressentimento em relação aos outros são motivos possíveis. Nietzsche talvez negasse que exista um senso de dever como motivo em si mesmo; mas ele claramente insistiria que a presença de um tal motivo não poderia eclipsar os sentimentos que o acompanham, mas deveria antes ser explicada em termos deles. Deve-se notar, contudo, que o próprio Nietzsche usa a palavra "dever", não como um ingrediente essencial da moral kantiana, mas como parte de um senso muito mais antigo e nobre do eu, como quando ele sugere que os fortes têm um dever de ajudar os fracos.[73]

O que há de errado com o ressentimento? Por que notar *ad hominem* que alguém está agindo (ou teorizando) por ressentimento enfraquece a autoridade dessa pessoa? O ressentimento não pode ser abjeto meramente porque é uma inclinação ou um sentimento, pois todos os atos, de acordo

---

73 *Anticristo*, 57.

com Nietzsche, são motivados pelas inclinações – nossos desejos, paixões e emoções. De fato, é a ação supostamente motivada unicamente pela razão que ele acha mais suspeita (e ele suspeita, portanto, que o ressentimento possa ser o motivo real). O problema com o ressentimento também não pode ser sua falta de "objetividade", uma vez que Nietzsche nega que qualquer autoridade seja baseada em objetividade. O problema também não é o aparente egoísmo do ressentimento, pois Nietzsche frequentemente observa que todos os atos são essencialmente egoístas; a questão é antes: "o ego de quem?". Pode-se muito bem objetar contra a hipocrisia de uma pessoa que alega não ser egoísta, enquanto defende regras que são claramente vantajosas para ela, mas não ocorre que a fraude enquanto tal seja um vício. De fato, Nietzsche (como Maquiavel) às vezes parece admirá-la bastante, e a pratica em sua obra com alguma consistência. O problema também não pode ser que o ressentimento (como a vingança, à qual ele é intimamente relacionado) seja notoriamente obsessivo e voltado para o interesse próprio. Todas as paixões e virtudes são em algum sentido obsessivas e voltadas para o interesse próprio, de acordo com Nietzsche, e esta (em oposição à "ausência de interesse" da razão) é uma de suas virtudes.

O ressentimento enfraquece as alegações de autoridade, de acordo com Nietzsche, porque ele é essencialmente patético. Ele é uma expressão de fraqueza e impotência. Nietzsche é contra o ressentimento porque ele é uma emoção feia e amarga, que os fortes e poderosos não sentem e não podem sentir. As personalidades fortes que são política ou economicamente oprimidas também podem experienciar os sentimentos mais poderosos de ressentimento, mas nelas essa emoção pode até ser uma virtude. A diferença, diz Nietzsche, é que elas agem em relação a ele. Elas não o deixam arder, cozinhar e "envenenar" a personalidade. Há também um ressentimento mesquinho, e Nietzsche às vezes se opõe ao ressentimento nesses termos. O ressentimento é uma emoção que não promove a excelência pessoal, mas antes se detém na estratégia competitiva e em frustrar os outros. Ele não faz o que uma virtude ou um motivo apropriado deveriam fazer – para Nietzsche, assim como para Aristóteles –, e isso é inspirar a excelência e a autoconfiança tanto em si quanto nos outros.

Um exemplo simples, mas útil, desse aspecto particularmente vicioso e não virtuoso do ressentimento é uma simples corrida a pé. Há duas maneiras de vencer tal corrida. Uma é correr mais rápido que todas as outras pessoas e, ao fazer isso, inspirar aqueles que você vence a realizarem um esforço maior e a também alcançarem maiores velocidades. Não é incomum, quando um corredor quebra um recorde mundial, que aqueles que ficaram atrás também alcancem seus melhores tempos na carreira, e às vezes até quebrem o recorde mundial antigo por si mesmos (uma fração de segundo tarde demais, no entanto, para entrarem eles mesmos no livro dos recordes). A outra maneira é derrubar seus oponentes, talvez lambuzando a pista, e através de sua estratégia enganadora degradar a corrida, diminuir a habilidade, e trocar a virtude por uma vitória fácil. Aqui é claro contra quê Nietzsche objetaria. Se o moralista responde que as regras da moral são formuladas precisamente para impedir a estratégia descrita aqui, a resposta nietzscheana é que as regras universais da moral são elas mesmas uma estratégia desse tipo, uma estratégia para inibir os melhores.

O prolongado argumento *ad hominem* de Nietzsche, sua "genealogia" da moral, não é um simples ataque à moral, e embora sua linguagem mostre isso apenas relutantemente, ele admira o gênio da "transvaloração dos valores" feita pelos escravos tanto quanto condena essa estratégia como o desespero dos fracos. É verdade que há aspectos "negadores da vida" na moral escrava. A universalização da moral ignora – se não inibe – o exercício das virtudes. Mas é demasiado simples dizer, como frequentemente se diz, que Nietzsche quer livrar-se da moral, ou que ele quer livrar-se da moral escrava e substituí-la com uma versão nova, melhorada e atualizada da moral dos senhores. O que Nietzsche quer fazer é livrar-se de concepções kantianas da moral e daquelas características da moral que dependem da universalizabilidade e de nossa igualdade indiferenciada enquanto agentes morais. Ele quer substituir estas com uma ética de virtudes semelhante à de Aristóteles, um compromisso entre a espiritualidade que desenvolvemos ao longo de dois mil anos de cristianismo e a moral de senhores bastante bárbara da Grécia homérica. O papel dos argumentos *ad hominem* – e da genealogia em geral, como um argumento *ad hominem* escrito em grande escala – é demonstrar a perversidade bem como a inferioridade do caráter minimalista do "ponto de vista moral". Isso pode não "refutar" a moral nem o ressentimento, mas expõe uma forma pretensiosa de ressentimento cujo propósito principal é negar ou inibir as virtudes e gozar de uma presunção crítica às custas da ação e do entusiasmo.

Ecce homo: "Nietzsche era louco, não era?"

Mas penso que o argumento final contra a filosofia [de Nietzsche], assim como contra qualquer ética desagradável mas internamente autoconsistente, não se encontra em um apelo aos fatos, mas em um apelo às emoções. (Bertrand Russell, *Uma história da filosofia ocidental* ["Nietzsche"])[74]
[...] todos os meus escritos são anzóis: talvez eu saiba pescar tão bem quanto qualquer um? – Se nada foi pego, não é culpa minha. *Não havia peixes.* (Nietzsche, *Ecce homo* [comentando sobre *Para além do bem e do mal*])[75]

A grande ironia, é claro, é que mais do que qualquer outro filósofo, o próprio Nietzsche foi longa e frequentemente desconsiderado com base justamente em argumentos *ad hominem*. "Nietzsche era louco. Portanto...", e ele é removido da discussão. É claro que uma resposta bastante apropriada a sua própria vitimização por argumentos *ad hominem* é que "ele pediu", e de fato ele frequentemente o fez. Mas a acusação hoje não tem a força que teve um dia. Alexander Nehamas, por exemplo, reconstruiu Nietzsche de tal maneira que o "*ad hominem*" é deslocado do escritor doentio e solitário Friedrich Nietzsche para o autor autocriado, "Nietzsche".[76] Essa criação literária, "Nietzsche", emerge, de modo não surpreendente, como algo que é seu próprio ideal, e o argumento *ad hominem* se vê estranhamente sem um alvo. Uma resposta muito diferente a Nietzsche, e não necessariamente

---

74 Bertrand Russell, *A History of Western Philosophy* [*Uma história da filosofia ocidental*], "Nietzsche" (Nova Iorque: Simon and Schuster, 1945).
75 Nietzsche, *Ecce homo*, "Para além do bem e do mal", 1.
76 Alexander Nehamas, *Nietzsche: Life as Literature*, p. 68.

vantajosa para Nietzsche, emergiu a partir da estranhamente persistente obsessão francesa com as virtudes da loucura, que levou alguns neonietzscheanos parisienses *au courant* [atualizados] (por exemplo, Georges Bataille, e o apenas um pouco mais são Gilles Deleuze) a sugerir que Nietzsche foi um grande filósofo *porque* ele era louco.

É desnecessário dizer que nem o argumento rejeitador nem o glorificador são muito persuasivos, embora haja muito a mais a ser dito sobre a reconstrução de Nehamas. De fato, ele pode estar exatamente correto sobre as intenções do próprio Nietzsche. Ainda assim, a virtude de um argumento *ad hominem* é que ele exibe não apenas as intenções manifestas de um autor, mas os segredos mais profundos, usualmente não publicados, que explicam aquelas intenções. No caso de Nietzsche, o segredo não muito bem guardado é que ele foi um ser humano absolutamente miserável, por certo bastante "agradável", mas dificilmente um herói, e muito menos um ideal.[77] Mas se em sua "vida real" Nietzsche era (citando Nehamas) "um homenzinho miserável" com uma mente astuciosa e ocasionais rajadas silenciosas de êxtase, em seus escritos ele exibe todos os sintomas clínicos da psicose, até mesmo em suas primeiras obras. Nietzsche frequentemente explode em loucas hipérboles e exageros, e exibe uma frequente megalomania e lapsos do senso comum. Mas, novamente, nada disso é raro em filósofos de poltrona que têm as credenciais clínicas mais impecáveis.

O pior de tudo, talvez, é que Nietzsche exibe um incrível entusiasmo (todos aqueles pontos de exclamação!), e só isso seria suficiente na maioria dos contextos acadêmicos para atrair comentários punitivos na sala dos professores. Mas o entusiasmo dificilmente é a falha fatal no caráter intelectual que permitiria que um argumento *ad hominem* tivesse sucesso em fazer com que um filósofo fosse expulso da tradição intelectual ocidental. Fora da filosofia, pronunciamentos no sentido de que "não existe verdade" e declarações tais como "vamos remover do mundo o conceito de pecado" poderiam de fato ser certificavelmente insanas. Mas na filosofia todas elas fazem parte das conversas diárias.

---

77 A descrição de Lou aqui: "silencioso, pensativo, refinado e solitário" (em Solomon [ed.], *Nietzsche* [Nova Iorque: Doubleday, 1973]).

Nietzsche foi, além de qualquer disputa, um sujeito esquisito e bastante patético, mas para meus propósitos aqui, quero simplesmente ignorar esses argumentos *ad hominem* bastante desajeitados e clinicamente não comprovados, tão frequentemente dirigidos contra Nietzsche e sua obra. Não encontro nenhuma evidência de que ele estava louco quando escreveu a maioria de seus livros. Mesmo que seja verdade, como argumentou C. G. Jung em seus seminários, que as fissuras geológicas da eventual loucura de Nietzsche já estavam presentes como neuroses ao longo de sua carreira, não penso que a vida de Nietzsche tenha de interferir em uma apreciação apropriada de suas compreensões.[78] A pergunta é: podemos fazer essa faca cortar em um sentido mas não no outro? Como podemos mesmo começar a legitimar o uso de argumentos *ad hominem* por parte de Nietzsche contra outros, sem descobrir que já o rejeitamos como algum tipo de maluco que não deve ser levado a sério? Nas palavras imortais do "Pequeno César" de Edward G. Robinson, "ele pode dar, mas será que pode receber?".

Se o leitor percebe uma certa inconsistência aqui, ela não é uma pela qual pretendo pedir desculpas. Antes, ela reflete uma ambivalência em relação a meu objeto, a qual compartilho com Nietzsche e seu próprio uso de argumentos *ad hominem*. Um argumento *ad hominem* avalia uma tese e seus argumentos à luz da pessoa, mas olhar dessa maneira para a pessoa não significa ignorar a tese e os argumentos, mas somente que nos recusamos a olhar apenas para a tese e os argumentos. Além disso, diagnosticar um motivo não é necessariamente questionar o gênio através do qual ele se expressa. Encontrar paixão no filósofo não é, portanto, o mesmo que rejeitar a filosofia. Argumentos *ad hominem* não têm de ser rejeições. Quanto mais olhamos para o pensador, em vez de apenas para os pensamentos, mais coisas podemos encontrar para admirar, mesmo através de suas fraquezas e fragilidades. Em seus vários ataques contra Sócrates, para considerarmos o exemplo mais dramático, a absoluta admiração e mesmo inveja de Nietzsche pelo gênio irônico desse antigo herói ateniense e sua habilidade de transformar sua personalidade bastante irritante em uma arma poderosa

---

78 Os seminários de Jung sobre Zaratustra: Jung, Carl G., *Nietzsche's "Zarathustra"* [*O "Zaratustra" de Nietzsche*], ed. James L. Jarrett (Princeton: Princeton University Press, 1988).

emergem de modo muito claro, dando ensejo a intermináveis e em última instância inúteis disputas sobre se Nietzsche afinal "gostava" ou "não gostava" de Sócrates. Nietzsche "enxergou através" de Sócrates, mas ao fazê-lo ele tornou as realizações de seu grande antecessor ainda mais notáveis.

De modo mais próximo do tema deste ensaio, a bem-conhecida crítica da moral feita por Nietzsche em termos do motivo subjacente do ressentimento é de fato muito mais ambivalente e multifacetada do que usualmente se pensa.[79] Longe de simplesmente rejeitar a "moral escrava", Nietzsche encontra muito a admirar tanto em suas origens quanto em suas possibilidades. É verdade que tanto seus ataques contra Sócrates quanto seus ataques contra boa parte da moral e contra muitos dos moralistas religiosos são frequentemente cruéis, *ad hominem* no pior sentido, e inflexíveis, não exibindo nenhum sinal de ambivalência (por exemplo, "Sócrates era feio"[80] e "a morbidez intestinal e a neurastenia que afetaram os sacerdotes de todas as épocas"[81]). Mas Nietzsche não era facilmente dado ao elogio. Tampouco era o tipo de filósofo que se sentia confortável com explicações do tipo "por um lado [...] por outro lado" sobre suas próprias opiniões e preconceitos, não importando quão frequentemente ele nos incite a adotar ora essa perspectiva, ora aquela outra. Não é de surpreender, portanto, que sua escrita esteja cheia dos argumentos *ad hominem* mais difamatórios. Todavia, uma leitura mais cuidadosa exige que ultrapassemos esse aspecto de seu "estilo" para vermos algumas das ambiguidades mais importantes da filosofia de Nietzsche emergirem por meio do contexto e do contraste. Um argumento *ad hominem* pode trazer à tona virtudes bem como vícios, e um retrato mais completo de um filósofo deveria nos fazer pensar mais acerca dele, não menos.

Foi Nietzsche que insistiu que um filósofo, antes de tudo, deveria ser um *exemplo*. É uma boa questão, portanto, perguntar quão bem o próprio Nietzsche se sairia, não apenas sua *persona* literária ou sua imagem histórica bastante distorcida. Há uma grande diferença entre o gênio

---

79 Ver meu "One Hundred Years of Ressentiment: Nietzsche's *Genealogy of Morals*".
80 *Crepúsculo, op. cit.*
81 *Genealogia*, I, 6.

irônico retratado (na primeira pessoa) em *Ecce homo* e o Nietzsche cuja companheira ocasional Lou Salomé descreveu como "silencioso, pensativo, refinado e solitário". De um lado há todos aqueles volumes celebrando virtudes guerreiras homéricas e o amor pela vida, e do outro lado há o pobre Nietzsche, deitado sozinho e insone, pensando no suicídio como uma maneira de atravessar a noite difícil. Há todas aquelas páginas desmascarando o ressentimento em algumas das maiores mentes do pensamento ocidental, mas elas são autoevidentemente animadas pelo mesmo inegável ressentimento e inveja em seu autor não amado e não apreciado. De fato, mesmo um defensor tão entusiástico de Nietzsche quanto Alexander Nehamas sente-se compelido a contrastar os escritos do autor com o "homenzinho miserável" que os escreveu. Por certo, Nietzsche dificilmente exibiu em si mesmo as virtudes que ele nos faz vislumbrar. Será que sua obra sofre por causa disso, para nós?

Não é totalmente implausível sugerir que as obras de Nietzsche não foram nem substituições nem projeções dele mesmo, mas antes uma espécie de fúria contra sua solidão e sofrimento – e contra aqueles que buscaram ocultar ou negar seu próprio sofrimento. Assim, a relação entre o autor e seus textos não é, a despeito da *persona*, uma relação de autoexpressão, mas sim de antagonismo e dialética. Será que Nietzsche, longe de declarar-se um dos "poucos" que eram a esperança do futuro, fosse antes mais como Jean-Jacques Rousseau, bastante explícito sobre sua própria infelicidade, falando abertamente sobre sua perversidade, preocupado em imaginar e promover um mundo no qual não houvesse mais pessoas como ele próprio? Sendo bastante o contrário da autoglorificação, as obras de Rousseau (exceto suas *Confissões*, é claro) argumentam em favor de um mundo cheio de pessoas *diferentes* dele mesmo, não tão infelizes, não tão corrompidas. É verdade que Nietzsche às vezes se dirige aos "filósofos do futuro", os quais, ele espera, o lerão. Mas será que segue-se daí que ele vê a si mesmo como um deles, um precursor extemporâneo deles? Penso que não. O pungente argumento de Nietzsche é contra si próprio e contra o mundo moralista pequeno-burguês que o produziu. O *amor fati* [amor pelo destino], segundo essa interpretação, é a autoironia última de Nietzsche; se ele ao menos *pudesse* aceitar sua vida tal como ela é, não desejar outra, ou uma nova era, ou uma nova raça de filósofos, ou um *Übermensch* [ser sobre-humano] ("Minha fórmula para a grandeza em um ser humano é o *amor fati*: que não se queira que nada seja diferente, nem para adiante, nem para trás, nem em toda eternidade. Não apenas suportar o que é necessário, menos ainda ocultá-lo [...] mas *amá-lo*.").[82] A filosofia como pensamento fantasioso.

Acredito que Nietzsche quis viver dessa maneira. Sua vida patética foi o teste para aquele "amor pelo destino". Ele falhou no teste. Mas novamente, Nietzsche frequentemente nos disse quão importante era transformar nossas fraquezas em virtudes e vantagens. Os gregos transformaram seu sofrimento em beleza, nos diz Nietzsche, e Napoleão compensou sua gagueira tornando-a ainda pior. Nietzsche usou seu ressentimento. Ele fez do ressentimento seu estilo – com seu ataque de tarântula e sua rápida retirada, a feroz diatribe na segurança de sua toca privada – e seu alvo, com óbvia ironia, era o ressentimento de outras pessoas. É através dessa perversa imagem holística do filósofo fracassado e de sua heroica filosofia que podemos melhor apreciar Nietzsche. E é na imagem semelhantemente holística da insegurança e do ressentimento humanos e dos mandamentos absolutos que as pessoas impõem a si mesmas que podemos melhor apreciar o fenômeno bastante notável que chamamos de "moral".

Conclusão – Confissões e memórias: um apelo ao pessoal na filosofia

> Gradualmente tornou-se claro para mim o que foi toda grande filosofia até agora: a saber, a confissão pessoal de seu autor e uma espécie de memória involuntária e inconsciente. (Nietzsche, *Para além do bem e do mal*)[83]

A filosofia de Nietzsche é "a confissão pessoal de seu autor", quer ela seja ou não "involuntária" ou "inconsciente". Seria uma crassa inconsistência

---

82 Nietzsche, *Ecce homo*, II, 10 (WK 258).
83 Nietzsche, *Para além do bem e do mal*, I, 6.

para ele afirmar o contrário (embora ele pudesse, suponho, capitalizar sobre o "até agora" em seu comentário e afirmar-se como a primeira exceção). A filosofia de Nietzsche não é meramente uma confissão, é claro (nenhuma grande filosofia poderia ser). Ela é, contudo, irredutivelmente *pessoal*. Em todo caso, argumenta Nietzsche, a filosofia expressa a perspectiva do filósofo e define (às vezes de maneira enganosa, às vezes de maneira fraudulenta) seu envolvimento com o mundo e suas relações com outras pessoas. Assim, uma crítica da filosofia implica uma crítica do filósofo, e vice-versa. Mas ler a filosofia como uma "memória", ler a filosofia do próprio Nietzsche como uma "expressão", se não uma "confissão", não é uma razão para ignorar a filosofia, e tampouco significa que a correção e a capacidade de persuadir de um argumento não sejam também rigorosas.

Um argumento *ad hominem*, entendido de maneira apropriada, avalia não apenas a profundidade de uma ideia e o efeito de um argumento, mas também sua fonte e seu autor.[84] Ele envolve, portanto, uma rica concepção do eu, em contraste com o eu mínimo, macilento e meramente "transcendental" – "desonerado" de emoções, desejos, personalidade, ou caráter – pressuposto por tantos filósofos, desde Descartes e Kant até John Rawls. Nietzsche supõe um eu substancial que não pode ser distinguido de seus atributos, atitudes e ideias, e ele sustenta uma concepção igualmente tangível de ideias e argumentos, não como proposições abstratas, mas como partes concretas da(s) personalidade(s) que as promulgam. Assim, a voz em primeira pessoa não é, para ele, um mero dispositivo de apresentação, uma âncora retórica (como nas *Meditações* de Descartes) para uma corrente de pensamentos que poderia (e visava ser) reproduzida por qualquer pessoa. A contínua ênfase de Nietzsche sobre sua própria singularidade – uma de suas obsessões estilísticas mais irritantes – é importante não por sua megalomania,

---

84 Acho fascinante que Nietzsche frequentemente receba o crédito de ser um dos principais colaboradores do movimento da "morte do autor", promovido por autores tão bem-conhecidos e bem-sucedidos quanto o falecido Michel Foucault e Roland Barthes. Esse é um dos principais temas da obra recente de Nehamas, e, de fato, Nietzsche brincou consideravelmente com identidades narrativas e "máscaras". Mas, quando tudo está dito e feito, não posso pensar em outro filósofo que tenha sido mais conscientemente um autor que pudesse ser identificado com um escritor muito real de carne e osso.

mas por sua mensagem mais modesta de que há sempre uma pessoa particular por trás dessas palavras, desses livros, dessas ideias.

A filosofia, de acordo com Nietzsche, é antes de tudo um envolvimento pessoal, não argumentos e suas refutações. Os conceitos da filosofia não têm uma vida própria, seja em algum céu platônico ou nos quadros-negros da sala de filosofia. Eles são desde o início construídos e cultivados culturalmente, e na medida em que têm qualquer significado, esse significado é antes de tudo pessoal. Isso não significa que eles sejam privados, e muito menos pessoalmente criados, mas que eles são pessoalmente sentidos, impregnados e constitutivos do caráter da pessoa em questão. Isso basta em relação à suposta "falácia" *ad hominem*. A falácia, pelo contrário, é supor que uma filosofia ou seus argumentos possam ser separados de seus ancoradouros na alma do indivíduo e em sua cultura, e tratados, como se diz, sob o aspecto da eternidade. Isso é precisamente o que Nietzsche se recusa a fazer.

7 Nietzsche, modernidade, esteticismo

Alexander Nehamas

Uma longa linha de filósofos, de Platão a Tomás de Aquino, de Descartes a Kant, de Hegel a Heidegger, compuseram suas obras ao menos parcialmente a partir de uma preocupação com os eventos sociais e culturais mais amplos de sua época. Ainda assim, por várias razões, é Nietzsche que é mais frequentemente lido como abordando diretamente as questões e problemas criados por seu período histórico. Em particular, nós regularmente nos concentramos em suas visões sobre aquilo que é tendenciosamente citado como "o problema" da modernidade. Alguns o veem meramente como um diagnosticador daquele problema; outros encontram em sua obra uma solução para ele; ainda outros consideram Nietzsche como uma das partes mais notáveis e pungentes do problema. Pode ser, portanto, apropriado abordar Nietzsche por meio de um exame de sua atitude em relação à modernidade e seu "problema", na esperança de que possamos, assim, chegar a uma compreensão de algumas de suas ideias filosóficas gerais.

Considere, então, o seguinte enunciado de Allan Bloom, que descreve Nietzsche como ao mesmo tempo um diagnosticador e um criador de vários males da vida contemporânea. "Antes de Nietzsche", escreve Bloom, "todos aqueles que ensinaram que o homem é um ser histórico apresentaram a história dele como sendo progressiva, de um modo ou de outro. Depois de Nietzsche, uma fórmula característica para descrever nossa história é 'o declínio do Ocidente'".[1] Quero chamar atenção, nessa passagem, particularmente para a ênfase de Bloom sobre as noções de progresso e declínio. Minha razão é que é um lugar-comum dizer que

---

1 Bloom (1987), p. 196.

a modernidade é essencialmente caracterizada por uma crença em uma superação da tradição, como resultado do progresso radical em práticas científicas, tecnológicas, econômicas, sociais, e talvez até mesmo morais. Mas esse lugar-comum não aparece sozinho.

Pelo contrário, é tentador contrastar essa compreensão social, progressiva e otimista da modernidade com outra, muito menos positiva, embora seja uma atitude que é igualmente um lugar-comum em relação a ela, perfeitamente encapsulada pela estética e pela filosofia geral do modernismo. No modernismo, encontramos ao mesmo tempo o amor pela inovação e a rejeição da autoridade da tradição, mas também, e ao mesmo tempo, um questionamento do valor do progresso, uma crítica à racionalidade, uma sensação de que a civilização pré-moderna envolvia uma integridade e uma unidade que agora foram irreparavelmente fragmentadas.[2] Essa dupla atitude é agudamente descrita por Stanley Cavell, que escreve que o modernismo representa um momento

> no qual a história e suas convenções não podem mais ser consideradas garantidas; a época em que a música, a pintura e a poesia (assim como as nações) têm de definir-se contra seus passados; o início do momento em que cada uma das artes torna-se seu próprio objeto, como se sua tarefa artística imediata fosse estabelecer sua própria existência. A nova dificuldade que vem à luz na situação modernista é a de manter a crença no próprio empreendimento, pois o passado e o presente tornam-se problemáticos em conjunto. Creio que a filosofia compartilha a dificuldade modernista, hoje evidente em toda parte nas artes modernistas, a dificuldade de fazer o esforço presente tornar-se uma parte da história presente do empreendimento ao qual um indivíduo tenha dedicado sua mente, tal como é.[3]

---

2 Essa distinção permeia o estudo erudito e envolvente sobre a modernidade em Calinescu (1987). Todavia, é pertinente notar que pessoas de todas as eras, mesmo aquelas que foram posteriormente tidas como paradigmas de grandeza, tenderam a perceber suas épocas como períodos de confusão e fragmentação: "*Mihi degere vitam / Impositum varia rerum turbante procella*" [Meu destino é viver em meio a tempestades variadas e perturbadoras], escreveu, por exemplo, Petrarco em seu *Africa* (IX, 451-452).
3 Cavell (1969), p. xxii.

Tal problema estético e filosófico – a sensação de que ainda são necessários fundamentos seguros, mas que esses não podem mais ser encontrados – não é de modo algum contrário ao otimismo social e político da modernidade. A referência do próprio Cavell às "nações" sugere essa interconexão, e Jürgen Habermas escreveu extensamente sobre eles como dois aspectos de um único movimento. Tendo abandonado uma confiança acrítica na tradição, particularmente na religião, a fim de encontrar bases que legitimem suas várias práticas, a modernidade, afirma Habermas, "não pode tomar, e não mais tomará de empréstimo os critérios pelos quais ela assume sua orientação a partir do modelo suprido por uma outra época; *ela tem de criar sua normatividade a partir de si mesma*. [...] O problema de fundar a modernidade a partir dela mesma vem pela primeira vez à consciência na esfera da crítica estética."[4] Portanto, aquilo que Cavell descreve principalmente como um problema da arte modernista é apenas uma expressão e um emblema de um problema mais geral. Esse é o problema de encontrar razões ou critérios para estabelecer a identidade, os valores e a legitimidade do empreendimento como válidos sem apelo a qualquer coisa que seja localizada fora daquela identidade, daqueles valores, ou daquele empreendimento. Mas será que qualquer coisa que façamos pode ter algum valor se todos os padrões exteriores ou objetivos de valor – tradicionais, religiosos ou racionais – se tornaram suspeitos?

Fazer essa pergunta nos conduz diretamente ao centro das preocupações filosóficas de Nietzsche, pois essa é uma das questões mais imediatamente levantadas por sua declaração de que "Deus está morto" e por seu aparente desespero acerca das consequências devastadoras daquela ideia (ver *A gaia ciência*, seção 125). Como escreve, novamente, Bloom: "O anseio de acreditar, juntamente com uma intransigente recusa de satisfazer esse anseio, é, de acordo com ele, a resposta profunda a toda nossa situação espiritual."[5]

---

4 Habermas (1987), p. 7, 8.
5 Bloom (1987), p. 196.

A fé no progresso, no irresistível valor do novo, do experimental, do inovador e do moderno, não conduz por si mesma ao impasse acerca de cuja existência Habermas e Bloom, apesar de suas muitas diferenças, concordam. Pois ainda que o passado não seja mais considerado uma fonte de padrões de valor, pode-se muito bem acreditar que o futuro pode desempenhar esse papel. Essa fé, que é igualmente um lugar-comum associado à modernidade, deriva da ideia de que o progressismo modernista é a secularização da doutrina cristã do milênio. Ainda se supõe que a história chegará ao fim, mas não pela Segunda Vinda de Cristo; supõe-se agora que ela tende para objetivos mais "mundanos", como a sociedade perfeitamente justa, a chegada do Espírito ao estado de Conhecimento Absoluto, ou a total eliminação do sofrimento humano.

Contudo, a fé na existência de tais objetivos abrangentes é difícil de sustentar à luz das evidências da história. E conforme essa fé começa a ruir, o impasse que estivemos discutindo começa a surgir: os padrões de valor são eliminados um após o outro; a ideia mesma do progresso é minada a partir de seu interior. Como escreveu Gianni Vattimo:

> A modernidade é aquela era em que ser moderno torna-se um valor, ou antes, torna-se o valor fundamental ao qual todos os outros valores se referem. [...] Essa fórmula [...] coincide com a outra, e mais amplamente disseminada, definição da modernidade em termos da secularização [...] como fé no progresso. [...] Mas a fé no progresso, entendida como uma espécie de fé no processo histórico que é ainda mais destituída de elementos providenciais e meta-históricos, é pura e simplesmente identificada com a fé no valor do novo.[6]

Sem a noção de uma origem primeira ou de uma destruição final, a ideia do progresso fica sem conteúdo. O novo não pode ser melhor por levar para mais longe de um mau começo ou para mais perto de um bom final: ele pode, no máximo, ser melhor por ser novo.

---

6 Vattimo (1989), p. 99-100.

Esse é o problema. Uma vez que o valor da tradição tenha sido posto em questão, não podemos apelar para o fato de que, digamos, uma prática pertence a uma tradição como sendo uma razão para dar valor a ela. Pelo contrário, o tradicional torna-se agora algo a ser evitado. Por outro lado, a ausência de um objetivo final ao qual a prática possa ser vista como conduzindo parece privar-nos do único outro fundamento racional para a valoração. Nem um apelo à origem nem um apelo ao final podem fornecer a legitimação que muitos de nós podemos sentir que necessitamos para nossas preferências e ações. A ausência de origens e objetivos priva toda mudança de qualquer direção, e sem direção a avaliação da mudança torna-se no mínimo problemática, se não impossível.

A ideia de que aquela direção está faltando nos leva novamente de volta a Nietzsche, cujo louco, em sua proclamação da morte de Deus, lamenta:

> Quem nos deu a esponja para apagar o horizonte inteiro? Que estávamos fazendo quando desprendemos a terra da corrente que a ligava ao sol? Para onde ela vai agora? Para longe de todos os sóis? Não estamos caindo incessantemente? Para trás, para o lado, para frente, em todas as direções? Há ainda algum acima ou abaixo? Não estamos errando como num nada infinito? (GC, 125)

Os problemas da erosão da autoridade da tradição e da fundamentação do valor, que Nietzsche levanta aqui em termos metafóricos, ocuparam-no sob diferentes disfarces e a partir de vários pontos de vista ao longo de sua vida.

Encontramos esses problemas levantados em termos literais nas três passagens que se seguem. Cada passagem descreve um problema que é mais forte do que a dificuldade que o precede, e que depende dela. O primeiro diz respeito simplesmente à baixa estima em que a tradição é tida na modernidade:

> O que hoje é mais profundamente atacado são o instinto e a vontade da tradição; todas as instituições que devem sua origem a esse instinto violam o gosto do espírito moderno. – No fundo, ninguém

pensa ou faz nada sem o propósito de erradicar esse sentido da tradição. Considera-se a tradição uma fatalidade; estuda-se, reconhece-se a tradição (como "hereditária"), mas não se a quer. A tensão da vontade cobrindo longas distâncias temporais, a seleção dos estados e valorações que permitem a alguém dispor de séculos futuros – precisamente isto é antimoderno no mais alto grau. Isso mostra que são os princípios desorganizadores que dão à nossa época seu caráter. (*A vontade de poder*, 65)

Nietzsche não se detém nessa observação. Em acréscimo, em uma nota que soa como um sumário de um dos pontos mais centrais de seu ensaio anterior *Sobre os usos e desvantagens da história para a vida*,[7] ele escreve que a suspeita em relação à tradição e ao passado são contínuas com a resignação acerca do novo e do futuro:

> A desconfiança em relação a nossas valorações anteriores cresce até tornar-se a pergunta: "Será que todos os valores não são engodos que prolongam a comédia, sem aproximá-la de uma solução?". A duração "em vão", sem fim e sem objetivo, é a ideia mais paralisante, especialmente quando se compreende que se está sendo iludido e, ainda assim, não se tem o poder de não ser iludido. (VP, 55)

Se a história não está mais disponível como uma fonte de valores, poder-se-ia pensar que a razão poderia desempenhar esse papel. Talvez pudesse ser demonstrado que nossos valores são baseados em princípios racionais que transcendem as contingências históricas. Mas a possibilidade de tal demonstração, escreve Nietzsche, está fechada de antemão. Um exame racional da razão não pode ser realizado porque "o intelecto não pode criticar a si mesmo, simplesmente porque ele não pode ser comparado com outras espécies de intelectos, e porque sua capacidade de conhecer seria revelada apenas na presença da 'verdadeira realidade', isto é, porque a fim de criticar

---

[7] O ensaio é a segunda das *Considerações extemporâneas* de Nietzsche. Discuti esse ponto particular e seu desenvolvimento posterior em *A genealogia da moral* em Nehamas (1994).

o intelecto teríamos de ser um ser superior dotado de 'conhecimento absoluto'" (VP, 473).[8]

Tomadas em conjunto, essas três passagens produzem a seguinte imagem. A razão revelou a inadequação da tradição: as origens supostamente divinas – ou dotadas de autoridade de alguma outra maneira – de várias instituições não são suficientes para justificá-las. A ideia de que tal justificativa poderia ser fornecida pela existência de um caminho inexoravelmente progressivo rumo à perfeição final é igualmente inaceitável: nem um começo único nem um fim unitário podem dar sentido aos eventos que nos rodeiam. Mas ao revelar a inadequação da história, a razão também perdeu por si mesma a habilidade de fornecer os meios para a avaliação de nossas instituições, porque qualquer avaliação desse tipo é fadada a ser circular. A razão só pode fornecer uma avaliação racional de tais instituições se puder ser racionalmente demonstrado que ela tem a habilidade de fazê-lo; mas tal demonstração terá de ser inevitavelmente baseada nos mesmos princípios que precisam ser justificados.

O que Nietzsche chama de "niilismo", a condição que ele frequentemente identificou como a característica central da modernidade, é produzida por uma tríplice compreensão. Primeiro, tendo buscado "um 'sentido' em todos os acontecimentos", tendo vindo a crer "que um algo deve ser *alcançado* por meio do processo", viemos a perder a fé na existência de tal sentido e a perceber "que o devir não visa *nada* e não alcança *nada*". Segundo, tendo "postulado uma totalidade, uma sistematização, de fato, qualquer organização em todos os acontecimentos", viemos a compreender que os vários aspectos do mundo e da história não formam um padrão coerente por si mesmos, vemos que "não existe tal universal!". Finalmente, tendo postulado um mundo estável do ser, por meio de um apelo a princípios duradouros a partir dos quais pudéssemos racionalmente criticar e avaliar o mundo do devir, viemos a descobrir que o primeiro "é fabricado unicamente a partir de necessidades psicológicas, e que não se tem absolutamente nenhum direito a ele". Em suma, conclui Nietzsche,

---

8 Esse problema, é claro, é precisamente o que a teoria da "ação comunicativa" de Habermas visa resolver. Sugerirei mais adiante por que tal solução me parece desnecessária.

"as categorias 'meta', 'unidade', 'ser', que usamos para projetar algum valor sobre o mundo – nós as *extirpamos* de novo; de modo que o mundo aparece como *desprovido de valor*" (VP, 12).

Esse parece ser (e foi considerado como) um dos mais penetrantes diagnósticos do problema da modernidade. Mas Nietzsche parece adicionalmente oferecer uma crítica aguda, apaixonada e cruel das instituições modernas, particularmente da ciência e da moral (as quais ele frequentemente associa uma à outra).[9] Ele parece saber o que é a modernidade, e desprezá-la. Ele quer deixá-la para trás, ou (como "para trás" nem sempre é a metáfora espacial adequada) colocar-se totalmente em outro lugar. "Sigo por novos caminhos, uma nova língua vem a mim; canso-me, como todos os criadores, das velhas línguas. Meu espírito não quer mais caminhar sobre solas gastas." (*Assim falou Zaratustra*, II.1).

Essa visão da atitude de Nietzsche em relação à modernidade, que não é totalmente implausível, subscreveu uma abordagem influente em relação a seu pensamento como um todo. Essa é uma abordagem que foi persuasivamente expressada por Habermas, que interpreta o que ele considera ser a inflexível rejeição da modernidade por parte de Nietzsche como sendo também uma rejeição radical da racionalidade. Nietzsche, escreve Habermas, confronta a razão com seu "absoluto outro",[10] e

> entroniza o gosto, "o Sim e o Não do palato", como órgão de um conhecimento para além do verdadeiro e do falso, para além do bem e do mal. Mas ele não pode legitimar os critérios de juízo estético aos quais se apega, pois ele transpõe a experiência estética para o arcaico, pois não reconhece a faculdade crítica de apreciação de valores, que foi aguçada pela lida com a arte moderna, como um momento da razão – um momento que é ainda, pelo menos enquanto procedimento, ligado à objetivação do conhecimento e da compreensão moral no processo de fornecer fundamentos argumentativos. O domínio estético [...] é hipostasiado, pelo contrário, como o outro da razão. (p. 96)

---

9 Essa conexão é feita explicitamente no Livro Quinto de *A gaia ciência* e na Terceira Dissertação de *A genealogia da moral* (GM).

10 Habermas (1987), p. 94. Referências adicionais a essa obra aparecem entre parênteses no texto principal.

Essa interpretação irracionalista de Nietzsche[11] envolve dois pressupostos adicionais, ambos controversos: primeiro, que Nietzsche considera o juízo estético como irracional, e segundo, que ele reduz todos os juízos a juízos estéticos. Essa é uma questão à qual retornaremos. Por enquanto, devemos notar que Habermas acredita que Nietzsche também estimula um retorno à criação consciente de mitos, na qual Habermas supõe que Nietzsche encontra a única esperança para nossa cultura decadente e em declínio:

> A cultura *autêntica* tem estado em declínio já há um longo tempo; a maldição da distância de suas origens paira sobre o presente; e assim Nietzsche concebe, em termos antiutópicos, o prenúncio de uma cultura que ainda está em seus primórdios – como um retorno e um recomeço. [...] O que é *mais antigo* é *anterior* na cadeia geracional, e mais próximo da origem. O *mais primordial* é considerado mais honorável, preferível, menos deteriorado, mais puro: é considerado melhor. (p. 126)

Pessoalmente, estou convencido de que essa interpretação acerca de Nietzsche não pode ser reconciliada nem mesmo com as visões expressas em *O nascimento da tragédia*, a mais "nostálgica" de suas obras. Apesar de seu chamado para um retorno aos valores "trágicos" da Grécia, esse livro

---

11 Outro proponente de uma tal interpretação irracionalista é Alasdair MacIntyre (1988). Alguém que adere ao perspectivismo de Nietzsche, conforme MacIntyre interpreta este último, "não deve se envolver em um argumento dialético com Sócrates, pois nessa direção estaria aquilo que, de nosso ponto de vista, seria um envolvimento em uma tradição de investigação racional, e, do ponto de vista de Nietzsche, uma sujeição à tirania da razão. Não se deve argumentar com Sócrates; deve-se zombar dele por sua feiura e más maneiras. [...] O uso do aforismo é em si mesmo instrutivo. Um aforismo não é um argumento" (p. 368). Para apoiar essa última afirmação, MacIntyre apela para a caracterização de Gilles Deleuze (1983) do aforismo como "um jogo de forças". Mas mesmo que essa caracterização insatisfatória do aforismo seja aceita, resta o fato de que os aforismos são apenas uma parte muito pequena do arsenal dialético de Nietzsche (um arsenal que, se pretendermos ser mais justos com MacIntyre do que ele é com Nietzsche, deve ser reconhecido como incluindo a zombaria – mas também o elogio – em relação a Sócrates); ver Nehamas (1985), cap. I. Nietzsche de fato argumenta frequentemente, embora ele considere como elementos do argumento práticas que o "Sócrates" de MacIntyre, em contraste com o Sócrates de Platão, que usa a retórica bem como a lógica, não aceitaria.

não privilegia tudo que seja anterior ou "mais primordial". A cultura trágica grega, cuja reemergência Nietzsche prediz e glorifica ali, fora em si mesma, como ele bem sabia, um desenvolvimento tardio; Nietzsche o descreve explicitamente como a domesticação dos elementos mais primitivos, puramente dionisíacos ("báquicos"), através de sua mistura com as vertentes apolíneas da cultura grega (ver especialmente a seção 2).[12] Além disso, em *A filosofia na era trágica dos gregos*, que data do período em que *O nascimento da tragédia* foi composto, Nietzsche escreve de uma maneira que contradiz diretamente a combinação de esteticismo e arcaísmo que Habermas lhe atribui: "Em toda parte, em todos os começos, encontramos apenas o grosseiro, o sem forma, o vazio e o feio. [...] Em toda parte, o caminho rumo ao começo leva ao barbarismo" (seção 1). E em uma famosa passagem de *Aurora*, ele ataca sem restrição a importância frequentemente atribuída aos começos, e rejeita assim, em antecipação, a interpretação de Habermas: "*Quanto mais compreensão possuímos sobre uma origem, menos importante a origem parece*: enquanto *aquilo que está mais próximo de nós*, o que está ao nosso redor e dentro de nós, gradualmente começa a exibir cores, belezas, enigmas e riquezas de significado das quais a humanidade anterior não tinha nenhum vislumbre" (seção 44; *cf.* GM, I.6).

Portanto, Nietzsche não glorifica as origens de maneira alguma. Além disso, novamente de modo contrário à leitura de Habermas, ele não acredita que "a cultura autêntica tem estado em declínio". De fato, é duvidoso que ele acredite, em termos gerais, em qualquer declínio. Assim como a origem é a outra face do progresso, negar o progresso, como vimos Nietzsche fazer, não é de modo algum afirmar o declínio. A ideia de declínio também fornece um significado, um objetivo e uma mensagem, ainda que sua mensagem não seja feliz. Ela fornece sentido e suporte, pois pressupõe que uma narrativa unificada e com propósito (ainda que com um final triste) pode afinal ser contada sobre todos nós. A noção do declínio

---

12 Ver também Megill (1985), p. 30: "[...] em qualquer cultura que tenha se tornado suficientemente autoconsciente de seu comportamento para articular teorias morais, a própria noção de naturalidade terá se tornado tão distante a ponto de ser praticamente inútil, a não ser como propaganda."

depende tão certamente das três categorias rejeitadas na passagem de VP, 12, que discutimos anteriormente, quanto a noção de progresso. Pois ela ainda pressupõe a existência daquilo que Jean-François Lyotard (1984) chamou de uma "metanarrativa", e é, portanto, ela mesma uma parte e parcela do pensamento moderno e modernista.

Portanto, nem o progresso nem o declínio; nenhuma salvação e nenhuma queda. Que essa seja a posição de Nietzsche é sugerido quando ele faz a primeira pergunta incitada por tal compreensão: "Será que podemos remover a ideia de um objetivo do processo, e depois reafirmar o processo apesar disso?" (VP, 55). O desespero em relação à ausência de um objetivo é o que Nietzsche chama de um niilismo "passivo", um "declínio e recuo do poder do espírito"; não obstante, a habilidade de afirmar o processo é um niilismo "ativo", um "sinal de poder incrementado do espírito" (VP, 22).

Mas a segunda pergunta incitada por essa compreensão pode levantar questões filosóficas mais fundamentais: se a ideia de um objetivo for de fato removida de um processo, em que sentido ficamos com um processo único, uma vez que parece razoável supor que não há nenhuma maneira de especificar um processo além do objetivo ao qual ele conduz? É seguindo essas questões que seremos capazes de articular a relação essencialmente equívoca de Nietzsche com a "modernidade" e traçar as conexões desta com sua abordagem geral à filosofia.

Vattimo escreveu que "ao privar o progresso de um destino final, a secularização dissolve a própria noção de progresso" (p. 8). Mais radicalmente, como acabo de sugerir, a ideia de que existe algum processo ali de todo começa a se romper. E embora Vattimo não torne explícita essa segunda conexão, ele definitivamente aponta na direção dela quando afirma, em seguida, que a "dissolução da história" na historiografia contemporânea "significa, antes e acima de tudo, a ruptura de sua unidade, e não que ela tenha simplesmente chegado ao fim". A negação "niilista" de Nietzsche acerca de um objetivo totalmente abrangente, e da existência dos valores que tal objetivo poderia subscrever, resulta na fragmentação das unidades designadas por termos como "o mundo", "o Ocidente", ou, aliás, "a modernidade".

Mas, como sempre, a atitude de Nietzsche acerca dessas questões é consideravelmente mais complexa e equívoca do que essa descrição pode sugerir. Negar um objetivo geral, um processo unitário, não é abandonar-se à contingência puramente cega que Richard Rorty às vezes parece conceber como a única alternativa, uma vez que o ideal de "um metavocabulário neutro e universal" no qual toda narrativa possa ser contada de maneira consistente com todas as outras é abandonado.[13] Nietzsche mantém uma relação dúbia com qualquer grande narrativa, incluindo, em particular, a própria tradição filosófica. Ele enfraquece aquela tradição, embora saiba que não pode completamente rejeitá-la; ele olha para além dela, embora saiba que não pode ver nada que seja fundamentalmente diferente naquele além. Essa relação dúbia torna impossível classificá-lo, seguindo Heidegger, como "o último metafísico"; seguindo Vattimo, como "um exemplo extremo da consciência da modernidade no sentido subjetivo do genitivo, não no sentido objetivo" (p. 98); ou, seguindo Rorty, como um "teórico irônico" comprometido com a ideia de que "algo (a história, o homem ocidental, a metafísica – algo grande o suficiente para ter um destino) exauriu suas possibilidades" (p. 101). Em contraste, isso torna igualmente impossível classificá-lo, seguindo Deleuze, como o originador de um modo radical e fundamentalmente diferente de pensamento "não dialético":

> Não substituímos o ideal ascético [escreve Deleuze], não deixamos nada do próprio lugar permanecer, queremos destruir o lugar, queremos outro ideal em outro lugar, outro modo de conhecer, outro conceito de verdade, quer dizer, uma verdade que não seja pressuposta em uma vontade de verdade, mas que *pressuponha uma vontade completamente diferente*. (p. 99)

Ambas as abordagens são simples demais, empurrando Nietzsche rumo a um extremo inequívoco ao qual ele não pertence. Nietzsche, como vimos, nega o objetivo, mas não os objetivos; como ele poderia, quando

---

13 Essa é uma das ideias centrais de Rorty (1989). Retornarei às visões de Rorty mais adiante. Examinei-as em detalhes em Nehamas (1990).

escreve: "A fórmula de minha felicidade: um Sim, um Não, uma flecha certeira, um objetivo"? (*Crepúsculo dos ídolos*, I.44).

Agora considere essa passagem de *A vontade de poder* (25) que parece, à primeira vista, sugerir que todos os objetivos devem ser totalmente rejeitados:

> *Sobre a gênese do niilista.* – É só tardiamentemente que se reúne a coragem para aquilo que realmente se sabe. Que eu fui até agora um completo niilista, só admiti para mim mesmo recentemente: a energia e o radicalismo com os quais avancei como niilista me enganaram sobre esse fato básico. Quando se vai ao encontro de um objetivo, parece impossível que a "ausência de objetivos em si" seja o princípio de nossa fé.

A "ausência de objetivos como tal" (ou melhor, "a ausência de objetivos em si", "*die Ziellosigkeit an sich*")[14] não implica que os objetivos não existam, assim como o fato de que não exista nenhuma "coisa em si" não implica que o mundo não exista. O que isso implica é que os objetivos existem somente na medida em que são estabelecidos por indivíduos e, talvez, por culturas (embora Nietzsche, que se deleitara com essa última ideia em suas primeiras obras, tenha se tornado cada vez mais pessimista acerca dela posteriormente). Mas os objetivos, assim como os valores e os processos, não estão já ali no mundo para serem descobertos – eles não existem "em si": eles devem ser construídos.

Mas "construir", assim como "descobrir", é novamente um termo muito inequívoco para usar nesse contexto. Ele envolve um contraste muito grande – um contraste, além disso, que é essencial para a modernidade, na medida em que foi historicamente associado com a distinção entre as artes e as ciências, e que força uma escolha entre alternativas inexistentes. Essa é uma escolha que parece tão natural que até mesmo aqueles que suspeitam dela correm sempre o risco de nos pedirem para fazê-la: o ironista, por exemplo, escreve Richard Dorty, "pensa em vocabulários finais como realizações poéticas, *em vez de* como frutos de uma investigação diligente

---

14 Ver Colli e Montinari (1980), volume 12, p. 408.

em conformidade com critérios anteriormente formulados" (p. 77, itálico meu; ver também p. 76, 80). Mas note que contrastar tão diretamente "realizações poéticas" com "pesquisa diligente" é concordar com Platão quando, no *Íon*, ele argumentou que, em contraste com os generais e os condutores de carruagens, os poetas e os rapsodos procedem não por "habilidade", mas por inspiração, e simplesmente rejeitar a preferência dele pela primeira. Os méritos dessas posições não são minha preocupação. Mas eu me pergunto se uma simples inversão do esquema avaliativo de Platão pode mesmo, como é a intenção, transportar-nos para além da "filosofia".

As distinções extremas desse tipo nos forçam a ser a favor ou contra escolhas que são complexas demais para tais reações simples; elas nos incitam a fazer parte ou a estar fora de instituições e práticas que não permitem tais compromissos em grande escala. De fato, elas nos enganam fazendo-nos pensar que os objetos a que dizem respeito são unitários de uma maneira que torna tais atitudes em grande escala necessariamente apropriadas. E foi precisamente dessas distinções e das unidades totalmente abrangentes que elas pressupõem que Nietzsche suspeitou profundamente, como mostra sua famosa discussão de oposições em *Para além do bem e do mal*, I.2.[15]

Agora, é razoável perguntar: se as distinções desse tipo estão ausentes, em qual fundamento a escolha e a preferência podem ser baseadas? Será que a situação que descrevemos não nos priva de toda habilidade de escolher lados, e será que uma escolha não é justamente uma escolha de lados?

---

15 As atitudes de Nietzsche para com distinções filosóficas tradicionais foram amplamente discutidas. Mas a questão merece mais atenção e estudo detalhado. Deve-se prestar atenção, a esse respeito, tanto à estrutura das obras de Nietzsche quanto aos assuntos abordados em várias delas. Estas incluem *O nascimento da tragédia, Dos usos e desvantagens da história para a vida, Humano, demasiado humano, Aurora, A gaia ciência,* e *Para além do bem e do mal*. Cada um desses livros começa com uma seção dedicada à apresentação de um certo número de oposições. Mas enquanto suas obras iniciais, notavelmente as duas primeiras na lista citada, discutem oposições como aquelas entre o dionisíaco e o apolíneo, ou entre o sentido histórico e o sentido não histórico, que Nietzsche parece crer que são irredutivelmente opostas uma à outra e que só podem ser reconciliadas por algum tipo de combinação apropriada, as obras posteriores eventualmente tentam mostrar que as oposições a que dizem respeito são enganosas. As implicações literárias e filosóficas da prática de Nietzsche e de sua mudança de abordagem são importantes, mas infelizmente não posso discuti-las em mais detalhes nesta ocasião.

Agora, finalmente, podemos ver por que as artes, e a estética em geral, são tão absolutamente cruciais para o pensamento de Nietzsche. Deixe-me começar citando Allan Megill:

> Na natureza das coisas [...] não se tem base para escolher um modo de comportamento em detrimento de outro, pois a moral não é uma questão sobre "a natureza das coisas". [...] Como, então, alguém escolhe entre modos de comportamento rivais? A resposta de Nietzsche é que essa escolha tem de ser feita em última instância sobre bases estéticas. (p. 31)

Ora, esse enunciado é ambíguo. Ele pode significar que a escolha de um modo de comportamento particular é como uma decisão artística que diz respeito, digamos, à adoção de um estilo particular.[16] Mas ele também pode significar que a escolha de um modo de comportamento é ela mesma uma decisão artística, concentrando-se apenas nos traços estéticos do curso de ação em questão. A primeira alternativa diz respeito à base sobre a qual as escolhas e decisões são feitas: ela sustenta que as decisões artísticas fornecem o modelo para toda ação. A segunda alternativa refere-se ao próprio conteúdo da decisão: ela sustenta que todas as decisões são diretamente artísticas. E embora as duas interpretações provavelmente sejam interconectadas, minha própria visão é que a primeira tem maior probabilidade de ser correta.[17]

Ao nos voltarmos para as artes, e entre muitos outros pontos que são relevantes para o pensamento de Nietzsche, deveríamos concentrar nossa atenção em um dos fatos mais importantes estabelecidos por sua investigação histórica. Esse fato é que a "criatividade" artística é muito menos livre e muito mais restrita pelo tempo e pela história do que a tradição

---

16 É claro que em nenhum dos casos tal decisão precisa ser um evento plenamente consciente.

17 Por essa razão, não posso aceitar as críticas de Pippin (1991), que escreve que a posição que eu mesmo atribuí a Nietzsche é a "de um esteta ou *littérateur* [literato]": penso que, com isso, Pippin tem intenção de atribuir a mim a segunda das duas alternativas que listei. Concordo com sua visão de que se isso fosse tudo que Nietzsche afirma, a posição dele (e qualquer interpretação que lhe atribuísse apenas essa visão) seria incompleta. Mas não acredito que essa seja a visão atribuída a ele em Nehamas (1985).

platônica-romântica jamais nos instigaram a supor. A "realização poética" e a "pesquisa diligente" estão longe de serem os polos opostos que vimos Richard Rorty considerar que fossem.

É uma alusão justamente a esse fato que emerge de um dos enunciados mais poderosos de Nietzsche em *Sobre a genealogia da moral*: "Para se erigir um santuário", escreve ele, "*é preciso antes destruir um santuário*; essa é a lei – que alguém me mostre um caso em que ela não seja cumprida!" (II.24). Vale a pena explorar essa imagem em algum detalhe. Os santuários, tanto como edifícios religiosos quanto arquitetônicos, sempre substituem rivais anteriores. Eles são frequentemente construídos no mesmo ponto que a religião derrotada (ou o patrono anterior) havia reivindicado, tanto a fim de expressar a vitória do novo santuário sobre o antigo quanto, mais praticamente, a fim de ter à mão o material do santuário anterior. Os santuários gregos, por exemplo, são construídos sobre cumes de montanhas ou em promontórios. Mesmo nos poucos casos em que eles são encontrados "em meio a um desfiladeiro de rochas escarpadas", como escreve Heidegger, eles são construídos para serem visíveis a uma longa distância: eles não se harmonizam com seu ambiente, não permitem que os elementos do ambiente se adequem ao seu redor – eles o *ocupam*.[18]

Contudo, o santuário destruído inevitavelmente extrai uma vitória parcial: tanto seu projeto quanto seus materiais tendem a ser usados na construção de seu substituto. As primeiras igrejas cristãs, por exemplo, mantêm muito da estrutura dos antigos santuários pagãos, e consistem pelo menos parcialmente das mesmas pedras, sendo a face ornamentada destas voltada para o interior e assim escondidas, tanto dos fiéis quanto, involuntariamente, da dissolução do tempo. Nenhum santuário, em suma, é tão radicalmente novo. A própria noção de originalidade, afirmam os historiadores da arte contemporâneos, não pode ser tomada como garantida:

> O modernismo e a vanguarda são funções daquilo que poderíamos chamar de o discurso da originalidade, e [...] tal discurso serve a interesses muito mais amplos – e é, portanto, alimentado por instituições

---

18 Heidegger (1977), p. 124.

mais diversas – do que o círculo restrito da produção profissional de arte. O tema da originalidade, abrangendo, como o faz, as noções de autenticidade, de originais, e de origens, é a prática discursiva compartilhada do museu, do historiador, e do fazedor de arte. E, ao longo do século XIX, todas essas instituições se combinaram para encontrar a marca, a garantia, a certificação para o original.[19]

Embora a atitude extemporânea e prescientemente irônica de Nietzsche em relação ao *slogan* modernista de Ezra Pound, "Torne-o novo!", não seja um chamado para o retorno ao arcaico, como acredita Habermas, tampouco ela é uma negação de que a mudança, o desenvolvimento, ou mesmo a originalidade, adequadamente entendidos, sejam possíveis. Mais uma vez, assim como o fato de que o mundo "real" não existe não oblitera o mundo, também a impossibilidade da originalidade "absoluta" não abole a originalidade: pelo contrário, ela a situa em uma estrutura e na história, que é onde, afinal, sempre foi seu lugar.[20] Ainda assim, a confiança de Nietzsche na ideia de "superar" (*überwinden*), especialmente em *Assim falou Zaratustra*, pode sugerir que seu pensamento sobre a questão seja inconsistente. Esse ponto é bem enunciado por Vattimo:

> A modernidade é definida como a era da superação e do novo que rapidamente fica velho e é imediatamente substituído por algo ainda mais novo. Se esse é de fato o caso, como afirma Nietzsche, então não é possível encontrar nenhuma saída da modernidade em termos de uma superação dela. [...] a superação [...] é uma parte da própria modernidade. (p. 76-77)

Mas mesmo Zaratustra, o grande proponente da superação, sabe que não se pode deixar tudo para trás. Com uma referência direta à cena no Prólogo em que um palhaço salta sobre um equilibrista na corda bamba e o faz cair para a morte, Zaratustra posteriormente diz: "Há muitas maneiras de

---

19 Krauss (1988), p. 162 e *passim*.
20 Nietzsche, na minha opinião, suspeitava tanto da noção de originalidade absoluta quanto desconfiava da ideia romântica do gênio à qual a originalidade tradicionalmente fora conectada. Para uma discussão da visão de Nietzsche sobre o gênio, ver Pletsch (1991).

superar: cuidem disso *por si mesmos*! Mas somente um bufão pensa: 'Também se pode *saltar por cima* do homem'" (Z III.12.4).²¹ Uma vez que a história tenha sido fragmentada, uma vez que a necessidade de apoiar-se em modelos e materiais de períodos anteriores tenha sido estabelecida, de onde virá a novidade absoluta, e aonde ela poderá levar? A noção de originalidade total é tão "extramundana" quanto qualquer uma das ideias que Nietzsche caracteriza com esse termo.

A fragmentação da história implica que a crítica em larga escala de uma época ou das instituições, que Habermas, por exemplo, considera essencial para a discussão racional, é impossível. O desejo mesmo de se envolver nesse tipo de crítica universal me parece ser uma das características da própria modernidade – que quase podemos definir como um período obsedado pelo desejo de enunciar, de uma vez por todas, qual é sua essência, e de afirmá-la ou abandoná-la completamente. E se concordarmos com Milan Kundera que a era moderna é inaugurada pelo grande romance de Cervantes, então seria duplamente apropriado caracterizar esse desejo como perfeitamente quixótico.²²

Mas, uma vez que a absoluta originalidade e o absolutamente novo não devem ser identificados com a originalidade e o novo, não posso concordar com Vattimo quando ele afirma que "a dissolução do valor do novo [...] é o significado do pós-moderno. [...] Desde a arquitetura até o romance e as artes figurativas, o pós-moderno exibe, como seu traço mais comum e mais imponente, um esforço de livrar-se da lógica da superação, do desenvolvimento e da inovação" (p. 105). A inovação não foi abandonada de modo algum. Em qualquer caso, o esforço de obter essa liberdade radical, de deixar a modernidade tão longe para trás, constituiria em si mesmo ainda outro episódio modernista. A arte pós-moderna aprendeu de cor a lição de que a reapropriação, o rearranjo, o repensamento são todos maneiras de criar coisas novas – e de que não há regras para estabelecer de antemão

---

21 A esse respeito, a noção de *überwinden* [superação] de Nietzsche me parece muito menos diferente do conceito de *verwinden* [superação] de Heidegger do que acreditam o próprio Heidegger e Vattimo seguindo-o.
22 Kundera (1986).

quando tais combinações serão bem-sucedidas. O fato de que boa parte da arte pós-moderna se envolva simplesmente no rearranjo sem alcançar muito que seja de qualquer maneira original[23] não é uma característica da arte pós-moderna em si mesma, mas da arte pós-moderna inferior, que, em sua falta de até mesmo uma originalidade e história relativas, repete a história de toda arte inferior – o que quer dizer, da maior parte da arte. Por exemplo, enquanto a arquitetura modernista, em seu esforço de evitar quaisquer referências ao passado, foi frequentemente austera e impessoal, os edifícios pós-modernistas, em sua proliferação de tais referências, comumente acabam sendo ao mesmo tempo exagerados e monótonos.

A fragmentação à qual estivemos nos referindo até aqui levanta vários problemas complexos, tanto em si mesma quanto em relação a Nietzsche. Richard Rorty considera-a como resultado da compreensão de que não existe nenhum vocabulário neutro totalmente abrangente no qual todos os problemas do mundo possam ser enunciados de maneira não tendenciosa e receber uma solução clara que seja aceitável para todos. Então pode parecer seguir-se, como Rorty alega enfaticamente, que os intelectuais, enquanto intelectuais, devem se retirar para a preocupação essencialmente privada que ele chamava de "autocriação", evitando qualquer desejo de produzir uma narrativa que alegue contar a história de qualquer coisa maior do que eles mesmos. É claro que isso não precisa impedir aqueles intelectuais que também são "liberais" de se dedicarem a reduzir a crueldade no mundo e a dar a todos a oportunidade de criarem sem interferência algo a partir de si mesmos, se puderem e se quiserem. Mas esse, insiste Rorty, é um empreendimento diferente. Os projetos privados de autocriação não têm quaisquer implicações diretas (de fato, eles não têm absolutamente nenhuma implicação, na visão dele) para os projetos públicos voltados para mudar o modo como as pessoas vivem.

Rorty contrasta Nietzsche com Proust, o qual ele acredita que se via como *apenas* um produto dos acidentes específicos de sua vida. Mas Nietzsche, de acordo com Rorty, exibe uma atitude dividida. Por um lado, ele

---

23 Ver Danto (1986), p. 114-115.

é um daqueles filósofos que, em um nível pessoal, "definem sua realização por sua relação com seus antecessores, em vez de por sua relação com a verdade", aqueles filósofos que apenas tentam fazer de si mesmos algo que seja simplesmente diferente do que qualquer outra pessoa fez até então. "Nietzsche", escreve Rorty, "pode ter sido o primeiro filósofo a fazer conscientemente aquilo que Hegel havia feito inconscientemente" (p. 79, com nota 2). Por outro lado (e aqui o contraste com Proust torna-se crucial),

> os vocabulários que Nietzsche discute [...] são dialeticamente ligados, relacionados internamente uns aos outros. Eles não são uma coleção ao acaso, mas uma progressão dialética, uma progressão que serve para descrever a vida de alguém que não é Friedrich Nietzsche, mas alguém muito maior. O nome que Nietzsche mais frequentemente atribui a essa grande pessoa é "Europa". Na vida da Europa, diferentemente da de Nietzsche, o acaso não se intromete. (p. 100)

Rorty se apoia em uma particularmente "firme distinção entre o privado e o público" para sustentar sua divisão entre filósofos e também sua abordagem geral para o papel dos intelectuais. Em contraste com Habermas, escreve ele, que vê "Hegel, por meio de Foucault e Derrida, como destrutivo para a esperança social", ele próprio considera "essa linha de pensamento como amplamente irrelevante para a vida pública e para as questões políticas. Teóricos irônicos como Hegel, Nietzsche, Derrida e Foucault me parecem inestimáveis em nossa tentativa de formar uma autoimagem privada, mas bastante inúteis no que diz respeito à política" (p. 83).

Mas com base em quais fundamentos podemos sustentar uma distinção tão forte entre o projeto privado de criar algo a partir de nós mesmos e o objetivo público de mudar as vidas de outros, para melhor ou para pior? Uma pessoa, insiste Rorty ao longo de *Contingency, Irony, and Solidarity* [*Contingência, ironia e solidariedade*], é uma "rede" de atitudes, crenças e desejos, e estas formam vários subconjuntos, cada um dos quais conecta a mesma pessoa a uma variedade de grupos cuja identidade própria, por sua vez, não pode ser facilmente separada da identidade do indivíduo em questão. Tudo que alguém é, e em termos do qual alguém muda, tem (em diferentes graus, por certo) efeitos sobre a natureza daqueles grupos; e as mudanças em tais grupos, inversamente, podem ter efeitos semelhantes sobre os indivíduos que os compõem.

Nietzsche, que acreditou que as coisas são as somas de seus efeitos (VP, 551) e que escreveu que a alma poderia ser caracterizada como a "estrutura social dos impulsos e afetos" (ABM, 12), tinha bastante consciência disso. Contrariamente à afirmação de Rorty, ele não "queria não apenas a beleza exprimível e relativa do rearranjo, mas a sublimidade inexprimível e absoluta do Inteiramente Outro [...]. O teórico irônico não pode imaginar quaisquer sucessores, pois ele é o profeta de uma nova era, uma era na qual nenhum dos termos usados no passado terá qualquer aplicação" (p. 101-102). Essa descrição poderia ser verdadeira em relação a Hegel ou Heidegger. Mas ela não é verdadeira em relação a Nietzsche, que Rorty lê sob a influência de Habermas. O autor que escreve que "somente o dia depois de amanhã me pertence; alguns nascem póstumos" (*O anticristo*, Prefácio), que compõe *Um prelúdio a uma filosofia do futuro* e que anuncia que "uma nova espécie de filósofo está por vir" (ABM, 42) quer tanto leitores quanto sucessores – embora seus sucessores devam ser de um tipo incomum, como demonstra o seguinte diálogo:

> A: "Como? Não queres ter imitadores?"
> B: "Não quero que ninguém imite meu exemplo; quero que cada um forme por si seu próprio exemplo, como *eu* faço."
> A: "Mas então...?" (GC, 255)

A razão para isso é que Nietzsche é perfeitamente cônscio de que, ao criar algo a partir de si mesmo, mesmo que se tente fazê-lo nos termos mais privados, modificar-se-á também (se a pessoa escreve livros que chegam a ser lidos) aquilo que muitos outros pensarão e farão. E o que os outros fazem, que determina o que eles são, também determinará muitas outras coisas – por exemplo, o que no futuro contará ou não como crueldade, e contra o que, portanto, os "liberais" terão de lutar. Aquilo que consideramos que somos é essencialmente ligado ao modo como nos propomos tratar uns aos outros. O público e o privado se misturam, e a filosofia, para o melhor ou para o pior, frequentemente tem implicações políticas.

Em sua discussão de Nietzsche, Rorty escreve que "o objetivo da teoria irônica", um objetivo que também é o dele próprio, é "compreender o impulso metafísico, o impulso de teorizar, tão bem que a pessoa se torne inteiramente livre dele" (p. 96-97). Será que Nietzsche busca esse objetivo? Não é de surpreender, talvez, que minha resposta a essa pergunta seja que ele não o faz, e que o desejo de tornar-se "inteiramente livre do impulso metafísico", embora fosse talvez um desejo que tenha impulsionado Heidegger, é ingênuo e inequívoco demais para ser o desejo de Nietzsche. Em *A gaia ciência* (seção 344), Nietzsche conclui que mesmo ele devia ser contado entre os "metafísicos" que ele tão frequentemente atacou: "Mesmo nós, que buscamos hoje o conhecimento, nós antimetafísicos sem deus, ainda tomamos nosso fogo da chama acesa por uma fé de milhares de anos de idade, aquela fé cristã que foi também a fé de Platão, de que Deus é a verdade, e de que a verdade é divina." Ora, poder-se-ia argumentar que, uma vez que Nietzsche introduz esse enunciado com a visão de que "é ainda numa fé metafísica que se baseia nossa fé na ciência", ele só está atribuindo tal fé àqueles que, diferentemente dele, ainda têm "fé na ciência". A questão é extremamente complexa, mas acredito que não podemos afinal excluir Nietzsche de entre os antimetafísicos metafísicos que ele descreve aqui. A "fé na ciência" (*die Glaube an die Wissenschaft*) não é simplesmente uma crença de que as verdades da ciência natural são privilegiadas; de modo mais amplo, ela é a visão de que o valor da verdade é incondicional, de que "nada importa mais que a verdade", como Nietzsche escreve anteriormente nessa seção. Se é assim, então devemos considerar muito seriamente a pergunta com a qual a seção termina: "Mas e se isso [*sic.*, a ideia de que a verdade é divina] se tornasse cada vez mais incrível, se nada mais se provasse divino senão o erro, a cegueira, a mentira – se o próprio Deus se provasse nossa mais duradoura mentira?".

Essa pergunta é crucial, parcialmente e simplesmente porque ela é uma pergunta. Nietzsche não exprime sua resposta a ela, e não podemos simplesmente assumir que ele acredita que nesse caso seríamos "liberados" da metafísica. Mas a pergunta também é importante porque ela dá origem à seguinte especulação. Suponha que seja de fato "provado" que Deus é nossa mais duradoura mentira, que a verdade não tem um valor incondicional, e que, em outras palavras, é *falso* que devamos sempre aceitar o que é verdadeiro. Será que nós então simplesmente abandonaríamos aquela visão? Se o fizéssemos, nós supostamente o faríamos porque a visão é falsa. E isso nos envolveria, novamente, na crença de que nem sempre devemos acreditar na verdade (o que quer que isso signifique exatamente) porque é verdade que não devemos fazê-lo. Em outras palavras, nós ainda seríamos motivados, naquela crença em particular – tão "antimetafísicos" e "sem deus" quanto formos – pela mesma fé na verdade que aquela crença supostamente deveria suplantar. A fé na verdade simplesmente não pode ser eliminada, e a pergunta de Nietzsche, em minha opinião, tem a intenção de nos forçar a pensar por nós mesmos através desse enigma.[24]

O enigma é difícil de evitar, porque Nietzsche recusa uma identificação "pragmatista" fácil da verdade com a utilidade.[25] Por exemplo, Richard

---

24 As seções finais da Terceira Dissertação de *Sobre a genealogia da moral* levantam exatamente o mesmo problema (e se referem à discussão de *A gaia ciência*). Nietzsche escreve ali (seção 24) que "a vontade de verdade requer uma crítica – definamos nossa própria tarefa – o valor da verdade deve uma vez ser experimentalmente *posto em questão.*" Mas esse não é um projeto que ele realmente realiza. E o que é mais importante, ele também não responde à pergunta de se tal crítica pode ser realizada em nome de outra coisa senão o da própria verdade, perpetuando assim a mesma vontade que a crítica visa colocar em questão. Richard Rorty pergunta qual é o sentido de "verdade" que tenho em mente na frase "em nome da própria verdade". O sentido é aquele em que o próprio Nietzsche realiza o projeto anunciado na primeira seção da Primeira Dissertação da *Genealogia*, em seu apelo aos "genealogistas ingleses" para segui-lo e "sacrificarem todo desejo de verdade, de *toda* verdade, até mesmo as simples, duras, feias, repelentes, anticristãs, imorais. – Pois existem tais verdades. –" Em outras palavras, Nietzsche acredita que uma crítica a uma certa visão pressupõe que a visão que está sendo criticada seja falsa; ele não rejeita o cristianismo simplesmente porque acha-o desagradável, mas porque acredita que ele seja falso (entre muitas outras falhas que ele encontra nele). Mas ele também vem a perceber que tal projeto perpetua a fé na verdade que constitui o "cerne" do cristianismo, e que ele não pode se desembaraçar de sua história. Esse é o paradoxo que prossegue assombrando-o, e que não podemos evitar por meio de uma rejeição casual da noção verdade, ou por meio de uma identificação entre o verdadeiro e, digamos, o útil.
25 Argumentei contra a abordagem de Arthur Danto a essa questão em *Nietzsche: Life as Literature* [*Nietzsche: a vida como literatura*], p. 52-55. Discutirei aqui algumas das visões de Richard Rorty.

Rorty, que aceita essa identificação e pensa que Nietzsche, em alguns de seus momentos, também a aceitava, escreve que, nesses momentos, Nietzsche nos incita a "simplesmente apagar de nossas mentes noções tais como 'verdade', 'erro', 'aparência' e 'realidade'". Essas noções podem ser substituídas por noções como 'crenças vantajosas para certos fins, mas não para outros', e "uma descrição de coisas úteis para certos tipos de pessoas, mas não para outros".[26] A dificuldade com essa leitura de Nietzsche é que ela lhe atribui uma teoria geral da verdade, baseando-se na utilidade como rival para a noção mais tradicional de correspondência. Mas Nietzsche não oferece tal teoria. Em particular, ele se recusa a identificar a verdade com a utilidade: "Uma crença, por mais necessária que seja para a preservação de uma espécie, nada tem a ver com a verdade" (VP, 487). Como ele poderia, se também escreve o seguinte: "Como se prova a verdade? Pelo sentimento de poder aumentado – pela utilidade – pela indispensabilidade – em suma, pelas vantagens (a saber, pressupostos acerca de como a verdade *deveria* ser para que a reconhecêssemos). Mas isso é um preconceito: um sinal de que a verdade não está envolvida de modo algum" (VP, 455). De fato, Nietzsche se recusa a oferecer qualquer teoria da verdade. É verdade que seu enunciado de que "o critério da verdade reside no aumento do sentimento de poder" (VP, 534) é frequentemente interpretado como sua "teoria" da verdade. Mas, acredito eu, o efeito dessa passagem é exatamente o oposto. Nietzsche está explicando por que as pessoas *aceitam* certas ideias como verdadeiras, independentemente de se essas ideias são de fato verdadeiras ou não. Se Nietzsche tem qualquer teoria acerca da verdade, ela não é uma teoria sobre o que é a verdade, mas uma teoria sobre por que as pessoas tendem a acreditar em certas visões em detrimento de outras. Essa é uma questão muito diferente.

Mas se Nietzsche não tem nenhuma teoria da verdade, poder-se-ia agora perguntar, como ele pode dizer que o cristianismo é uma "mentira", ou que sua própria explicação genealógica é um exemplo de uma "verdade simples, dura, feia, repelente, anticristã, imoral" (GM, I.1)? Como ele pode

---

26 Rorty (1991), p. 62.

considerar qualquer coisa como verdadeira ou falsa? Essa questão coloca um problema real apenas para aqueles que pensam que um termo só pode ser usado corretamente se tivermos uma teoria geral sobre seu uso e aplicação. Mas esse pressuposto "socrático" não é justificado. Não precisamos ser capazes de explicar qual característica torna verdadeiras todas as nossas teorias que são verdadeiras, a fim de sermos capazes de afirmar que a teoria da relatividade é verdadeira em parte porque ela explica as observações feitas sobre o periélio de Mercúrio melhor do que suas rivais, assim como não precisamos ser capazes de dar uma explicação geral da justiça a fim de saber se devolver uma arma assassina a seu dono insano é algo justo.

A questão é importante, e tem implicações que vão além da interpretação de Nietzsche. Rorty vacila sobre a questão de se os filósofos deveriam oferecer teorias da verdade. Na passagem que citei acima, ele me parece oferecer justamente uma dessas teorias, não importando quão rudimentar. Em *Contingência, ironia e solidariedade*, contudo, ele adota uma abordagem mais radical, argumentando que "nossos propósitos seriam melhor servidos se deixássemos de enxergar a verdade como um assunto profundo, como um tópico de interesse filosófico, ou 'verdadeiro' como um termo que merece 'análise'" (p. 8). Mas depois ele também escreve que "a dificuldade enfrentada por um filósofo [...] como eu mesmo [...] é a de evitar sugerir que [minha] sugestão tem algo de correto, que meu tipo de filosofia corresponde ao modo como as coisas realmente são" (p. 8).

Note, primeiro, que essas duas últimas afirmações não são equivalentes. Dizer que uma visão tem algo de correto é, ou deveria ser, muito diferente de argumentar que ela corresponde ao modo como as coisas realmente são. Este último não é um argumento de modo algum, mas uma *explicação* (se a pessoa quiser dar uma) de por que aquela visão é verdadeira. O *argumento* ("sugestão") em favor da verdade da visão em questão é simplesmente o conjunto de razões específicas, não generalizáveis, com base nas quais ela é melhor do que suas rivais. Em segundo lugar, dado que esses dois enunciados não são equivalentes, não há nenhuma razão por que deveríamos tentar evitar o primeiro: Rorty, de fato, argumenta em favor da superioridade de sua abordagem "irônica" em detrimento da abordagem dos realistas, e o faz com base em argumentos específicos. Em minha opinião, é apenas seu compromisso residual com a visão platônica de que aplicações particulares de "verdadeiro" devem ser subscritas por uma explicação geral da natureza da verdade que o impede de reconhecer sua crença em verdades particulares e sua dependência do argumento.[27]

Por essas razões, não posso aceitar a avaliação otimista de Vattimo: "Mesmo que Deus morra porque ele deve ser negado em nome da mesma exigência imperativa de verdade que sempre foi considerada uma de suas próprias leis, o próprio significado de uma exigência imperativa de verdade é perdido junto com ele" (p. 24). A perda da exigência de verdade é algo que eu, de minha parte, não consigo encontrar em Nietzsche. O que ele é honesto o suficiente para reconhecer é que mesmo a busca por "pequenas" verdades específicas, e a crença nelas, pode brotar do mesmo motivo que levou Platão à deificação da Verdade como um todo, que o vimos denunciar acima. E é simplesmente por causa dessa inquietante vacilação acerca dessa questão que sou tentado a pensar nele, talvez paradoxalmente, como um pensador pós-moderno *avant la lettre*, no sentido de que ele abandonou o desejo de liberação e inovação completas que pressupõe a existência de um sistema único e totalmente abrangente no qual alguém esteja localizado, e do qual se possa, portanto, sair. Em minha visão, Nietzsche percebe que a "modernidade" não designa uma coisa única, assim como ele percebe que o mesmo é verdadeiro acerca de muitos, se não todos, os nossos termos mais gerais. É precisamente por causa da complexidade dos fenômenos envolvidos que Nietzsche escreve que "estabelecemos uma palavra no ponto em que nossa ignorância começa, onde não podemos ver adiante, por exemplo, a palavra 'eu', a palavra 'fazer', a palavra 'sofrer'" (VP, 482). Toda crítica é, portanto, imanente: a modernidade não pode ser criticada, ou justificada, como um todo, e não há nenhum lugar (ou tempo) radicalmente novo para além dela. Mas a complexidade dos indivíduos e das estruturas sociais, que Nietzsche dedicou sua vida a revelar, assegura que sempre haverá *algum* lugar para se posicionar e a partir do qual críticas e defesas específicas podem

---

27 Forneci uma versão mais detalhada desse argumento em Nehamas (1990), p. 107-111.

ser emitidas: é claro que esse não será um lugar a partir do qual tudo possa ser visto; mas, de fato, nada (que é tudo a que o "tudo" se refere) pode ser visto de um não lugar.

Longe de ser um símbolo e um herói da modernidade, para o bem ou para o mal, Nietzsche, apesar de sua fala sobre "nós, modernos", tem profundas dúvidas sobre a própria existência de um tal período distinto. Mais do que qualquer outro pensador antes dele (e com maior flexibilidade do que alguns de seus seguidores contemporâneos), ele percebeu tanto a continuidade quanto a imensa complexidade de nossa história intelectual desde os gregos até hoje. Os brilhantes monumentos e pilhas de entulho dessa história nos rodeiam, e cada novo monumento cria seu próprio entulho.

A atitude de Nietzsche, portanto, é em minha opinião a verdadeira fonte daquilo que Vattimo chama de "pensamento fraco" (*pensero debole*), muito mais do que Vattimo admite. Mas a abordagem de Nietzsche é também ao mesmo tempo mais crítica e mais otimista do que Vattimo sugere em relação a sua própria ideia, quando ele escreve que

> quando a origem revelou sua insignificância, como diz Nietzsche, então nos tornamos abertos ao significado e à riqueza da proximidade [*cf. Aurora*, seção 44, citada anteriormente]. [...] Nos tornamos capazes de jogar aqueles jogos de linguagem que constituem nossa existência unicamente com base em nosso pertencimento a uma tradição histórica particular, que temos de respeitar da mesma maneira como sentimos respeito por monumentos, túmulos, traços da vida passada, ou mesmo memórias de família. (p. 177)

A tradição, contudo, também deve ser descrita em imagens mais vivas. Ela não apenas constitui um passado que se foi, como todas as metáforas de Vattimo sugerem, mas também nosso presente. Ela deve, é claro, ser respeitada; mas se o respeito for a única atitude adequada em relação a ela, então talvez a identificação de Habermas do pós-modernismo com o neoconservadorismo não seja injustificada. Mas nosso presente, junto com os monumentos, os túmulos, os traços da vida passada, ou mesmo as memórias de família que fizeram de nós o que somos, também podem ser criticados e mudados; e Nietzsche fornece tanto razões quanto estratégias para esse propósito.

Vattimo escreve que o pós-moderno é uma questão de "viver completamente a experiência da necessidade do erro, e de erguer-se por um instante acima daquele processo; ou [...] de viver o errante à luz de uma atitude fundamentalmente diferente" (p. 171). Tenho suspeitas em relação à ideia de "uma atitude fundamentalmente diferente", qualquer que seja ela, assim como em relação à ideia de que a esteticização da experiência por parte de Nietzsche tenha mostrado, como muitos acreditam, que "não existe verdade".

Tomar a atividade artística como nosso paradigma para a compreensão de nossa interação com o mundo e de uns com os outros, como faz Nietzsche, não implica de modo algum que todas as nossas interações envolvam uma falsificação. A noção de falsificação não é diretamente aplicável às artes, em primeiro lugar. Mas o modelo artístico de fato implica que não possamos mais reivindicar uma distinção nítida entre o que é perfeitamente real e o que é puramente fictício.

É verdade que os estilos artísticos mudam, e que nenhum estilo único pode alegar representar o mundo como ele realmente é. Mas, na medida em que alguém emprega um estilo particular (e isso é algo que nós necessariamente sempre fazemos), a pessoa não pode se distanciar dele e enxergar os próprios aspectos nos quais aquele estilo é convencional. Para fazer isso, deve-se já ter desenvolvido um outro estilo, cujos elementos convencionais permanecerão necessariamente invisíveis, e que fornecerá, portanto, os padrões de naturalidade, veracidade e acurácia em termos dos quais o estilo anterior terá de ser avaliado. Não há como contornar isso: algo sempre tem de ser tomado como dado, e um dogmatismo condicional, perfeitamente capturado pelo modelo estético de Nietzsche, é nosso destino.

"Dogmatismo condicional" é outro termo para o perspectivismo de Nietzsche. Alasdair MacIntyre caracteriza este último como a visão de que, uma vez que tudo que sabemos e em que acreditamos é produto de uma tradição e não de algum acesso não distorcido a uma realidade independente, é impossível dizer que aquilo em que de fato acreditamos pode ser verdadeiro. Pois, de acordo com a compreensão de MacIntyre sobre o perspectivismo, aquilo em que acreditamos é supostamente produto de uma tradição à qual sempre há alternativas significativas, com igual direito à verdade e acurácia, e que são, portanto, imunes à crítica (p. 352). MacIntyre então prossegue criticando o perspectivismo com base no argumento de que ele

> falha em reconhecer o quanto a concepção de verdade é integral a formas de investigação constituídas por tradições. É isso que leva os perspectivistas a suporem que alguém poderia adotar temporariamente o ponto de vista de uma tradição, e depois trocá-lo por outro, assim como alguém poderia vestir primeiro uma roupa e depois outra, ou como alguém poderia desempenhar um papel em uma peça e depois um papel muito diferente em uma peça muito diferente. Mas adotar genuinamente o ponto de vista de uma tradição compromete a pessoa com a visão daquela tradição sobre o que é verdadeiro e falso, e ao comprometer assim a pessoa, proíbe-a de adotar um ponto de vista rival. (p. 367)

Mas, como já sugeri em minha discussão sobre o dogmatismo condicional, e como argumentei em detalhes em outro lugar,[28] a parte final do enunciado de MacIntyre descreve *exatamente* a visão de Nietzsche sobre como uma pessoa é relacionada à perspectiva ou tradição dessa pessoa. No que é hoje um erro comum, MacIntyre identifica o perspectivismo com o relativismo. Ele se recusa a atribuir a Nietzsche a visão mais sofisticada que ele próprio aceita, e ignora o alerta de Nietzsche contra aqueles "historiadores da moral (em sua maioria ingleses)" que são muito impressionados

---

28 Nehamas (1985), cap. II. Stanley Fish também tem argumentado em favor de uma visão semelhante a essa; ver Fish (1980), Fish (1985) e Fish (1990). A principal diferença entre a posição de Fish e a minha, que afirmo que também pode ser encontrada em Nietzsche, é que embora Fish admita que um único indivíduo possa pertencer a várias "comunidades interpretativas" diferentes, ele não parece acreditar que tais comunidades sejam permeáveis, e que os padrões que atuam em uma possam permitir que um indivíduo que pertence a ela critique-a apelando para os padrões de alguma das outras comunidades das quais ele também é membro. Sua visão, portanto, torna a crítica e a reavaliação mais difíceis de explicar, e menos sujeitas à discussão racional.

pelo fato de que as "nações domesticadas" concordam em alguns princípios básicos e inferem que aqueles princípios são, portanto, incondicionalmente obrigatórios, ou que, pelo contrário, "enxergam a verdade de que, entre diferentes nações, diferentes valorações são *necessariamente* diferentes, e então inferem disto que *nenhuma* moral é obrigatória de modo algum" (GC, 345). "Ambos os procedimentos", o absolutismo e o relativismo, conclui Nietzsche, "são igualmente pueris".

A posição de MacIntyre, contudo, não é semelhante à de Nietzsche em todos os aspectos. Pois MacIntyre também tende, às vezes, a totalizar as tradições com as quais ele se preocupa, a atribuir-lhes uma unidade grande demais. Isso é pelo menos sugerido por sua descrição de como várias tradições encontram crises e rivais; ele escreve, nessa conexão, que "a racionalidade da tradição exige um reconhecimento, por parte daqueles que até então habitaram e concederam sua aliança à tradição em crise, de que a tradição estrangeira é superior em racionalidade e em relação a suas alegações de verdade, em comparação com a deles próprios" (p. 365). Mas tradições raramente se confrontam em grande escala dessa maneira, e necessitamos de uma análise consideravelmente mais fina sobre como partes específicas de uma tradição podem ser revisadas à luz de elementos de outra. Tradições se confrontam em sua totalidade somente em épocas de guerra, e nessas épocas a racionalidade tem relativamente pouco a ver com o modo como uma delas emerge vitoriosa.[29]

---

29 O ataque mais recente de MacIntyre (1990) contra o que ele descreve como a "genealogia nietzscheana", que ele contrasta desfavoravelmente com sua versão da "tradição tomista", merece um tratamento separado e estendido. Um dos argumentos centrais de MacIntyre é que a investigação moral genealógica priva-se de qualquer noção de um sujeito coerente e unificado que possa fazer a narrativa de sua vida e assumir a responsabilidade por ela, ao passo que os princípios organizadores fornecidos pelas virtudes tradicionais permitem ao tradicionalista tomista fornecer tal narrativa. A visão de MacIntyre é, em geral, sutil e intrigante, mas devemos notar, provisoriamente, que ela depende de um contraste que não é por si mesmo tão sutil quanto os outros elementos de sua posição. "O genealogista", escreve MacIntyre, "segue Nietzsche ao rejeitar qualquer noção *da* verdade, e, de modo correspondente, qualquer concepção *do que existe* como tal e atemporalmente, em contraste com o que parece ser o caso a partir de uma variedade de perspectivas. [...] Onde o tomista compreende os textos em termos de um conjunto relativamente fixo de significados e gêneros, ainda que analogicamente relacionados e em desenvolvimento histórico, o genealogista

A atitude de Nietzsche em relação à modernidade, portanto, é complexa e dividida. Ele atribui a ela uma complexidade que ela mesma nunca esteve disposta a reconhecer acerca de si mesma:

> Tal como, no reino das estrelas, a órbita de um planeta é em alguns casos determinada por dois sóis; tal como, em certos casos, sóis de diferentes cores brilham perto de um único planeta, ora com luz vermelha, ora com luz verde, e ocasionalmente iluminam o planeta a um mesmo tempo e inundam-no de cores – também nós, modernos, graças aos complicados mecanismos de nosso "céu estrelado", somos determinados por *diferentes* morais; nossas ações brilham alternadamente com diferentes cores, elas raramente são unívocas – e há bastante casos em que realizamos ações *de muitas cores*. (ABM, 215)

Isso é emblemático de sua atitude para com quase tudo, e nos leva, de fato, ao coração de seu pensamento. Ainda que, por exemplo, ele escreva: "Chamo o cristianismo de a grande maldição, a grande corrupção interior, o grande instinto de vingança, para o qual nenhum meio é suficientemente venenoso, sorrateiro, subterrâneo, *baixo* – chamo-lhe a imortal mazela da humanidade" (A, 62), ele também considera-o como "o meio pelo qual o espírito europeu foi treinado para a força, a curiosidade ilimitada, e a sutil mobilidade", e afirma que "aquela tirania, aquele capricho, aquela estupidez rigorosa e grandiosa *educou* o espírito" (ABM, 188). As rejeições absolutas, assim como as distinções absolutas, são em grande medida o que ele tentou constantemente, absolutamente, evitar. E por baixo disso tudo está seu esteticismo, que lhe permite fazer escolhas sabendo durante todo

---

pós-nietzscheano concebe uma multiplicidade indefinida de possibilidades interpretativas, de modo que o falante ou escritor não é mais obrigado pela determinação dada de seus enunciados do que por aquilo que o genealogista considera ser uma relação fictícia com a verdade" (p. 205). Mas, como insisti, abandonar a noção "da" verdade não é de modo algum equivalente a aceitar somente "o que parece ser o caso"; esse abandono equivale, antes, a negar o próprio contraste do qual MacIntyre depende ("Com o mundo verdadeiro nós abolimos também o aparente" [CI, 4]). Quanto à afirmação de MacIntyre de que a genealogia não é comprometida com a verdade da narrativa que está, em cada caso, em processo de ser contada, a discussão acima, eu espero, sugere por que acredito que ela é inaceitável.

o tempo que elas não podem ser obrigatórias para todos, e reconhecer que tudo no mundo está para além do bem e do mal, que tudo no mundo, assim como tudo que a arte toca, pode se tornar parte de uma grande obra.[30]

Referências

BLOOM, A. *The Closing of the American Mind*. Nova Iorque: Simon and Schuster, 1987.
CALINESCU, M. *Five Faces of Modernity*. Durham, Carolina do Norte: Duke University Press, 1987.
CAVELL, S. *Must We Mean What We Say?* Nova Iorque: Scribner's, 1969.
DANTO, A. C. "The End of Art". *In: The Philosophical Disenfranchisement of Art*. Nova Iorque: Columbia University Press, 1986, p. 81-105.
DELEUZE, G. *Nietzsche and Philosophy*. Tradução de H. Tomlinson. Nova Iorque: Columbia University Press, 1983.
FISH, S. *Doing What Comes Naturally*. Durham, Carolina do Norte: Duke University Press, 1990.
_____. "Consequences". *In: Against Theory*, W. T. J. Mitchell (ed.). Chicago: University of Chicago Press, 1985, p. 106-131.
_____. *Is There a Text in this Class?* Cambridge, Massachusetts: Harvard University Press, 1980.
HABERMAS, J. *The Philosophical Discourse of Modernity*. Tradução de F. Lawrence. Cambridge, Massachusetts: The MIT Press, 1987.
HEIDEGGER, M. "The Origin of the Work of Art". *In: Basic Writings*. D. F. Krell (ed.). Nova Iorque: Harper and Row, 1977.
KRAUSS, R. E. "The Originality of the Avant-Garde". *In: The Originality of the Avant-Garde and Other Modernist Myths*. Cambridge, Massachusetts: The MIT Press, 1988, p. 151-170.
KUNDERA, M. "The Depreciated Legacy of Cervantes". *In: The Art of the Novel*. Nova Iorque: Grove Press, 1986, p. 3-20.

---

30 Sou grato a Richard Rorty por seus comentários a uma versão anterior deste artigo.

LYOTARD, J. *The Post-Modern Condition: A Report on Knowledge*. Tradução de G. Bennington e B. Massumi. Mineápolis: University of Minnesota Press, 1984.

MACINTYRE, A. *Whose Justice? Which Rationality?* Notre Dame, Ind.: University of Notre Dame Press, 1988.

_____. *Three Rival Versions of Moral Enquiry: Encyclopedia, Genealogy and Tradition*. Notre Dame, Ind.: University of Notre Dame Press, 1990.

MEGILL, A. *Prophets of Extremity: Nietzsche, Heidegger, Foucault, Derrida*. Berkeley: University of California Press, 1985.

NEHAMAS, A. *Nietzsche: Life as Literature*. Cambridge, Massachusetts: Harvard University Press, 1985.

_____. "A Touch of the Poet: On Richard Rorty". *Raritan Quarterly*, 10, 1990, p. 101-125.

_____. "The Genealogy of Genealogy: Interpretation in Nietzsche's *Second Meditation* and in *The Genealogy of Morals*". *In:* Richard Schacht (ed.). *Nietzsche, Genealogy, Morality*. Berkeley: University of California Press, 1994, p. 269-283.

NIETZSCHE, F. *Sämtliche Werke, Kritische Studienausgabe*. G. Colli e M. Montinari (eds.). Berlim: de Gruyter, 1980, 15 vols.

_____. *The Antichrist*. Tradução de W. Kaufmann. Nova Iorque: Viking Press, 1954a.

_____. *The Twilight of the Idols*. Tradução de W. Kaufmann. Nova Iorque: Viking Press, 1954b.

_____. *Thus Spoke Zarathustra*. Tradução de W. Kaufmann. Nova Iorque: Viking Press, 1954c.

_____. *Beyond Good and Evil*. Tradução de W. Kaufmann. Nova Iorque: Random House, 1966.

_____. *The Birth of Tragedy*. Tradução de W. Kaufmann. Nova Iorque: Random House, 1967.

_____. *The Will to Power*. Edição de W. Kaufmann. Tradução de W. Kaufmann e R. J. Hollingdale. Nova Iorque: Random House, 1968.

_____. *On the Genealogy of Morals*. Tradução de W. Kaufmann e R. J. Hollingdale. Nova Iorque: Random House, 1969.

NIETZSCHE, F. *The Gay Science*. Tradução de W. Kaufmann. Nova Iorque: Random House, 1974.

_____. *Daybreak: Thoughts on the Prejudices of Morality*. Tradução de R. J. Hollingdale. Cambridge: Cambridge University Press, 1982.

PIPPIN, R. B. *Modernism as a Philosophical Problem*. Cambridge, Massachusetts: Blackwell's, 1991.

PLETSCHE, C. *Young Nietzsche: Becoming a Genius*. Nova Iorque: The Free Press, 1991.

RORTY, R. *Contingency, Irony and Solidarity*. Cambridge: Cambridge University Press, 1989.

_____. "Nietzsche, Socrates and Pragmatism". *South African Journal of Philosophy*. 1991.

VATTIMO, G. *The End of Modernity*. Tradução de J. R. Snyder. Baltimore: Johns Hopkins University Press, 1989.

8 O suposto adeus de Nietzsche: o Nietzsche pré-moderno, moderno e pós-moderno

ROBERT B. PIPPIN

De acordo com um livro recente e amplamente discutido de Jürgen Habermas, o pensamento de Nietzsche representa a "entrada na pós-modernidade";[1] Nietzsche "renuncia a uma revisão renovada do conceito de razão e *dá adeus* à dialética do Iluminismo".[2] Na singular narrativa de Habermas, esse "adeus" às esperanças do Iluminismo é visto como o "ponto de viragem" europeu decisivo que estabelece a direção para os caminhos "pós-modernistas" divergentes de Georges Bataille, Jacques Lacan e Michel Foucault, por um lado, e Heidegger e Derrida por outro. De acordo com a história um tanto tendenciosa de Habermas, a insatisfação europeia com o Iluminismo culmina na tentativa fracassada de Hegel e dos pós-hegelianos

---

1 Jürgen Habermas, *The Philosophical Discourse of Modernity* [*O discurso filosófico da modernidade*], trad. de Frederick Lawrence (Cambridge, Massachusetts: The MIT Press, 1987, p. 85).

2 *Ibidem*, p. 86. Faço aqui uma pausa para notar o óbvio: que uma explicação sensitiva acerca dos próprios termos "modernidade" ou "Iluminismo" seria necessária antes que esse tipo de discussão pudesse sair apropriadamente do chão, especialmente diante dos críticos que negam haver tal momento decisivo ou memorável na história, ou que pensam que os fenômenos são diversos demais para serem discutidos juntos. Há, no entanto, uma compreensão convencional dos termos que é corrente em boa parte das discussões contemporâneas, e me basearei em tais assunções no que se segue. Obviamente, o mesmo também poderia ser dito sobre o uso difundido do termo "pós-modernismo". Dentre os usos polissêmicos desse termo, há pelo menos um problema geral que é claramente relevante para Nietzsche: a afirmação de que as grandes dualidades ou oposições da vida social e intelectual moderna, entre razão e desrazão, bem e mal, normal e insano, livre e não livre, são todas traçadas arbitrariamente, e não são interna ou objetivamente defensáveis, de tal modo que qualquer exercício de poder social baseado no apelo à legitimidade de tais distinções é sem fundamento. Ver também minha discussão em *Modernism as a Philosophical Problem: On the Dissatisfactions of European High Culture* [*O modernismo como problema filosófico: sobre as insatisfações da alta cultura europeia*] (Oxford: Blackwell, 1991, p. 1-8; 148-167).

de realizarem uma reformulação e uma realização "pós-dialéticas" de tais esperanças, e na inauguração "nietzscheana" do "irracionalismo", e com isso numa completa rejeição de tais esperanças.

Tal caracterização popular, e hoje praticamente padrão, sobre Nietzsche como o decisivo pensador "pós-" ou "contrailuminista" é pintada em traços bastante amplos por Habermas.[3] Contudo, e a despeito de todos os problemas acadêmicos com as caracterizações de Habermas, há certamente algo de correto em tratar uma parte tão grande da filosofia europeia recente e influente como sendo "neonietzscheana",[4] e talvez mesmo na extraordinária afirmação de que "Friedrich Nietzsche é hoje o filósofo mais influente no mundo ocidental não marxista".[5]

Há também algo bastante adequado no emparelhamento que Habermas faz das insatisfações hegelianas e nietzscheanas com a modernidade, uma oposição que emerge também em outros escritores influentes, como Gilles Deleuze.[6] No entanto, eu introduziria todo esse assunto de uma maneira

---

3 A questão da relação de Heidegger com Nietzsche é em si mesma suficientemente complexa para um estudo que ocupe um livro inteiro. Em sua série de aulas dos anos 1930 e 1940, Heidegger proclamou que a "posição metafísica fundamental" de Nietzsche "é o fim da filosofia ocidental" por si mesma, e que ela "realiza a maior e mais profunda união – isto é, realização – de todas as posições fundamentais essenciais desde Platão, à luz do platonismo". Assim, para Heidegger, o que é importante é que o pensamento de Nietzsche é uma "consumação", não um "adeus". Martin Heidegger, *Nietzsche. Volume II. The Eternal Recurrence of the Same* [*Nietzsche. Volume II. O eterno retorno do mesmo*], trad. de David Farrell Krell (Nova Iorque: Harper and Row, 1984, p. 204 e p. 205). *Cf.* o Capítulo Cinco de *Modernism as a Philosophical Problem*, e meu "Nietzsche, Heidegger, and the Metaphysics of Modernity" ["Nietzsche, Heidegger e a metafísica da modernidade"], em *Nietzsche and Modern German Thought* [*Nietzsche e o pensamento alemão moderno*], ed. Keith Ansell-Pearson (Londres: Routledge, 1991, p. 282-310).

4 Como faz, por exemplo, Charles Taylor em "Overcoming Epistemology" ["Superando a epistemologia"], em *After Philosophy: End or Transformation?* [*Depois da filosofia: fim ou transformação?*] (Cambridge: MIT Press, 1987, p. 482ss).

5 Stanley Rosen, "Nietzsche's Revolution" ["A revolução de Nietzsche"], em *The Ancients and the Moderns* [*Os antigos e os modernos*] (New Haven: Yale University Press, 1989, p. 189). *Cf.* também Leo Strauss, *Natural Right and History* [*Direito natural e história*] (Chicago: University of Chicago Press, 1953, p. 253); Alasdair MacIntyre, *After Virtue* [*Depois da virtude*] (Notre Dame: Notre Dame University Press, 1984, p. 114).

6 Gilles Deleuze, *Nietzsche and Philosophy* [*Nietzsche e a filosofia*], trad. de H. Tomlinson (Nova Iorque: Columbia University Press, 1983).

bem diferente. Primeiro, deve-se notar o modo como tanto Hegel quanto Nietzsche se envolvem, e radicalmente transformam ou parecem rejeitar o grande problema de toda a filosofia pós-cartesiana ou moderna. O problema que começou com Descartes – como justificar a adoção de um método novo e rigoroso – tornou-se rapidamente o problema moderno permanente: algum tipo de *autorreconforto* abrangente sobre a própria orientação moderna; ao mesmo tempo, o problema acadêmico do ceticismo epistemológico e o problema cultural e político da autoridade legítima.

Diante dos espetaculares erros científicos da tradição pré-moderna, e do colapso da religião cristã e de sua autoridade política em uma guerra sectária, necessitávamos então de algum reconforto ou reafirmação abrangente sobre a nova resolução de tratar apenas as propriedades matematizáveis da natureza como substanciais ou reais, a resolução de substituir a contemplação pelo domínio como *telos* [meta] da investigação, a resolução de iniciar a reflexão política a partir do indivíduo natural. O senso quase patológico de insegurança que dá origem à dúvida radical de Descartes e sua resolução metodológica, e a grande restrição do que contará como confiável na tradição empirista, falam a essa necessidade pré-teórica. Como modernos, poderíamos ao menos resolver nos limitar a fundamentos sobre os quais podemos ter segurança; o imediato, o incorrigível, aquilo que é um fundamento seguro porque não "se deve a nós"; ou aquilo que depois foi maravilhosamente, religiosamente até, chamado de "o dado".

A primeira crise nessa tentativa de reafirmação, a crise que produziu Hegel e Nietzsche, foi o livro adequadamente intitulado *A crítica da razão pura*, e seu ataque às estratégias de reafirmação do início do período moderno como sendo ainda dogmáticas e não críticas. Eventualmente, as suspeitas do próprio Kant acerca do dogmatismo se voltaram contra ele, contra suas explicações de uma necessidade transcendental, uma tábua fixa de categorias, uma arquitetônica "natural" da razão etc. O "espírito crítico" havia começado a devorar a si mesmo, e o projeto da reafirmação estava em dificuldades outra vez.[7] Daí a crise do século XIX, com a qual Habermas inicia sua explicação:

---

7 Cf. *Modernism as a Philosophical Problem*, op. cit., p. 46-79.

ou uma forma inteiramente nova de tal reafirmação – uma narrativa hegeliana sobre quais princípios sancionadores ou critérios justificativos *revelaram-se* indispensáveis (e assim, implicitamente, um apelo a algum modelo social de reafirmação coletiva) – ou, aparentemente, um começo espetacularmente novo, uma tentativa de imaginar uma forma de vida *inteiramente* sem reafirmação ou reconforto, na qual a própria busca de tal consolo, a filosofia mesma, seria melhor compreendida como um fracasso servil dos nervos, não como a única coisa que é sempre necessária.[8] Essa, eu sugeriria, é a questão que está principalmente em jogo no suposto "adeus" de Nietzsche.

Tudo isso, no entanto, não é o mesmo que negar o fato de que a própria ideia de um "problema da modernidade", hoje tão popular e influente, é também tremendamente controversa e provavelmente errada desde o início. Muitos dos participantes atuais da discussão sobre a pós-modernidade simplesmente assumem, com frequência, o pressuposto altamente discutível de que a modernidade se encontra em algum tipo de "crise"; que todas as "grandes narrativas" comuns usadas para legitimar a autocompreensão da modernidade iluminista, desde o progressivismo *Whig*[9] à autocongratulação

---

8 Esse modo de pensar sobre as respectivas insatisfações de Hegel e Nietzsche com a tradição moderna sugere muitas outras afinidades. Ambos, por exemplo, são frequentemente entendidos como tendo rejeitado qualquer ponto de vista "transcendente" ou metafísico em filosofia (na verdade foi Hegel quem anunciou pela primeira vez que a "religião dos tempos modernos" sustentava que "Deus está morto"), e como tendo entendido a filosofia como contínua com a "vida" e como uma expressão dela, quer ela fosse entendida em termos de algum "espírito" histórico ou como "vontade de poder". E, de maneira bastante paradoxal, apesar de todas as diferenças entre eles, ao se posicionarem tão longe do lado de fora da tradição, supõe-se que ambos caíram em algum tipo de cilada ou paradoxo. A ideia é que podemos ver como ambos, privados da transcendência metafísica, da certeza subjetiva do método cartesiano, ou da necessidade transcendental de Kant, são presas de um tipo perigoso de afirmação. Supõe-se que Hegel seja um filósofo da "reconciliação" (*Versöhnung*) radical, afirmando o real como racional; e a grande injunção de Nietzsche é "Nenhuma vingança!" ("*Keine Rache!*"), especialmente nenhuma vingança contra o tempo, e assim, finalmente uma afirmação acrítica do "eterno retorno do mesmo". Ver o útil ensaio de Daniel Breazeale, "The Hegel-Nietzsche Problem" ["O problema Hegel-Nietzsche"], *Nietzsche-Studien* 4, 1975, p. 146-164.

9 Nota do tradutor: *Whig* é um termo sem tradução para o português, com uma longa história na política inglesa e norte-americana. Originalmente, *Whig* foi o epíteto da facção política de oposição à monarquia absolutista na Inglaterra no século XVII, tornando-se posteriormente o nome de um partido político na Inglaterra, e mais tarde também nos Estados Unidos (com um

positivista, até a sofisticada e atual estratégia de Blumenberg,¹⁰ são produtos profundamente defeituosos de um autoengano abrangente. Sem tal assunção, o Iluminismo, quer seja entendido à maneira tradicional como a realização final da maturidade ("autonomia") humana e como a descoberta de uma metodologia certeira de produção da verdade, quer seja entendido mais pragmaticamente como simplesmente nossa melhor aposta coletiva em uma vida futura melhor, pode ainda estar simplesmente incompleto em seus próprios termos, sem ter necessidade de nenhuma superação dialética ou grande adeus ("Só precisamos de mais tempo.").

Mas para qualquer um que rejeite esse apelo a uma "satisfação adiada" como explicação para a persistente falta de adequação entre a promessa original do Iluminismo e o resultado contemporâneo, a centralidade do pensamento de Nietzsche para toda a assim chamada reflexão pós-iluminista é clara, e torna ainda mais convincente uma tentativa de entender em detalhes o que poderíamos chamar de a consciência histórica do próprio Nietzsche, o problema da modernidade que ele chamou de "niilismo". Existem, afinal, vários tipos de maneiras de dizer adeus. Se isso é de fato o que ele está fazendo, quero perguntar: o que há de distintivo no suposto "adeus" de Nietzsche?¹¹ E o que exatamente ele considera estar deixando para trás?

---

programa político não relacionado ao do partido *Whig* britânico). Na literatura especializada *Whig* tornou-se também um rótulo para uma abordagem em historiografia que interpreta o curso da história como uma progressão inevitável rumo à liberdade e ao esclarecimento (ou "Iluminismo"). É nesse sentido que o autor utiliza o termo aqui.

10 Hans Blumenberg, *The Legitimacy of the Modern Age* [*A legitimidade da idade moderna*], trad. de Robert Wallace (Cambridge: MIT Press, 1983). Ver também meu "Blumenberg and the Modernity Problem" ["Blumenberg e o problema da modernidade"], *Review of Metaphysics*, vol. 40, 1987, p. 535-557.

11 Também é verdade que conceber o problema em termos de uma oposição assim tão abstrata deixa de fora um certo número de outras opções, e é em si mesmo algo incompleto sem uma discussão mais ampla do contexto histórico no qual todo o "problema do Iluminismo" se desenvolveu. Esse último detalhe teria de incluir os desafios teológicos-românticos de Jacobi, Hamman e Herder, entre outros, a apropriação e transformação idealista de tal reação, e as discussões pós-hegelianas de "esquerda e direita". Contudo, para levantarmos a questão da modernidade em Nietzsche de uma maneira administrável, teremos de começar com essa distinção admitidamente grosseira.

Levanto essa questão examinando as três categorias históricas óbvias relevantes para a compreensão de Nietzsche sobre esse problema: a relação complexa de Nietzsche com a própria modernidade (ou a questão do "modernismo" do próprio Nietzsche); a suspeita comum de que seu ataque à autossatisfação moderna deve revelar um atavismo, uma celebração pré--moderna da política aristocrática e das virtudes heroicas de nobreza e força; e o recente fascínio com seu suposto pós-modernismo, sua tentativa de escrever, propor e afirmar sem consolo e sem "vingança", de jogar, e talvez mesmo de antecipar a tentativa de escrever "*sous rature*" ["sob rasura", isto é, repudiando em um sentido aquilo que se está afirmando em outro sentido].

A modernidade como "autocontradição fisiológica"

É relativamente incontroverso começar notando que há claramente algum tipo de dimensão histórica, e mesmo tipicamente moderna e apocalíptica, na obra de Nietzsche. Essa dimensão é evidente em alguns de seus títulos: *Aurora, Para além do bem e do mal, Crepúsculo dos ídolos, O anticristo* e em sua anunciação da "era do último homem" e a possibilidade de um "além do homem" em *Assim falou Zaratustra*. Muito antes de se pensar nele como um pensador metafísico ou pós-modernista, Nietzsche tornou-se internacionalmente famoso como uma espécie de profeta cultural, por proclamar que chegamos ao "crepúsculo da civilização europeia", que "o niilismo está à porta", que "os valores mais elevados se desvalorizaram", e assim por diante.

Essa ênfase sobre a jeremiada nietzscheana é bastante justa, a despeito de várias qualificações necessárias. Em primeiro lugar, a ideia de um "adeus ao Iluminismo" em Nietzsche deve reconhecer a natureza tendenciosa de algumas das caracterizações de Nietzsche acerca da modernidade. Ele tende a destacar certos pensadores e fenômenos, particularmente Locke, Rousseau, Hume, Kant, o progressivismo *Whig*, a democracia, o socialismo, o darwinismo, Wagner e Schopenhauer, a cultura de massa, o conformismo; e a fazer parecer menos importante (embora ele note) sua afinidade com uma linhagem diferente na modernidade, representada por pessoas como

Maquiavel, Hobbes, Espinosa, e pelo materialismo, o lado gótico ou mais sombrio do romantismo, e o próprio modernismo estético.[12]

Em segundo lugar, e de maneira muito mais importante, o tratamento canônico acerca de Nietzsche como um pensador anti-iluminista pode levar à confusão, uma vez que "o Iluminismo" ou a "modernidade" não têm por si mesmos uma importância central no tratamento dado por Nietzsche a importantes instituições contemporâneas. De fato, as observações de Nietzsche sobre o tema da modernidade tendem a levar para duas direções diferentes. Por um lado, o problema que ele chama de niilismo, embora seja certamente relevante para as principais instituições da modernidade – a ciência natural, a democracia liberal, o ceticismo, a tolerância religiosa, e assim por diante – é uma crise que ele discute em um contexto histórico *muito* mais amplo, que identifica o "platonismo" e o "humanismo cristão" como os principais alvos de interesse. De maneira um tanto enigmática, para Nietzsche, a política moderna é de muitas maneiras tão cristã quanto a política feudal (e talvez até mais); os cientistas modernos são *sacerdotes*, eles buscam o "ideal ascético" tão vigorosamente, se não tão autoconscientemente, quanto o fazem os sacerdotes reconhecíveis, e os "livres-pensadores" modernos expressam tanto ressentimento quanto seus irmãos mais devotos.

Contudo, por outro lado, para Nietzsche há algo *distintivo* acerca do período pós-iluminista na história ocidental, algo que não é meramente uma repetição do platonismo ou do cristianismo. A modernidade representa algum tipo de "crepúsculo", "declínio", "degeneração", ou "exaustão", que é histórico e único, para usarmos as descrições frequentes feitas por ele. No coração da teoria da modernidade de Nietzsche encontra-se uma caracterização complexa e elusiva, claramente voltada para o confronto com o otimismo e a autossatisfação ainda proeminentes em boa parte da autocompreensão da modernidade: a idade moderna é, de modo único, o *advento do niilismo.*[13]

---

12 Para complicar as coisas, ele frequentemente *expressa* grande admiração pela clareza de estilo e a frieza de pensamento presentes na "psicologia" francesa do século XVII, que é ela mesma tipicamente "moderna" de muitas maneiras.

13 Claramente, esse visa ser um comentário histórico, bem como crítico, e tal fato levanta a

Essas afirmações, ao mesmo tempo, sobre a natureza *repetitiva* e *distinta* da época moderna podem ser resumidas da seguinte maneira. Por um lado, a explicação de Nietzsche, particularmente quando comparada com as numerosas teorias pós-hegelianas da modernidade, é bastante branda, e não produz muito, por comparação, a partir da noção teórica do "moderno". Ele enfatiza, em vez disso, a continuidade entre o pensamento iluminista e a tradição anterior, mas ele frequentemente nota que a modernidade é mais distintiva em sua *confiança* presunçosa, sua ambição de cumprir a antiga "vontade de verdade" e a identificação do "bem em si". É essa insistência moderna em uma resolução bem-sucedida da "incompletude" platônica e cristã que torna mais proeminente e mais significativa a falha de tal tentativa (o "niilismo"). O sonho de Iluminação da modernidade é tão extremo e, de acordo com Nietzsche, fracassa tão absolutamente, que ajuda a revelar essa ilusão onírica em todo o pensamento pós-platônico, e nos concede uma distinta oportunidade de compreender aquele fracasso. Por isso as imagens da modernidade de Nietzsche são imagens fisiológicas de uma exaustão e doença final ou decisiva, "sintomas" que finalmente permitem um diagnóstico correto, ou imagens poéticas (arcos que perderam completamente sua "tensão") que afirmam a mesma coisa.

Para começar a esclarecer essas afirmações, precisamos primeiro de mais detalhes a partir da superfície, os traços mais acessíveis do ataque de Nietzsche à cultura moderna. Em sua maior parte, e de maneira um tanto surpreendente, esse ataque de superfície, a expressão do "adeus" de Nietzsche, diz respeito à *autocompreensão* do empreendimento moderno. Em concordância com a máxima incomumente idealista que ele havia anunciado em *Para além do bem e do mal*, de que os "maiores eventos" de uma época

---

difícil questão da visão de Nietzsche sobre a história. Cf. *On the Advantages and Disadvantages of History for Life* [*Sobre os usos e desvantagens da história para a vida*], p. 8, p. 24-61, com *Twilight of the Idols* [*Crepúsculo dos ídolos*], p. 35. Ver também as notas 3 e 4 em meu "Nietzsche and the Origin of the Idea of Modernism" ["Nietzsche e a origem da ideia de modernismo"], *Inquiry* 26, 1983, p. 175, para uma discussão mais completa e referências mais completas sobre outros tratamentos da noção de história de Nietzsche.

são seus "maiores pensamentos" (ABM, p. 227),¹⁴ a análise de Nietzsche sobre as maiores instituições da modernidade é dirigida contra a "*interpretação* moral cristã", o "pensamento" acusado de ser responsável pela crise do niilismo (VP, p. 6). E "o que significa o niilismo? *Que os valores mais elevados se desvalorizam.* A meta está ausente; o 'por que' não encontra resposta" (VP, p. 9). De algum modo, a "fé na moral" cristã, seu "cultivo da 'veracidade'" (*ibidem*), minaram a possibilidade de afirmar um "objetivo", "desvalorizaram" os valores que tornam possível tal afirmação.¹⁵ Conforme expressado em *Assim falou Zaratustra*,

> A humanidade ainda não tem nenhum objetivo.
> Mas digam-me, meus irmãos, se a humanidade ainda carece de objetivo – não é que a própria humanidade também está em falta, ainda? (AFZ, p. 60)

De fato, a humanidade como uma criatura que supera a si mesma está em falta. Porque "o homem não mais lançará a flecha de seu anseio para além do homem", ou "não mais dará à luz uma estrela", nos deparamos com "o mais desprezível", o "último homem", "que torna tudo pequeno", que diz "nós inventamos a felicidade" e "pisca" (AFZ, p. 17).

O modo como a "interpretação moral cristã" criou *por si mesma* esse estado de "falta de objetivo" está entre as afirmações mais interessantes, mais obscuras, e certamente mais negligenciadas de Nietzsche. O orgulho inconfundível com que Nietzsche, ou, digamos, o Nietzsche oficial, desmascara as autoilusões, aponta para as baixas origens escondidas daquilo

---

14 Esse parágrafo, #227, além de trazer Hegel à mente, representa também um análogo nietzscheano à famosa passagem da "Coruja de Minerva" de Hegel. Aqui, a luz de uma estrela, um "grande pensamento", nesse caso, talvez os pensamentos dos filósofos do futuro, leva muitos anos para chegar a um observador, e até então nós negamos que tal estrela exista. A filosofia, em outras palavras, é sempre e necessariamente extemporânea. Embora as insatisfações de Nietzsche com a modernidade apareçam em muitas obras, ele nos diz em *Ecce homo* que deveríamos procurar em *Para além do bem e do mal* "em todos os seus elementos essenciais" por uma "crítica da modernidade" e alguns "indicadores" do "tipo nobre, que diz sim", que é seu contrário (EH, p. 310).

15 Um dos termos que Nietzsche usa com mais frequência para descrever nossa descoberta sobre "a interpretação cristã" é que ela é "falsificada" (*Falschmünzerei*). Ver GC, p. 308.

que é elevado, e assim por diante, é paralelo em toda parte ao que parece ser uma insistência de que *ele* não está fazendo nada. Ele está notando para nós aquilo que *nós* fizemos a nós mesmos, aquilo que estamos começando a exigir de nós mesmos que enfrentemos, agora. Há pouca dúvida, para voltarmos às alternativas hegelianas que são tão importantes para Habermas, de que Nietzsche pretenda que seu projeto seja tanto uma fenomenologia quanto uma genealogia, e que ele reconhece o problema metodológico e autorreferente gerado por uma fé ingênua em uma genealogia "científica".

Esse grande problema, que poderíamos chamar de o uso comum e desconcertante da *primeira pessoa do plural* por Nietzsche, sugere por si mesmo conexões com temas hegelianos introduzidos anteriormente. Nietzsche (mais como Schopenhauer, Wittgenstein, Husserl, e menos como Kierkegaard, Heidegger, Derrida) de fato sabia muito pouco, com qualquer sofisticação, sobre a grande tradição filosófica com a qual ele batalhava. Se ele soubesse, sua própria abordagem às *aporiai* da modernidade teria imediatamente sugerido sua causa comum com a revolução efetuada pela Introdução da odiada *Fenomenologia do espírito* de Hegel. Foi essa obra que propôs pela primeira vez que todas as instituições, até mesmo as práticas científicas, as escolas filosóficas, as instituições morais, deveriam ser tratadas elas mesmas como "*aparências*", "formas do Espírito", ou práticas culturais.[16] A possibilidade e a adequação delas não seriam disponibilizadas por algum método ou ferramenta exógenos, ou procedimento genealógico, ou paradigma de pesquisa (que são eles mesmos meras "aparências"). Não há nenhum tal ponto de vista exterior, e assim

---

16 Cf. a famosa explicação sobre a própria ciência como "*Erscheinung* [aparecimento]", sobre por que a própria ciência "deve *se livrar* dessa aparência (*Scheine*)", e como a autoeducação da "consciência" resulta disso, todas na *Phänomenologie des Geistes* [*Fenomenologia do espírito*] de Hegel (Hamburgo: Felix Meiner, 1952, p. 66 e 67); *Hegel's Phenomenology of Spirit* [*A fenomenologia do espírito de Hegel*], trad. de A. V. Miller (Oxford: Oxford University Press, 1979, p. 48 e 50). Por que esses fenômenos deveriam ter de ser tratados dessa maneira é uma história mais longa, mas eu alegaria que ela envolve questões semelhantes tanto em Hegel quanto em Nietzsche, e deriva da revolução kantiana. Ver o Capítulo Cinco de meu *Hegel's Idealism: The Satisfactions of Self-Consciousness* [*O idealismo de Hegel: as satisfações da consciência de si*] (Cambridge: Cambridge University Press, 1989).

"nós", que somos nós mesmos herdeiros e produtos de tais autotransformações, devemos entender como tais instituições e práticas vieram a fazer avaliações de si mesmas, que tipo de reafirmação elas obtiveram, quão satisfatórias elas se mostraram ser, como elas conduziram até "nós". Isso é tudo que a compreensão e avaliação de nós mesmos pode envolver, pelo menos para muitos dos "pós-katianos".[17]

Uma vez que o próprio Nietzsche é bem conhecido por insistir que toda filosofia ou teoria é contínua com a "vida", ou uma expressão dela, ou uma estratégia inteiramente interna a ela, (uma "confissão" de seu autor) – que ela não pode ser um tribunal externo, tendo a "vida" como algum *objeto* de estudo[18] – não deveria ser surpreendente que Nietzsche precisasse restringir sua explicação dos fracassos e possibilidades modernos a "quem *nós* nos tornamos", "o que *nós* enfrentamos" etc. É claro que ele confundiu muitos leitores nesse ponto, por meio de suas muitas *personae* ou máscaras: como "filósofo do futuro", "genealogista", "filólogo", um homem "filosofando com um martelo", *et cetera*; e isso levanta algumas questões retóricas das quais tratarei abaixo. Por ora, precisamos apenas notar as tendências semelhantes no recurso de Hegel e Nietzsche a esse "nós", ao mesmo tempo neutro, descritivo, e ainda assim crítica e contenciosamente narrativo. Daí também as ambiguidades semelhantes em uma afirmação sobre a suposta "*auto*contradição" moderna.

---

17 Há pouca coisa na autocompreensão do próprio Nietzsche que o conecte à tradição crítica ou pós-kantiana. Mas há muitas coisas na obra de Nietzsche que evidenciam tal conexão *malgré lui*, particularmente os problemas que se desenvolvem quando o ataque de Kant à possibilidade do realismo é aceito, mas a possibilidade de um método transcendental ou *a priori* é rejeitada. São indispensáveis para compreender essa conexão: W. Müller-Lauter, "Nihilismus als Konsequenz des Idealismus" ["O niilismo como consequência do idealismo"], em *Denken im Schatten des Nihilismus* [*O pensamento à sombra do niilismo*], ed. A. Schwan (Darmstadt: Wissenschaftliche Buchgesellschaft, 1975, p. 113-163); e Otto Poggeler, "Hegel und die Anfange des Nihilismus--Diskussion" ["Hegel e o início da discussão do niilismo"], *Man and World* 3, 1970, p. 143-199. Desenvolvo esse tema no Capítulo Quatro de *Modernism as a Philosophical Problem*.
18 Esse ponto é apresentado muito claramente em CI: "Quando falamos sobre valores, nós o fazemos sob a inspiração e a perspectiva da vida: a própria vida avalia através de nós quando estabelecemos valores [...]." (p. 45).

A explicação oficial dessa autodestruição é relativamente simples, e se baseia fortemente em uma compreensão da influência do cristianismo, especialmente sua moral do desapego e sua desconfiança de toda parcialidade no raciocínio prático. Ao "treinar os instintos" de uma certa maneira, nós vinculamos a possibilidade de valorizar ou estimar algo à transcendência, ao "bom" e ao "verdadeiro" em si. Ao fazer isso, asseguramos que, quando tais critérios começam a perder sua autoridade social contingente, o resultado teria de ser o niilismo, um senso de que, onde antes havia valor, agora só poderia haver *nihil*, o nada. E o niilismo é o que produz o que Nietzsche chama, em *Crepúsculo dos ídolos*, de um estado de "autocontradição fisiológica" (CI, p. 95), aparentemente algum tipo de estado de "duplo vínculo" no qual devemos ainda dirigir de fato nossa conduta, escolher, excluir, afirmar, e assim por diante, mas que, dada nossa herança cristã, e o que agora compreendemos serem as condições de tal estima, não podemos fazer com qualquer confiança.

Foi a elevação cristã da intenção e, portanto, da honestidade, da autotransparência, a vanguarda da avaliação moral, que de algum modo garantiu que uma lógica interna implacável assumisse o controle de um tal autoexame exigido, e que as verdadeiras intenções dos misericordiosos e humanistas igualitários teriam de emergir, superando "toda fraqueza sentimental". Essa lógica interna teria de revelar para a pessoa em quem ela opera que a própria vida é, em todos os lugares, parcial, dirigida por interesses, e autopromotora. "A própria vida é essencialmente apropriação, injúria, subjugação daquilo que lhe é estranho e mais fraco; supressão, dureza, imposição de suas próprias formas, incorporação e, no mínimo, em seu modo mais brando, exploração" (ABM, p. 203).[19]

---

19 Pelo menos *às vezes* Nietzsche afirma que toda essa compreensão (de que a própria moral não é apenas tornada difícil por tais motivos "mais baixos", mas é ela mesma uma expressão de tais motivos) resulta *de* tentar alcançar os ideais do ponto de vista moral. Em outros lugares, como em seus ataques mais polêmicos ao cristianismo em *O anticristo*, Nietzsche assume o papel de um profeta enfurecido, trazendo uma mensagem violentamente negada pela comunidade, "filosofando com um martelo" (AC, #24-44). Em obras menos polêmicas, como *Para além do bem e do mal*, ele também diminui a importância dessa noção de "valores *se desvalorizando*", e parece escrever como se ele os estivesse desvalorizando

Mas tal autorrevelação apenas torna os valores morais nulos, e esse fato também desempenhará um papel importante na natureza do suposto "adeus" de Nietzsche à modernidade. Isto é, Nietzsche frequentemente explora o ponto que estamos agora enfatizando: que a crise histórica do niilismo é tão contingente quanto sua origem cristã, que o "pessimismo moderno é uma expressão da utilidade do mundo moderno – não do mundo da existência" (VP, p. 23). Consequentemente, "nosso mundo moderno" tem um "caráter ambíguo", "os mesmos sintomas poderiam apontar para o *declínio* e para a *força*". O niilismo poderia ser um "sinal de um crescimento crucial e bastante essencial, da transição para novas condições de existência", ou um "niilismo genuíno" (VP, p. 69). Nietzsche não discute nesse contexto o que teria de ocorrer para que uma condição genuinamente nova de existência emergisse historicamente (não apenas como uma mera esperança, ou meramente para o indivíduo Nietzsche). Contudo, essa questão parece ser um dos temas principais de sua obra mais difícil, *Assim falou Zaratustra*.[20]

Essa narrativa geral forma então a base para uma ampla discussão de muitos fenômenos modernos, incluindo a atenção dada por Nietzsche às dimensões complexas, e até aos paradoxos, de sua própria fenomenologia. Nietzsche percebe claramente, especialmente ao longo de *Assim falou Zaratustra*, que de longe a "manifestação" mais notável do niilismo é sua *não manifestação*, a ausência de pensamento com a qual esse momento deflacionário é de fato *abraçado*. "'O que é o amor? O que é a criação? O que é desejo? O que é uma estrela?', assim pergunta o último homem, e ele pisca" (AFZ, p. 17).

---

graças a alguma compreensão especial, ou descoberta psicológica ou metafísica.
Contudo, em um grande número de outras passagens, e ao longo de suas notas não publicadas, ele diz muito claramente que é a "moral" que descobre sua teleologia, "reconhece" sua "falsidade inveterada" (VP, p. 10). Para uma passagem bastante típica acerca de como o conceito de veracidade na moral *cristã* "triunfou sobre o Deus cristão", ver GC, p. 307.

20 Defendo tal leitura de modo extenso em "Irony and Affirmation in Nietzsche's *Thus Spoke Zarathustra*" ["Ironia e afirmação em *Assim falou Zaratustra* de Nietzsche"], em *Nietzsche's New Seas* [*Os novos mares de Nietzsche*], ed. Michael Gillespie e Tracy Strong (Chicago: University of Chicago Press, 1988, p. 45-71).

Essa interpretação errônea do enervamento, do declínio dos instintos e da ausência coletiva de objetivos como sendo a "obtenção da liberdade" é característica da sociedade moderna de massas (a "moral de rebanho"), de acordo com Nietzsche em *Para além do bem e do mal* (#202) e na "Crítica da modernidade" em *Crepúsculo dos ídolos*.

> O Ocidente inteiro perdeu aqueles instintos a partir dos quais as instituições crescem, a partir dos quais o *futuro* cresce: talvez nada seja tão contrário a seu "espírito moderno" quanto isso. Vive-se para o hoje, vive-se muito rápido – vive-se muito irresponsavelmente: é precisamente isso que se chama de "liberdade". (CI, p. 94)

Interpretamos a "perda dos instintos a partir dos quais as instituições crescem" *como sendo* nossas instituições.[21] No que hoje tornou-se um familiar alerta tocquevilleano acerca da democracia moderna, Nietzsche sugere que certas ideias modernas, tais como a do respeito ao valor individual, a tentativa de pensar universalmente, de colocar-se na posição do outro ("compaixão"), meramente indicam uma ansiedade sobre uma possível dominação pelos fortes, um medo de uma (inevitável) desigualdade, e assim refletem um desejo de ser segura e anonimamente absorvido em um rebanho. Nietzsche interpreta os novos ídolos modernos, como o estado de humanidade ou a razão, não como objetivos genuínos, capazes de comandar uma genuína aliança instintiva, mas como falsificações, preenchendo o vácuo teleológico com uma normalidade tranquilizante, e como sintomas da degeneração do homem em uma criatura que só pode querer fazer "o que todos os outros fazem".

É esse tipo de insatisfação nietzscheana com a modernidade, com sua linguagem do fracasso, da crise e da autocontradição, que naturalmente sugeriu a muitos o *antimodernismo* que foi por muito tempo associado a Nietzsche. Ele tem um pré-modernismo atávico, dado o teor de seu desprezo, o espectro do familiar Nietzsche "pré-moderno" das interpretações tradicionais, o entusiasta elitista e patriarcal da "besta loura", o Nietzsche

---

21 Cf. também *A gaia ciência*, p. 304.

que simplesmente celebra a ausência da vida consensual ou mesmo minimamente comunitária, promovendo não uma unidade social (sempre "o rebanho"), mas uma severa "hierarquia" criada ("sexualmente reproduzida") e mantida a partir de cima.

Origens pré-modernas

Para aqueles que leem Nietzsche dessa maneira, boa parte da motivação do adeus de Nietzsche à tradição moderna parece brotar de sua famosa análise das "origens" da perspectiva platônica, extramundana, cristã, negadora da vida, que se encontra no cerne da decadência interna da modernidade, uma interpretação dada em um de seus livros mais excitantes e acessíveis, *Sobre a genealogia da moral*. Essa é a narrativa que pareceu para muitos celebrar o pré-moderno e encorajar uma espécie de retorno.

A narrativa que Nietzsche faz sobre tais origens tornou-se muito bem conhecida; ela é uma espécie de matéria básica em cursos introdutórios de graduação e manuais de história da ética. Culturalmente, a distinção moral ainda dominante (mas cambaleante) é entre "bem e mal". Essa é uma distinção entre um ato motivado por motivos altruístas e desapegados, um ato feito tendo em vista o bem em si, ou, de modo mais amplo, um ato em que o bem da própria pessoa nunca é primário, mas é medido em combinação com o bem do outro,[22] e um ato egoísta, afirmado em completa indiferença em relação aos outros ou ao efeito do ato sobre os outros.

Para compreender essa distinção e a natureza de seu apelo, devemos compreendê-la como uma "reação" a uma distinção muito diferente, uma que já estava posta, a partir da qual ela se degenera. Essa distinção

---

22 Nietzsche claramente não pensa que as formas modernas de utilitarismo sejam distintivas a esse respeito. Enquanto elas podem não julgar o ato com referência à intenção do agente individual, a avaliação geral do ato ainda invoca algum tipo de ideal de desapego, de que o ato é desprovido de valor a não ser que se possa mostrar que ele beneficia a maioria, e não apenas o agente. Ver, especialmente, ABM, #201. Além disso, "os utilitaristas são ingênuos" (VP, #291), uma vez que eles erroneamente acreditam que podem identificar tanto as consequências de um ato quanto "aquilo que é útil".

"aristocrática" anterior é entre o bom e o "baixo" ou "ruim" (*Schlecht*), uma distinção que é virtualmente a imagem espelhada do padrão bem/mal. Essa dicotomia separa os atos e os caracteres que são nobres, belos ou bons (*kalos*) daqueles que são feios e comuns; atos feitos com a suprema autoconfiança do agente, com o senso de valor do próprio agente *decretando* como ele deve agir, e aqueles feitos em situação de fraqueza e dúvida sobre si mesmo, exigindo a reafirmação ou o consolo de um valor eterno ou critério racional, ou a aprovação dos outros. Na explicação tipológica de Nietzsche, a distinção bem/mal, tão central para a vida política e moral moderna, representa uma "reação" por parte do tipo "escravo" em relação àquela legislação confiante e aristocrática. Todo o ponto de vista socrático e cristão, argumenta ele, deveria ser considerado como a "revolta de escravos na moral", uma revolta alimentada pelo ressentimento contra os poderosos, por parte dos destituídos de poder.

Além disso, a fim de que o escravo negue consistentemente o valor ou importância do próprio poder real exercido pelo senhor sobre ele, um sistema metafísico e moral começa a se desdobrar. Esse sistema torna possível a justificação de um mundo interior, privado, e uma metafísica na qual as intenções, e somente as intenções, podem determinar aquilo pelo qual um agente é verdadeiramente responsável, uma metafísica na qual a alma, ou um verdadeiro eu, pode ser distinguido do corpo "exterior" tão obviamente sujeito à vontade do senhor. Na Segunda Dissertação de *Sobre a genealogia da moral*, essa genealogia do sujeito é continuada. Nietzsche tenta explicar a variedade de maneiras como um sujeito viria a pensar sobre si mesmo, como ele teria de se treinar, a fim de completar com sucesso a revolta escrava. Nietsche lê toda a metafísica pós-cristã como uma estratégia prática, a construção de um edifício no qual a ilusão da força, do poder *inatacável*, ou da própria "vontade", poderiam ser defendidas e estimadas.

Na última dissertação da *Genealogia*, Nietzsche generaliza sua explicação da moral e da compreensão moral da subjetividade, e se concentra em muitas das questões nas quais estamos interessados. O fenômeno moral básico em questão, afirma Nietzsche, deveria ser amplamente interpretado como um "ideal ascético", um ideal que, ainda que seja mais visível no sacerdote ou no moralista, é, como ele tenta mostrar em toda parte, também buscado por filósofos, artistas e cientistas. Esse é um ideal paradoxal, que requer uma interpretação sutil de seu significado. Pois o sacerdote ascético, em todas as suas manifestações, nos encoraja a "nos voltarmos contra a vida", a negar a própria vida, a vê-la como um "caminho errado", um "erro que é corrigido pelas ações" (GM, p. 117). Esse "modo monstruoso de valoração", que aparenta ser grosseiramente autodestrutivo, produziu um "planeta ascético", "um recanto de criaturas desagradáveis, arrogantes e ofensivas, cheias de um profundo desgosto contra si mesmas, contra a terra, contra toda a vida, que infligem tanta dor a si mesmas quanto podem, por um prazer de infligir dor – que é provavelmente seu único prazer" (*ibidem*).

Nós, contudo, nos tornamos de tal modo uma "espécie inimiga da vida" "*no interesse da própria vida, que tal tipo autocontraditório não desaparece*" (*ibidem*). O que deve ser negado a todo custo e superado pelo postulado de uma vida diferente e melhor no porvir, pelas boas obras, por uma "narcose" do espírito, e assim por diante, é o que Nietzsche chama, de várias maneiras, de o reino do mero acaso no universo, de puro devir e, especialmente, de caráter irredimível do sofrimento (todas preocupações mais profundas do "escravo" ou do tipo servil, o tipo que hoje chamamos de "burguês").

Mas a estratégia de autopreservação parece ter se exaurido. As ilusões sob as quais ela prosperou foram expostas. Onde costumava haver monastérios, igrejas, e até mesmo salões e museus – testemunhos da santidade e primazia da cidadela interior da vontade e da intenção – hoje há "realmente" apenas manicômios e hospitais, concessões à visão moderna do caráter sempre condicionado, arbitrário e contingente de tais vidas interiores "despossuídas" e caoticamente formadas. Por outro lado, boa parte da própria exposição moderna, boa parte desse mesmo "espírito moderno", *está ainda tão comprometida com o ideal ascético quanto aquilo que ela expõe*. E essa acusação é o que levanta todas as perguntas interessantes sobre o suposto "adeus" de Nietzsche.

Quando Nietzsche pergunta sobre esses supostos "contraidealistas" modernos, negadores do ideal ascético, "os negadores e os forasteiros de hoje", ele é inflexível: "[...] todos esses pálidos ateístas, anticristãos, imoralistas, niilistas; esses céticos, efécticos, hécticos do espírito [...], esses últimos idealistas do conhecimento, únicos nos quais habita e está hoje encarnada a consciência intelectual – eles certamente acreditam que são tão completamente livres do ideal ascético quanto possível" (p. 148-150). Eles estão errados, contudo, esses autodeclarados "espíritos livres", pois "*eles ainda têm fé na verdade*" (GM, p. 149-150).

E é esse ataque contra os críticos da modernidade (realmente começando no início da GM com a discussão sobre os genealogistas ingleses) que imediatamente vira de cabeça para baixo qualquer leitura sobre o próprio Nietzsche como uma espécie de Darwin ou Freud, propondo alguma reconciliação resignada com o ser natural ou primitivo que nós verdadeira ou originalmente somos. Nietzsche não pode ser lido como algum tipo de antropólogo ou etnólogo de poltrona, perfurando as pretensões da tribo ocidental moderna. Ele estritamente distingue sua própria voz daquela da instituição cética e secular predominante da modernidade, a ciência moderna. Ela ainda deriva seu "fogo da chama" da verdade divina de Platão e do cristianismo. Ela ainda encoraja um empreendimento ascético, ligado à necessidade de *proteger* a humanidade da contingência, de reassegurá-la *por meio da verdade*. Nietzsche também não exibe nada da esperança de, digamos, Freud, de que tal iluminação naturalista ou materialista será progressiva, produzirá alguma nova forma de cooperação social com expectativas reduzidas. Sua atitude para com tais esperanças "niveladoras" cristãs de paz e cooperação é clara o tempo todo.

Esse tipo de ataque contra "o ideal ascético", contra qualquer tipo de genealogia científica, então levanta as questões óbvias: em *qual* sentido foi *mostrada* uma grande "desvalorização dos valores" na modernidade? Em qual sentido ocorreu uma preparação para uma "transvaloração"? Se Nietzsche não afirma ter descoberto origens pré-modernas ou menos corruptas, o que ele propôs?

Coloque-se o problema dessa maneira, nos termos dele. Podemos seguramente reenunciar pelo menos isso, daquilo que Nietzsche afirma estar fazendo: Nietzsche famosamente proclamou que, "ao abolir o mundo verdadeiro, nós *abolimos* o mundo aparente". Não somos, pelo menos, céticos que devem se resignar ao fenomênico e à *inacessibilidade do real* em meio ao jogo das interpretações. Tudo acerca dessa questão parece diferente quando as assunções por trás da "vontade de verdade" foram expostas e enfraquecidas. Esse é um ponto difícil de enunciar apropriadamente para Nietzsche, uma vez que suas metáforas favoritas sobre levar a vida sem ilusões invocam imagens de "máscaras" e a tarefa da "interpretação". Esses termos envolvem naturalmente a lógica dos textos e dos originais, ainda que Nietzsche insista que existe apenas "mascaramento" na ação humana; nenhum texto, somente interpretações.[23]

Mas também é claro, pelo menos, que mesmo que esse jogo paradoxal com o caráter "essencial" das "aparências" pudesse ser claramente compreendido, ele não daria fim ao problema de apreender e manter coesos, de "ler", os *fenômenos* corretamente, como eles se mostram. Nietzsche poderia, como frequentemente se diz, estar tentando apenas "legislar", criar ou impor a autoridade de sua própria narrativa com a força de um grande autor, mas isso simplesmente aumentaria a dificuldade *para ele*; isso apenas colocaria em relevo mais evidente o problema de *sua própria* reafirmação de que ele *está* legislando ou criando, não meramente imitando ou seguindo. Nos termos de Hegel, a consciência de si não é uma mera espécie de percepção de si. Ela é sempre originalmente apenas uma orientação, uma consideração de si que projeta as atividades do sujeito para adiante, e assim é sempre instável, desafiável por outros, redimida – reafirmada – mais pela atividade futura, ou pelo que o sujeito faz, ou pelos outros, do que por alguma "profundidade" da compreensão presente. O ator nietzscheano, de maneira semelhante, não pode reivindicar nenhum acesso privilegiado a um eu unitário, nenhuma confiança privilegiada acerca de sua própria interpretação de si. Ele não tem disponível para si nenhum referencial ou

---

23 Um ensaio importante sobre a história do uso das noções de *Schein* [aparência] e *Erscheinung* [aparecimento] por parte de Nietzsche, especialmente sensível às tensões internas que se desenvolvem na compreensão posterior de Nietzsche sobre o mundo "verdadeiro" e o mundo "aparente": Robert Rethy, "*Schein* in Nietzsche's Philosophy" ["*Schein* na filosofia de Nietzsche"], *Nietzsche and Modern German Thought, op. cit.*, p. 59-87.

contexto interpretativo que seja simplesmente decisivo, com o qual possa compreender as várias dimensões de seus próprios atos e sofrimentos.

O Nietzsche familiar que responde a tais dúvidas e questões com uma indiferença aristocrática, ou proclamando alguma reafirmação estética, é apenas um Nietzsche preliminar ou superficial. O Nietzsche mais interessante não é de modo algum divinamente imune a tal tensão interna, e não é indiferente ao que tais dúvidas poderiam exigir.

Perspectivas pós-modernas

Para descobrirmos o que Nietzsche de fato pensa estar fazendo, precisamos novamente atentar para alguns estranhos detalhes retóricos de sua apresentação de si mesmo, especialmente as peculiaridades do estilo de Nietzsche, sua maneira de levantar essas questões. Quando fazemos isso, podemos ver que essa questão crucial da compreensão de Nietzsche acerca de si mesmo, e a partir daí a natureza de sua proposta de uma forma de vida (supostamente) "pós-moderna", dificilmente é simples.

Para retornar a um problema fenomenológico levantado anteriormente, a *Genealogia* estranhamente começa com Nietzsche *identificando-se* com aqueles que seriam o objeto do ataque na terceira seção, os "homens de conhecimento" que *ainda* acreditam no ideal ascético: "Nós, homens de conhecimento, somos desconhecidos para nós mesmos" (GM, p. 15). Nas passagens citadas, provenientes da Terceira Dissertação, os comentários de Nietzsche são frequentemente feitos na primeira pessoa do plural. Assim como no Prefácio, ele escreve, com algum tipo de ironia, como "nós, homens de conhecimento", e se refere, com ainda mais ironia, a um tipo que alguns comentadores associam a um ideal nietzscheano, os "espíritos livres".[24] No Prefácio, contudo, Nietzsche não apenas faz uma referência a sua afirmação posterior sobre os motivos inteiramente práticos, e até mesmo

---

24 A Parte Dois de ABM faz um uso frequente da expressão "nós, espíritos livres", mesmo à medida que Nietzsche se esforça para dissociar tal classe de todos os "bons defensores de ideias modernas" (p. 55).

cristãos, de qualquer busca de conhecimento (ele cita Mateus como uma maneira de explicar "nossa" visão da "salvação"), mas ele também afirma, conforme inicia um livro que professa descobrir "as" origens do ponto de vista moral, que "somos *necessariamente* estranhos para nós mesmos", que "*temos* de nos compreender erroneamente", "não somos, acerca de nós mesmos, homens de conhecimento" (*ibidem*).

A criação de uma voz retórica tão estranha não é a única peculiaridade de sua forma, mas é suficiente para levantar um certo número de problemas temáticos, bem como interpretativos. Em particular, isso nos leva de volta às afirmações de Nietzsche sobre a "desvalorização de *si mesma*" realizada pela modernidade, sua "*auto*contradição", e a natureza da interpretação nietzscheana. Se Nietzsche está se identificando com os "homens de conhecimento" ascéticos identificados na Terceira Dissertação, então não apenas Nietzsche estaria se acusando, de modo um tanto bizarro, da busca fútil e autodestrutiva de um ideal ascético, mas estaria também claramente contradizendo sua própria genealogia da "vontade de verdade", presente, entre muitos outros lugares, no primeiro capítulo de *Para além do bem e do mal*. Mesmo que a identificação seja irônica, como é muito mais provável, se ele estiver tentando parodiar a forma do trabalho (uma genealogia científica) mesmo conforme faz uso dela, e assim impedir que interpretemos a obra como uma "nova" forma de *conhecimento*, então a questão óbvia retorna mais uma vez: o que ele está fazendo, e por que a ironia? Será que estamos agora envolvidos no desvio, na elipse, no "jogo" autodestrutivo do discurso "pós-moderno"?[25]

Em parte, a reconstrução sugerida acima começa, penso eu, a responder a essa pergunta. Nietzsche está assumindo que a crise da modernidade, o niilismo, é uma crise inteiramente histórica, uma que se origina no interior da autocompreensão da modernidade, por causa da busca de ideais modernos. Supostamente, então, Nietzsche estaria propondo que a *Genealogia* fosse lida como a autocompreensão "emergente" de "nós,

---

25 *Cf.* Peter Dews, *Logics of Disintegration: Post-Structuralist Thought and the Claims of Critical Theory* [*A lógica da desintegração: o pensamento pós-estruturalista e as afirmações da teoria crítica*] (Londres: Verso Press, 1987), p. 200-242.

homens de conhecimento", ou "espíritos livres". A *Genealogia* é então, em grande medida, as autorrevelações de "nós, homens modernos" (ainda não inteiramente "conhecidos para nós mesmos"), que "somos os herdeiros da vivissecção da consciência e da autotortura de milênios".

A ironia de Nietzsche, a ausência de uma identificação completa com tais "eruditos", é algo sobre o qual ele mesmo comenta, de modo elíptico e evasivo, em *Ecce homo*. Ele diz que a *Genealogia* é "o que de mais inquietante se escreveu até agora", e nos diz que ela é "um começo *calculado para induzir ao erro*: frio, científico, irônico mesmo, deliberadamente preliminar, deliberadamente retardativo" (EH, p. 313, ênfase minha). Sua ironia parece ser um resultado de sua percepção da *incompletude* da autorrevelação acerca da contingência das instituições morais. Os "homens de conhecimento", ainda convencidos de que as afirmações tradicionais sobre a possibilidade da valoração se sustentam, concluem que a consequência de seus desmascaramentos seria a falta de vontade. Uma vez que o homem "preferiria querer o nada a nada querer", eles também se convencem da "*verdade*" de suas afirmações sobre o "nada", orgulhando-se e encontrando consolo em sua coragem e em sua ciência, mas acabam sendo um mero "presente decadente e duvidoso de si" (p. 96). Esse é o passo que Nietzsche não dará, o movimento que ele chama de "niilismo passivo" ou "fraco".

Essa hesitação é evidenciada por dispositivos estilísticos que são, até onde sei, ignorados na literatura sobre Nietzsche.[26] Na Primeira Dissertação, Nietzsche misteriosamente muda de voz narrativa, e subitamente (na Seção #9) fala a partir da *persona* de um "espírito livre" democrata e plebeu, que reclama que as preocupações do genealogista são irrelevantes. A massa venceu; por que preocupar-se com origens? Nietzsche explica essa interrupção frustrada como uma resposta compreensível ao "silêncio" *dele* (do próprio Nietzsche). Ele simplesmente nota que, qualquer que seja o personagem que

---

26 Isso não quer dizer que a questão geral do estilo literário de Nietzsche não tenha assumido uma grande importância nos comentários contemporâneos. Ver os ensaios em *Nietzsche's New Seas*, op. cit., *Reading Nietzsche* [*Lendo Nietzsche*], ed. Robert Solomon e K. Higgins (Oxford: Oxford University Press, 1988), e especialmente *Nietzsche: The Body and Culture* [*Nietzsche: corpo e cultura*], por Eric Blondel, trad. de Sean Hand (Stanford: Stanford University Press, 1991).

esteja apresentando a genealogia, ele não é, ou não é inteiramente, Nietzsche. *Ele* teve "muito sobre o que manter silêncio" (GM, p. 36). E na conclusão da Segunda Dissertação, Nietzsche estranhamente menciona outra vez seu próprio "silêncio" em pontos da narrativa, sugerindo que ele está ao mesmo tempo apresentando uma genealogia e distanciando-se das reivindicações superficiais dela de verdade ou correção histórica ("Mas o que estou dizendo? Basta! Basta! Neste ponto resta-me ficar em silêncio" [p. 96]).[27]

É claro que a explicação de Nietzsche sobre as origens ainda está longe de ser livre de problemas. Esse é o caso mesmo se ela for interpretada como algum tipo de fenomenologia ironicamente qualificada, não baseada em uma teoria ligada à "vontade de verdade", mas uma representação e uma extensão radical de nossa própria perspectiva histórica "emergente" e seu atual destino. Ele ainda deve ser capaz de fazer as distinções apropriadas e de tirar as conclusões apropriadas no interior, digamos, de sua fenomenologia da *genealogia que começamos a escrever para nós mesmos*.

Aqui os problemas óbvios emergem para alguém como Habermas. Se toda essa questão do "adeus" de Nietzsche se resume à confiança dele em alguma forma de hermenêutica radicalmente histórica, então, perguntou Habermas em vários contextos, em ensaios sobre Nietzsche, Horkheimer e Adorno, e Gadamer,[28] o que constitui uma possível resolução das *disputas* sobre tais questões, disputas sobre quem "nós" realmente somos? Sem alguma explicação das condições de tal atividade interpretativa, alguns padrões ou medidas para separar o joio do trigo, então, correria a acusação, a questão envolvida em um possível adeus ao Iluminismo é uma petição de princípio. E isso por sua vez provoca a óbvia contra-acusação nietzscheana (uma que é evidente em boa parte da furiosa resposta francesa e francófila ao livro de Habermas): que é a própria possibilidade de tal confiança em condições transcendentais (ou "quase transcendentais"), identificadas pela

---

27 Há uma referência muito interessante ao valor do silêncio na discussão de Nietzsche sobre os últimos dias de Sócrates em GC, #340.
28 Ver especialmente J. Habermas, "The Entwinement of Myth and Enlightenment: Re-reading *Dialectic of Enlightenment*" ["O emaranhado de mito e Iluminismo: relendo a *Dialética do esclarecimento*"], New German Critique, 26, 1982, p. 28.

razão como algum tipo de necessidade governando *qualquer* diálogo possível, que está sendo desafiada pela genealogia. Qualquer suspeita sobre a origem "demasiado humana" de uma insistência em tal reafirmação possível seria injustamente rejeitada desde o início, se também necessitássemos de alguma reafirmação racional original de que *a suspeita seria justificada*. Então seria Habermas quem realiza uma petição de princípio ao pressupor a necessidade de tais "critérios" desde o início.[29]

Contudo, eu gostaria de concluir sugerindo que a situação não precisa ser deixada nesse tipo de tensão sobre "petições de princípios". Pois a versão radicalmente "internalista" de Nietzsche sobre qualquer avaliação de práticas socialmente sancionadas, sua negação de que a filosofia poderia ter a "vida" como um "objeto", e sua insistência em que a filosofia é sempre ela mesma uma expressão de uma forma de vida, deveriam significar, de modo bastante consistente, que Nietzsche não tem nenhuma resposta abstrata, em algum meta-nível, para o tipo de justificação exigida por Habermas. Conforme os detalhes do sumário acima deixam abundantemente claro, ele tem uma proposta, uma possível interpretação do que a exigência de consenso objetivo na modernidade pós-platônica e cristã significa para nós. Como vimos, Nietzsche está propondo uma interpretação do significado social contingente das tentativas modernas de se chegar a um consenso racional e universalmente válido, a reafirmação coletiva. Essa interpretação é diretamente baseada nas noções de ressentimento, fraqueza, pena, e nos fatos contingentes da história social europeia. Deveria, portanto, ser possível examinar, de uma maneira interna às próprias assunções de Nietzsche, essa interpretação e suas implicações para a questão da autoridade das alegações de Nietzsche.

Pelo menos é possível começar um exame de tal questão aqui, e sugerir um último problema interno à explicação de Nietzsche (isto é, um problema

---

29 Nietzsche é famoso por sua aparente indiferença em relação à questão de Habermas, e de fato parece inclinado à resposta esboçada acima: "Supondo que isso também [a afirmação de Nietzsche sobre a totalidade da interpretação, a ausência do 'texto'] seja apenas interpretação – e estareis ansiosos para fazer tal objeção? – bem, tanto melhor" (ABM, p. 31). E em *Assim falou Zaratustra*: "'Esse é meu caminho; onde está o seu?' – assim eu respondia àqueles que me perguntavam qual 'o caminho'. Pois o caminho – isso não existe" (AFZ, p. 195).

que não é sujeito a nenhuma acusação de petição de princípio). Como vimos em vários contextos (para nos concentrarmos agora na questão de maior relevância para Habermas, e em toda a questão Hegel-Nietzsche introduzida acima), Nietzsche considera qualquer compromisso com um ideal de algum tipo de aceitabilidade intersubjetiva das "avaliações" de alguém como um "sinal" de fraqueza, e como uma expressão latente de medo em relação àqueles que não necessitam de tal apoio. Essa é uma exigência que emerge, que faz sentido, apenas em um certo tipo de arranjo social e experiência histórica. Tais preocupações "piedosas" acerca das visões de outros devem ser contrastadas com aqueles que simplesmente "se apropriaram do direito de criar valores" a partir de um "*pathos* da distância" (GM, p. 26. Ver também ABM, Seção #261, e o "característico direito dos senhores de criar valores", p. 209). Incorporando tal senso de sua "distância" em relação aos outros, "Os 'bem-nascidos' *sentiram-se* como sendo os 'felizes'; eles não precisaram estabelecer sua felicidade artificialmente examinando seus inimigos, ou persuadir-se, *iludir-se* de que eram felizes" (GM, p. 38).

A despeito de toda a rica complexidade da interpretação histórica e psicológica de Nietzsche, é *esse* contraste básico e um tanto grosseiro entre "autoafirmação" e a "fraqueza" da dependência social que forma o cerne de todas as suas afirmações sobre boa parte das insuficiências da modernidade, as origens da modernidade no pré-moderno, e o novo tipo "pós-moderno", distintamente autoafirmativo, o qual ele aguarda. E mesmo quando todas as sutilezas metodológicas e estilísticas da abordagem de Nietzsche foram levadas em conta, ainda restam sérias tensões não resolvidas na explicação de Nietzsche.

Considere, em conclusão, uma pequena passagem da *Genealogia* onde muitas dessas questões podem ser destacadas com nitidez, e considere novamente a questão da interpretação de Nietzsche sobre o sentido social da necessidade tipicamente moderna de se apoiar em uma justificativa universalmente válida, uma necessidade que pertence ao tipo reativo e ascético do Iluminismo. Na Seção #10 da Primeira Dissertação da *Genealogia*, ele começa seus comentários de conclusão notando primeiro que o contraideal, o "nobre criador" de Nietzsche, seria "incapaz" de "levar seus inimigos a sério" por muito tempo. Esse criador age nobremente, com glória pré-moderna e possibilidade pós-moderna, em suprema indiferença em relação aos outros, sem a "piedade" característica do humanismo moderno. Mas então uma curiosa dialética, por falta de uma palavra melhor, toma conta da passagem. Se, raciocina Nietzsche, um indivíduo é indiferente a seus inimigos, ao "outro" que se opõe a suas avaliações, então ele pode ser *supremamente* indiferente, pode esquecer seus deslizes e estar na melhor posição, não apenas para ignorar, mas para realmente *perdoar* seus inimigos. Mas então, conforme Nietzsche parece ser arrebatado, se as relações de um indivíduo com seus inimigos não são determinadas por ressentimento e medo, então ele pode não apenas perdoar, mas pode realmente gostar de seus inimigos, de fato, "somente aqui o genuíno 'amor por seus inimigos' é possível" (p. 39). E finalmente, uma vez que nos distanciamos bastante de "não levar seus inimigos a sério": "Quanta reverência um homem nobre tem por seus inimigos! – e tal reverência é uma ponte para o amor. – Pois ele deseja seu inimigo para si, como essa marca de distinção; ele não pode suportar nenhum outro inimigo senão um no qual não há nada a desprezar e muito a honrar" (*ibidem*).

Essa passagem notavelmente desintegradora chega muito perto de associar a possibilidade da autoestima do senhor, sua "distinção", a questão com a qual Nietzsche se preocupa tanto na modernidade, ao "reconhecimento" pelo outro (por que outro motivo um Senhor iria "*desejar* seu inimigo para si"?). Tal noção pareceria ligar a possibilidade da criação de valor a uma "consciência de si" acerca da presença dos outros e um conflito com a "criação" *deles*. E a mudança de tom bastante abrupta de Nietzsche ao descrever esse conflito, da "indiferença" para o "amor", sugere uma importante ambiguidade em sua explicação da modernidade.

Como vimos, a descrição mais frequente de Nietzsche sobre a situação moderna é que a Europa ocidental se tornou uma sociedade de "massa" ou de "rebanho". Estimulada pelo secularismo da vida social moderna e pela atitude teórica da ciência e da filosofia moderna, a crescente consciência da contingência de ideais religiosos, metafísicos e morais tradicionais começou a tornar tais ideais indisponíveis como bases de coesão e ordem social. Um vácuo foi criado, e em sua confusão e pânico a "modernidade" preenche esse vácuo com um conformismo estéril e tímido. Em alguns lugares Nietzsche chega ao ponto de dizer que uma instituição como a física moderna, com suas assunções sobre a "conformidade da natureza à lei" ou "igualdade perante a lei", é ela mesma um "remendo ingenuamente humanitário e uma perversão do sentido" que faz "abundantes concessões aos instintos democráticos da alma moderna" (ABM, p. 30; *cf.* também a Seção #14).

Contudo, mesmo que haja algo de verdadeiro nessa imagem da modernidade, na afirmação hoje padronizada de que as sociedades modernas devem enfrentar a perspectiva de avaliação e ação coletivas sem se apoiarem em grandes visões sobre o cosmos, Deus, ou o "bem em si", alguns dos textos do próprio Nietzsche começam a sugerir que essa perspectiva não significa que as alternativas abertas sejam alguma forma de individualismo heroico pré-moderno (com seu correspondente código aristocrático de guerra e honra primitiva), ou conformismo moderno, com seus ideais burgueses de segurança e prudência. O problema de um *ideal coletivamente autodeterminado*, inteiramente *baseado* na ausência de objetivos naturais ou de uma hierarquia natural, é um problema moderno tão típico e tão difícil quanto qualquer outro. Nietzsche tende a concentrar a atenção em formas de socialidade moderna tais como o contrato, ou o asseguramento coletivo da forma mais baixa, mais "servil" de autoafirmação – o interesse próprio. Mas há muitas outras explicações, motivadas por um ceticismo sobre a metafísica ou por um realismo tão profundos quanto os de Nietzsche, que tentam todas levar em conta uma existência cooperativa e ideais políticos cooperativos sem tal estreitamento da questão da autodeterminação. Exemplos incluem aqueles filósofos que representam alternativas tanto ao direito natural moderno quanto a tradições racionais egoístas, ou os teóricos da "vontade racional": Rousseau, Kant, Fichte e Hegel vêm à mente.

De fato, o próprio Nietzsche parece admitir na passagem acima que nunca é possível *ser* radicalmente independente ou inteiramente "ativo". Dada simplesmente a presença de outros e, portanto, a possibilidade de interpretações conflitantes sobre o que se está fazendo, e dada a possibilidade simples do *auto*engano, sempre se pode ser "*auto*rreativo", a despeito do discurso de Nietzsche sobre um "esquecimento ativo" ou um "tipo de segunda inocência". E feita essa admissão, não é difícil ver como o conflito para o qual Nietzsche aponta poderia ser historicamente transformado; ele não precisa ser permanentemente violento ou insolúvel. De modo surpreendente, a passagem pelo menos sugere uma explicação da base *social* de um apelo que em última instância é necessário a uma reafirmação universal ou mutualmente consensual (talvez um reconhecimento mútuo final daqueles que vieram a se considerar como iguais ou "Senhores"), que é apenas originalmente, e não finalmente temerosa e "servil" (essa base é familiar para os leitores da *Fenomenologia do espírito* de Hegel).

Essa não é, é claro, a teoria de Nietzsche. O "desejo" (*verlangen*) expresso acima de ter o inimigo como a marca de "distinção" (*Auszeichnung*) do senhor é diretamente contradito por uma passagem típica de *Aurora*, atacando qualquer desejo de "distinção" (*Streben nach Auszeichnung*) como levando necessariamente à temida "hierarquia ascética" (A, Seção #113, p. 113). Na maioria das vezes, além disso, Nietzsche mantém a ficção da moral do senhor como inteiramente autóctone e socialmente indiferente.

Contudo, essa passagem na *Genealogia* não é o único lugar no *corpus* onde essa ficção de um senhor inteiramente autossuficiente e autocriado é limitada. Boa parte de *Assim falou Zaratustra* é simplesmente incoerente a menos que certas coisas, tais como o vínculo aparentemente inquebrável entre Zaratustra e seus discípulos, e mesmo entre ele e a sinistra cidade da Vaca Malhada, a situação do equívoco "amor pelo homem" por parte de Zaratustra, e sua constante perambulação entre a solidão e a comunidade, sejam todas reconcebidas de maneiras que finalmente enfraqueceriam qualquer ideal heroico de independência ou o "*pathos* da distância".[30] Zaratustra é uma das *personae* menos tradicionalmente heroicas, menos independentes de toda a obra de Nietzsche. Ele fala em vez de lutar, e frequentemente se preocupa com o modo como é refletido nas almas de seus discípulos. A própria obra começa e termina com uma rejeição dramática da solidão ou da indiferença, com Zaratustra deixando sua caverna.[31]

---

30 Cf. "Irony and Affirmation in Nietzsche's Thus Spoke Zarathustra", *op. cit.*
31 Isso também levanta a questão de como compreender a "política" de Nietzsche,

Tudo isso introduz um tópico muito maior. Os desconcertantes comentários de Nietzsche minando seu próprio ideal antimoderno, suas sugestões de que o homem nobre não pode viver uma vida independente e deve buscar inimigos para "amar", não chegam muito longe por si mesmos, nem sugerem muito mais do que uma elite social de antagonistas mutuamente valorosos. Mas as tensões na explicação de Nietzsche podem ajudar a lançar uma luz diferente sobre sua resposta para a crise da modernidade. Essas tensões podem começar a minar a simplicidade de qualquer imagem de Nietzsche como um pensador pré ou pós-moderno.

Isto é, se se mostrar impossível para Nietzsche promover coerentemente algum ideal nobre contrastante e inteiramente ativo pelo qual o fracasso moderno possa ser medido, então teremos boas razões, e mesmo razões nietzscheanas, para rejeitar uma interpretação de boa parte da tradição pós-socrática e moderna como "servil". Primeiro, quer essa afirmação represente uma descoberta da genealogia nietzscheana ou "nosso" próprio desencanto em relação ao otimismo iluminista, o contraste entre nobre e baixo, ativo e reativo, revela-se em seu cerne como um contraste instável. Suas fronteiras dificilmente são tão fixas ou tão óbvias quanto Nietzsche às vezes sugere. O próprio Nietzsche pareceu perceber que a autossujeição cristã pode ser uma estratégia brilhante de maestria, e que, assim como na explicação clássica da tirania, a maestria pode ser uma forma de escravidão.

Esse resultado sugeriria que a exigência moderna de algum tipo de reafirmação metodológica é lida erroneamente se compreendida como uma falha burguesa ou servil dos nervos, um conformismo tímido. Esse problema emerge *necessariamente* quando começa uma vasta desconfiança em

---

especialmente aquilo a que ele posteriormente se referiu como "grande política". Sobre essa questão, a interpretação que estou sugerindo aqui conduziria em uma direção diferente das alternativas recebidas acerca desse tema. Muitos comentadores se orientam a partir da "política aristocrática" da fase inicial de Nietzsche, onde a tarefa da política é essencialmente a produção e cultivo de gênios, tipos superiores, entendidos esteticamente. Outros seguem o que parecem ser as sugestões mais antipolíticas de algumas obras, onde Nietzsche parece, mais como os estoicos, estar encorajando uma "política do eu", ou da autoexperimentação e, talvez, um tipo de resignação cósmica. Acerca de muitas dessas questões, fui ajudado pelo trabalho de Henning Ottmann. Ver especialmente seu *Philosophie und Politik bei Nietzsche* [*Filosofia e política em Nietzsche*] (Berlim: de Gruyter, 1987).

relação a nossa experiência pré-teórica, nossa orientação "natural" e "vivida", a "experiência humana do humano". Ele emerge automaticamente quando pensamos em nós mesmos como necessitando de uma maneira segura, ou honesta, ou confiável de *restabelecer* alguma conexão com aquele mundo perdido e com outros agentes. O fato de que o próprio Nietzsche herda esse senso moderno de perda, e assim, necessariamente, a despeito de si mesmo, herda todos os problemas e implicações da forma autocrítica de consciência de si moderna, ajuda a confirmar o comentário desconcertante de Heidegger de que Nietzsche é um cartesiano.[32]

A ausência de qualquer ideal pré ou pós-moderno distinto sugere que a questão da "rejeição" ou do "adeus" de Nietzsche à modernidade é mal colocada. Pelo menos em muitas passagens (aquelas mais consistentes de modo geral com seu projeto como um todo), Nietzsche claramente se considera, para usarmos novamente a expressão de Heidegger, como a "culminação" (*Vollendung*) da modernidade. De certo modo, a despeito de si mesmos e de sua retórica explosiva, ele não pretende livrar-se de "nossos" problemas modernos de reflexão e das consequências sociais de "nosso" legado. Assim, segundo essa leitura, as tensões não resolvidas na explicação de Nietzsche, ou a posição de seu Zaratustra, sem um lar tanto quando está no isolamento e na nobre indiferença quanto quando está perambulando entre a humanidade à qual ele se acha inextricavelmente ligado, não são evidências de qualquer virada revolucionária. Em vez disso, elas representam os problemas ainda não resolvidos da própria idade moderna resolutamente autocrítica. Nietzsche não está dando adeus à modernidade; ele é o primeiro, finalmente, e inflexivelmente, a compreender as implicações e a confrontar o legado da modernidade.

---

32 Martin Heidegger, *Nietzsche, volume IV, Nihilism* [*Nietzsche, volume IV, Niilismo*], trad. de Frank Capuzzi (São Francisco: Harper and Row, 1982, Seção 19, p. 123-135). Um tratamento mais completo desse ponto levantaria uma série de outras questões: como deveríamos entender a provocação histórica que levou a tal perda; se a reação hobbesiana e cartesiana foi apropriada para a provocação; caso tenha sido de algum modo inapropriada, se uma forma de filosofia (pré-moderna, clássica, fundamental) que não compartilhe tais assunções é possível sem ser "acrítica".

Sou grato a Michael Gillespie, Tracy Strong, Andrew Feenberg, Deborah Chaffin, George Kateb e Alexander Nehamas pelos comentários e críticas. Tenho uma dívida especial para com meu amigo Robert Rethy.

Legenda de abreviações

A   *Daybreak* [*Aurora*]
AC   *The Antichrist* [*O anticristo*]
ABM *Beyond Good and Evil* [*Para além do bem e do mal*]
AFZ   *Thus Spoke Zarathustra* [*Assim falou Zaratustra*]
CI   *Twilight of the Idols* [*Crepúsculo dos ídolos*]
GC   *The Gay Science* [*A gaia ciência*]
GM   *On the Genealogy of Morals* [*Sobre a genealogia da moral*]
VP   *The Will to Power* [*A vontade de poder*]

Referências

NIETZSCHE, Friedrich. *Beyond Good and Evil*. Tradução de Walter Kaufmann. Nova Iorque: Vintage, 1966.

_____. *Thus Spoke Zarathustra*. Tradução de Walter Kaufmann. Nova Iorque: Viking, 1966.

_____. *The Will to Power*. Tradução de Walter Kaufmann. Nova Iorque: Vintage, 1967.

_____. *The Antichrist*. Tradução de R. J. Hollingdale. Baltimore: Penguin, 1968.

_____. *Twilight of the Idols*. Tradução de R. J. Hollingdale. Baltimore: Penguin, 1968.

_____. *On the Genealogy of Morals*. Tradução de Walter Kaufmann e R. J. Hollingdale. Nova Iorque: Vintage, 1969.

_____. *The Gay Science*. Tradução de Walter Kaufmann. Nova Iorque: Vintage, 1974.

NIETZSCHE, Friedrich. *On the Advantage and Disadvantage of History for Life*. Tradução de Peter Preuss. Indianapolis: Hackett, 1980.

_____. *Daybreak*. Tradução de R. J. Hollingdale. Cambridge: Cambridge University Press, 1982.

PARTE IV
A influência de Nietzsche

9 Nietzsche no século XX

ERNST BEHLER

Em seu escrito autobiográfico *Ecce homo*, de 1888, Nietzsche faz uma declaração sobre seu sucesso como autor que espantou muitos de seus leitores desde então. Após repreender os alemães por não compreenderem sua noção do *Übermensch* [além-homem], por alinhá-lo com o darwinismo, e por interpretar de modo absolutamente errôneo seu *Para além do bem e do mal*, Nietzsche continua:

> Isso foi dito para os alemães; pois tenho leitores em todos os outros lugares – nada além de intelectos de primeira linha e caracteres provados, treinados em altas posições e deveres; tenho até mesmo verdadeiros gênios entre meus leitores. Em Viena, São Petersburgo, Estocolmo, Copenhague, Paris, Nova Iorque – em toda parte fui descoberto; mas não no baixio da Europa, a Alemanha. (EH, 262)[1]

---

1 As referências a Nietzsche dizem respeito às fontes seguintes. As referências são aos aforismos, e não a números de páginas.

A   F. Nietzsche, *Daybreak* [*Aurora*]. Tradução de R. J. Hollingdale. Cambridge: Cambridge University Press, 1982.

ABM   F. Nietzsche, *Beyond Good and Evil* [*Para além do bem e do mal*]. Tradução de Walter Kaufmann. Nova Iorque: Random House, 1966.

AC   F. Nietzsche, *The Antichrist* [*O anticristo*]: Ver CI.

CE   F. Nietzsche, *Untimely Meditations* [*Considerações extemporâneas*]. Tradução de R. J. Hollingdale. Cambridge: Cambridge University Press, 1986.

CI   F. Nietzsche, *Twilight of the Idols; The Antichrist* [*Crepúsculo dos ídolos; O anticristo*]. Tradução de R. J. Hollingdale. Nova Iorque: Penguin Books, 1968.

CW   F. Nietzsche, *The Case of Wagner* [*O caso Wagner*]: Ver NT.

EH   F. Nietzsche, *Ecce homo*: Ver GM.

FN   F. Nietzsche, *Kritische Studienausgabe* [*Edição crítica de estudos*]. Edição de Giorgio Colli e Mazzino Montinari, 15 vols. Berlim: de Gruyter, 1980.

A reivindicação de leitores tão primorosos por parte de Nietzsche é usualmente rejeitada como uma torturada autoavaliação de um autor dolorosamente cônscio do baixo nível de sucesso de seus escritos, ou mesmo como um sinal de megalomania prenunciando seu colapso mental iminente em janeiro de 1889.[2]

Apenas recentemente tentou-se tomar esse enunciado literalmente, e chegou-se a descobertas impressionantes. Se simplesmente olharmos para o título de um dos textos publicados de Nietzsche, *A gaia ciência*, por exemplo, veremos as cidades às quais Nietzsche se refere listadas para ramos de sua casa editorial, a Ernst Schmeitzner, a saber: H. Schmitzdorff em S. Petersburgo (Newsky Prospekt, 5), C. Klincksieck em Paris (Rue de Lille, 11), Loescher & Co. em Roma (Via del Corso, 307), E. Steige em Nova Iorque (Frankfort Street, 22-24), e Williams & Norgate em Londres (Henrietta Street, 14, Covent Garden). Todavia, o enunciado de Nietzsche visava não apenas indicar que essas firmas afiliadas à Schmeitzner eram capazes de distribuir seus escritos publicados nessas cidades, mas apontar para leitores

---

GC F. Nietzsche, *The Gay Science* [*A gaia ciência*]. Tradução de Walter Kaufmann. Nova Iorque: Random House, 1974.

GM F. Nietzsche, *On the Genealogy of Morals*; *Ecce Homo* [*Sobre a genealogia da moral*; *Ecce homo*]. Tradução de Walter Kaufmann e R. J. Hollingdale. Nova Iorque: Random House, 1969.

HH F. Nietzsche, *Human, All Too Human, A Book for Free Spirits* [*Humano, demasiado humano. Um livro para espíritos livres*]. Tradução de R. J. Hollingdale. Cambridge: Cambridge University Press, 1986.

NT F. Nietzsche, *The Birth of Tragedy and the Case of Wagner* [*O nascimento da tragédia e O caso Wagner*]. Tradução de Walter Kaufmann. Nova Iorque: Random House, 1967.

ZA F. Nietzsche, *Thus Spoke Zarathustra. A Book for All and None* [*Assim falou Zaratustra. Um livro para todos e para ninguém*]. Tradução de Walter Kaufmann. Nova Iorque: Viking Press, 1966.

As referências à correspondência de Nietzsche são feitas por data de acordo com as seguintes edições:

Nietzsche Briefwechsel, Kritische Gesamtausgabe [*Correspondência de Nietzsche, Edição crítica das obras completas*]. Edição de Giorgio Colli e Mazzino Montinari. Berlim: de Gruyter, 1975-1984.

Selected Letters of Friedrich Nietzsche [*Cartas escolhidas de Friedrich Nietzsche*]. Tradução de Christopher Middleton. Chicago: University of Chicago Press, 1969.

2 Essa é a abordagem em relação a Nietzsche por parte de Anacleto Verrecchia, *La Catastrofe di Nietzsche a Torino* [*A catástrafe de Nietzsche em Turim*] (Torino: Einaudi, 1978).

reais conhecidos por ele, seja através de contato direto ou por referência por parte de outros.

A contínua recepção de Nietzsche ao longo de mais de cem anos pode ser facilmente dividida em duas fases principais, separadas pelo fim da Segunda Guerra Mundial em 1945. Durante a primeira metade do século XX, juntamente com a última década do século XIX, a extraordinária dominância de Nietzsche na vida intelectual europeia foi principalmente literária, e deveu muito a sua imaginação poética. Gabriele d'Annunzio, os simbolistas franceses, e Stefan George elevaram Nietzsche ao nível de um profeta, à antecipação mítica de um novo ser humano. André Gide enxergou Nietzsche como uma figura profundamente ambivalente, presa entre a celebração transbordante e imoral da vida e a náusea desiludida da existência.

Thomas Mann interpretou Nietzsche em relação à ironia, à radicalização intelectualizante, psicologizante e literária de nossa vida mental e artística. Gottfried Benn, o poeta expressionista, viu a quintessência de Nietzsche no enunciado "fanáticos da *expressão* 'a qualquer preço'", que de acordo com Benn havia levado a uma linguagem que não pode desejar nem realizar nada a não ser cintilar, demonizar e anestesiar. O impacto de Nietzsche na literatura europeia e nas outras artes foi amplo e expandiu-se a partir dos simbolistas russos, incluindo Vyacheslav Ivanov, Andrei Belyi e Valerie Brysov, até autores diversos como August Strindberg, Georg Brandes, William Butler Yeats, Walt Whitman, Robert Musil, e Hermann Hesse. Gustav Mahler, Frederick Delius, e Richard Strauss responderam musicalmente a Nietzsche, e George Bernard Shaw trouxe o *Übermensch* como "super-homem" para o palco de Londres já em 1903.

Em contraste com essa recepção literária multifacetada, a resposta a Nietzsche na disciplina da filosofia foi originalmente surpreendentemente estreita e provinciana durante a primeira metade do século XX. Por certo, as interpretações acerca de Nietzsche desenvolvidas por Max Scheler e Karl Jaspers foram grandes realizações filosóficas, não apenas na esfera dos estudos acadêmicos sobre Nietzsche, mas no sentido mais abrangente de uma ampliação do próprio conceito de filosofia. Heidegger começou suas aulas sobre Nietzsche em 1936, continuando-as até o fim da guerra em 1945. Contudo, Heidegger não publicou suas aulas até 1961, quando elas claramente se tornaram uma obra do período pós-guerra. O impacto de Scheler e Jasper foi decisivamente impedido durante o período nazista, e seus escritos também não chegaram à fruição plena até depois da Segunda Guerra.

Talvez possamos dizer que, tanto quanto o interesse por Nietzsche durante a primeira metade do século XX foi orientado para a literatura e para uma cultura artística, isso mudou após 1945 para questões e problemas filosóficos. Porém, temos de acrescentar que durante a Segunda Guerra, e especialmente depois, o interesse por Nietzsche diminuiu e um grande silêncio começou a se espalhar em torno dele. O impulso para um estudo renovado de Nietzsche veio dos Estados Unidos, com as interpretações e traduções de Walter Kaufmann sobre Nietzsche como "filósofo, psicólogo, anticristo", e logo se espalhou para a Itália, a França, e eventualmente a Alemanha. Embora a ênfase aqui seja sobre questões e problemas filosóficos ou teóricos, dificilmente podemos dizer que essa nova atenção dedicada a Nietzsche foi uma preocupação filosófica ou uma descoberta de Nietzsche como filósofo em termos tradicionais. A atmosfera intelectual em que ele é lançado é uma atmosfera onde a distinção de gêneros entre filosofia e literatura se tornou desinteressante ou mesmo sem sentido. O que é mais importante, contudo, é que Nietzsche é visto como tendo iniciado essa transgressão, e mesmo produzido a própria virada pós-moderna.

Visões iniciais de Nietzsche e a compilação de *A vontade de poder*

No início desse processo, notamos duas imagens de Nietzsche que certamente não são as primeiras em termos cronológicos, mas que se destacam por causa de seu caráter abrangente e por anteciparem, em sua oposição, uma tensão básica na intepretação acerca de Nietzsche ao longo do século XX. Essas imagens são os livros *Friedrich Nietzsche: o homem e suas obras*, de 1894, por Lou Salomé e *A vida de Friedrich Nietzsche*, por sua irmã Elisabeth Förster-Nietzsche, que apareceu em dois volumes em 1895 e 1897.

Ambas as escritoras tinham um profundo conhecimento de Nietzsche como pessoa e como autor. Lou Salomé havia publicado anteriormente seções de seu livro em revistas, e Nietzsche, conhecendo a intenção dela de escrever sobre ele, forneceu-lhe informações sobre sua vida e sobre seu pensamento que ela usou ao longo do livro. Erwin Rohde, um dos amigos mais próximos de Nietzsche, disse que "nada melhor ou mais profundamente experienciado e percebido jamais foi escrito sobre Nietzsche".[3] Elisabeth Förster-Nietzsche, é claro, conheceu seu irmão ao longo de sua vida, mas também se tornou a herdeira de seu espólio literário e, como organizadora dos Arquivos Nietzsche em Weimar, teve acesso aos vastos materiais de seus fragmentos filosóficos não publicados, incluindo sua correspondência. Essas duas mulheres tinham talvez um melhor conhecimento de Nietzsche do que qualquer outra pessoa naquela época, e seus relatos têm sem dúvida uma importância especial para o surgimento das imagens iniciais de Nietzsche.

Lou Salomé vinha de uma família russa de ascendência huguenote. O pai dela fora general sob o czar Alexandre II, e ela viera para a Europa Ocidental para obter uma educação universitária. Zurique fora uma das primeiras universidades a admitir mulheres e Lou Salomé frequentara círculos intelectuais na Suíça e no norte da Itália que também eram familiares para Nietzsche. Quando eles se encontraram pela primeira vez, em abril de 1882, em Roma, através de sua amiga mútua Malwida von Meysenbug, Lou Salomé tinha vinte e um e Nietzsche trinta e sete anos de idade. A amizade deles teve alguns tons amorosos, com Nietzsche até propondo casamento, mas teve principalmente uma natureza intelectual e revelou uma certa intenção didática, autorrevelatória por parte de Nietzsche.

Através de manipulações e intrigas, Elisabeth Förster-Nietzsche assegurou que a relação terminasse alguns meses depois. O ponto culminante ocorreu em 5 de maio de 1882, no Lago Orta, perto de Stresa, quando os dois subiram o Monte Sacro e Nietzsche revelou a Lou Salomé posteriormente "o sonho mais encantador de minha vida, que devo a você". Foi provavelmente naquela montanha que Lou Salomé deu a Nietzsche

---

3 Lou Salomé, *Nietzsche*, tradução com uma introdução por Siegfried Mandel (Redding Ridge: Black Swan Books, 1988, IX). No que se segue, identificado como "LS".

seu poema *Prece de Vida*, um solilóquio personificando e dirigindo-se à vida como de uma amiga a outra, expressando sua gratidão por tudo que ela recebera dela, prazer e dor, alegria e sofrimento. Escrito em um estilo rebuscado, o poema conclui em tom tocante implorando à Vida para não negar-lhe nada: "Se já não tens felicidade alguma para dar-me, / Pois bem! *Tens ainda tua dor.*"[4]

Nietzsche estava perto de concluir *A gaia ciência* naquela ocasião e já havia articulado alguns dos temas principais de *Assim falou Zaratustra*. Foi certamente a atitude afirmadora da vida do poema que o atraiu quando ele começou a escrever *Zaratustra* e que o inspirou à composição musical do *Hino à Vida*, baseada no texto de Lou Salomé. Ele considerou essa composição um "sintoma de minha condição durante aquele ano, quando o *pathos* de dizer sim por excelência, que chamo de *pathos* trágico, estava vivo em mim no mais alto grau." Ele não deixou de lembrar essa inspiração particular para seu *Zaratustra* quando descreveu a origem dessa obra em seu *Ecce homo*, e disse acerca do poema de Lou Salomé: "Quem puder encontrar qualquer sentido nas últimas palavras desse poema adivinhará por que eu o preferi e admirei: elas alcançam a grandeza. A dor *não* é considerada uma objeção à vida" (EH, 269-297).

O livro de Lou Salomé sobre Nietzsche não é nem uma biografia nem um estudo psicológico, mas ainda assim é intimamente relacionado à personalidade e à individualidade de Nietzsche. Ela quer mostrar como a peculiaridade de Nietzsche se reflete nos escritos dele, da mesma maneira como um poeta molda seu próprio mundo único através de palavras, metáforas e correspondências. *Mihi ipse scripsi*, "escrevi para mim mesmo", é um mote que ela encontra de maneira recorrente nas cartas de Nietzsche, especialmente depois de terminado um de seus livros, mas ela também tem consciência do caráter profundamente ambíguo desse enunciado, por causa da "reclusão de todos os pensamentos dele e das múltiplas cascas vivas que os recobrem". Quando o "principal estilista de sua época" fala nesses termos sobre si mesmo, ele parece indicar que "teve sucesso como nenhum outro

---

4 LS, LIV.

em encontrar a expressão criativa para cada um de seus pensamentos e suas mais finas nuances". Contudo, logo percebemos o caráter dissimulativo do texto de Nietzsche, sua operação através de máscaras e diferentes *personae* que recobrem sua própria natureza enquanto ele a comunica.

Lou Salomé afirma ter discutido esse estilo particular de comunicação com o próprio Nietzsche em outubro de 1882 (LS, 4). Também percebemos que a tarefa do biógrafo é explicar o pensador através de sua vida, enquanto a tarefa dela aparece como explorar Nietsche através de seu estilo, não tanto através *do que* ele disse, mas de *como* ele o disse. De fato, ela afasta os leitores "que desejam discernir a importância de Nietzsche como teórico" ou "filósofo acadêmico": "Pois o valor de seus pensamentos não se encontra na originalidade teórica deles, e tampouco no que pode ser estabelecido ou refutado dialeticamente. O que tem valor é a força íntima que fala através de uma personalidade para outra personalidade" (LS, 5). Em uma notável exibição de familiaridade com todos os escritos de Nietzsche, incluindo a poesia dele, Lou Salomé substancia a maior parte de suas afirmações com citações de Nietzsche e cita, nesse caso: "Gradualmente, tornou-se claro para mim que toda grande filosofia até o presente foi a confissão pessoal de seu autor e uma forma de memória involuntária e inconsciente" (ABM, 6).

O mascaramento, o encobrimento e a dissimulação constituem o primeiro traço notado por Lou Salomé nos escritos de Nietzsche, um traço intimamente relacionado à solidão dele. Uma certa "solidão taciturna" era a primeira impressão que se tinha dele (LS, 9). Mesmo os pensamentos de Nietzsche se assemelham a uma pele "que revela algo, mas oculta ainda mais" (ABM, 32). Ela enxergou a forte razão para essa "solidão e reclusão interior", contudo, no sofrimento físico dele, um sofrimento que revela uma íntima conexão entre a vida da mente e a vida do corpo, e no caso de Nietzsche, "o valor do sofrimento para a obtenção do conhecimento" (LS, 13). Nietzsche tentara interpretar seu período de saúde em declínio e sofrimento físico como uma "narrativa de recuperação" (LS, 23), mas Lou Salomé vê uma correlação mais profunda entre o saudável e o patológico em Nietzsche: "Aqui, portanto, a saúde não é algo dominante que converte o patológico em um instrumento incidental para seus próprios fins; em vez disso, saúde e patologia representam de fato uma cisão única do eu e uma mutualidade no interior de uma mesma vida intelectual" (LS, 24).

Essa "misteriosa interconexão entre o saudável e o patológico" é simultaneamente a fonte do que ela considera como o "problema essencial de Nietzsche", basicamente um problema religioso, abordado por um "ser intelectual" que era verdadeiramente um "gênio religioso" (LS, 24). Sua pessoa tipifica a "dinâmica interna de nossa época, a 'anarquia no interior dos instintos', de forças criativas e religiosas que desejam tão energicamente a saciedade que não podem se contentar com as migalhas que caem da mesa do conhecimento moderno" (LS, 29). Para Lou Salomé, o "grande e móvel traço" do pensamento de Nietzsche é essa "insaciável e apaixonada exigência" que vêm à frente "em toda nova virada de expressão" e se revela como uma "série de tremendas tentativas de resolver seu problema da tragédia moderna" (*ibidem*).

Há muitos outros aspectos interessantes na imagem de Nietzsche desenvolvida por Lou Salomé. Ela originalmente formulou a divisão do desenvolvimento intelectual de Nietzsche em três períodos, não tanto no sentido de fases distintamente diferentes, mas principalmente como "transições de Nietzsche" (LS, 31). Essa distinção logo tornou-se popular e frequentemente serviu para condenar o terceiro período como um período de excessiva polêmica, exuberância acrítica e pronunciamentos intoxicados. Ferdinand Tönnies é um caso exemplar dessa atitude. Originalmente apenas um grande admirador de Nietzsche, ele sustentou sua apreciação pelo artista e esteticista no primeiro período e pelo filósofo crítico no segundo, rejeitando completamente o terceiro período "como um sabá das bruxas de pensamentos, exclamações e declamações, explosões de raiva e enunciados contraditórios", embora esses escritos também exibam ocasionalmente "muitas aparições brilhantes e luminosas de sagacidade".[5] Lou Salomé não compartilhava essa aversão aos escritos tardios de Nietzsche, mas também os via como textos que se deslocavam para o excessivo, o exuberante, e a enchiam de medo e espanto. O pensamento de Nietzsche se expressa em

---

5 Ferdinand Tönnies, *Der Nietzsche Kultus* [*O culto a Nietzsche*] (Leipzig, 1987, III, VI, 25).

exigências cada vez mais gerais, mas também mais radicais – o *Übermensch* [além-homem], o eterno retorno do mesmo, a transvaloração de todos os valores. Toda sua linha de pensamento assume um curso autodestrutivo para o qual a loucura era o resultado natural (LS, 148).

Lou Salomé incluiu várias fotografias de Nietzsche em seu livro, datando do período posterior ao colapso mental dele e mostrando-o no estado de loucura. Ela pensava que fora "durante esse período que a fisionomia dele, todo seu exterior, parecia mais caracteristicamente formado" (LS, 9). De modo bastante previsível, esse livro encontrou sua inimizade mais aguda entre os representantes dos Arquivos Nietzsche, especialmente Peter Gast, que havia iniciado a primeira edição crítica dos escritos de Nietzsche incluindo alguns fragmentos não publicados.

A inimiga mais amarga de Lou Salomé, contudo, foi Elisabeth Förster-Nietzsche, que, um ano após o aparecimento desse livro, publicou o primeiro volume de sua biografia de Nietzsche, na qual ela refutava praticamente tudo que Lou Salomé havia sustentado. Nessa contraimagem, Nietzsche aparece saudável, como um herói do pensamento, um conquistador da liberdade, um defensor da vida, e pronunciador de novas e ousadas doutrinas. Um ponto que particularmente intrigou Elisabeth Förster-Nietzsche foi a assunção, por parte de Lou Salomé, de uma decadência profundamente enraizada que formava uma parte integral da personalidade de Nietzsche. Não apenas em seu livro, mas especialmente no influente periódico *Die Zukunft* [*O futuro*], ela lançou um amplo ataque contra essas visões e declarou a doença de Nietzsche como uma questão totalmente exterior, não relacionada à personalidade dele, e causada por uma dieta ruim, medicação errada, esforço excessivo e um derrame súbito, em um estado de saúde que de outro modo seria robusto.

A faceta mais importante da construção de imagem feita por Elisabeth Förster-Nietzsche, contudo, diz respeito ao texto de Nietzsche, a compilação de *A vontade de poder*. A partir de 1895, seis anos após o início da incapacidade intelectual de seu irmão, Elisabeth Förster-Nietzsche deteve a posse de todos direitos sobre as imensas notas não publicadas de Nietzsche, todo seu espólio literário. Por insistência dela, vários editores, que também participaram da primeira edição das obras de Nietzsche (a edição Naumann, 1895-1901), compilaram uma obra supostamente central a partir dos fragmentos dos anos finais, usando para sua compilação esboços do próprio Nietzsche acerca do conteúdo. No entanto, os esboços propostos por Nietzsche para as notas selecionadas nunca foram consistentes, e o conjunto de notas selecionadas teve de ser consideravelmente reduzido para transformá-las em uma obra com alguma coerência. Com efeito, os editores de Nietzsche criaram um "livro" selecionando e escolhendo uma pequena fração de notas, revisando muitas delas, e depois arranjando-as a partir de um esboço planejado que o próprio Nietzsche havia abandonado. Essa é a origem de *A vontade de poder*, que em sua primeira edição de 1901 consistiu em 483 aforismos, e em sua segunda edição de 1906, em 1.067 aforismos. Uma grande quantidade de pesquisas sobre Nietzsche durante a primeira metade do século XX se baseia nesse texto, tornado amplamente disponível através de uma edição popular barata por Alfred Bäumler.

Uma das principais motivações de Elisabeth Förster-Nietzsche para a compilação de *A vontade de poder* foi o desejo de produzir uma obra-prima filosófica para um escritor cujas outras publicações haviam sido recebidas como muito autocontraditórias e aforísticas, "literárias" e poéticas demais para cumprir tal exigência. A assunção orientadora era certamente que um grande filósofo naturalmente deixaria para trás uma obra-prima apresentando sua filosofia de modo sistemático. Esse texto se distinguia dos escritos anteriores de Nietzsche, pois empreendia uma reavaliação profunda de tudo com base em um princípio dominante – a vontade de poder, o eterno retorno, ou ambos. Os escritos anteriores de Nietzsche careciam de um tal princípio filosófico central. Em vez de um modo de pensar linear e sistematicamente coerente, Nietzsche havia experimentado uma multiplicidade de "perspectivas" e desenvolvido suas ideias pela mudança constante de posição a contraposição, sem chegar nem visar um resultado final ou uma solução firme.

A vontade de poder serviu para resgatar Nietzsche do rótulo pejorativo de "poeta-filósofo" e sugeriu que ele tinha escondido sua "verdadeira filosofia" em seus escritos não publicados, que seus argumentos reais haveriam de ser encontrados nos textos de *A vontade de poder*. Como resultado, *A vontade de poder* passou a predominar sobre a totalidade da obra de Nietzsche e a depreciar os escritos que ele próprio havia publicado ou planejado para publicação.

Primeiros intérpretes

Georg Brandes, o famoso crítico literário dinamarquês, merece o crédito por ter realizado a primeira grande descoberta de Nietzsche. Em abril e maio de 1888, ele ministrou cinco palestras públicas sobre Nietzsche em Copenhague perante uma audiência constantemente crescente. Seções dessas palestras apareceram no jornal *Politiken* [*Política*] e tornou-se a base para o ensaio abrangente "Friedrich Nietzsche: um ensaio sobre radicalismo aristocrático", que apareceu em agosto de 1889 no periódico *Tilskueren* [*Espectador*] e em 1890 em alemão no *Deutsche Rundschau* [*Gazeta Alemã*].[6] Brandes estivera correspondendo-se com Nietzsche desde 26 de novembro de 1887. Niezsche havia lhe enviado seu *Para além do bem e do mal* e, algum tempo depois, *Para a genealogia da moral*. Embora não compreendesse tudo, Brandes percebera que um "espírito novo e original" emanava daqueles escritos e apreciara particularmente o "desdém (de Nietzsche) pelos ideais ascéticos, a absoluta rejeição da mediocridade democrática, e seu radicalismo aristocrático". Quando Brandes concluiu suas palestras sobre Nietzsche, seguiu-se uma ovação de uma grande plateia, e em 23 de maio de 1888 ele disse a Nietzsche: "Seu nome agora, posso dizer sem exagero, é bastante *popular* em todos os círculos inteligentes de Copenhague, e *conhecido*, pelo menos, em toda a Escandinávia."

A descoberta de Nietzsche ocorreu precisamente nessa época, apenas poucos meses antes de seu colapso, e Brandes desempenhou um papel importante nela. Ele era um crítico que via sua tarefa como não apenas explorar obras estabelecidas, mas especialmente descobrir novas, e tinha

---

6 Citado a partir de Georg Brandes, *Menschen und Werke, Essays* [*Homens e obras. Ensaios*] (Frankfurt: Rutten und Loening, 1895, 137-225): "Friedrich Nietzsche. Eine Abhandlung über Aristokratischen Radicalismus" ["Friedrich Nietzsche: um ensaio sobre radicalismo aristocrático"].

um talento particular para perceber justamente o que seus contemporâneos queriam ouvir. Quando Nietzsche morreu em 1900, Brandes escreveu uma breve reminiscência sobre ele, recordando o momento quando sua fama elevara-se, dez anos antes, a uma altura insuperada, e seus escritos foram traduzidos para todas as principais línguas e tornaram-se conhecidos no mundo todo:

> Para todos aqueles da geração mais velha que já haviam prestado atenção a Nietzsche quando ele conduziu uma dura e amarga batalha contra a absoluta indiferença do público leitor, a enorme velocidade com que ele subitamente obteve uma fama mundial teve algo de espantoso. Nenhum autor contemporâneo experienciou nada comparável. Em cinco ou seis anos, a maneira de pensar de Nietzsche (ora razoavelmente compreendida, ora mal compreendida, ora involuntariamente caricaturada) tornou-se a força dominante em grande parte da literatura da França, Alemanha, Inglaterra, Itália, Suécia e Rússia. Sem dúvida, ninguém durante a década de 1890 a 1900 causou tamanha impressão e recebeu tanta atenção quanto esse filho de um pastor do norte da Alemanha, que de toda maneira queria ser considerado um aristocrata polonês.[7]

Em suas palestras de Copenhague e seu ensaio sobre o "radicalismo aristocrático" de Nietzsche, Brandes se concentra naqueles escritos que exibem a crítica que Nietzsche faz de sua época, do otimismo raso, e em sua reação contra o "rebanho". No esforço de Nietzsche rumo ao individualismo, Brandes descobre uma correlação com Kierkegaard. Eventualmente, contudo, Brandes volta-se a *Para a genealogia da moral*, pois esse texto faz uma crítica em um nível muito mais profundo, ao questionar a validade e a autoafirmação de nosso mundo moral, derivando-as de longos processos subterrâneos.

Brandes não é de modo algum um intérprete acrítico de Nietzsche, e ocasionalmente mostra sua tentativa de distanciar-se do que deve ter-lhe

---

[7] Georg Brandes, *Gestalten und Gedanken, Essays* [*Formas e pensamentos. Ensaios*] (Munique: Albert Langen, 1903, 337-340).

parecido extravagante. Quando Nietzsche lança o ataque contra o progresso cultural, a felicidade humana e a moral do bem-estar, Brandes objeta que o objetivo de qualquer moral de bem-estar é, claro, obter para a humanidade tanto prazer e tão pouca dor quanto possível. Quando Nietzsche insiste no entrelaçamento de prazer e dor, ele desloca, segundo Brandes, o problema para o nível intelectual mais alto, ignorando que a dor ou "desprazer" mais baixo e mais comum é a fome, a incapacitação física, o trabalho excruciante destrutivo para a saúde, e que não existe nenhum gozo arrebatador que possa compensar tais sofrimentos. Em outras palavras, Nietzsche não argumenta realmente contra o princípio do bem-estar na moral; sua argumentação ocorre em um nível completamente diferente. O que distingue a argumentação de Nietzsche de qualquer outra nesse domínio é o interesse psicológico predominante em seus temas, o ato de colocar de lado todos os "fatos", que os torna mais visíveis por si mesmos e lhe permite discutir esses temas com uma paixão sem igual, mas simultaneamente remove suas alegações do âmbito de qualquer controle científico ou racional. Talvez a designação "radicalismo aristocrático" seja mais adequada para caracterizar a abordagem adotada por Brandes em relação à nova filosofia. Há uma certa admiração nessas palavras, derivando do esforço de Nietzsche rumo à independência no sentido do mote "Torna-te quem és". No entanto, o radicalismo ou individualismo aristocrático certamente não seria a designação apropriada para um escritor como o próprio Brandes. Brandes lidava com Tolstoy, Shakespeare, Goethe e Voltaire em seu trabalho crítico, juntamente com escritores alemães mais contemporâneos como Hauptmann, Sudermann e Wedekind, e o círculo em torno de Schnitzler e Hoffmannsthal em Viena. Sua consciência social era bastante desenvolvida, e as explosões de Nietzsche contra o amor pelos outros e a responsabilidade social devem ter-lhe parecido estranhas. Contudo, ele foi capaz de reconhecer para além desses traços uma das grandes mentes de sua época:

> Na literatura da Alemanha contemporânea, Friedrich Nietzsche me parece ser o autor mais interessante. Apesar de quase desconhecido em seu próprio país, ele é uma mente de um grau importante que

merece que o estudemos, discutamos, refutemos e nos apropriemos dele. Entre outras boas qualidades, ele tem a habilidade de comunicar uma atmosfera e de colocar os pensamentos em movimento.

Essa receptividade original em relação a Nietzsche, mesmo a partir de uma posição socialista ou comunista, pode ser notada em muitos outros casos na virada do século, especialmente em formas russas pré-revolucionárias de marxismo, nas tentativas de autores como Anatoly Lunasharski, Alexander Bogdanov e Maxim Gorky de criar um "marxismo nietzscheano" ou um "nietzscheanismo socialista". O território comum para tais esforços é obviamente a batalha contra a ordem existente da sociedade burguesa-cristã e o esforço rumo a uma nova forma de humanidade, um "novo homem". O endurecimento em relação a Nietzsche na ideologia socialista também ocorreu já antes do novo século. Foi Franz Mehring quem interpretou em uma série de artigos o pensamento de Nietzsche como a filosofia do capitalismo exploratório e cunhou uma designação para ele que pode ser vista como uma intensificação da formulação criada por Brandes (o filósofo do "radicalismo aristocrático"), a saber, o "filósofo do capitalismo".[8] A partir daí, não demorou muito até o "filósofo do fascismo" de Georg Lukács e o completo fechamento da Europa oriental para Nietzsche até bastante recentemente.[9]

Brandes dissera a Nietzsche que suas palestras haviam-no tornado não apenas muito popular nos círculos intelectuais de Copenhague, mas também em outros países escandinavos, especialmente a Suécia. O apelo de Nietzsche certamente consistia principalmente em seu desafio à tradição, e Brandes, com um olhar voltado para seu público, havia fortemente enfatizado esse aspecto em suas palestras. Brandes também tentara criar contatos diretos entre Nietzsche e autores escandinavos. Strindberg havia

---

8 Franz Mehring, *Zur Philosophie und Poesie des Kapitalismus* [Para a filosofia e a poesia do capitalismo], em Franz Mehring, *Gesammelte Schriften* [Escritos reunidos] 13, 159-166. Ver também seu *Lessing-Legende* [A lenda de Lessing], em *Gesammelte Schriften*, Vol. 9.

9 Georg Lukács, *Die Zerstörung der Vernunft* [A destruição da razão] (Berlim, 1954), também em uma publicação separada com um prefácio especial: *Von Nietzsche zu Hitler oder Irrationalismus und die deutsche Politik* [De Nietzsche a Hitler, ou Irracionalismo e a política alemã] (Frankfurt: Fischer, 1966).

começado a ler Nietzsche em 1888, e Brandes escreveu a Nietzsche em 31 de abril de 1888: "Se você ler sueco, eu gostaria de chamar sua atenção para o único gênio da Suécia, August Strindberg. Quando você escreve sobre as mulheres, você é muito semelhante a ele." Strindberg enviou suas obras a Nietzsche, e em 21 de novembro de 1888 Nietzsche respondeu à tragédia *Fadren* [*Pai*] com profunda emoção. Ele ficou surpreso para além de todas as suas expectativas ao entrar em contato com uma obra expressando a mesma noção de amor que ele próprio tinha – "em seus meios, a guerra, em sua base, um ódio mortal entre os sexos" – de uma maneira tão "grandiosa".

O aparecimento de Nietzsche na Inglaterra, especialmente em Londres, por volta de 1900, foi caracterizado como um dos maiores sucessos populares que um filósofo moderno já experimentou.[10] Esse sucesso não foi baseado em uma doutrina particular, uma descoberta científica, mas simplesmente no desafio que sua crítica ao cristianismo e à moral burguesa constituía para a moral vitoriana e a ajuda que ele fornecia àqueles que buscavam subverter esse sistema. O terreno fora bem preparado para Nietzsche pelo centramento da moral no ser humano por George Eliot, pela religião da arte de Walter Pater, e pela assunção de Oscar Wilde de que podemos alcançar a perfeição através da arte.

E depois houve o fabianismo, a Sociedade Fabiana, uma organização socialista de intelectuais proclamando a emancipação da classe trabalhadora e a igualdade das mulheres. Ali, novamente, Nietzsche, apesar de seus ataques contra a democracia e o movimento social de sua época, encontrou acesso fácil a um grupo de pessoas com uma consciência social altamente desenvolvida. O membro mais proeminente da Sociedade Fabiana era, é claro, George Bernard Shaw, que ajudou a desenvolver o nietzscheanismo fabiano e até integrou esse tipo de nietzscheanismo em seu próprio estilo de vida "shaviano". Essa é uma forma altamente complexa, original e também irônica de nietzscheanismo, que nos deixa completamente incertos sobre se Shaw queria desenvolver e levar adiante os pensamentos de Nietzsche,

---

10 Patrick Bridgewater, "English Writers and Nietzsche" ["Os escritores ingleses e Nietzsche"], em Malcolm Pasley (ed.), *Nietzsche, Imagery and Thought* [*Nietzsche, imagens e pensamento*] (Berkeley: University of California Press, 1978, 220-258).

ou usar Nietzsche para permitir que os pensamentos do próprio Shaw se beneficiassem da onda de nietzscheanismo na Inglaterra.

O mote central dessa recepção de Nietzsche por um socialista individualista consiste na simples palavra *Übermensch*, além-homem, que também atua no título da comédia filosófica de Shaw de 1903, *Homem e super-homem*.[11] Nietzsche havia usado o termo principalmente no sentido da autotranscendência, da autossuperação, mas também ocasionalmente combinara-o, em um viés irônico, com a ideia de produzir o *Übermensch* pela reprodução sexual. No capítulo "Sobre as crianças e o matrimônio" de *Zaratustra*, ele deriva o amor sexual entre os parceiros do desejo de gerar o *Übermensch*. Essa ideia é dominante no uso da noção por Shaw, mas é astuciosamente combinada com o programa social do próprio Shaw. Na carta dedicatória de sua comédia a Arthur Bingham Walkley, Shaw explica que temos de substituir o homem pelo super-homem. Sua ama-seca havia gostado de comentar que "você não pode fazer uma bolsa de seda com uma orelha de porca", e ele viera a crer que ela estava certa. Quanto mais ele via os "esforços de nossas igrejas, universidades e sábios literários para elevar a massa acima de seu próprio nível", mais ele tinha se convencido de que "o progresso não pode fazer nada além de fazer a maioria de nós ser como somos", e que devemos "criar a capacidade política pela reprodução [*breed political capacity*] ou ser arruinados pela Democracia" (HS, XXIV). "A reprodução promíscua produziu uma fraqueza de caráter que é tímida demais para enfrentar o pleno rigor de uma luta totalmente competitiva pela existência, e preguiçosa e medíocre demais para organizar a comunidade cooperativamente" (*ibidem*).

A fim de trazer esse problema à consciência, Shaw inseriu essas ideias em uma comédia de Don Juan utilizando os personagens do antigo conto de Don Juan de Sevilha, mas reorganizando-os de acordo com as exigências contemporâneas. O novo Don Juan é um "panfleteiro político" inspirado pela "política da questão sexual" (HS, XXVI). "Em vez de fingir ler Ovídio,

---

11 Ver George Bernard Shaw, *Man and Superman, A Comedy and a Philosophy* [*Homem e super-homem, uma comédia e uma filosofia*] (Nova Iorque: Dodd, Mead, and Company, 1943). No que se segue, "HS".

ele de fato lê Schopenhauer e Nietzsche, estuda Westermarck, e está preocupado com o futuro da raça, em vez de com a liberdade de seus próprios instintos" (HS, XIII). Seu panfleto é apresentado inteiro no final da comédia, com o título de *O manual do revolucionário*.

Uma outra mudança importante no antigo conto de Don Juan, como ele é talvez melhor conhecido por nós a partir da ópera *Don Giovanni* de Mozart, diz respeito ao papel da mulher na relação entre os sexos. Na comédia de Shaw, Don Juan não é mais "o vencedor do duelo do sexo" (HS, XII). Pode-se prontamente duvidar se ele alguma vez o foi, mas pelo menos na história mais recente a "enorme superioridade da posição natural da mulher neste assunto é evidente com força cada vez maior" (*ibidem*). Assim, na política da questão sexual, a tarefa de gerar o além-homem passa para a mulher, enquanto o homem escreve panfletos sobre ela. A comédia de Shaw, é claro, explora essa situação ao máximo:

> A necessidade que a mulher tem dele para permitir que ela complete o trabalho mais urgente da Natureza não prevalece sobre ele até que a resistência dele acumule a energia dela até um clímax em que ela ouse lançar fora suas costumeiras proezas de poses afetuosas e obedientes, e o reivindique por direito natural para um propósito que de longe transcende os propósitos pessoais e mortais de ambos. (HS, XIII)

Essa também é uma ideia caracteristicamente nietzscheana. Em *A gaia ciência* ele dissera: "Os animais não pensam sobre as fêmeas como os homens fazem; eles consideram a fêmea como o ser produtivo" (GC, 128).

O resultado é um drama altamente complexo para o qual Nietzsche pode ter dado o impulso, mas no qual ele é logo absorvido e superado pela imaginação dramática de Shaw. A intrincada obra consiste em uma longa e espirituosa carta introdutória expondo toda a problemática, seguida de quatro atos, cuja apresentação inteira levaria seis horas. Don Juan Tenorio é John Tanner e Doña Anna, Ann Whitefield, mas John Tanner tornou-se "a caça em vez do caçador" (HS, XVIII). As outras figuras da fábula também mudaram de maneira correspondente, Octavio, por exemplo, tornando-se Tavy Robinson ("Ricky-ticky-tavy"). Enquanto dormem e sonham, essas personalidades retornam a suas identidades históricas ou mitológicas no terceiro ato, debatendo com o Diabo e a Estátua sobre o progresso da humanidade, e o quarto ato conclui com a união de John Tanner e Ann Whitefield. A incessante apresentação de discursos por parte de Tanner lhe granjeia o epíteto de "bruto" por parte de Violet, outra personagem, conquanto Ann reassegura seu futuro marido: "Não ligue para ela, querido. Continue falando."

A obra conclui com o abrangente "Manual do revolucionário" por John Tanner, M. C. R. O. (Membro da Classe dos Ricos Ociosos), apresentando suas visões sobre a humanidade, o progresso, a reprodução e o além-homem, considerado como o "propósito vital" da raça humana. É nesse contexto que Nietzsche ocorre no texto de Shaw, não como o profeta do além-homem, contudo, mas apenas como algum filósofo cuja concepção insuficiente da ideia será agora plenamente desenvolvida. Nietzsche também faz uma aparição no terceiro ato, quando o Diabo diz à estátua que entre as últimas chegadas ao inferno estava "aquele louco alemão polonês" que "desenterrou o Super-homem", embora a ideia fosse "tão velha quanto Prometeu" (HS, 137). Embora Nietzsche seja mantido a uma certa distância da concepção do além-homem de John Tanner, não podemos dizer se o próprio Shaw aceita essas noções. Ele não "abdica da mais plena responsabilidade" pela opinião de Tanner nem pelas dos outros personagens, mas conforme as opiniões ocorrem aqui, elas ocorrem "para o momento dramático" (HS, XXVI). *Homem e super-homem*, portanto, parece ser uma dramatização altamente irônica de um tema nietzscheano muito em voga na virada do século.

A recepção francesa de Nietzsche

De todas as nações europeias, a França sempre teve uma importância especial para Nietzsche, e foi o país no qual ele mais quis ser lido. Essa predileção pela França derivava daquilo que Nietzsche considerava como sendo "a superioridade cultural" da França "sobre a Europa" (ABM, 193), o talento dos franceses para "converter mesmo as reviravoltas mais calamitosas do espírito em algo atraente e sedutor" (ABM, 131), e por terem "encontrado uma síntese bem-sucedida do norte com o sul" (ABM, 194). Com base nisso, Nietzsche esperava da França "uma compreensão e acomodação avançadas daqueles seres humanos mais raros e raramente satisfeitos, que são muito amplos para encontrar satisfação em qualquer patriotismo, e sabem como amar o sul no norte e o norte no sul – os centrais natos, os 'bons europeus'" (ABM, 195).

Quando ele relata em *Ecce homo* que as pessoas em Paris ficavam espantadas com "*toutes mes audaces et finesses*" ["todas as minhas audácias e finezas"], ele está se referindo a Hippolyte Taine, que usara essa expressão em relação a *O anticristo* de Nietzsche e declarara simultaneamente que, por causa dessas qualidades, o texto era muito difícil para ele traduzir. Taine apresentou Nietzsche a Jean Bourdeau, o editor do *Journal des Debats* [*Jornal dos debates*] e da *Revue des Deux Mondes* [*Revista dos dois mundos*], que de fato começou a escrever sobre Nietzsche na época do colapso mental deste. Os ensaios de Bordeau atraíram um grande número de artigos e traduções sobre Nietzsche, mas essa recepção inicial também teve nuances negativas, uma vez que Bourdeau havia representado Nietzsche como um filósofo de força brutal, e outros críticos entraram em conflito com a hostilidade de Nietzsche em relação a Wagner. Nietzsche fora descoberto no auge de um fervoroso wagnerianismo em Paris.

É contra esse pano de fundo que deve ser vista uma das mais significativas imagens de Nietzsche nesses anos iniciais, aquela de André Gide. O surgimento de Gide como autor coincidiu com a descoberta francesa de Nietzsche durante a última década do século XIX. De início intimamente associado ao simbolismo francês, Gide deve ter se familiarizado com Nietzsche no círculo em torno de Mallarmé. Contudo, o primeiro traço notável de nietzscheanismo em Gide pode ser detectado apenas depois de ele ter se afastado do simbolismo como uma forma de poesia muito cerebral, e abraçado o vitalismo ou um culto a essa terra que ele queria tocar e pisar com os pés descalços. Essa é a origem de *Les nourritures terrestres* de 1897 (*Alimentos terrestres*), sua composição de prosa lírica exortando um jovem discípulo, Nathanael, a seguir seus impulsos e abandonar-se à sensação. "Nathanael, eu não acredito mais no pecado", é o mote do texto, que exibe claramente uma atmosfera zaratustreana.

Ainda assim, demonstrar a presença de Nietzsche nesse texto é mais difícil do que se poderia esperar. Antes de tudo, Gide negou fortemente e consistentemente ter tido qualquer conhecimento de Nietzsche quando escreveu *Les nourritures terrestres*, e alegou que seu contato com Nietzsche ocorreu em uma data muito posterior.[12] Essa negação, que foi refutada, revela que Gide distanciou-se de um autor que ele considerou perigoso, e com o qual ele não quis ser muito intimamente identificado.

Uma atitude semelhante pode ser notada no texto do próprio poema em prosa, que, se lido como um elogio irrestrito à vida e à existência mundana, logo apresenta dificuldades. O estilo parece afetado, a atmosfera teatral, o todo intolerável. O tema é a liberação do eu em relação a sistemas restritivos – o puritanismo, a moral, a tradição, a família – e a realização de uma plenitude vital, uma imediaticidade da experiência, e um abandono do simbólico e do meramente intelectual. Tudo que realmente recebemos do autor, contudo, é uma imagem intelectual de espontaneidade, uma teoria, uma filosofia da imediaticidade, um vitalismo estilizado que foi pensado e sistematizado.[13]

Ao integrar a desejabilidade e a inalcançabilidade do vitalismo puro em um só texto, Gide nos deu não apenas o vitalismo, mas também sua crítica. Ele próprio manteve uma distância do vitalismo puro, e manteve uma oscilação entre o vitalismo e aquele puritanismo tão característico de toda sua obra. Se Nietzsche está presente em *Les nourritures terrestres*, a mensagem de Zaratustra é não apenas reformada, mas simultaneamente criticada.

Esse último ponto pode ser esclarecido se nos voltarmos para outro livro de Gide, muito posterior, o romance *Les caves du Vatican* (*Os subterrâneos do*

---

12 Sobre o que se segue, ver Renée Lang, *André Gide und der deutsche Geist* [*André Gide e o espírito alemão*] (Stuttgart: Deutsche Verlagsanstalt, 1953). Essa é uma versão aumentada e melhorada de Renée Lang, *André Gide et la pensée allemande* [*André Gide e o pensamento alemão*].

13 Ver, a esse respeito, William H. Holdheim, *Theory and Praxis of the Novel. A Study of André Gide* [*Teoria e prática do romance. Um estudo sobre André Gide*] (Genebra: Droz, 1968).

Vaticano – Aventuras de Lafcadio) de 1914, famoso por sua representação de um "ato gratuito" sem premeditação, sem qualquer intenção, vantagem, ou propósito, realizado por impulso, e possivelmente para satisfazer um desejo de sensação. Lafcadio, o belo e jovem imoralista nietzscheano que é o protagonista, havia agido várias vezes de maneira "gratuita". Uma vez, arriscando sua vida, ele havia salvado duas crianças pequenas de uma casa em chamas em Paris; mas, para mostrar que o ato gratuito não tinha nada a ver com a moral, ele também agiu de maneira diferente em uma outra ocasião, quando estava em um trem para Roma. Do lado oposto a ele em seu compartimento estava um sujeito burguês, vestido de modo pedante, suando um pouco e mexendo constantemente no nariz.

Contando até dez, Lafcadio abre a porta do vagão e empurra o homem para a morte como se houvesse simplesmente espantado uma mosca. Quando seu amigo é posteriormente preso pelo ato, no entanto, Lafcadio assume plena responsabilidade, indicando que não existe realmente nenhum ato gratuito. A apresentação que Gide faz do assassinato é tão estilizada, tão estereotípica e artificial, que ficamos conscientes de não estar vendo a vida real de modo algum, mas sim a literatura. Pode-se escrever sobre o ato gratuito, mas não vivê-lo, pois escrever sobre ele já demonstra que ele é irreal.[14] O imoralismo, assim como o vitalismo, requer uma contra-ação, um corretivo, uma oscilação rumo a seu oposto, para que se torne real e emerja da caricatura.

Poderíamos dizer que tal oscilação e contra-ação seria de fato uma excelente forma de nietzscheanismo, mas Gide não pensava assim. Ele assumia que Nietzsche era uma força irrestrita de instinto, de poder vital e de vida, que tinha de ser refreada e controlada pelo puritanismo do próprio Gide. Ele admitiu a influência de Nietzsche começando apenas em 1898, quando começou a trabalhar em seu romance nietzscheano *O imoralista*. Mesmo então, Nietzsche era uma força perturbadora, em vez de uma força auxiliadora: "Quando eu o descobri, escrevi *O imoralista*. Quem jamais acreditará o quanto ele incomodova?".[15]

---

14 Ver William H. Holdheim, *Theory and Praxis of the Novel*.
15 Renée Lang, *André Gide und der deutsche Geist*, 98-149.

Ainda assim, Gide foi grato para com Nietzsche por sua devastadora crítica da moral e dos valores tradicionais, que lhe pouparam muito tempo e mantiveram sua obra livre "daquelas teorias que talvez tenham impedido Nietzsche de alcançar uma produção artística própria". Em 1898, Gide também escreveu seu próprio ensaio sobre Nietzsche, ocasionado pela tradução francesa de *Para além do bem e do mal* e *Zaratustra*. O aspecto essencial dessa interpretação acerca de Nietzsche é a afirmação de Gide de que Nietzsche era um destruidor, como Jean Bourdeau havia sustentado. Gide diz: "Ele destrói, não por saciedade, mas antes cheio de uma raiva cativante – nobre, radiante, sobre-humano, como um jovem conquistador que derruba muralhas por causa de seu desgosto pela saciedade, o confortável, e acima de tudo aquilo que rebaixa, estupidifica, e adormece."[16]

Gide acredita que, a fim de apreender Nietzsche, tem-se de abandonar-se inteiramente a ele, mas isso só é possível para aquelas mentes preparadas por uma espécie de "protestantismo ou jansenismo inato". Aqui, novamente, torna-se óbvio que Gide percebeu apenas o lado vital de Nietzsche, e não sua dimensão trágica, reflexiva, cética e intelectual. A razão para essa imagem de Nietzsche é evidente, uma vez que esses últimos componentes da personalidade de Nietzsche encontravam expressão na teoria e na filosofia, enquanto Gide estava mais preocupado com a poesia e a arte. A filosofia apenas estragaria sua arte, pensava e dizia ele: "O trabalho dos filósofos é necessariamente monótono."

Esse fora o problema central de Nietzsche, de acordo com Gide, para quem Nietzsche se tornara "cativo de si próprio". Ele parece um "leão na jaula de um esquilo". "Não há exemplo mais trágico do que esse antirracionalista que quer provar alguma coisa. Ele é um artista, mas não cria – ele prova, com uma obstinação apaixonada. Ele nega a razão e raciocina. Ele nega-a com o fervor dos mártires." O lamento do próprio Nietzsche, "Deveria ter cantado, esta alma" (NT, Prefácio), poderia ter servido como um mote para a crítica de Gide a Nietzsche. Outras figuras logo substituem Nietzsche para Gide, especialmente Goethe e Dostoévsky. Contudo,

---

16 André Gide, *Lettres à Angèle* [Cartas a Angèle], em *Oeuvres completes* [Obras completas] (Paris: N.R.F., BD.3, 182).

as famosas palestras sobre Dostoévsky em 1922 ainda mantêm uma forte relação com Nietzsche, sendo que os problemas não resolvidos de Nietzsche conduzem à sua solução artística em Dostoévsky e no próprio Gide. Esses problemas são principalmente relacionados às interpretações do cristianismo e de Cristo, as quais, de acordo com Gide, mostram que o filósofo naufraga na complicação desses problemas, ao passo que a energia criativa do artista é capaz de deslindá-los.

A recepção alemã de Nietzsche

Desde o início da última década do século XIX, a presença de Nietzsche assume grandes proporções na cena das letras alemãs, e ousadamente se poderia dizer que dificilmente há algum autor que não tenha tido em uma ou outra ocasião seu momento de experienciar Nietzsche. Hugo von Hofmannsthal, Stefan George, Frank Wedekind, Hermann Hesse, Rainer Maria Rilke, e Bertold Brecht exemplificam um impacto mais decisivo e duradouro em suas obras. Contudo, há três autores, Thomas Mann, Gottfried Benn, e Robert Musil, cuja obra não apenas mostrou um alto grau de receptividade a ideias e temas nietzscheanos, mas também respondeu criticamente a Nietzsche, aprofundando uma compreensão de seu pensamento como um dos grandes eventos do século XX.

A ocupação de Thomas Mann com Nietzsche foi um processo vitalício evidenciado não apenas por um número considerável de textos teóricos, mas acima de tudo por seu trabalho criativo, suas narrativas, especialmente o romance tardio *Doutor Fausto*, de 1947. O tema principal da imagem de Nietzsche de Mann é o de um "mártir do pensamento", um "santo do imoralismo", que morreu a "morte do mártir na cruz do pensamento". Há uma aura de exclusividade, de nobreza, um destino humano extraordinário e paradigmático em torno do Nietzsche de Mann. Contudo, Mann também via traços perturbadores em Nietzsche, e sentia-se autorizado a denunciá-los como sinais de um barbarismo anti-humano. Os paroxismos de Nietzsche sobre um *Übermensch* [além-homem], um eterno retorno, uma vontade de poder, pareciam-lhe monótonos, obtusos, e simplesmente abaixo do nível intelectual de Nietzsche.

A proclamação, por parte de Nietzsche, da primazia da vida e sua elevação a um critério último de valor, contudo, foram tomadas por Mann como um desafio importante a sua própria posição, um desafio digno de ser aceito e refutado como parte do trabalho de sua vida. A imagem de Nietzsche de Mann pode talvez ser melhor iluminada por sua refutação dessa questão nietzscheana central, a superioridade da vida acima de tudo, a "autonegação, a autotraição do intelecto em favor da vida", como coloca Mann, ou "aquele implacável esteticismo renascentista, aquele culto histérico ao poder, à beleza e à vida" (RHN, 13).[17] Assim como André Gide, Mann vê em Nietzsche uma fonte de vitalismo e poder vital que é enormemente cheia de recursos para um tipo de poesia que se tornou cerebral e afastada da vida. Esse culto à vida, no entanto, necessita de um corretivo dado pela abordagem crítica de Mann a ele, da qual dois exemplos são extremamente reveladores. O primeiro ocorre nas *Reflexões de um homem não político* de 1918, e o último na palestra "A filosofia de Nietzsche à luz da história recente", que Mann proferiu em 1947 no Clube de Poetas, Ensaístas e Novelistas em Zurique.

O Prólogo às *Reflexões de um homem não político* fornece em forma quintessencial o entendimento de Mann sobre Nietzsche e sua reação a ele:

> De um ponto de vista poético-intelectual, há duas possibilidades irmãs produzidas a partir de uma experiência com Nietzsche. Uma é aquele implacável esteticismo renascentista, aquele culto histérico do poder, da beleza e da vida, que encontrou favor por algum tempo em uma certa escola literária. A outra chama-se ironia – e aqui estou falando de mim mesmo. Comigo, a experiência da autonegação do intelecto em favor da vida tornou-se ironia – uma atitude moral para a qual não conheço nenhuma outra descrição e especificação a não ser precisamente esta: que ela é a autonegação, a autotraição do intelecto em favor da vida. (RHN, 13)

---

17 Thomas Mann, *Reflections of a Nonpolitical Man* [*Reflexões de um homem não político*], trad. de Walter D. Morris (Nova Iorque: Unger, 1983). No que se segue, "RHN".

A essência desse enunciado parece óbvia: Nietzsche é visto como representando a posição da "autonegação do intelecto em favor da vida". Essa posição filosófica libera enormes possibilidades para a poesia, porque concede à criação artística a infinidade da vida. A infusão da experiência do dionisíaco é comparável à ascensão do romantismo na literatura, quando as velhas formas estéreis de expressão poética foram substituídas por formas novas e mais vigorosas.

Ainda assim, há duas maneiras de responder a Nietzsche. Uma seria simplesmente refletir "aquele implacável esteticismo renascentista, aquele culto histérico ao poder, à beleza e à vida", já expresso nos escritos do próprio Nietzsche. Isso foi feito por uma "certa escola literária" no início do século, supostamente pelas formas iniciais de expressionismo alemão. A outra maneira consiste em uma resposta mais pensativa, na ironia, na abordagem do próprio Mann. Ele também abraça "a autonegação, a autotraição do intelecto em favor da vida", mas ele define a vida "com uma nuance diferente, mais leve e mais reservada, de sentimento", um tipo de sentimento que significa amabilidade, felicidade, poder, graça, a prazerosa normalidade da falta de intelecto e da não intelectualidade.

Nesse estado de ironia, em outras palavras, a autonegação do intelecto "nunca pode ser completamente séria, completamente realizada". A ironia busca "a vitória para o intelecto", mas apenas indiretamente, nunca "colocando-se seriamente e ativamente a serviço da desejabilidade e dos ideais". Afinal, a ironia é um "*ethos* completamente pessoal, não social", ela "não é um meio de melhoria no sentido intelectual-político", e em última análise "não acredita na possibilidade de obter a vida para o intelecto" (RHN, 13-14).

O antagonismo entre a vida e o intelecto, conforme Mann o herdara de Schopenhauer, recebe assim modificações decisivas através de Nietzsche. Mann admitia prontamente a Nietzsche que a vida, a saúde e o vigor são desejabilidades supremas, especialmente para o artista pálido e decadente. Nesse sentido, Mann tornou o antagonismo entre saúde e doença, vida e intelecto, o tema central de sua obra. Se situamos Nietzsche do lado da vida, vemos imediatamente sua importância para o trabalho criativo de Mann. Contudo, com a intrusão da ironia, esse antagonismo deixa de ser estável, e percebemos uma reserva mental em relação a ambos os lados – uma reserva mental que se expressa em um cortejo, uma persuasão e uma mediação mútuos: ao intelecto a partir da vida, e à vida a partir do intelecto.

Contudo, essa atitude implica correções decisivas da posição de Nietzsche, conforme Mann a vê. A vida não é aquela força dionisíaca intoxicada que Nietzsche pinta, mas assume a nuance mais moderada e disciplinada da proficiência, como nos primeiros representantes da casa mercante dos Buddenbrooks antes de o declínio e a decadência terem se estabelecido. Mann considera errôneo ver o intelecto como a força dominadora de nossa época, e sente-se obrigado a resgatar a vida. O contrário é verdadeiro. É igualmente errôneo construir uma oposição entre a vida e a moral. A moral dá suporte à vida e nos permite assumir nossa posição na vida.

Em *Tonio Kröger*, o protagonista discute a eterna antinomia entre a vida e o intelecto com a artista Lisaweta, e chega às mesmas conclusões. "Lisaweta, eu amo a vida", ele exclama, mas imediatamente modifica esse enunciado: "não pense em Cesare Borgia ou qualquer filosofia ébria que o tenha como porta-estandarte". Ele não pode imaginar como alguém poderia adorar o "extraordinário e o demoníaco" como ideal, e então continua:

> Não, a vida como eterna antinomia entre o espírito e a arte não se representa para nós como uma visão de grandeza selvagem e beleza implacável; é o normal, o respeitável e o admirável que é o reino de nosso anseio: a vida em toda sua sedutora banalidade – um anseio pelo inocente, o simples e o vivo, por um pouco de amizade e devoção – pelo contentamento do trivial.

Quando Mann proferiu seu discurso sobre "A filosofia de Nietzsche à luz da história recente" diante do Clube de Poetas, Ensaístas e Novelistas em Zurique em 1947, a situação havia mudado decisivamente, e não mais lhe permitia a atitude de uma mediação irônica entre a vida e o intelecto como uma resposta apropriada em relação a Nietzsche.[18] A atmosfera "não

---

18 Thomas Mann, "Nietzsche's Philosophy in the Light of Recent History" ["A filosofia de Nietzsche à luz da história recente"], em Thomas Mann, *Last Essays* [*Últimos ensaios*], trad. de Tania e James Stern (Nova Iorque: Knopf, 1959, 141-177). No que se segue, "FN".

política" do período após a Primeira Guerra Mundial fora substituída por um profundo engajamento e envolvimento político de Mann em atividades antinazistas. Ele havia se tornado cidadão dos Estados Unidos e havia assistido ao colapso do império de Hitler, que se fundira para ele, em uma estranha visão, com o colapso mental de Nietzsche em 1889.

Tudo isso encontra uma expressão apocalíptica no romance *Doutor Fausto* de Mann, um romance nietzscheano, que ele escreveu mais ou menos em paralelo com todos esses eventos. O romance apareceu em 1947, e foi acompanhado por um "romance do romance", a *Origem de Doutor Fausto*, no qual todas essas relações biográficas e intelectuais são explicadas. "A filosofia de Nietzsche à luz da história recente", do mesmo ano, claramente pertence a esses textos como uma terceira forma de expressão. Ele é o enunciado final de Mann no que diz respeito a Nietzsche, no qual Nietzsche é definitivamente relegado ao passado para livrar o futuro de seu impacto fatídico.

Mann estabelece o tom dessa explicação logo no início. Quando o colapso mental de Nietzsche tornou-se conhecido no início de 1889, aqueles que conheciam a "estatura do homem" poderiam ter lamentado como Ofélia: "Ó, que espírito nobre é aqui derrubado". De fato, procuramos em vão na história da literatura por "uma figura mais fascinante que a do eremita de Sils-Maria". Contudo, esse é um fascínio, acrescenta Mann, "muito semelhante ao que emanou ao longo dos séculos do melancólico dinamarquês de Shakespeare" (FN, 14). Nietzsche foi "um fenômeno de vasto escopo e complexidade cultural, um verdadeiro resumo do espírito europeu". Ainda assim, a emoção que Mann experienciou como um "'observador' fascinado e leitor da geração seguinte" a Nietzsche foi "uma combinação de reverência e pena", mais precisamente "pena trágica por uma alma sobrecarregada, uma alma sobre a qual muitas cargas foram depositadas – uma alma apenas chamada para o conhecimento, não realmente nascida para ele, e, como Hamlet, destroçada por ele" (FN, 142). A essa "alma delicada, fina e afetuosa, necessitada de amor", a "solidão mais fria, a solidão do criminoso" foi imposta. Esse espírito, "profundamente respeitoso em sua origem, moldado para reverenciar tradições piedosas", foi puxado pelos cabelos "para uma postura de truculência selvagem e ébria, de rebelião contra toda reverência". "Esse espírito foi compelido a violar sua própria natureza, a se tornar um porta-voz e advogado da clamorosa força bruta, da consciência calejada, do próprio Mal" (FN, 142).

Para perceber a "natureza fantástica desse desenvolvimento, sua completa imprevisibilidade", tem-se de olhar para as origens do espírito de Nietzsche. A partir de tudo que sabemos sobre seu início, imaginamos "um homem cujos dotes intelectuais e propriedade irrepreensível pareceriam garantir uma carreira respeitável em um plano distinto" (FN, 143). Em vez disso, vemos alguém "impulsionado rumo a ermos sem caminhos", como um alpinista que chegou ao "ponto sem retorno, de onde não pode se mover nem para frente nem para trás". Se perguntarmos o que impulsionou Nietzsche rumo a esses ermos sem caminhos e levou-o a uma "morte de mártir na cruz do pensamento", teremos de dizer que foi seu destino, seu gênio.

Mas para esse tipo de gênio há um outro nome, que é doença. Mann deixa claro que isso não visa "desvalorizar as realizações criativas de um pensador, psicólogo e mestre da linguagem, que revolucionou toda a atmosfera de sua época", mas que deve ser tomado no sentido específico em que um Dostoévsky e um Nietzsche são doentes (FN, 144). Ele faz referência à contração inicial da sífilis por Nietzsche em um bordel em Colônia durante seus dias de estudante em Bonn, e vê nessa infeção o tipo de predestinação fatídica da vida intelectual de Nietzsche que ofereceu ao mundo "o desolador espetáculo da autocrucifixão" (FN, 146).

Vimos que Mann admirou especialmente a fase inicial de Nietzsche, quando tudo ainda parecia estar em ordem e coesão. Depois disso, Nietzsche foi "um grande crítico e filósofo da cultura, um escritor de prosa e ensaísta europeu de primeira ordem". Esse seu talento chegou ao ápice na época em que ele escreveu *Para além do bem e do mal* e *Para a genealogia da moral* (FN, 148). Uma clara má apropriação de sua missão e um início da dissolução da estatura de Nietzsche é notada por Mann em *Assim falou Zaratustra* e sua ambição de ser poético, religioso e profético. Ele diz a respeito:

Essa monstruosidade sem rosto e sem corpo, esse tambor-mor Zaratustra com uma coroa de riso e rosas em sua cabeça desfigurada, seu "Tornem-se duros!" e suas pernas de dançarino, não é um personagem; ele é retórico, verborragia selvagem e trocadilhos, uma voz atormentada e profecias dúbias, um fantasma de deplorável grandeza, frequentemente tocante e usalmente embaraçoso, um aborto que beira as raias do ridículo. (FN, 149)

De modo semelhante, Mann vê o estilo de Nietzsche em um processo de contínua deterioração. Por certo, seu estilo permaneceu "musical", mas "gradualmente se degenerou da disciplina acadêmica à moda antiga e do comedimento da tradição humanista alemã para um insalubre super-jornalismo alegre, sofisticado e febril, que no final ele adornou com o gorro e os sinos de um bufão cômico" (FN, 151).

De modo mais importante, contudo, Mann apresenta a biografia intelectual tardia de Nietzsche como a "história do declínio" de uma única ideia, a saber, a ideia de "cultura", a mais alta realização da vida humana. Originalmente, com a proposição de que a vida pode ser justificada apenas como um fenômeno estético, Nietzsche representou aquela sabedoria tragicamente irônica que, em prol da cultura, "mantém a ciência dentro de limites" e defende a vida contra o "pessimismo dos caluniadores da vida" (os "apóstolos de uma pós-vida") e contra o "otimismo dos racionalistas e reformadores que pregam suas fábulas de justiça e felicidade nesta terra para todos os homens" (FN, 152).

Contudo, já em *O nascimento da tragédia* Nietzsche assume uma postura combativa em relação a Sócrates, o "homem teórico". Posteriormente, ele "cantou hinos à força e à beleza", professou o "triunfo amoral da vida", e "defendeu a vida contra todas as tentativas do espírito de aleijá-la", ainda que, mesmo então, ele "prestasse uma homenagem sem igual ao sofrimento" (FN, 158). Sua vida foi certamente "inebriação e sofrimento – uma combinação altamente artística", ou em termos mitológicos a "união de Dionísio com o Crucificado". Seu "imoralismo" foi a "autodestruição da moral a partir de uma preocupação com a verdade", um tipo de "excesso e exuberância da parte da moral" (FN, 159). Temos de perceber que todas essas ideias sutis "se afastam das atrocidades das mensagens ébrias de poder, violência, crueldade e trapaças políticas nas quais sua ideia da vida como uma obra de arte, e de uma cultura irrefletida governada por instinto, degeneraram de modo tão brilhante em seus escritos posteriores" (FN, 159).

De acordo com Mann, há basicamente dois erros que "desarranjaram o pensamento de Nietzsche e lhe deram seu molde fatal". O primeiro se relaciona ao "poder relativo do instinto e do intelecto nesta terra", e se expressa na absurda proposição "defender a vida contra o espírito": "Como se houvesse o menor perigo de um intelectualismo excessivo na terra!" (FN, 162). O segundo erro é a "relação absolutamente falsa em que ele situa a vida e a moral quando trata-as como antagonistas" (FN, 162). Mann diz:

> A verdade é que o lugar delas é junto. A ética é o apoio da vida, e o homem moral é um verdadeiro cidadão do reino da vida – talvez um camarada um tanto tedioso, mas altamente útil. A verdadeira dicotomia é entre a ética e a estética. Não a moral, mas a beleza é aliada da morte, como cantaram tantos poetas. Como Nietzsche pôde não saber disso? (FN, 162)

Nietzsche disse certa vez: "Não existe nenhum ponto fixo fora da vida, a partir do qual seria possível refletir sobre a existência; não existe nenhuma autoridade diante da qual a vida poderia se envergonhar". Mann pergunta: "Realmente não?", e se refere ao "espírito do homem, a própria humanidade assumindo a forma da crítica, da ironia, e da liberdade, aliada ao mundo que julga." À proposição de Nietzsche: "A vida não tem juiz acima de si mesma", ele responde que no homem "a natureza e a vida de algum modo vão além de si mesmas", que nele "elas perdem sua inocência" e adquirem o espírito como "a autocrítica da vida" (FN, 161).

Essa autorrealização humana nos permite lançar "um olhar cheio de pena à 'doutrina higiênica' de Nietzsche acerca da vida" e também conduz ao último ponto da argumentação de Mann. Em seus dias primeiros e mais sãos, Nietzsche havia mobilizado sua doutrina da vida contra a "doença do historicismo", mas conforme o tempo passou sua atitude tornou-se uma "fúria menádica contra a verdade, a moral, a religião, o humanitarismo, contra tudo que pudesse efetuar uma domesticação razoável da selvageria da vida" (FN, 161). Quando Nietzsche prediz "guerras monstruosas e cataclismos", ou começa seu hino à "besta loura" de rapina, somos preenchidos de alarme "pela sanidade do nobre espírito que aqui se enfurece de modo tão exuberante contra si próprio" (FN, 165). Contudo, seria inútil e pura estupidez "responder com escárnio a todos esses desafios agudos e atormentados", ou responder a eles "com indignação moral". O que temos diante de nós é "uma figura de Hamlet, a tragédia de uma compreensão que excede a força", e os sentimentos experienciados diante dessa tragédia são "os de espanto e pena". Mann diz:

> E os traços grotescos de sua doutrina são tão permeados por uma tristeza lírica de movimentos infinitos, por tamanha ânsia dolorosa de que o orvalho do amor caia sobre a terra ressecada e estiada de sua solidão, que qualquer escárnio ou repugnância que possamos sentir por esse *Ecce homo* é rapidamente interrompido. (FN, 167)

Mann rejeita, em particular, qualquer afiliação direta de Nietzsche com os nazistas no sentido de um "precursor, cocriador e ideólogo do fascismo europeu e mundial" (FN, 167). Ele gostaria de "inverter causa e efeito nesse assunto", e não sustentar "que Nietzsche criou o fascismo, mas que o fascismo o criou", que esse intelectual "foi um instrumento de registro tão delicado que ele sentiu a ascensão do imperialismo e a era fascista do Ocidente", e foi "como uma agulha trêmula apontando para o futuro" (FN, 167).

O problema de Nietzsche, contudo, permanece sendo a relação íntima entre o esteticismo e o barbarismo. Sempre haverá "algo espúrio, irresponsável, não confiável, e apaixonadamente frívolo" em suas efusões filosóficas. Com um elemento de profunda ironia, seremos capazes de entender "sua furiosa negação do intelecto em favor da beleza, da força, da perversidade da vida" como a autopunição de um homem que sofreu profundamente com a vida. Nietzsche não apenas nos oferece uma arte, ele também requer uma arte especial para lê-lo. Em uma carta a Carl Fuchs de 1888, ele aconselha o crítico a não julgar contra ou a favor dele, mas a caracterizá-lo com neutralidade. "É completamente desnecessário, e mesmo indesejável", diz ele, "ficar do meu lado. Pelo contrário, uma dose de curiosidade misturada a uma resistência irônica, como a de alguém confrontado com uma planta estranha, pareceria ser uma atitude muito mais inteligente em relação a mim – Perdoe-me! Acabo de escrever algumas observações ingênuas – uma pequena receita para livrar-se de maneira feliz de uma situação impossível." "Algum escritor alguma vez alertou contra si mesmo de uma maneira tão estranha?", pergunta Mann, e lembrando as maldições de Nietzsche contra o "homem teórico", chega à conclusão de que "ele próprio era esse homem teórico por excelência" (FN, 174): "Seu pensamento era pura virtuosidade, não pragmático ao extremo, livre de qualquer senso de responsabilidade pedagógica, profundamente apolítico. Ele era, na verdade, sem relação com a vida, aquela amada vida que ele defendia e aclamava acima de tudo" (FN, 174). Acima de tudo, sua filosofia não era uma "fria abstração", mas uma "experiência, sofrimento e sacrifício pela humanidade". Embora ele tenha sido movido "para os picos nevados do erro grotesco", Nietzsche permanecerá para as gerações vindouras, assim como para a geração de Thomas Mann, como "uma figura frágil e honoravelmente trágica, iluminada pelo clarão desses tempos de sublevação" (FN, 177).

O pleno impacto dessa imagem de Nietzsche torna-se perceptível quando o vemos em relação com o romance *Doutor Fausto* de Mann, que situa em paralelo a queda da Alemanha no fim da Segunda Guerra Mundial e o colapso mental do compositor Adrian Leverkühn, uma figura nietzscheana, simbolizando a grandeza e os perigos do espírito alemão. O romance conclui com o parágrafo:

> A Alemanha, com as faces em febre, cambaleava no alto de seus dissolutos triunfos, prestes a conquistar o mundo, graças ao único pacto que ela tencionava cumprir, que ela assinara com seu sangue. Hoje, cercada de demônios, cobrindo um dos olhos com a mão, o outro olhando horrores, precipita-se abaixo, de desespero em desespero.

Quando chegará ao fundo do abismo? Quando, da mais absoluta desolação, raiará – um milagre além do poder da fé – a luz da esperança? Um homem solitário junta as mãos e diz: "Deus tenha piedade de tua pobre alma, minha amiga, minha pátria."[19]

Discussões filosóficas do século XX

A descoberta de Nietzsche na disciplina acadêmica da filosofia assumiu um ritmo muito mais lento, e foi obviamente impedida pelo caráter não tradicional de seu pensamento e sua maneira não convencional de se expressar. A designação "poeta-filósofo" certamente não era nenhum grande cumprimento para Nietzsche, pois implicava uma indistinção do pensamento, uma argumentação inconsequente, e uma falta de rigor intelectual. A outra designação frequentemente empregada em relação a Nietzsche, "filósofo da vida", refere-se a uma escola ou tendência filosófica da época.

Max Scheler caracterizou a filosofia da vida como uma "filosofia derivada da plenitude da vida, derivada da plenitude da experiência da vida", e ilustrou essa atitude com Dilthey, Bergson e Nietzsche.[20] Dilthey via o traço mais característico de uma filosofia da vida em uma tentativa de "interpretar o mundo em seus próprios termos", que exigia uma abordagem empática em relação ao mundo, um tipo de reconhecimento alcançado pela pessoa projetando-se no objeto "como o intérprete se relaciona com uma obra de arte". A "interpretação do mundo em seus próprios termos" tornou-se para Dilthey "o mote de todos os espíritos livres" no decurso do século XIX. Após o declínio do sistema hegeliano, essa interpretação foi levada adiante por Schopenhauer, Feuerbach, Richard Wagner, e Nietzsche.[21]

---

19 Thomas Mann, *Doctor Faustus. The Life of the German Composer Adrian Leverkühn as Told by a Friend* [*Doutor Fausto. A vida do compositor alemão Adrian Leverkühn narrada por um amigo*], trad. de H. T. Lowe-Porter (Nova Iorque: Knopf, 1948).
20 Max Scheler, "Versuche einer Philosophie des Lebens. Nietzsche-Dilthey-Bergson" ["Ensaio de uma filosofia da vida. Nietzsche-Dilthey-Bergon"], em Max Scheler, *Vom Umsturz der Werte* [*Da subversão dos valores*] (Bern: Francke, 1955).
21 Wilhelm Dilthey, *Gesammelte Schriften* [*Escritos reunidos*] (Göttingen: Vandenhoeck und

Esse foi o tipo de escola filosófica ao qual Nietzsche foi relegado pelos filósofos acadêmicos durante as primeiras décadas de século XX. Raoul Richter, Hans Vaihinger, Georg Simmel, e Ludwig Klages o interpretaram com maior ou menor sucesso como filósofo da vida, e se concentraram em sua relação com filósofos anteriores e sua diferença em relação a eles, especialmente Schopenhauer. As palestras de Georg Simmel sobre *Schopenhauer e Nietzsche* em 1907 são um exemplo particularmente bom dessa interpretação acerca de Nietzsche.

De modo geral, no entanto, esse é o tipo de interpretação acerca de Nietzsche que Heidegger menciona de maneira bastante desdenhosa no início de suas aulas sobre Nietzsche (HN1, 5).[22] Esses intérpretes não sabiam o que fazer com Nietzsche, e o relacionaram a algo que eles conheciam e compreendiam, a saber, Schopenhauer e a filosofia da vida. Heidegger, em contraste, queria mostrar "que Nietzsche se move na órbita da questão da filosofia ocidental" e que ele sabia o que significava "estar em casa no questionamento genuíno" (HN1, 4, 6). As duas primeiras interpretações abrangentes sobre Nietzsche a tomarem conhecimento da notável originalidade e rigor intelectual dele derivam dos dois principais filósofos existenciais da Alemanha, e se originaram mais ou menos na mesma época. Enquanto Heidegger pretendia relacionar Nietzsche à tradição ininterrupta da filosofia ocidental, Jaspers queria revelar a espantosa novidade e originalidade do pensamento de Nietzsche. Karl Jaspers publicou seu livro em dezembro de 1935 e intitulou-o *Nietzsche: Uma introdução ao entendimento de sua atividade filosófica*.[23] Em 1936, Heidegger havia iniciado uma série de cursos e seminários sobre Nietzsche, que ele não publicou, no entanto, até 1961, e então intitulou-os simplesmente *Nietzsche*.

A abordagem particular de Jasper acerca de Nietzsche manifesta-se nas primeiras sentenças de seu Prefácio à primeira edição de seu *Nietzsche*

Ruprecht, 1959, 4, 528-529, 210-211).

22 Martin Heidegger, *Nietzsche*, trad. de David Farrell Krell, Joan Stambaugh e Frank A. Capuzzi. 4 vols. (São Francisco: Harper and Row, 1979-87). No que se segue, "HN".

23 Karl Jaspers, *Nietzsche. An Introduction to the Understanding of His Philosophical Activity* [*Nietzsche: Uma introdução ao entendimento de sua atividade filosófica*], trad. de Charles F. Wallraff e Frederick J. Schmitz (Chicago: Gateway, 1966). No que se segue, "JN".

de 1935, e pode ser caracterizada como uma busca por uma maneira apropriada de lidar com esse filósofo. Ler Nietzsche parece fácil: "Qualquer passagem com que nos deparamos pode ser entendida imediatamente, quase toda página que ele escreveu é interessante, seus juízos são fascinantes, sua linguagem é intoxicante, e até mesmo a leitura mais breve é recompensadora." Logo, no entanto, o leitor fica "perturbado" por encontrar uma "grande variedade de juízos que aparentemente não são obrigatórios para ninguém", e acha "insuportável que Nietzsche diz primeiro isto, depois aquilo, e depois algo inteiramente diferente." O que Jaspers propõe nessa situação é de fato o cerne de toda sua intepretação sobre Nietzsche:

> Devemos abandonar a mera leitura de Nietzsche em favor de um estudo que equivale a uma apropriação alcançada ocupando-nos com a totalidade das experiências intelectuais que o tornam tão representativo de nossa época. Ele então se torna um símbolo do destino da própria humanidade, conforme ela segue adiante rumo a seus limites e suas fontes. (JN, XI)

Essa certamente não é uma abordagem acrítica em relação a Nietzsche. Entre os escritos de Nietzsche, especialmente naqueles "à beira da insanidade", Jaspers nota "aberrações" perturbadoras. Originalmente, ele planejara um capítulo de citações reunidas como evidências dessas aberrações, dos "pronunciamentos naturalistas e extremistas errôneos" de Nietzsche. O resultado, contudo, fora "devastador", e Jasper omitiu esse capítulo "por respeito a Nietzsche". Do ponto de vista de uma compreensão sobre o que Jaspers pretendia comunicar, "vê-se que tais aberrações não têm peso algum": "A essência de sua vida e de seu pensamento é tão absolutamente magnífica que aquele que for capaz de participar dela é prova contra os erros dos quais Nietzsche momentaneamente foi vítima, e que em uma data posterior puderam fornecer materiais fraseológicos para serem usados pelos nacional-socialistas em apoio a seus feitos desumanos." Jaspers enxerga Nietzsche como "talvez o último dos grandes filósofos do passado", e espera "que sua sinceridade profética prevaleça sobre a mera aparência". Foi essa severa exigência e complexidade de Nietzsche que motivou os nazistas a eventualmente abandonarem Nietzsche "sem maiores alardes" (JN, XIII-XIV).

O livro de Jaspers é dividido em três partes – "A vida de Nietzsche", "Os pensamentos básicos de Nietzsche" e "O modo de pensar de Nietzsche" – todas as quais foram inovações para a compreensão de Nietzsche naquela época. Nessas seções, ele desenvolve uma imagem fascinante do filósofo, cuja figura central é o persistente questionamento de Nietzsche sobre toda forma de racionalidade fechada em si própria, sendo este um novo tipo de modernidade em seu filosofar. Essa é a essência da análise da "atividade filosófica" de Nietzsche por Jaspers em termos de uma reflexão infinita, de máscaras, de uma escrita autodissimulada, um pensamento sem fundamentos, e uma dialética que se autocompleta infinitamente e que põe em questão todos os enunciados apodíticos, mediante a consideração de novas possibilidades.

Em *Razão e existência*, de 1935,[24] Jaspers havia tentado integrar esses aspectos do pensamento de Nietzsche em sua própria filosofia da existência. Jaspers retratara as obras de Nietzsche e Kierkegaard como exemplos principais de dois argumentos importantes contra a tendência básica do pensamento ocidental de transformar em racionalidade tudo que é não racional ou contrarracional e de fundamentar a razão com base nela própria. Para ilustrar essa tese, Jaspers dividiu a história intelectual do Ocidente em dois períodos: um marcado pela dominação do *logos* [razão] e pela admoestação "Conhece-te a ti mesmo", que culminou em Hegel; e o outro caracterizado por uma desilusão radical sobre a autoconfiança da razão, pela dissolução de todas as fronteiras e pelo colapso de toda autoridade, um período que começou com Kierkegaard e Nietzsche. Com a afirmação deles de que o conhecimento humano não é nada além de interpretação, com a sedutora disposição deles a se entregarem à ocultação e às máscaras, e com o atordoante chamado deles para uma sinceridade que continuamente coloca a si própria em questão, eles representam "a modernidade dando um salto mortal por cima de si mesma". Eles não oferecem "nenhum ensinamento,

---

24 Karl Jaspers, *Vernunft und Existenz* [*Razão e existência*] (Munique: Piper, 1973).

nenhuma posição básica, não uma visão de mundo, mas uma nova maneira básica de pensar em meio à reflexão infinita, uma reflexão consciente de que, como reflexão, ela não pode mais obter um fundamento".

Em um estudo posterior, dos anos 1950, "Sobre a importância de Nietzsche na história da filosofia", Jasper novamente insistiu na singularidade do pensamento de Nietzsche em seu caráter processual e indeterminável.[25] A obra de Nietzsche era "uma pilha de ruínas", afirmava Jaspers, animada por uma dialética factual, não uma dialética desenvolvida metodologicamente. Ele o classificava juntamente com Marx e Kierkegaard como um dos três pensadores que não mais se permitiam "reivindicar o absoluto" na tradição da mente ocidental. Eles foram questionáveis naquilo que profetizaram, mas magníficos em vista da inquietação em que nos colocaram: "Eles se encontram na porta de entrada do pensamento moderno. Eles não apontaram o caminho correto, mas o iluminam de maneira incomparável."

Heidegger em agudo contraste com a visão de Jaspers sobre Nietzsche, parece ser motivado pela questão de se o texto aforismático e fragmentário do filósofo, que aparentemente rejeita os princípios finais e a coerência sistemática, não obstante pode ser lido segundo o estilo da metafísica tradicional. O *Nietzsche* de Heidegger, uma compilação de suas aulas e manuscritos de 1936 a 1945, publicada em 1961, apresenta a interpretação mais abrangente e fechada em si mesma até então produzida acerca de Nietzsche. Heidegger limita sua interpretação a um único princípio filosófico, a vontade de poder, e deriva desse princípio todos os temas particulares em Nietzsche. O princípio, contudo, não aparece simplesmente no conceito da "vontade de poder", mas emerge apenas se pensamos juntos os pensamentos aparentemente irreconciliáveis da "vontade de poder" e do "eterno retorno do mesmo", e de uma maneira tão intensiva que "em termos da metafísica, em sua fase moderna e na história de seu fim, ambos os pensamentos pensam o mesmo" (HN3, 163).

---

25 Karl Jaspers, "Zu Nietzsches Bedeutung in der Geschichte der Philosophie" ["Sobre a importância de Nietzsche na história da filosofia"], em Karl Jaspers, *Aneignung und Polemik: Gesammelte Reden und Aufsätze* [*Apropriação e polêmica: discursos e ensaios reunidos*], ed. Hans Sauer (Munique: Piper, 1968, p. 389-401).

Nesse ponto, deveríamos lembrar que Alfred Bäumler, em sua interpretação de 1931 acerca de Nietzsche, havia rigorosamente insistido que a vontade de poder constituía o pensamento central da filosofia de Nietzsche. As obras publicadas pelo próprio Nietzsche constituíam uma mera "filosofia de superfície" para Bäumler, uma vertiginosa fosforescência de Sim e Não, uma exibição irresponsável de opiniões. Somente em seus fragmentos não publicados, isto é, na compilação de seus fragmentos não publicados conhecida pelo título de *A vontade de poder*, é que encontramos uma linha consequencial de pensamento centrada na vontade de poder, no sentido de uma subjugação dos mais fracos pelos mais fortes.

Bäumler introduziu em Nietzsche as noções de uma filosofia escondida, mas autêntica, e de uma filosofia exibida abertamente, mas inautêntica, e desvalorizou na prática os escritos publicados de Nietzsche em favor da obra póstuma *A vontade de poder*.[26] Em seu livro de 1934, *A filosofia do eterno retorno do mesmo de Nietzsche*,[27] Karl Löwith também se concentrou na "doutrina filosófica" central de Nietzsche, em contraste com todos aqueles que haviam escrito sobre Nietzsche e algum outro tópico, como o Romantismo (Karl Jöel), as "realizações psicológicas" de Nietzsche (Ludwig Klages), Schopenhauer (Georg Simmel), ou a política (Alfred Bäumler). Löwith assumia que a tarefa do filósofo era trazer à luz um pensamento central como princípio organizador da filosofia. Para Löwith, o princípio estrutural do pensamento de Nietzsche era a doutrina do eterno retorno do mesmo, e isso, acreditava Löwith, alçava Nietzsche da posição de um mero crítico cultural e escritor de aforismos à de um verdadeiro filósofo.

Heidegger foi muito além das afirmações feitas por Bäumler e Löwith. Primeiro, ele decidiu que o pensamento central de Nietzsche não estava realmente presente nos escritos de Nietzsche, ou estava presente apenas de uma maneira impensada, não elaborada, e tinha de ser percebido através de nossos esforços, através da hermenêutica e de uma "melhor compreensão".

---

26 Alfred Bäumler, *Nietzsche der Philosoph und Politiker* [*Nietzsche, o filósofo e o político*] (Leipzig: Reclam, 1931).

27 Karl Löwith, *Nietzsches Philosophie der ewigen Wiederkehr des Gleichen* [*A filosofia do eterno retorno do mesmo de Nietzsche*] (Stuttgart: Kohlhammer, 1956).

Heidegger estava perfeitamente cônscio do caráter forjado de *A vontade de poder*, e referiu-se a ele em enunciados de rejeição acerca da "assim chamada obra principal" (HN3, 10) que contém uma "mistura" de passagens "de muitos períodos diferentes" (HN3, 13). Daí, contudo, emergiu para Heidegger a obrigação de fazer o esforço de pensar o pensamento central inscrito na configuração "a vontade de poder".

A fim de realizar essa percepção, um duplo esforço é necessário. Devemos fundir intensivamente os conceitos aparentemente irreconciliáveis da vontade de poder e do eterno retorno do mesmo, de modo que eles sejam vistos como dois aspectos de um mesmo conceito. Na terminologia clássica, a vontade de poder é a essência (*essentia*) de todas as coisas, ao passo que o eterno retorno do mesmo é sua existência (*existentia*). Na linguagem da filosofia transcendental, a vontade de poder é a coisa em si (*noumenon*) e o eterno retorno do mesmo é sua aparência (*phainomenon*). Na terminologia do próprio Heidegger da "diferença ôntica-ontológica", que se refere à diferença fundamental entre o Ser e os seres, a vontade de poder corresponde ao Ser, e o eterno retorno do mesmo corresponde à multiplicidade dos seres (HN3, 168).

Conforme Heidegger ligou a vontade de poder e o eterno retorno do mesmo a um só pensamento, ele tentou "completar" o pensamento de Nietzsche e levar a cabo o projeto ocidental conhecido como "metafísica". Fundidos juntos, esses dois pensamentos tornam-se um "único pensamento" (HN3, 10), e com seu pensamento Nietzsche satisfaz "a essência da modernidade; agora, pela primeira vez, a modernidade torna-se independente". Em última instância, "na unidade essencial dos dois pensamentos, a metafísica que se aproxima da consumação pronuncia sua palavra final" (HN3, 163).

Essa finalidade, contudo, deve ser vista com uma ambiguidade que é característica de todos os termos essenciais de Heidegger. Para ele, a filosofia de Nietzsche é a finalização da metafísica ocidental. Esse pensamento expressa não apenas o fim da filosofia, seu *eschaton*, mas também seu apocalipse como desvelamento de seu significado, ou melhor, como a revelação de sua falta de significado. O conceito de subjetividade na metafísica ocidental, que alcança sua mais alta expressão na vontade de poder, é revelado como loucura no ciclo do eterno retorno. Para Heidegger, a filosofia de Nietzsche é, portanto, "não uma superação do niilismo", mas "o envolvimento último no niilismo". Através desse envolvimento, "o niilismo pela primeira vez torna-se inteiramente completo naquilo que ele é": "Esse niilismo absolutamente completo e perfeito é a realização do niilismo propriamente dito" (HN4, 203).

Os textos nos quais Heidegger conduz essa importante tarefa, o conjunto de suas aulas sobre Nietzsche de 1936 a 1946, emergiram de uma época de eventos apocalípticos na Alemanha. Naqueles anos, Heidegger alcançou uma nova compreensão não apenas do pensamento de Nietzsche, mas também de sua própria posição filosófica. A "questão do Ser", que dominou seu pensamento ao longo de sua vida, havia evoluído da "análise do *Dasein* [Ser]", fenomenológica, hermenêutica ou existencial em *Ser e tempo*, para uma "história do Ser", isto é, uma história da interpretação do Ser ao longo do curso da metafísica ocidental. O tema de um "esquecimento do Ser" agora se aplicava mais e mais aos grandes pensadores do Ocidente, os quais, ao darem um nome, uma palavra final ao Ser, haviam obliterado a estrutura múltipla do Ser.

As principais figuras dessa "história do Ser" incluem Platão, que interpretou o Ser como "ideia"; Descartes e Kant, que transformaram a "ideia" em "percepção" e "subjetividade transcendental"; e Hegel e Nietzsche, que analisaram a noção de subjetividade em seus elementos constituintes. Hegel chegou à elevação da racionalidade em sua forma especulativa-dialética como princípio decisivo, ao passo que Nietzsche chegou à noção de *brutalitas* e *bestialitas* (vontade de poder) como essência incondicionada da subjetividade (HN4, 147-148). Com essa posição, no entanto, alcançou-se um momento histórico "no qual as possibilidades essenciais da metafísica foram exauridas" (HN4, 148). Platão, que começou essa história, e Nietzsche, que a concluiu, aparecem como os dois pilares da metafísica ocidental. O colapso rápido e catastrófico do *Reich* [reino] de Hitler, a articulação da vontade de poder como o pensamento básico da filosofia de Nietzsche, e a conclusão da metafísica ocidental na história do Ser de Heidegger convergem nesse ponto de uma maneira única e inquietante.

Em uma descrição mais concreta da origem da vontade de poder, Heidegger nota que perto da época em que Nietzsche estava escrevendo *Aurora* (1881), "uma luz amanhece sobre o caminho metafísico de Nietzsche" (HN3, 188). Planos, esboços, tentativas, e alterações dessa época não são "sinais", nem "projetos" de algo incompleto, "mas registros nos quais caminhos não analisados, mas ainda assim inconfundíveis, são preservados, caminhos ao longo dos quais Nietzsche teve de perambular no reino da verdade do ser enquanto tal" (HN3, 189). Durante essa época, em 1881 ou 1882, Nietzsche escreveu em seu caderno: "Está chegando a época em que será travada a luta pela dominação do mundo – ela será travada em nome de *doutrinas filosóficas fundamentais*" (HN3, 190). Pode-se dizer que o objetivo de Heidegger era reconciliar essas doutrinas filosóficas fundamentais – que em última instância determinariam a luta pela dominação do mundo – a partir do texto aforístico e fragmentário de Nietzsche, e descobrir a "unidade escondida" dessas doutrinas, não importando quão incoerente e obliquamente Nietzsche pudesse tê-las formulado.

No ensaio "A palavra de Nietzsche: 'Deus está morto'", Heidegger apresenta um sumário conciso de sua interpretação de Nietzsche e dedica uma atenção especial ao caráter crítico e destrutivo da escrita de Nietzsche, expresso de modo mais proeminente no tema da morte de Deus.[28] Essa avaliação é também para Heidegger o sumário mais conciso e consequencial da falta de sentido da metafísica ocidental anterior. De acordo com Heidegger, Nietzsche revelou a falta de sentido desse evento, mas foi incapaz de sair dele. A abertura que ele havia criado foi imediatamente bloqueada pela aceitação da vontade de poder e do eterno retorno do mesmo, que o impediu de descobrir a verdade do Ser.

Apesar de toda sua reavaliação da metafísica, Nietzsche permaneceu, portanto, "no caminho ininterrupto da tradição". Com a interpretação do Ser como vontade de poder, no entanto, Nietzsche realizou a possibilidade

---

28 Martin Heidegger, "The Word of Nietzsche: 'God is Dead'" ["A palavra de Nietzsche: 'Deus está morto'"], em Martin Heidegger, *The Question Concerning Technology and Other Essays [A questão da tecnologia e outros ensaios]*, trad. de William Lovitt (Nova Iorque: Harper and Row, 1977, 53-114).

mais extrema da filosofia. Ele havia invertido o platonismo, que para Heidegger representava a essência da metafísica tradicional, embora essa inversão tenha permanecido metafísica, como uma forma de platonismo invertido. Como metafísica, a filosofia havia adentrado sua última fase. Heidegger foi capaz de deixar Nietzsche emergir como o último grande filósofo da era do sujeito, mesmo da fase inteira chamada de metafísica. Através de sua própria noção de uma história do Ser, seu *Nietzsche* ganhou um interesse considerável e tornou-se um dos grandes textos filosóficos de nossa época.

Também podemos dizer que o envolvimento com Nietzsche após a Segunda Guerra Mundial consiste em grande medida em responder direta ou indiretamente ao desafio que emana do *Nietzsche* de Heidegger. Durante e imediatamente após a guerra, o mundo ficara em silêncio acerca de Nietzsche. Foi certamente um mérito de Walter Kaufmann ter aberto de novo o debate sobre Nietzsche quando, em 1950, ele publicou seu *Nietzsche: filósofo, psicólogo, anticristo*.[29] O objetivo de Kaufmann não era debater com um autor específico como Heidegger. Ele queria mostrar ao mundo que Nietzsche fora "um evento histórico importante" e que suas ideias "são de interesse não apenas para os membros de uma nação ou comunidade, nem apenas para filósofos, mas para os homens em todo lugar". No que diz respeito à vontade de poder, o argumento de Kaufmann era "que a vontade de poder é o cerne do pensamento de Nietzsche, mas inseparável de sua ideia de sublimação". Kaufmann introduziu a vontade de poder como um princípio apolítico de autossuperação e autotranscendência pessoal e existencial. Essa tornou-se uma imagem bastante influente de Nietzsche durante os anos 1950, 1960 e 1970. Contudo, um retrato completo da influência de Kaufmann sobre o estudo de Nietzsche na América do Norte só pode emergir através de uma consideração de suas traduções de Nietzsche, que são acompanhadas de introduções e comentários.

A refutação mais efetiva da vontade de poder como cerne dos escritos de Nietzsche ocorreu na Alemanha pós-guerra, embora esse movimento não tenha tido originalmente relação com Heidegger e fosse mais preocupado

---

29 Walter Kaufmann, *Nietzsche: Philosopher, Psychologist, Antichrist* [*Nietzsche: filósofo, psicólogo, anticristo*] (4ª ed. Princeton University Press, 1974).

com problemas editoriais. Já durante os anos 1930, sérias dúvidas emergiram sobre a autenticidade de *A vontade de poder*, primeiro entre os editores nos Arquivos Nietzsche. Eles tentaram uma reconstrução dos textos originais em sua extensão completa e em ordem cronológica, mas seus planos editoriais nunca foram realizados. Um deles, Karl Schlechta, escreveu extensamente sobre a inautenticidade e a fabricação de *A vontade de poder* após a Segunda Guerra Mundial, mas não teve acesso aos manuscritos originais preservados em Weimar, na Alemanha Oriental naquela época.[30]

O acesso aos manuscritos de Nietzsche foi concedido no início dos anos 1960 a dois estudiosos italianos, Giorgio Colli e Mazzino Montinari, que publicaram sua *Edição crítica das obras completas* em 25 volumes, bem como sua *Edição crítica das cartas completas* em 16 volumes, baseadas nos manuscritos depositados nos Arquivos Nietzsche em Weimar. Após a morte de Colli, essas edições foram levadas a cabo por Montinari sozinho. Sua principal realização foi produzir a edição completa de todos os fragmentos não publicados de Nietzsche; as seções a partir das quais *A vontade de poder* foi compilada aparecem nos três últimos volumes da edição de Montinari. Elas trazem o título pouco sensacional de *Fragmentos não publicados: de 1885 a 1889*, e aparecem em ordem cronológica de abril de 1885 a janeiro de 1889. A nova edição demonstra com esmagadora evidência o caráter transitório e tentativo de "A vontade de poder" como projeto literário ou filosófico. A ideia de que Nietzsche entrou mentalmente em colapso enquanto tentava desesperadamente concluir sua obra-prima é um mito. Depois de ter discutido a última sequência de livros publicada pelo próprio Nietzsche, Montinari laconicamente acrescenta: "O restante é o *Nachlass* (texto não publicado)."[31]

Essa nova situação textual deu origem a dois grupos de intérpretes de Nietzsche que tentam lidar com o "novo Nietzsche" conforme ele emergiu

---

30 Karl Schlechta, "Philologischer Nachbericht" ["Acompanhamento filológico"], em Friedrich Nietzsche, *Werke in drei Bänden* [*Obras em três volumes*], ed. Karl Schlechta (Munique: Hanser, 1954-6, 3, 1383-1432).
31 Mazzino Montinari, "Textkritik und Wille zur Macht" ["Crítica textual e vontade de poder"], em Mazzino Montinari, *Nietzsche lesen* [*Ler Nietzsche*] (Berlim: de Gruyter, 1980).

renovado a partir dessas edições críticas. O primeiro é um grupo alemão de estudiosos em torno do *Nietzsche-Studien* [*Estudos sobre Nietzsche*], um periódico internacional e anual que apareceu na mesma casa editorial que a nova edição de Nietzsche, a Walter de Gruyter em Berlim. As atividades desse grupo se manifestam em simpósios ocasionais tais como *Friedrich Nietzsche e o século XIX* (1978), *Friedrich Nietzsche no século XX* (1981/82), *Questões básicas de pesquisa sobre Nietzsche* (1984) ou em diferentes tipos de trabalhos colaborativos, tais como o *Volume comemorativo a Mazzino Montinari* (1989). Os volumes do *Nietzsche-Studien* são acompanhados por uma série de *Monografias de Estudos sobre Niezsche*.

De modo geral, pode-se dizer que esse centro alemão de reinterpretação de Nietzsche é fortemente orientado para a nova situação textual criada por Montinari através de suas edições críticas de Nietzsche. De maneira semelhante, o projeto italiano "La biblioteca e le letture di Nietzsche" ["A biblioteca e as leituras de Nietzsche"] tenta lidar com o novo Nietzsche conforme ele emerge dessas novas edições, mas combina esse projeto com a tentativa, já empreendida por Montinari, de estabelecer as múltiplas fontes das quais o texto de Nietzsche se originou.

Contudo, a designação "o novo Nietzsche" encontra sua expressão mais pronunciada na grande variedade de escritos sobre Nietzsche provenientes da França. De fato, a noção de "o novo Nietzsche" é frequentemente substituída por expressões como "o Nietzsche francês" ou "o Nietzsche da França". A tradução francesa do *Nietzsche* de Heidegger já estava disponível em uma data recuada, e boa parte dos trabalhos franceses sobre Nietzsche pode ser vista como uma refutação da interpretação de Heidegger, pela insistência no caráter metafórico dos escritos de Nietzsche, seu estilo, sua ironia, e suas máscaras.

Maurice Blanchot, por exemplo, argumentou que podemos certamente organizar as contradições de Nietzsche de modo coerente, especialmente se as arranjarmos de uma maneira hierárquica, dialética ou hegeliana.[32] Mas mesmo se assumirmos um tal discurso contínuo como pano de fundo para

---

32 Maurice Blanchot, "Nietzsche et l'écriture fragmentaire" ["Nietzsche e a escrita fragmentária"], em Maurice Blanchot, *L'entretien infini* [*A conversa infinita*] (Paris: Gamier, 1969, 47-63).

os escritos descontínuos de Nietzsche, sentimos a insatisfação de Nietzsche com isso. Seu discurso está sempre já um passo à frente de si mesmo. Ele exibe e formula sua filosofia em uma linguagem completamente diferente, uma linguagem não mais certa acerca do todo, mas consistindo em fragmentos, pontos de conflito, divisão. De acordo com sua própria explicação, Blanchot escreveu essas notas sobre a escrita fragmentária nas margens de certos livros sobre Nietzsche que apareceram por volta de 1969, por autores como Michel Foucault, Gilles Deleuze, Eugene Fink, Jean Granier e Jacques Derrida. Poderíamos acrescentar os nomes de Sarah Kofman, Bernard Pautrat, Philippe Lacoue-Labarthe, mas vou me concentrar em Foucault e Derrida para ilustrar essa fase da recepção de Nietzsche.

Nietzsche foi sem dúvida a figura central nas análises de discurso de Foucault, e perpassa seu texto de uma maneira tão decisiva que sua presença não pode ser limitada a tópicos particulares, como o poder. Antes, o texto inteiro de Foucault pode ser visto como uma reencenação de Nietzsche em nossa época, uma atualização de Nietzsche rumo ao final do século XX. Dois exemplos terão de ser suficientes para mostrar a profunda afinidade de Foucault com Nietzsche. Em um artigo sobre "Nietzsche, Freud e Marx", apresentado em uma conferência de filosofia já em 1964,[33] Foucault esboçou um projeto hipotético de uma enciclopédia universal abrangendo todas as técnicas interpretativas desde os gramáticos gregos até os dias atuais. Nietzsche, Freud e Marx constituiriam um capítulo particular dessa obra, e marcam uma ruptura decisiva na história do signo. Eles nos conduzem a uma situação hermenêutica "desconfortável". Suas técnicas interpretativas têm efeitos de choque. Eles não aumentaram o número de signos nem criaram novos significados; em vez disso, eles modificaram as relações entre signos, ordenaram-nos de maneiras mais complicadas, colocaram espelhos entre eles, e deram-lhes assim novas dimensões (NFM, 184).

A interpretação, nessa nova situação, tornou-se uma tarefa infinita. Quanto mais avançamos, mais nos aproximamos de uma zona perigosa na qual a interpretação é não apenas rejeitada como interpretação, mas

---

33 Michel Foucault, "Nietzsche, Freud, Marx", em *Cahiers de Royaumont: Philosophie* [*Cadernos de Royaumont: Filosofia*], nº 6 (1967), 183-192. No que se segue, "NFM".

desaparece como interpretação. Foucault escreve: "Não há mais nenhum fundamento subjacente à interpretação; cada signo que se presta à interpretação não é mais o signo de um objeto, mas já a interpretação de outro signo" (NFM, 189). Ele chama atenção para o *Para a genealogia da moral* de Nietzsche e sua etimologia de "bem e mal" ou "bom e mau" – palavras que não são nada além de interpretações, e tornam-se signos somente através de interpretações. Foucault sugere: "Talvez essa primazia da interpretação sobre o signo seja o traço decisivo da hermenêutica moderna" (NFM, 190).

Uma outra abordagem à teoria do signo de Nietzsche é sugerida no famoso ensaio de Foucault de 1971, "Nietzsche, genealogia, história".[34] Ao passo que a história enxerga os eventos a partir da perspectiva do ponto de término, teologicamente e com um sentido antecipado, a genealogia se concentra na contingência dos eventos, nos episódios da história, nos detalhes e jogos de azar fora de qualquer finalidade preconcebida (NGH, 76). A genealogia lida com a "emergência", a "origem", a "descendência" e o "nascimento", no sentido das origens da moral, do ascetismo, da justiça, ou da punição (NGH, 77-78).

De acordo com Foucault, tais análises genealógicas por parte de Nietzsche, particularmente aquelas em *Para a genealogia da moral*, revelam algo completamente diferente da aparência exterior das coisas. Tais análises demonstram que não há nenhuma essência secreta e atemporal das coisas, jazendo por trás delas; o segredo delas é que talvez elas não tenham nenhuma essência, ou que sua essência seja construída pedaço por pedaço, a partir de formas que lhes são estranhas. As análises de origens nos fazem "identificar os acidentes, os minúsculos desvios – ou, pelo contrário, as completas reviravoltas – os erros, as falsas avaliações, e os cálculos errôneos que deram origem àquelas coisas que continuam a existir e a ter valor para nós" (NGH, 81). É óbvio, no entanto, que nesse texto Foucault não apenas delineia a concepção não convencional da história por parte de Nietzsche, mas descreve simultaneamente seu próprio programa de pesquisa.

---

34 Michel Foucault, "Nietzsche, Genealogy, History" ["Nietzsche, genealogia, história"], em Michel Foucault, *Language, Counter-memory, Practice* [*Linguagem, contramemória, prática*] (Cornell University Press, 1977, 139-164). No que se segue, "NGH".

A imagem do "novo Nietzsche" talvez não tenha encontrado em nenhum lugar uma expressão mais diversificada e ambiciosa do que nos escritos de Jacques Derrida. Nietzsche ocorre em quase todos os escritos de Derrida, e sempre em pontos cruciais. Nietzsche, conforme explorado por Derrida, oferece um novo tipo de comunicação, uma que resiste à tentação de postular doutrinas fixas ou significados absolutos, mas persiste na interminável decifração de seus próprios termos. Derrida destaca a virada do próprio Nietzsche rumo à interpretação infinita, ou à afirmação do mundo como jogo, e mostra como o estilo no qual tal pensamento se manifesta deve ser plural.

Contudo, em sua insistência nessas atitudes, Derrida necessariamente desafia a interpretação de Heidegger acerca de Nietzsche como o pensador da noção mais condensada da metafísica moderna, a "vontade de poder". Derrida vê a leitura que Heidegger faz de Nietzsche como um tipo extremo de hermenêutica unificante, sistematizante, voltada para a verdade, que, por causa de sua própria ligação com a metafísica, interpreta erroneamente as múltiplas sutilezas do texto de Nietzsche de uma maneira altamente reducionista. De fato, Derrida contesta Heidegger em cada um de seus escritos, e o confronto é sempre, direta ou indiretamente, ligado a Nietzsche. O aspecto mais importante desses confrontos encontra-se não apenas no espetáculo de uma disputa de interpretação sobre Nietzsche e sobre a filosofia de Nietzsche, mas na contínua tentativa de chegar aos limites da filosofia e da escrita. Arrastado para o debate como se fosse um contemporâneo, Nietzsche anuncia um tipo de pensamento crítico que se tornou urgentemente nosso: a crítica do pensamento, uma autocrítica da filosofia.[35]

---

35 Os textos mais importantes de Derrida sobre Nietzsche são Jacques Derrida, *Spurs: Nietzsche's Styles* [*Esporas: os estilos de Nietzsche*], trad. de Barbara Harlow (University of Chicago Press, 1978); Jacques Derrida, *Otobiographies, L'Enseignement de Nietzsche et la politique du nom propre* [*Otobiografias: o ensinamento de Nietzsche e a política do nome próprio*] (Paris: Galilée, 1984); Jacques Derrida, "Interpreting Signatures (Nietzsche/Heidegger)" ["Interpretando assinaturas (Nietzsche/Heidegger)"], em *Dialogue and Deconstruction, The Gadamer-Derrida Encounter* [*Diálogo e desconstrução: o encontro Gadamer-Derrida*], ed. Diane P. Michel-felder e Richard E. Palmer (State University of New York Press, 1989). Ver também meu livro *Confrontations: Derrida, Heidegger, Nietzsche* [*Confrontos: Derrida, Heidegger, Nietzsche*], trad. de Steven Taubeneck (Stanford University Press, 1991).

Derrida também leva Nietzsche ao limiar da pós-modernidade, mas explorar essa relação exigiria um outro capítulo. Três títulos de livros terão de ser suficientes para indicar essa direção da recepção de Nietzsche no mundo contemporâneo. São eles: Richard Rorty, *Contingency, Irony, and Solidarity* [*Contingência, ironia e solidariedade*] (Cambridge University Press, 1989); Alexander Nehamas, *Nietzsche: Life as Literature* [*Nietzsche: a vida como literatura*] (Harvard University Press, 1985); e Bernd Magnus, Stanley Stewart e Jean-Pierre Mileur, *Nietzsche's Case: Philosophy as/and Literature* [*O caso de Nietzsche: filosofia como/e literatura*] (Nova Iorque: Routledge, 1993). Seria difícil encontrar um denominador comum a esses estudos. Entretanto, um tema comum a todos eles é a superação da distinção tradicional de gêneros entre filosofia e literatura nos escritos de Nietzsche. Seu texto é visto de maneira tal que a velha pergunta "Será que isso é filosofia ou literatura?" não parece mais ser relevante.

10 O legado francês de Nietzsche

ALAN D. SCHRIFT

In memoriam: Sarah Kofman (1934-1994)

Que claridade e que delicada precisão possuem aqueles franceses! Até os gregos de ouvido mais fino teriam aprovado essa arte, e uma coisa eles teriam mesmo admirado e adorado, a sagacidade da expressão francesa [...]. (*O andarilho e sua sombra*, 214)

No momento em que a Alemanha se ergue como uma grande potência, a França adquire uma nova importância como potência cultural. Hoje já emigrou para Paris muita seriedade e muita *paixão* espiritual; a questão do pessimismo, por exemplo, a questão de Wagner, quase todas as questões psicológicas e artísticas, são examinadas lá com uma sutileza e completude incomparavelmente maiores do que na Alemanha [...]. (*Crepúsculo dos ídolos*, "O que falta aos alemães", 4)

Como *artista*, não se tem nenhum lar na Europa, exceto Paris [...] (*Ecce homo*, "Por que sou tão esperto", 5)

O fato de encontrarmos, aproximadamente um século depois do fim da produtividade dele, comentadores referindo-se ao "nietzscheanismo" francês[1] é um desenvolvimento que podemos imaginar que teria agradado a

---

1 Ver, por exemplo, Vincent Descombes, *Modern French Philosophy* [*Filosofia francesa moderna*], trad. de L. Scott-Fox e J. M. Harding (Cambridge: Cambridge University Press, 1980, p. 186-190); e Luc Ferry e Alain Renaut, *French Philosophy of the Sixties: An Essay on Antihumanism* [*Filosofia francesa dos anos 1960: um ensaio sobre anti-humanismo*], trad. de Mary Schnackenberg Cattani (Amherst: University of Massachusetts Press, 1990, p. 68-121). Revelar o "nietzscheanismo" da filosofia francesa também é um tema persistente em Jürgen Habermas, *The Philosophical Discourse of Modernity* [*O discurso filosófico da modernidade*], trad. de Frederick Lawrence (Cambridge, MA: MIT Press, 1987).

Friedrich Nietzsche. Em várias ocasiões, Nietzsche comentou que se sentia mais em casa com os franceses, com a cultura e a língua deles, do que com os alemães.² Mais de uma vez ele lamentou ter de escrever em alemão, em vez de em uma língua mais fluida, brincalhona e musical como o francês.³ E mais de uma vez ele sentiu que seu parentesco espiritual residia a oeste do Reno, preferindo a companhia filosófica de Montaigne, Voltaire e La Rochefoucauld à de Leibniz, Kant ou Hegel.⁴ Quaisquer que fossem as razões para os sentimentos calorosos de Nietzsche pelos franceses, não pode haver dúvida de que, pelas últimas três décadas, os textos de Nietzsche foram recebidos com mais entusiasmo nos círculos intelectuais franceses do que em qualquer outro lugar. Nas poucas páginas seguintes, eu gostaria de

---

2   Ver, por exemplo, ABM 253-254; e também NCW, "O lugar de Wagner". A menos que seja notado algo em contrário, as referências às obras de Nietzsche são identificadas pelos seguintes acrônimos de seus títulos:

A	*Aurora* [*Daybreak*]. Tradução de Hollingdale.
ABM	*Para além do bem e do mal* [*Beyond Good and Evil*]. Tradução de Kaufmann.
AS	*O andarilho e sua sombra* [*The Wanderer and His Shadow*]. Tradução de Hollingdale.
CI	*Crepúsculo dos ídolos* [*Twilight of the Idols*]. Tradução de Hollingdale.
EH	*Ecce homo*. Tradução de Kaufmann.
FET	*A filosofia na era trágica dos gregos* (em KGW).
GC	*A gaia ciência* [*The Gay Science*]. Tradução de Kaufmann.
GM	*Sobre a genealogia da moral* [*On the Genealogy of Morals*]. Tradução de Kaufmann.
NCW	*Nietzsche contra Wagner*. Tradução de Kaufmann.
VP	*A vontade de poder* [*The Will to Power*]. Tradução de Kaufmann e Hollingdale.
Z	*Assim falou Zaratustra* [*Thus Spoke Zarathustra*]. Tradução de Kaufmann.

Os numerais arábicos referem-se a parágrafos, e os numerais romanos referem-se a partes das obras. Além disso, citações da *Kritische Gesamtausgabe* [*Edição crítica das obras completas*] de Colli e Montinari são identificadas como KGW e traduzidas por mim.

3   Ver, por exemplo, ABM 246; ver também a nota não publicada de Nietzsche do outono de 1887, em que ele escreve em um rascunho de um prefácio a um de seus livros: "Que ele seja escrito em alemão é, para dizer o mínimo, extemporâneo: quisera eu ter escrito em francês, de modo que ele não parecesse ser uma confirmação das aspirações do *Reich* [reino] alemão. [...] (Anteriormente, eu quisera não ter escrito meu *Zaratustra* em alemão.)" (KGW VIII, 2: 9 [188]).

4   Onde esses filósofos alemães são considerados como "falsificadores inconscientes" (EH, "O caso de Wagner", 3), Nietzsche diz desses filósofos franceses que seus livros "contêm mais *ideias reais* que todos os livros dos filósofos alemães juntos: ideias do tipo que produz ideias [...]" (AS 214).

mapear essa recepção, destacando alguns dos momentos significativos em sua evolução e algumas das formas paradigmáticas que ela assumiu.

Para começar, deixe-me situar o pensamento francês contemporâneo oferecendo um esboço um tanto simplificado do último meio século de filosofia francesa, no qual podemos localizar três desenvolvimentos sucessivos. O primeiro, o existencialismo, é associado mais intimamente às obras de Jean-Paul Sartre e Maurice Merleau-Ponty. Inspirando-se primeiro em Husserl e Heidegger e depois em Marx, o existencialismo em suas formas fenomenológicas ou marxistas dominou a cena filosófica francesa durante os anos 1940 e 1950. Inspirado pelo trabalho de Ferdinand de Saussure na linguística, o segundo desenvolvimento, o estruturalismo, emergiu no final dos anos 1950 e tornou-se proeminente nos círculos franceses no início dos anos 1960. Unidos por uma profunda desconfiança em relação à fenomenologia e ao privilégio dado por ela à subjetividade, estruturalistas como Claude Lévi-Strauss, Jacques Lacan e Louis Althusser se apoiaram na metodologia da linguística saussureana e aplicaram-na a suas respectivas investigações das "ciências humanas" da antropologia, psicanálise e economia política. A redescoberta estruturalista de Freud e Marx, juntamente com a recuperação de Nietzsche por Heidegger,[5] prepararam o cenário para o terceiro desenvolvimento no pensamento francês – o pós-estruturalismo.[6]

---

5   A obra de Heidegger em dois volumes, *Nietzsche*, foi publicada na Alemanha em 1961. Sua importância central para compreender a recepção francesa de Nietzsche será discutida adiante.
6   Deixe-me fazer, neste ponto, vários comentários de cautela sobre o "pós-estruturalismo". Não quero colocar uma ênfase excessiva nesse nome próprio, e não entendo com ele nada além daquilo que, como uma questão de fato histórico, veio *depois* do estruturalismo. Prefiro "pós-estruturalismo" a "desconstrucionismo", que considero como o nome de um estilo de análise filosófica-crítica associado principalmente a um filósofo pós-estruturalista – Jacques Derrida. Também o prefiro em detrimento do "pós-modernismo", que no contexto da disciplina da filosofia eu considero como referindo-se à "politização" do pós-estruturalismo. Finalmente, deixe-me reconhecer explicitamente que tenho consciência dos perigos envolvidos em tentar "totalizar" o pensamento francês contemporâneo sob um único "movimento". Um dos temas que reúne os pensadores franceses contemporâneos é precisamente sua rejeição da totalização e de estratégias totalizantes. Reconheço que há muitas diferenças subjacentes a minha "unificação" dos "franceses", mas continuarei a reuni-los no contexto dessa discussão na medida em que é claro para mim que um dos temas que "unificam" o pensamento francês contemporâneo é precisamente o apelo a "Nietzsche", novamente reconhecendo que esse "apelo" assume diferentes

Embora haja muitas maneiras de caracterizar as relações entre a filosofia pós-estrutural francesa e suas predecessoras estrutural e existencial, uma das diferenças mais óbvias entre elas é o aparecimento de Nietzsche como uma referência importante para praticamente todos aqueles escritores que seriam caracterizados como pós-estruturalistas.[7]

Para ajudar a compreender as várias aparições de Nietzsche no pensamento pós-estruturalista francês, podemos organizar essas aparições em dois grupos. No primeiro, podemos situar aquelas obras nas quais os textos de Nietzsche, e sua filosofia em geral, aparecem como "objeto" de interpretação. Essas obras refletem abordagem filosóficas contemporâneas em vários graus, e assumem principalmente a forma de estudos acadêmicos tradicionais: elas oferecem interpretações da filosofia de Nietzsche, concentrando-se frequentemente nos temas nietzscheanos principais do eterno retorno, da vontade de poder, do niilismo, do *Übermensch* [além-homem], e assim por diante. No segundo grupo, podemos localizar aqueles escritores que "usam" Nietzsche ao desenvolver suas próprias vozes filosóficas. Nas obras desses escritores, Nietzsche aparece como um ponto de referência, alguém cujas obras ou ideias inspiraram seus descendentes a desenvolverem-nas de formas que são úteis para seus próprios fins filosóficos-críticos. Seus objetivos não são oferecer "interpretações" da filosofia de Nietzsche, embora isso possa de fato resultar de suas produções; antes eles usam aqueles temas nietzscheanos que acham vantajosos para o desenvolvimento de seus próprios projetos críticos.[8] Para

---

formas em pensadores tão diversos quanto Derrida, Deleuze, Foucault, Luce Irigaray, Lyotard, e Klossowski, para citar apenas uns poucos dentre os mais proeminentes.

7 Há muitas outras maneiras de compreender as relações entre o existencialismo, o estruturalismo, e o pós-estruturalismo. Por exemplo, podemos distinguir esses três "movimentos" em termos das diferentes maneiras como eles apelam para Hegel. (Derrida de fato faz isso em seu ensaio "The Ends of Man" ["Os fins do homem"], em *Margins of Philosophy* [*Margens da filosofia*], traduzido por Alan Bass [Chicago: University of Chicago Press, 1982].) Há muito a ganhar com a comparação entre o uso que Sartre ou Merleau-Ponty fazem de Hegel e a aparição de Hegel nos textos de Lacan, Jean Hyppolite, ou Althusser, ou as críticas de Derrida ou Deleuze à dialética hegeliana.

8 O exemplo mais bem-conhecido aqui é dado pelas obras "sobre" Nietzsche por Jacques Derrida. Das três obras voltadas explicitamente para Nietzsche, *Spurs: Nietzsche's Styles* [*Esporas: os estilos de Nietzsche*] (traduzido por Barbara Harlow [Chicago: University of Chicago Press, 1978]) e "Interpreting Signatures (Nietzsche/Heidegger): Two Questions" ["Inter-

começar nosso exame da recepção francesa de Nietzsche, faremos um levantamento do conjunto dos estudos acadêmicos sobre Nietzsche nesse primeiro grupo de interpretações de Nietzsche, fazendo nosso próprio "uso" de Michel Foucault como um exemplo do segundo grupo para apresentar o cenário no qual essas interpretações apareceram.⁹

Interpretando Nietzsche

Aproximadamente 15 anos após o influente *Sur Nietzsche* [*Sobre Nietzsche*]¹⁰ de Georges Bataille, e imediatamente após a publicação do *Nietzsche* de Heidegger em dois volumes em 1961, o interesse francês por Nietzsche aumentou dramaticamente, e as duas décadas seguintes testemunharam um amplo conjunto de novas abordagens à interpretação de Nietzsche. Em 1962, o livro de Gilles Deleuze, *Nietzsche e a filosofia*,¹¹

---

pretando assinaturas (Nietzsche/Heidegger): duas questões"] (traduzido por Diane Michelfelder e Richard E. Palmer em Michelfelder e Palmer [eds.], *Dialogue and Deconstruction: The Gadamer-Derrida Encounter* [*Diálogo e desconstrução: o encontro Gadamer-Derrida*] [Albany: State University of New York Press, 1989], p. 58-71) fornecem um contexto para Derrida desafiar tanto a leitura heideggeriana de Nietzsche quando a filosofia de Heidegger em geral, enquanto *Otobiographies: The Teaching of Nietzsche and the Politics of the Proper Name* [*Otobiografias: o ensinamento de Nietzsche e a política do nome próprio*] (traduzido por Avital Ronell em *The Ear of the Other: Otobiography, Transference, Translation* [*O ouvido do outro: otobiografia, transferência, tradução*], editado por Christie V. McDonald e traduzido por Peggy Kamuf [Nova Iorque: Schocken Books, 1985]) oferece a Derrida a oportunidade de discutir a "política" da interpretação. Para uma análise detalhada de *Esporas* como um dos lugares em que Derrida desafia Heidegger mais diretamente, ver meu *Nietzsche and the Question of Interpretation: Between Hermeneutics and Deconstruction* [*Nietzsche e a questão da interpretação: entre hermenêutica e desconstrução*] (Nova Iorque: Routledge, 1990), Capítulo Quatro: "Derrida: Nietzsche contra Heidegger", p. 95-119.

9 Boa parte da discussão na seção seguinte é tirada, com pequenas alterações, do Capítulo Três de meu *Nietzsche and the Question of Interpretation*.

10 Georges Bataille, *Sur Nietzsche* [*Sobre Nietzsche*] (Paris: Gallimard, 1945). Tradução inglesa: *On Nietzsche*, traduzido por Bruce Boone (Nova Iorque: Paragon House, 1992).

11 Gilles Deleuze, *Nietzsche et la philosophie* [*Nietzsche e a filosofia*] (Paris: Presses Universitaires de France, 1962). Tradução inglesa: *Nietzsche and Philosophy*, traduzido por Hugh Tomlinson (Nova Iorque: Columbia University Press, 1983). Devemos notar que o próprio Deleuze, em *Différence et répétition* [*Diferença e repetição*] (Paris: Presses Universitaires de France, 1968),

apareceu como a primeira grande interpretação após a de Heidegger. Dois anos depois, uma conferência internacional de filosofia sobre Nietzsche foi realizada em Royaumont, tendo entre os participantes figuras como Deleuze, Foucault, Henri Birault, Jean Wahl, Gabriel Marcel, Jean Beaufret, e Karl Löwith. Os dez anos seguintes testemunharam livros lidando exclusivamente ou principalmente com Nietzsche, escritos por, entre outros, Jean Granier, Maurice Blanchot, Pierre Klossowski, Jean-Michel Rey, Bernard Pautrat, Pierre Boudot, Sarah Kofman, e Paul Valadier;[12] edições especiais sobre Nietzsche por vários dos principais periódicos franceses,[13] e uma segunda grande conferência, em Cerisy-la-Salle em 1972, abordando o tema "Nietzsche aujourd'hui" ["Nietzsche hoje"], com muitos dos principais filósofos da França como participantes.[14]

---

dá crédito a dois ensaios de Pierre Klossowski por "renovarem ou reviverem a interpretação de Nietzsche" (p. 81-82). Esses ensaios são "Nietzsche, le polythéisme et la parodie" ["Nietzsche, o politeísmo e a paródia"], apresentado pela primeira vez em 1957 e publicado em *Un si funeste désir* [*Um desejo fatal*] (Paris: NRF, 1963, p. 185-228) e "Oubli et anamnèse dans l'expérience vécue de l'éternel retour du Même" ["Esquecimento e anamnese na experiência vivida do eterno retorno do mesmo"], apresentado na Conferência de Royaumont sobre Nietzsche em 1964 e publicado juntamente com outros discursos e discussões em *Nietzsche: Cahiers du Royaumont* [*Nietzsche: Cadernos do Royaumont*], Philosophie n. VI (Paris: Editions de Minuit, 1967, p. 227-235).

12 Jean Granier, *Le problème de la vérité dans la philosophie de Nietzsche* [*O problema da verdade na filosofia de Nietzsche*] (Paris: Éditions du Seuil, 1966); Maurice Blanchot, *L'Entretien infini* [*A conversa infinita*] (Paris: Gallimard, 1969); Pierre Klossowski, *Nietzsche et le cercle vicieux* [*Nietzsche e o círculo vicioso*] (Paris: Mercure de France, 1969) [Klossowski também traduziu o Nietzsche de Heidegger em dois volumes para publicação pela Gallimard em 1971]; Jean-Michel Rey, *L'enjeu des signes. Lecture de Nietzsche* [*O jogo dos signos: leitura de Nietzsche*] (Paris: Éditions du Seuil, 1971); Bernard Pautrat, *Versions du soleil. Figures et système de Nietzsche* [*Versões do sol: figuras e sistema de Nietzsche*] (Paris: Editions du Seuil, 1971); Pierre Boudot, *L'ontologie de Nietzsche* [*A ontologia de Nietzsche*] (Paris: Presses Universitaires de France, 1971); Sarah Kofman, *Nietzsche et la métaphore* [*Nietzsche e a metáfora*] (Paris: Payot, 1972) (tradução inglesa: *Nietzsche and Metaphor*, traduzido por Duncan Large [Londres: Athlone Press, 1993]); Paul Valadier, *Nietzsche et la critique du christianisme* [*Nietzsche e a crítica do cristianismo*] (Paris: Editions du Cerf, 1974).

13 Ver, por exemplo, o *Bulletin de la Société française de philosophie* [*Boletim da Sociedade francesa de filosofia*], n° 4 (out.-dez. 1969), sobre "Nietzsche et ses interpretes" ["Nietzsche e seus intérpretes"]; *Poétique* [*Poética*], Vol. V (1971) sobre "Rhétorique et philosophie" ["Retórica e filosofia"]; *Revue Philosophique* [*Revista filosófica*], n° 3 (1971) sobre "Nietzsche"; *Critique* [*Crítica*], n° 313 (1973) sobre "Lectures de Nietzsche" ["Leituras de Nietzsche"].

14 Mais de 800 páginas de apresentações e discussões subsequentes dessa conferência

Essa proliferação de interpretações de Nietzsche nos anos 1960 e 1970 exibe duas tendências básicas da filosofia francesa pós-estruturalista. Primeiro, seguindo os estruturalistas, essas interpretações refletem o enfraquecimento da preocupação dos existencialistas com Hegel, Husserl e Heidegger. Embora os "três H's" continuem a influenciar os filósofos franceses contemporâneos, os problemas que atraem esses filósofos são delineados por outro triunvirato influente: os "mestres da suspeita" – Nietzsche, Freud e Marx. Segundo, essas interpretações refletem uma consciência intensificada acerca do *estilo* do discurso filosófico, trazendo questões de *forma* literária para lidar com o *conteúdo* de questões filosóficas. Portanto, para compreender as afirmações particulares, e frequentemente peculiares, feitas pelos intérpretes franceses de Nietzsche, será útil fazer primeiro um levantamento sobre o lugar de Nietzsche no contexto intelectual geral em que essas interpretações apareceram.

Vistas de modo amplo, essas interpretações podem ser situadas em torno de três temas básicos que dominavam a cena francesa: a hermenêutica da suspeita; a reflexão sobre a natureza da linguagem; e a crítica ao humanismo metafísico. A obra inicial de Michel Foucault fornece um excelente exemplo da conjunção desses temas na recepção francesa de Nietzsche. No Colóquio em Royaumont em 1964, Foucault apresentou um artigo intitulado "Nietzsche, Freud, Marx".[15] Nesses três pensadores, Foucault detecta uma profunda mudança na natureza do signo e do modo como os signos em geral são interpretados. Foucault vê essa mudança como um desbravamento do terreno para a época moderna, conforme a função representativa do signo dá lugar a uma visão do signo

---

foram publicadas em dois volumes como *Nietzsche aujourd'hui* [*Nietzsche hoje*] (Paris: Union Generale D'Éditions, 1973). Além dos muitos autores citados anteriormente na nota 12 deste capítulo, artigos foram apresentados em Crisy por E. Biser, E. Blondel, E. Clémens, G. Deleuze, J. Delhomme, J. Derrida, E. Fink, L. Flam, E. Gaede, D. Grlic, Ph. Lacoue-Labarthe, K. Löwith, J.-F. Lyotard, J. Maurel, J.-L. Nancy, N. Palma, R. Roos, J.-N. Vuarnet e H. Wismann.

15 *Nietzsche: Cahiers du Royaumont*, p. 183-200. Uma tradução inglesa por Alan D. Schrift aparece em *Transforming the Hermeneutical Context: From Nietzsche to Nancy* [*Transformando o contexto hermenêutico: de Nietzsche a Nancy*], editado por Gayle L. Ormiston e Alan D. Schrift (Albany: State University of New York Press, 1990, p. 59-67).

como já sendo uma parte da atividade de interpretação. Isso quer dizer que os signos não são mais vistos como reservatórios de algum significado profundo e escondido; em vez disso, eles são fenômenos de superfície, que confrontam a interpretação com uma tarefa infinita:

> A interpretação nunca pode ser levada a um fim, simplesmente porque não há nada a interpretar. Não há nada absolutamente primário para interpretar, porque no fundo tudo já é interpretação. Cada signo é em si mesmo não a coisa que se apresenta à interpretação, mas a interpretação de outros signos.[16]

Na fala de Marx sobre os fenômenos como "hieróglifos", na visão de Freud sobre o sonho como sempre já uma interpretação, e na teoria de Nietzsche sobre as máscaras e a incompletude essencial do ato interpretativo, Foucault localiza um movimento para longe da "hegemonia do signo" como relação unívoca entre um significante e um significado, rumo à visão propriamente hermenêutica do signo como sempre já interpretado e interpretante. O hermeneuta deve ter suspeitas, portanto, porque a visão ingênua do signo como uma relação simples de significante e significado obscurece relações de dominação (Marx), desejos neuróticos (Freud) e decadência (Nietzsche).

Os outros dois temas, a reflexão sobre a natureza da linguagem e a crítica do humanismo, são ambos levantados por Foucault em *As palavras e as coisas*, uma obra em que Nietzsche aparece de modo proeminente como precursor da *episteme* (ou referencial conceitual) do século XX. Essa *episteme* irrompeu com a questão da linguagem como "uma multiplicidade enigmática que deve ser dominada".[17] Foi "Nietzsche, o filólogo" que conectou pela primeira vez "a tarefa filosófica com uma reflexão radical sobre a linguagem",[18] e na medida em que a questão da linguagem ainda é a questão

---

16 Michel Foucault, *Nietzsche: Cahiers du Royaumont*, p. 189; *Transforming the Hermeneutic Context*, p. 64.
17 Idem, *The Order of Things* [*As palavras e as coisas*] (Nova Iorque: Random House, 1970, p. 305).
18 *Idem, ibidem.*, p. 305.

mais importante com que se defronta a *episteme* contemporânea, Foucault traça as raízes dessa *episteme* de volta até Nietzsche.

De modo semelhante, Foucault descobre em Nietzsche a primeira tentativa de uma "dissolução do homem":

> Talvez devêssemos ver a primeira tentativa desse desenraizamento da Antropologia – ao qual, sem dúvida, o pensamento contemporâneo é dedicado – na experiência nietzscheana: por meio de uma crítica filológica, por meio de uma certa forma de biologismo, Nietzsche redescobriu o ponto em que o homem e Deus pertencem um ao outro, em que a morte do segundo é sinônimo do desaparecimento do primeiro, em que a promessa do super-homem significa antes e acima de tudo a iminência da morte do homem.[19]

Quando fala sobre o "desaparecimento" ou a "morte" do "homem", Foucault se refere a algo bastante específico: "homem" funciona nesse contexto como um termo técnico, cuja análise ocorre nos níveis transcendentais das condições biológicas e histórico-culturais que tornam possível o conhecimento empírico. "Homem", portanto, nomeia o ser que serve para centralizar a possibilidade de representações cada vez mais desorganizadas da *episteme* clássica, e que, como tal, vem a ser o objeto privilegiado da antropologia filosófica.[20] A passagem citada acima, relacionando Nietzsche ao desenraizamento da antropologia, segue após uma página com referência à formulação de Kant sobre a antropologia como fundamento da filosofia.[21]

---

19 Foucault, *The Order of Things*, p. 342. Deleuze comenta sobre o acoplamento feito por Foucault do desaparecimento do homem com a morte de Deus em "Sobre a morte do homem e o super-homem", em *Foucault*, trad. de Sean Hand (Mineápolis: University of Minnesota Press, 1988, p. 124-132); ver também a discussão nas p. 87-93. Essas observações deveriam ser comparadas com os comentários de Deleuze e Guattari sobre a morte de Deus e a morte do pai edípico em *Anti-Édipo* (*Anti-Oedipus*, trad. de Robert Hurley, Mark Seem e Helen R. Lane [Mineápolis: University of Minnesota Press, 1983, p. 106ss]).
20 Ver Foucault, *The Order of Things*, p. 312-313.
21 Ver a *Introdução à lógica* de Kant (*Introduction to Logic*, trad. de T. K. Abbott [Nova Iorque: Philosophical Library, 1963]), onde encontramos as três perguntas filosóficas perenes (O que posso conhecer? O que devo fazer? O que posso esperar?) remetidas a uma quarta: o que é o homem? Sobre essas quatro perguntas, Kant observa: "A primeira pergunta é respondida

Essas referências a Nietzsche e Kant aparecem em uma seção intitulada "O sono antropológico", e é claro que Foucault vê Nietzsche como despertando a *episteme* moderna de seu sono antropológico, da mesma maneira como Kant via a si mesmo como sendo despertado de seu próprio sono dogmático por Hume.[22]

Enquanto o "homem" como um conceito fundamental foi privilegiado no discurso das ciências humanas desde Kant, Foucault prevê o fim do reinado do homem como tal fundamento. Ele localiza o anúncio desse fim na doutrina do *Übermensch* [além-homem ou super-homem] de Nietzsche, pois o *Übermensch* superará o niilismo apenas pela superação da humanidade. Esse ponto é crucial para compreender por que Foucault situa Nietzsche no começo do fim do homem. Para Foucault, Nietzsche nos oferece uma filosofia do futuro, e esse futuro pertencerá não ao homem, mas ao *Übermensch*. O *Übermensch* faz assim sua aparição em Nietzsche junto com o "último homem": ambos são introduzidos pela primeira vez no "Prólogo" de Zaratustra.[23] Esse último homem é literalmente o último exemplar do "homem", e Foucault interpreta o *Übermensch* como algo que rompe com a tradição do humanismo metafísico.

Com isso em mente, podemos compreender a importância da referência final de Foucault a Nietzsche em *As palavras e as coisas*, onde ele acopla a morte de Deus de Nietzsche à morte do homem. Vendo a "morte do homem"

---

pela Metafísica, a segunda pela Moral, a terceira pela Religião, e a quarta pela Antropologia. Na realidade, contudo, todas essas poderiam ser reunidas sob a antropologia, uma vez que as primeiras três perguntas referem-se à última" (p. 15). Foucault segue aqui um movimento feito pela primeira vez por Heidegger em sua interpretação de Kant (ver Martin Heidegger, *Kant and the Problem of Metaphysics* [*Kant e o problema da metafísica*], trad. de James S. Churchill [Bloomington: Indiana University Press, 1962, p. 213-215]), quando localiza nessa reunião o nascimento da disciplina da antropologia filosófica. Para a avaliação do próprio Foucault sobre a relação entre Heidegger e Nietzsche em conexão com a evolução de seu próprio pensamento, ver sua "Última entrevista": Michel Foucault, "Last Interview", em *Politics, Philosophy, Culture: Interviews and Other Writings 1977-1984* [*Política, filosofia, cultura: entrevistas e outros escritos 1977-1984*], editado por Lawrence D. Kritzman (Nova Iorque: Routledge, 1988, p. 242-254, esp. p. 250-251).

22 Ver a introdução de Kant aos *Prolegômenos a toda metafísica futura*.

23 *Cf.* o seguinte: "A antítese do *Übermensch* é o último homem: eu o criei conjuntamente com o primeiro" (KGW VII, 1: 4 [171]).

de Foucault conforme a terminologia nietzscheana, descobrimos que a morte do homem é a morte do "último homem", a morte do assassino de Deus. Foucault lembra aqui que em *Assim falou Zaratustra* ("O homem mais feio"), é dito que Deus morreu de pena ao encontrar o último homem, e ele escreve:

> Em vez da morte de Deus – ou antes, na esteira daquela morte, e em profunda correlação com ela – o que o pensamento de Nietzsche anuncia é o fim de seu assassino; é a explosão do rosto do homem em riso, e o retorno das máscaras; é o espalhamento do profundo fluxo de tempo pelo qual ele se sentia transportado, e de cuja pressão ele suspeitava não ser mesmo das coisas; é a identidade do Retorno do Mesmo com a absoluta dispersão do homem.[24]

Foucault aplaude o anúncio de Nietzsche do desaparecimento do "homem" como porta-estandarte de um antropocentrismo que é demasiado sério para abrir a *episteme* pós-moderna, uma *episteme* que não mais verá o "homem" como centro privilegiado do pensamento e do discurso representacionais. E com a dispersão do homem por parte de Nietzsche, Foucault localiza um retorno do projeto de uma unificação da linguagem. A conclusão do projeto de Foucault em *As palavras e as coisas*, que ele caracteriza como "arqueológica", é assim inscrita no eterno retorno do mesmo de Nietzsche – o que retorna é o problema da linguagem como uma multiplicidade a ser dominada.

O foco de Foucault na reflexão sobre a linguagem, no novo estatuto do signo como sempre já interpretado, no estatuto problemático da subjetividade humana, e sua ligação desses três focos a Nietzsche, fornece-nos um bom começo para explorar a proliferação de interpretações francesas de Nietzsche no final dos anos 1960 e nos anos 1970. Embora seja impossível categorizar essas interpretações como aderindo a uma única visão "central" da filosofia de Nietzsche, orientaremos nosso exame em torno da "questão do estilo" como uma questão com a qual muitas dessas interpretações se preocuparam.[25] Por "questão do estilo" entendo a relação entre o "conteúdo" do

---

24 Foucault, *The Order of Things*, p. 385.
25 Não é coincidência que "La question du style" ["A questão do estilo"] tenha sido o título da apresentação de Jacques Derrida na conferência de Cerisy, "Nietzsche aujourd'hui" ["Nietzs-

pensamento de Nietzsche e a maneira como esse conteúdo é apresentado, e sob esse termo um tanto genérico podem ser colocadas várias questões importantes abordadas pelos intérpretes franceses de Nietzsche. A "questão do estilo" como ponto focal da interpretação do texto de Nietzsche foi levantada explicitamente pela primeira vez por Bernard Pautrat em *Versions du soleil* [*Versões do sol*],²⁶ e opera também na citação de Foucault sobre Nietzsche como sendo o primeiro a se engajar na tarefa filosófica de uma "reflexão radical sobre a linguagem";²⁷ na colocação da "questão da escrita" por Derrida ("*c'est la question du style comme question de l'ecriture*" ["essa é a questão do estilo como questão da escrita"]);²⁸ e na "questão do texto" de Lacoue-Labarthe: "Sem [Nietzsche], a 'questão' do texto nunca teria irrompido, pelo menos na forma precisa que ela assumiu hoje".²⁹

Ao abordar a questão do estilo, esses intérpretes atentam para o modo como Nietzsche escreve, tanto quanto para aquilo que ele escreve. Tomando como seu ponto de partida o *insight* nietzscheano sobre a unidade inseparável da forma e do conteúdo filosóficos,³⁰ esses intérpretes trazem à luz uma série de temas nietzscheanos até então ignorados por muitos de seus comentadores mais cuidadosos e abrangentes.³¹ Por meio de uma atenção

---

che hoje"], que foi publicada em sua forma revisada como *Spurs: Nietzsche's Styles* [*Esporas: os estilos de Nietzsche*].
26 Pautrat, *Versions du soleil*, p. 36-39.
27 Ver Foucault, *The Order of Things*, p. 305.
28 Jacques Derrida, "La question du style", em *Nietzsche aujourd'hui*, Vol. I., p. 270.
29 Philippe Lacoue-Labarthe, "La Dissimulation" ["A dissimulação"], em *Nietzsche aujourd'hui*, Vol. II, p. 12.
30 Ver, por exemplo, VP 818: "Alguém é um artista ao custo de considerar aquilo que todos os não artistas chamam de 'forma' como conteúdo, como 'a coisa em si'" Ver também VP 817, 828; A 268.
31 Isso é particularmente verdadeiro no caso dos primeiros comentadores americanos de Nietzsche, a maioria dos quais pedem desculpas pelo que veem como excessos estilísticos de Nietzsche, ou tentam separar o mérito filosófico de Nietzsche de sua maestria estilística. Arthur C. Danto exemplifica a primeira atitude: "Se alguém se dá o trabalho de extrair a filosofia dele, de mapear as mudanças de sentido que suas palavras adquirem em seus deslocamentos de um contexto a outro e de volta, então Nietzsche emerge como quase tão sistemático quanto um pensador original e analítico. Essa, contudo, não é uma tarefa simples. Seus pensamentos são difundidos através de muitos volumes frouxamente estruturados, e seus enunciados individuais parecem sagazes e específicos demais para resistir a um escrutínio filosófico sério"

a sua teoria e uso da linguagem, da retórica, da filologia, da metáfora, do mito, e seu uso estratégico de diferentes gêneros literários (aforismo, polêmica, narrativa, autobiografia, ensaio, tratado, poema, ditirambo, carta, nota etc.), os intérpretes franceses de Nietzsche exploram uma série de novas possibilidades interpretativas. Embora não possamos examinar aqui todas essas possibilidades interpretativas, será instrutivo examinar brevemente as obras de Deleuze, Granier, Pautrat e Kofman para dar uma ideia dos tipos de interpretações que um foco sobre a questão do estilo pode gerar.

Gilles Deleuze, em *Nietzsche e a filosofia*, volta-se contra o que ele considera ser uma tentativa mal orientada de estabelecer um acordo entre a dialética hegeliana e a genealogia de Nietzsche. Enquanto o pensamento de Hegel sempre foi guiado pelo movimento rumo a alguma síntese unificadora, Nietzsche, em contraste, é visto afirmando a multiplicidade e regozijando-se na diversidade.[32] Deleuze passa a ver a totalidade do *corpus* de Nietzsche como uma resposta polêmica contra a dialética hegeliana: "À famosa positividade do negativo, Nietzsche opõe sua própria descoberta: a negatividade do positivo".[33]

(*Nietzsche as Philosopher* [*Nietzsche como filósofo*] [Nova Iorque: Columbia University Press, 1965], p. 13). Walter Kaufmann, por outro lado, adota a segunda estratégia quando afirma que, ao escrever um livro sobre Nietzsche, "eu estava reagindo contra a visão de que Nietzsche foi principalmente um grande estilista, e o ônus do meu livro foi o de mostrar que ele foi um grande pensador" (*Nietzsche: Philosopher, Psychologist, Antichrist* [*Nietzsche: filósofo, psicólogo, anticristo*] [Princeton: Princeton University Press, 1974, p. 8]). Em alguns poucos anos recentes, houve várias exceções notáveis a essa desatenção em relação ao estilo por parte dos comentadores anglófonos de Nietzsche. Em particular, a questão do estilo é central para o *Nietzsche: Life as Literature* [*Nietzsche: a vida como literatura*] de Alexander Nehamas (Cambridge, Mass.: Harvard University Press, 1985); para o foco recente de Bernd Magnus sobre o que ele chama de qualidade autodestrutiva e autodesconstrutiva dos principais temas de Nietzsche (especialmente o perspectivismo, o eterno retorno e o *Übermensch*) em "Self-Consuming Concepts" ["Conceitos autodestrutivos"], em *International Studies in Philosophy*, Vol. XXI, nº 2 (1989), p. 63-71; e para os livros de: Allan Megill, *Prophets of Extremity: Nietzsche, Heidegger, Foucault, Derrida* [*Profetas do extremo: Nietzsche, Heidegger, Foucault, Derrida*] (Berkeley: University of California Press, 1985); Gary Shapiro, *Nietzschean Narratives* [*Narrativas nietzscheanas*] (Bloomington: Indiana University Press, 1989); e Henry Staten, *Nietzsche's Voice* [*A voz de Nietzsche*] (Ithaca: Cornell University Press, 1990).

32 Ver Deleuze, *Nietzsche and Philosophy*, p. 197.
33 Deleuze, *Nietzsche and Philosophy*, p. 180

Concentrando-se na diferença qualitativa em Nietzsche entre forças ativas e reativas, em vez da distinção meramente quantitativa entre quantidades de poder, Deleuze argumenta que a maestria do *Übermensch* é derivada da habilidade dele ou dela de negar ativamente as forças reativas do escravo, mesmo que essas últimas possam frequentemente ser quantitativamente maiores. Em outras palavras, enquanto o escravo se move da premissa negativa ("você é diferente e mau") para o juízo positivo ("portanto, eu sou bom"), o senhor atua a partir da diferenciação positiva de si ("eu sou bom") para o corolário negativo ("você é diferente e mau"). Há, de acordo com Deleuze, uma diferença qualitativa na origem da força, e a tarefa do genealogista é atentar para esse elemento diferencial e genético da força, que Nietzsche chama de "vontade de poder".[34]

Assim, ao passo que na dialética hegeliana do senhor e do escravo a reação negativa do outro tem como sua consequência a afirmação de si, Nietzsche inverte essa situação: a autoafirmação ativa do senhor é acompanhada por, e resulta em uma negação da força reativa do escravo. Traçando o jogo mútuo de afirmação e negação na tipologia de Nietzsche de forças ativas (artísticas, nobres, legislativas) e reativas (ressentimento, má consciência, ideal ascético), Deleuze conclui que o *Übermensch*, a metáfora de Nietzsche para a afirmação da multiplicidade e da diferença enquanto tais, é oferecido em resposta à concepção do ser humano como uma unidade sintetizada, fornecida pela dialética hegeliana.

Jean Granier, em seu estudo de mais de 600 páginas, *Le problème de la vérité dans la philosophie de Nietzsche* [*O problema da verdade na filosofia de Nietzsche*], baseia-se nos *insights* hermenêuticos de Heidegger e Ricoeur conforme explora a relação entre Ser e pensamento no texto de Nietzsche. De acordo com Granier, a "vontade de poder" designa a maneira como Nietzsche vê "a essência do Ser como Ser-interpretado [*l'essence de l'Etre comme Etre-interprété*]".[35] Na medida em que o Ser é sempre já interpretado, Granier vê Nietzsche como evitando a aparente antinomia entre a relatividade do conhecimento e o absolutismo do Ser.

---

34 Deleuze, *Nietzsche and Philosophy*, p. 50.
35 Granier, *Le problème de la vérité dans la philosophie de Nietzsche*, p. 463.

Para Granier, relativismo e absolutismo são dois polos complementares de uma mesma operação ontológica: a vontade de poder como conhecimento. Granier localiza o polo relativístico, que ele chama de "pragmatismo vital", no perspectivismo de Nietzsche e em sua visão da verdade como um erro útil e necessário. Granier chama o polo absolutista de "probidade intelectual" ou "filológica". Essa probidade exige um respeito absoluto pelo texto do Ser, e nos ordena a "fazer justiça à natureza, a revelar as coisas como elas são em seu ser próprio".[36] É no interior desse paradoxo essencial da vontade de poder como pragmatismo criativo, perspectivista, e como respeitosa e sincera para com o Ser, que Granier localiza a contribuição "revolucionária" de Nietzsche para o tratamento filosófico do problema da verdade. Ele sugere que Nietzsche, na medida em que é capaz de evitar tanto uma visão relativista quanto uma visão dogmática do conhecimento, pode ser melhor visto como apresentando uma explicação "metafilosófica" da interpretação. Isso quer dizer que, além das interpretações de primeira ordem do perspectivismo nietzscheano, há uma interpretação de segunda ordem do próprio fenômeno da interpretação. Essa interpretação de segunda ordem da interpretação é apresentada em uma metalinguagem que não pode ser avaliada nem em termos dos ideais do intérprete (relativismo) nem em termos de sua correspondência absoluta com "os fatos" (dogmatismo). Em vez disso, essa interpretação da interpretação, permanecendo fiel à "duplicidade do Ser" (isto é, à identidade Ser = Ser-interpretado), busca explicar o fenômeno da interpretação de uma maneira que não desqualifique nenhum dos polos complementares cuja presença é exigida se a verdade houver de existir.[37]

Tomando como seu ponto de partida a teoria de Nietzsche sobre a linguagem e a metáfora, Bernard Pautrat, em *Versions du soleil* [*Versões do sol*], oferece uma "descrição orientada" do texto de Nietzsche que busca fornecer uma "nova versão" da filosofia de Nietzsche. Essa descrição é orientada em torno de dois eixos:

---

36 Granier, p. 325.
37 *Idem*, p. 604-609.

por um lado, uma vez reconhecendo que o pensamento de Nietzsche não pode exceder os limites estabelecidos pela linguagem natural em conexão com a metafísica ocidental (com o platonismo), devemos fazer um inventário exato desses limites, indicando a completa metaforicidade da linguagem, desdobrando toda a retórica interior – essa será a tarefa de uma teoria dos signos cuja marca insistente, já em *O nascimento da tragédia*, os escritos de Nietzsche comunicam; mas, por outro lado, seria suficiente despertar o poder metafórico da linguagem em geral para que "a obra de Nietzsche" fosse marcada por uma exposição diferente, liberando [assim] o estilo, as figuras, aquele trabalho de escrita não redutível à simples transmissão de um sentido filosófico.[38]

Em torno desses dois eixos, Pautrat organiza um exame da família de metáforas solares no texto de Nietzsche, situando-as em relação com duas outras "heliologias" filosóficas: Platão e Hegel. Enquanto o sistema de Platão é guiado pelo sol como ideal, e o sistema de Hegel é direcionado para a completa iluminação que somente o sol pode prover, Pautrat vê a heliologia de Nietzsche como evitando o helio-logocentrismo desses dois adoradores do sol. Isso quer dizer que, no sistema solar de Nietzsche, a ênfase é posta não no centro, o sol, mas na circulação que o rodeia, o eterno retorno da luz e da escuridão. Tanto o meio-dia quanto a meia-noite desempenham um papel no pensamento de Nietzsche, e a aparição da luz é sempre acompanhada de sombras. Ao concentrar-se na fluidez com que Nietzsche utiliza a linguagem, apropriando-se de conceitos quando necessário e depois descartando-os ou esquecendo-se deles quando deixam de ser úteis, Pautrat examina as teorias de Nietzsche sobre a metáfora e a linguagem e os modos como ele utiliza essas teorias como manifestações concretas do *insight* teórico de Nietzsche sobre o mundo como um jogo de devir.

A questão do estilo literário de Nietzsche também é um tema principal na leitura de Sarah Kofman.[39] Argumentando que o uso de metáforas por

---

38 Pautrat, *Versions du soleil*, p. 9.
39 Tanto Kofman quanto Pautrat foram alunos de Derrida, e ambos fazem uso frequente da terminologia derrideana. Não é coincidência que esses dois textos tenham aparecido pouco

Nietzsche não é meramente retórico, mas "estratégico", *Nietzsche et la métaphore* [*Nietzsche e a metáfora*] oferece vários exemplos dos tipos de desconstruções genealógicas que um foco no estilo pode gerar. Para Kofman, as metáforas de Nietzsche não são meramente dispositivos literários desprovidos de importância filosófica. Em vez disso, o modo como Nietzsche usa as metáforas reforça um dos principais temas de sua filosofia: a afirmação do jogo do devir. Assim como muitos dos comentadores franceses de Nietzsche, Kofman dá muita importância às aulas de Nietzsche sobre retórica[40] bem como aos escritos reunidos pelos editores da Musarion como "O livro do filósofo",[41] em particular o pequeno ensaio "Sobre verdade e mentira em um sentido extramoral", no qual encontramos a frequentemente citada definição da verdade como um "exército móvel de metáforas, metonímias e antropomorfismos".[42] Ela nota que Nietzsche situa a metáfora na origem da linguagem e da verdade. Os conceitos são, na visão dele, simplesmente

---

depois do seminário de Derrida na *École Normale Supérieure* [Escola Normal Superior], no inverno de 1969-1970, dedicado a uma teoria do discurso filosófico com uma ênfase particular no estatuto da metáfora na filosofia. Kofman e Pautrat participaram desse seminário, e ambos apresentaram versões anteriores de seus textos àquele grupo.

40   Essas notas foram traduzidas para o francês pelos colegas de seminário de Kofman, Jean-Luc Nancy e Philippe Lacoue-Labarthe, em 1971, como "Rhetorique et langage" ["Retórica e linguagem"], em *Poétique* 5 (1971), p. 99-142. Uma tradução inglesa dessas notas foi publicada sob o título *Friedrich Nietzsche on Rhetoric and Language* [*Friedrich Nietzsche acerca da retórica e da linguagem*], editada e traduzida por Sander L. Gilman, Carole Blair, e David J. Parent (Oxford: Oxford University Press, 1989).

41   Os editores da *Musarionausgabe* [Edição Musarion] deram o título "Philosophenbuch" ["Livro do filósofo"] (Vol. VI, p. 1-119) a uma coleção de notas que seria a seção "teórica" de uma obra que, acompanhada por uma seção "histórica" (parte da qual apareceu como FET), seria sobre a filosofia pré-platônica. Essas notas foram editadas e traduzidas por Daniel Breazeale em *Philosophy and Truth* [*Filosofia e verdade*] (Atlantic Highlands, Nova Jersey: Humanities Press, 1979).

42   O texto completo da "definição" de Nietzsche diz: "O que é, então, a verdade? Um exército móvel de metáforas, metonímias e antropomorfismos – em suma, uma soma de relações humanas que foram realçadas poética e teatralmente, transpostas, adornadas, e que após um longo uso parecem fixas, canônicas e obrigatórias para um povo: verdades são ilusões das quais esquecemos que são ilusões; metáforas que se tornaram desgastadas e desprovidas de força sensível, moedas que perderam sua efígie e agora importam apenas como metal, não mais como moeda". (ed. Walter Kaufmann, *The Portable Nietzsche* [*O Nietzsche portátil*] [Nova Iorque: Viking Press, 1954, p. 46-47]. Tradução modificada.)

metáforas congeladas, descrições figurativas cuja natureza metafórica foi esquecida. Ao esquecer a metaforicidade que está na origem dos conceitos, seu sentido figurado passa a ser tomado literalmente. Essa petrificação do conceito como descrição literal da "realidade" dá origem em última instância à ilusão da verdade como eterna e imutável, e Kofman vê essa visão da verdade como fixa e universal como sendo uma das marcas de uma tradição filosófica que Nietzsche se esforça para desconstruir.

Tomando a tendência das metáforas de se solidificarem em conceitos como um os *insights* básicos de Nietzsche, Kofman sugere que evitemos nos concentrar em qualquer metáfora nietzscheana singular como privilegiada, fundamental ou fundante. Consciente do perigo inerente à linguagem, de restringir a fluidez e a mobilidade do sentido (Μεταφορά – *Übertragen* = transferência), Kofman afirma que Nietzsche se abstém de um compromisso duradouro com qualquer expressão metafórica particular e única. Até mesmo a metáfora da "metáfora", tão prevalente nos escritos iniciais de Nietzsche, vem a ser descartada e, argumenta Kofman, é posteriormente retomada como "perspectiva" ou "interpretação" ou "texto".[43] Essa estratégia revela o desejo de Nietzsche de libertar a cultura de sua tendência dogmática para o pensamento unidimensional. Em outras palavras, ao passo que Nietzsche eventualmente atribuirá um valor explícito ao pensamento pluridimensional, ao ato de ver o mundo a partir de uma multiplicidade de perspectivas e com mais olhos diferentes (*cf.* GM III 12; também GC 78, 374), esse valor já foi exibido em sua escrita, no modo como ele se desloca de uma metáfora a outra.

Entre as "famílias" de metáforas examinadas por Kofman estão aquelas derivadas da arquitetura[44] e dos sentidos,[45] a inversão das metáforas da caverna e do sol de Platão em *Zaratustra*, o desenraizamento que Nietzsche

---

43 *Cf.* Kofman, *Nietzsche et la métaphore*, p. 29, 121; tradução inglesa, p. 16, 82.
44 Concentrando-se particularmente nas transformações arquitetônicas que aparecem em "Sobre verdade e mentira".
45 Por exemplo, o olho como metáfora do conhecimento perceptual (por exemplo, GM II 12), o ouvido como metáfora para o entendimento (por exemplo, EH III 1), o nariz como metáfora para a capacidade de discernir a decadência (por exemplo, EH I 1), o paladar como metáfora para o poder de impor e estimar valores (por exemplo, FET 3, em KGW III, 2, p. 310).

faz da "árvore do conhecimento" de Descartes, e a utilização de várias figuras da mitologia grega.⁴⁶ Em cada caso, Kofman mostra que o estilo de escrita de Nietzsche, o modo como ele usa as metáforas, fornece uma pista importante para compreender o que está em questão em sua filosofia. Ao fazer isso, Kofman afirma que Nietzsche não tanto cria novas metáforas quanto "reabilita" aquelas metáforas que a tradição já adotou. Em outras palavras, a estratégia de Nietzsche é reiterar as metáforas habituais da tradição de uma maneira que traz à luz as insuficiências conceituais dessas metáforas.⁴⁷

Essa reiteração da metáfora emerge no texto de Kofman como uma ilustração concreta da transvaloração nietzscheana: em sua reabilitação estratégica das metáforas da tradição, os valores implícitos nessas metáforas tradicionais são *re*avaliados. O uso de metáforas por Nietzsche exemplifica por si mesmo essa transvaloração, na medida em que o uso de metáforas no interior do discurso filosófico foi *des*valorizado. Concentrando-se no uso de metáforas por parte de Nietzsche, Kofman demonstra que o aparecimento da metáfora no texto de Nietzsche não é gratuito; em vez disso, a proliferação de metáforas em Nietzsche é direcionada para a liberação do instinto metafórico dos seres humanos para o jogo criativo, libertando os seres humanos para o jogo de perspectivas naqueles domínios (a arte, o mito, a ilusão, o sonho) desvalorizados pela vontade niilista e decadente do espírito científico de seriedade.

Kofman desenvolve o caráter emancipatório do uso de metáforas por Nietzsche, particularmente em termos da forma aforística de seus escritos, conforme ela explora a busca dele por leitores que sejam capazes de seguir sua "dança com a pena" (CI, "O que falta aos alemães", 7). Esses leitores elevarão a leitura ao nível de uma arte (*cf.* GM, Pr., 8): eles reconhecerão o aforismo como "a vontade de poder se escrevendo a si mesma",⁴⁸ e "montados em todas as metáforas, cavalgarão para todas as verdades" (Z, "O regresso ao lar"; *cf.* EH, "Z", 3). *Nietzsche e a metáfora* conclui com essa

---

46 Para a discussão de Kofman sobre essas metáforas, ver p. 87-117 e 149-163; tradução inglesa, p. 59-80 e 101-112.
47 Ver Kofman, p. 89, p. 171; tradução inglesa, p. 60, p. 185-186.
48 Kofman, p. 167; tradução inglesa, p. 115.

observação, sugerindo que a habilidade de dançar entre aforismos é outro dos princípios de seleção de Nietzsche que farão a distinção entre aqueles que têm instintos nobres e o rebanho.

Pondo Nietzsche para trabalhar

Vamos agora passar dos intérpretes franceses de Nietzsche para o segundo grupo de nietzscheanos franceses, aqueles que levam o trabalho dele adiante. Tanto comentadores favoráveis quanto críticos notaram o "nietzscheanismo" na filosofia francesa recente. Para ajudar a compreender o vínculo francês com Nietzsche, me concentrarei em quatro casos exemplares – Jacques Derrida, Michel Foucault, Gilles Deleuze, e Jean-François Lyotard – em cuja obra podemos observar vários dos temas nietzscheanos que circulam no pensamento francês recente: a ênfase na interpretação, a crítica ao pensamento binário, o vínculo entre poder e conhecimento, a ênfase no devir e no processo, em detrimento do ser e da ontologia, e a necessidade de julgar na ausência de critérios.

Nas primeiras obras de Jacques Derrida, Nietzsche aparece como uma referência constante. Derrida cita-o frequentemente como um de seus precursores desconstrutivos,[49] e em pelo menos duas ocasiões Derrida registra o que Nietzsche contribui para a cena filosófica contemporânea. Em "*Qual Quelle*: as fontes de Valéry", ele fornece a seguinte lista de temas para procurar em Nietzsche:

> a desconfiança sistemática em relação à totalidade da metafísica, à visão formal do discurso filosófico, o conceito do artista-filósofo, as questões retóricas e filológicas colocadas para a história da filosofia, a suspeita acerca dos valores da verdade ("uma convenção bem aplicada"), do significado e do Ser, do "significado do Ser", a atenção aos fenômenos econômicos da força e da diferença de forças etc.[50]

---

49 Por exemplo, no ensaio "Différance", em *Margins of Philosophy*, p. 17-18.
50 Derrida, *Margins of Philosophy*, p. 305.

E em *Da gramatologia*, ele atribui a Nietzsche o crédito por contribuir

muito para libertar o significante de sua dependência ou derivação em relação ao *logos* e ao conceito relacionado da verdade ou do significado primário, em qualquer sentido que este seja entendido, [por sua] radicalização dos conceitos de interpretação, perspectiva, avaliação, diferença [...].[51]

Esses comentários mostram apenas alguns dos temas nietzscheanos que Derrida desenvolveu em seu próprio projeto filosófico. Além desses, ele faz vários outros comentários sobre Nietzsche como contraste em relação à interpretação totalizante da história da metafísica de Heidegger,[52] sobre

---

51 Jacques Derrida, *Of Grammatology* [*Da gramatologia*], traduzido por Gayatri C. Spivak (Baltimore: Johns Hopkins University Press, 1976), p. 19.

52 Deixe-me aproveitar essa oportunidade para expandir um ponto levantado anteriormente na nota 8. Muitos dos franceses apelam para Nietzsche ao se distanciarem do projeto heideggeriano de resgatar o Ser de sua obliteração metafísica. Derrida, em particular, escolheu os textos de Nietzsche como um território a partir do qual confrontar o pensamento de Heidegger. Por exemplo, em *Da gramatologia*, ele escreve:
"Nietzsche, longe de permanecer *simplesmente* (com Hegel, e como desejou Heidegger) *no interior* da metafísica, contribuiu muito para libertar o significante de sua dependência ou derivação em relação ao *logos* e ao conceito relacionado da verdade ou do significado primário, em qualquer sentido que esse seja entendido [...]. Em vez de proteger Nietzsche da leitura heideggeriana, deveríamos talvez oferecê-lo a ela completamente, subscrevendo aquela interpretação sem reserva; *de uma certa maneira*, e até o ponto em que, sendo o conteúdo do discurso nietzscheano quase perdido para a questão do ser, sua forma recupera sua estranheza absoluta, onde seu texto finalmente invoca um tipo de leitura diferente, mais fiel a seu tipo de escrita: Nietzsche *escreveu o que* ele escreveu. Ele escreveu que a escrita – e antes de tudo a sua própria – não é originalmente subordinada ao *logos* e à verdade. E que essa subordinação *passou a existir* durante uma época cujo sentido devemos desconstruir. Ora, nessa direção (mas somente nessa direção, pois se lida de outra maneira a demolição nietzscheana permanece dogmática e, como todas as inversões, cativa daquele edifício metafísico que ela professa derrubar. Nesse ponto, e *nessa ordem de leitura*, as conclusões de Heidegger e Fink são irrefutáveis), o pensamento heideggeriano renunciaria, em vez de destruir, a instância do *logos* e da verdade do ser como *primum signatum* [significado primeiro]: [...]" (*Of Grammatology*, p. 19-20). Compare isso também com o seguinte comentário: "Sem dúvida Nietzsche convocou um esquecimento ativo do Ser: esse não teria a forma metafísica que lhe fora imputada por Heidegger" ("The Ends of Man" ["Os fins do homem"], em *Margins of Philosophy*, p. 136). Ver também o comentário sobre Nietzsche, Freud, e Heidegger em "Structure, Sign, and Play in the Discourse of the Human Sciences" ["Estrutura, signo e jogo no discurso das ciências

as estratégias retóricas e a multiplicidade de estilos de Nietzsche,[53] sobre a *différance* de força[54] e poder,[55] sobre o caráter lúdico da multiplicidade interpretativa,[56] e sobre o que Derrida chama de "a intenção axial do conceito de interpretação [de Nietzsche]": a emancipação da interpretação em relação aos limites de uma verdade "que sempre implica a presença do significado (*aletheia* ou *adequatio*)".[57] Em vez de comentar sobre as referências particulares que Derrida faz a Nietzsche, eu gostaria de examinar um tema derrideano específico que indica, mais do que qualquer outro, a dívida de Derrida para com Nietzsche.

O "preconceito típico" e a "fé fundamental" de todos os metafísicos, escreveu Nietzsche, "é *a fé em valores opostos*" (ABM, 2). Ao longo de sua crítica da moral, da filosofia, e da religião, Nietzsche tentou desmontar hierarquias oposicionais tais como bem/mal, verdade/erro, ser/devir. Essa recusa em sancionar as relações hierárquicas entre essas oposições conceituais privilegiadas transmitidas no interior da tradição metafísica ocidental permeia a cena filosófica francesa contemporânea,[58] e é um dos principais pontos de contato entre Nietzsche e o pensamento filosófico francês em geral.

---

humanas"], em *Writing and Difference* [*Escrita e diferença*], trad. de Alan Bass (Chicago: University of Chicago Press, 1978, p. 281-282).

53 Ver "The Ends of Man", em *Margins of Philosophy*, p. 135, e *Spurs, passim*.

54 Ver "Différance", *Margins of Philosophy*, p. 17-18. Nota dos organizadores: *différance* é um neologismo derrideano, que joga com as palavras *différence* [diferença] e *différer* [deferir ou diferir]. Derrida enfatiza, com esse jogo de palavras, a importância do contexto para o significado, a lacuna entre um termo e qualquer definição oferecida, e uma indicação de que não há nenhuma diferença que não faça diferença. Até mesmo a mudança de uma vogal em uma sílaba não acentuada, que não faz nenhuma diferença para a pronúncia, faz uma diferença, embora se possa debater sobre qual é precisamente essa diferença.

55 Ver Jacques Derrida, *The Post Card from Socrates to Freud and Beyond* [*O cartão postal, de Sócrates a Freud e além*], trad. de Alan Bass (University of Chicago Press, 1987, p. 403-405).

56 Ver Derrida, *Writing and Difference*, p. 292.

57 Derrida, *Of Grammatology*, p. 287.

58 Ver, por exemplo, o comentário de Jean-François Lyotard de que "o pensamento oposicional [...] está fora de compasso com os modos mais vitais de conhecimento pós-moderno", em *The Postmodern Condition* [*A condição pós-moderna*], traduzido por Geoff Bennington e Brian Massumi (Mineápolis: University of Minnesota Press, 1983, p. 14).

A crítica ao pensamento binário e oposicional é, em particular, um componente essencial do projeto crítico de Derrida. Para Derrida, a história da filosofia se desenrola como uma história de certas oposições filosóficas clássicas: inteligível/sensível, verdade/erro, fala/escrita, literal/figurado, presença/ausência etc. Contudo, esses conceitos oposicionais não coexistem em bases iguais; antes, um lado de cada oposição binária foi privilegiado, enquanto o outro lado foi desvalorizado. No interior dessas oposições, uma "ordem de subordinação"[59] hierárquica foi estabelecida e a verdade veio a ser valorizada em detrimento do erro, a presença veio a ser valorizada em detrimento da ausência, etc.

A tarefa de Derrida é desmontar ou "desconstruir" essas oposições binárias. Na prática, a desconstrução delas envolve um movimento bifásico que Derrida chamou de "escrita dupla" ou "ciência dupla". Na primeira fase, ele subverte a hierarquia e valoriza aqueles polos tradicionalmente subordinados pela história da filosofia. Embora Derrida seja frequentemente lido como privilegiando, por exemplo, a escrita em detrimento da fala, a ausência em detrimento da presença, ou o figurado em detrimento do literal, tal leitura é excessivamente simplista; assim como Heidegger antes dele,[60] Derrida percebe que ao subverter uma hierarquia metafísica, deve-se evitar reaproveitar a estrutura hierárquica. É a própria estrutura oposicional hierárquica que é metafísica, e permanecer dentro da lógica binária do pensamento metafísico restabelece e confirma o campo fechado dessas oposições.

Enxergar a desconstrução como uma simples inversão dessas oposições filosóficas clássicas é ignorar a segunda fase da "escrita dupla" da desconstrução: "devemos também marcar o intervalo entre a inversão, que traz para baixo o que estava no alto, e a emergência eruptiva de um novo 'conceito', um conceito que não mais pode ser, e nunca poderia ser, incluído no

---

59 Ver Jacques Derrida, "Signature, Event, Context" ["Assinatura, evento, contexto"], em *Margins of Philosophy*, p. 329.
60 Ver, por exemplo, a discussão de Heidegger da inversão do platonismo realizada por Nietzsche, em *Nietzsche. Vol. I. The Will to Power as Art* [*Nietzsche. Vol. I. A vontade de poder como arte*], traduzido por David F. Krell (São Francisco: Harper and Row, Publishers, Inc., 1978, p. 200-220).

regime anterior".[61] Esses novos "conceitos" são os "indecidíveis" derrideanos (por exemplo, "*différance*", "traço", "suplemento", "*pharmakon*"): marcas que de uma maneira ou de outra resistem à estrutura formal imposta pela lógica binária da oposição filosófica, enquanto expõem o caráter opcional daquelas escolhas que a tradição privilegiou como dominantes. Ao longo da obra inicial de Derrida, encontramos como um tema recorrente seu mapeamento do jogo desses indecidíveis: o jogo do traço que está ao mesmo tempo presente e ausente; o jogo do *pharmakon* [fármaco], que é ao mesmo tempo veneno e cura; o jogo do suplemento, que é ao mesmo tempo excedente e falta.

Retornando agora a Nietzsche, podemos ver essa mesma crítica do pensamento oposicional em sua avaliação de valores tradicionais, conforme ele procede frequentemente desmontando a relação hierárquica privilegiada que foi estabelecida entre os valores em questão. A desmontagem de Nietzsche, assim como a desconstrução derrideana, opera em duas fases.[62] A primeira fase subverte a relação tradicionalmente privilegiada entre os dois valores, enquanto a segunda busca desalojar inteiramente a oposição, mostrando que ela resulta de uma imposição anterior de valor que requer, por sua vez, uma crítica. Por exemplo, considerando a genealogia da vontade de verdade, encontramos Nietzsche invertendo a hierarquia tradicional de verdade sobre falsidade. Investigando a origem do valor positivo atribuído à verdade, Nietzsche acha que é simplesmente um preconceito moral afirmar a verdade em detrimento do erro ou da aparência (ver ABM 34). Para isso, ele sugere que o erro poderia ser *mais* valioso que a verdade, que o erro poderia ser uma condição necessária da vida.

---

61 Derrida, *Positions*, p. 42; ver também *Margins of Philosophy*, p. 329.
62 Para uma discussão mais detalhada da genealogia nietzscheana e da desconstrução derrideana, ver meu "Genealogy and/as Deconstruction: Nietzsche, Derrida, and Foucault on Philosophy as Critique" ["Genealogia e/como desconstrução: Nietzsche, Derrida e Foucault"], em *Postmodernism and Continental Philosophy* [*Pós-modernismo e filosofia continental*], editado por Hugh Silverman e Donn Welton (Albany: State University of New York Press, 1988, p. 193-213) e "The becoming-post-modern of philosophy" ["O devir pós-moderno da filosofia"], em *Postmodernism: Histories, Structures, Politics* [*Pós-modernismo: histórias, estruturas, política*], editado por Gary Shapiro (Albany: State University of New York Press, 1990, p. 99-113).

Contudo, a análise de Nietzsche não para aí, como assumiu Heidegger quando acusou Nietzsche de "completar" a história da metafísica através de uma "inversão" do platonismo. Ao adotar uma atitude perspectivista e negar a possibilidade de uma apreensão não mediada e não interpretativa da "realidade", Nietzsche desaloja inteiramente a oposição verdade/falsidade. A questão não é mais se uma perspectiva é "verdadeira" ou "falsa"; a única questão que interessa ao genealogista nietzscheano é se uma perspectiva acentua ou não a vida.[63]

Nietzsche descobre no centro do discurso filosófico uma certa fé no pensamento binário. Ao desvelar genealogicamente a vontade de poder cuja imposição de um certo valor deu origem aos dois polos da oposição em questão, a genealogia reduz a força que se acredita que a oposição tenha. O exemplo mais claro dessa estratégia é sua desconstrução da oposição entre bem e mal. Nietzsche se move para além do bem e do mal precisamente ao mostrar que tanto o "bem" quanto o "mal" devem seu significado a um certo tipo de vontade de poder – a vontade de poder reativa, escrava, da moral do rebanho. Simplesmente inverter os valores da moral escrava, tornando "bom" aquilo que o escravo julga ser "mau", não é menos reativo que a imposição original do valor pelo escravo, que julga tudo que difere dele próprio como "mau", e define o bem em oposição reacionária àquilo que é diferente dele próprio.

Uma leitura de Nietzsche como um "imoralista" ou "niilista" permanece nesse nível da mera inversão, deixando de reconhecer o *insight* pós-moderno de Nietzsche de que ao se adequar à estrutura oposicional, a pessoa inevitavelmente confirma sua validade e seu poder repressivo e

---

63 Essa mesma estratégia crítica opera no estágio final do famoso capítulo de *Crepúsculo dos ídolos* onde Nietzsche traça a história da crença no "mundo verdadeiro": "Abolimos o mundo verdadeiro: qual mundo resta, então? O mundo aparente, talvez? Mas não! Com o mundo verdadeiro, abolimos também o aparente!" (CI, "Como o 'mundo verdadeiro' tornou-se enfim uma fábula"). Abolimos o mundo aparente, porque ele era definido como "aparente" somente em termos de sua oposição ao mundo "verdadeiro". Sem o "mundo verdadeiro" para servir como padrão, a designação "aparente" perde seu significado e a própria oposição perde sua força crítica. Em outras palavras, a tradicional (des)valorização da "aparência" depende de ela ser a negação daquilo que a tradição afirmou como "verdade".

hierarquizante. Mas uma leitura de Nietzsche como "transvalorador de valores" localiza um segundo movimento da crítica nietzscheana da moral. Esse segundo movimento flui a partir da imposição ativa de novos valores que emergem de uma vontade de poder saudável que desalojou inteiramente a hierarquia de bem e mal. Ao rejeitar a estrutura binária da avaliação moral, a transvaloração de Nietzsche inaugura uma experimentação lúdica com valores e uma multiplicação de perspectivas que ele chama de "interpretação ativa".[64] A afirmação da multiplicidade de perspectivas emerge então como a alternativa intensificadora da vida para aqueles com uma vontade de poder suficiente para ir além da decadência reativa da moral binária. Essa multiplicidade que intensifica a vida continua a funcionar na própria prática interpretativa de Derrida, em seu chamado para um estilo produtivo de leitura que não meramente "protege", mas "abre" os textos para novas possibilidades interpretativas.[65]

A crítica de Nietzsche ao pensamento binário é ligada a outro tema que encontramos operando em diversos lugares no pensamento francês contemporâneo: a substituição de uma explicação dualista por um monismo pluralista, ou polivocal. O anúncio de Nietzsche, em um comentário que se tornaria o apontamento final do não livro publicado como *A vontade de poder*, de que a solução para o enigma de seu mundo dionisíaco era que "Este mundo é vontade de poder – e nada além disso! E vós mesmos sois também vontade de poder – e nada além disso! " (VP, 1067), emitiu um desafio para todos os dualismos futuros: não mais seria possível que o entendimento prosseguisse de acordo com um modelo que operasse em termos de

---

64 Ver VP 600, 604, 605. Derrida também usou o termo "interpretação ativa" para distinguir a leitura desconstrutiva da duplicação textual do comentário; ver *Of Grammatology*, p. 157-164.
65 Ver Derrida, *Of Grammatology*, p. 158ss. Como um contraponto à ênfase derrideana sobre a interpretação, mas um contraponto que é igualmente devido a Nietzsche, ver o chamado de Deleuze para um "experimentalismo textual" em Deleuze e Claire Pamet, *Dialogues* [*Diálogos*], traduzido por Hugh Tomlinson e Barbara Habberjam (Nova Iorque: Columbia University Press, 1987, p. 46-48), e em Deleuze e Félix Guattari, "Rhizome" ["Rizoma"], trad. de Paul Patton em I&C, nº 8 (primavera de 1981), p. 67-68. Essa versão de "Rizoma" foi publicada separadamente antes do aparecimento de *Mille Plateaux* [*Mil platôs*] (*A Thousand Plateaus*, traduzido por Brian Massumi [Mineápolis: University of Minnesota Press, 1987]) em 1980, e difere um pouco da versão que introduziu *Mil platôs*.

uma simples lógica binária. Não mais seríamos capazes de dividir o mundo nitidamente em grupos dicotômicos: bem ou mal, mentes ou corpos, verdades ou erros, nós ou eles. O mundo é muito mais complicado do que tal pensamento dualista reconhece. Nietzsche sugeriu, em vez disso, que o ato de fazer até mesmo o que parecem ser determinações e distinções simples é, de fato, algo radicalmente contextual e contingente. Essa sugestão, por sua vez, tornou suspeito qualquer apelo a uma metanarrativa dualista de oposição binária.

Assim como Derrida, tanto Michel Foucault quanto Gilles Deleuze foram influenciados pela rejeição antidualista de Nietzsche em relação ao binarismo filosófico. Eles também foram inspirados pela ligação de Nietzsche entre poder e conhecimento. Essa ligação é tanto explícita ("O conhecimento funciona como um instrumento de poder" [VP 480]) quanto implícita na fluidez do movimento entre "vontade", "vontade de verdade", "vontade de conhecimento", e "vontade de poder". Quando Nietzsche afirmou que tudo era vontade de poder, ele afastou nossa atenção das substâncias, dos sujeitos e das coisas, e concentrou essa atenção, em vez disso, nas relações *entre* esses substantivos. Essas relações, de acordo com Nietzsche, eram relações de forças: forças de atração e repulsão, dominação e subordinação, imposição e recepção, e assim por diante. Se há uma metafísica em Nietzsche, e não é inteiramente claro que haja, ou que seja útil ver Nietzsche nesses termos (como fez Heidegger), então essa metafísica será uma metafísica dinâmica, de "processos", e não uma metafísica de substâncias. Ela será uma metafísica de devires, e não de seres. E esses processos, esses devires, serão processos de forças: tornar-se mais forte, tornar-se mais fraco, melhoria ou empobrecimento. Não há, para Nietzsche, nenhuma escapatória desses devires senão a morte. O objetivo que ele advoga, portanto, não é buscar o Ser, mas esforçar-se para que a vida inclua mais processos de tornar-se mais forte do que processos de se tornar mais fraco, mais superações do que submissões.

Tanto Foucault quanto Deleuze se envolvem em projetos que reformulam disjunções binárias tradicionais entre dadas alternativas em termos de um *continuum* pluralista, no qual as escolhas são sempre locais e relativas, em vez de globais e absolutas. No interior de suas respectivas reformulações, vemos cada um deles fazendo um duplo uso da vontade de poder de Nietzsche. Quer seja um *continuum* de poder-conhecimento ou de "produção desejante", o modelo para o qual eles apelam, explícita ou implicitamente, parece ser o do "monismo" da vontade de poder de Nietzsche. Esse monismo deve ser entendido não no sentido de Heidegger, da vontade de poder como a resposta fundamental de Nietzsche para a questão metafísica do Ser dos seres, mas no sentido de Deleuze, da vontade de poder como diferencial de forças. Isso quer dizer que, onde Heidegger entendeu a vontade de poder em termos de uma lógica do Ser, uma onto-lógica, Deleuze situa a vontade de poder em uma lógica diferencial de afirmação e negação, que facilita a interpretação e a avaliação de forças ativas e reativas.[66]

A vontade de poder opera no nível genealógico e não no ontológico, opera no nível das diferenças qualitativas e quantitativas entre forças e dos diferentes valores outorgados a essas forças, em vez de no nível do Ser e dos seres.[67] Ao ir além do bem e do mal, além da verdade e do erro, para a afirmação de que tudo é vontade de poder, Nietzsche tentou pensar a relacionalidade sem substâncias, relações sem itens relacionados, a diferença sem exclusão. E ao fazer isso, seu pensamento serve como um modelo tanto para as análises de Foucault sobre relações de poder na ausência de um sujeito soberano quanto para a explicação de Deleuze do "sujeito" humano como um agenciamento desejante concebido em termos de uma lógica de eventos.

Além de usarem a estrutura "formal" de Nietzsche como modelo, Foucault e Deleuze se apropriam cada qual do que podemos chamar de o "conteúdo" da vontade de poder, e juntos oferecem explicações expandidas dos dois polos componentes: vontade e poder. Embora o pensamento francês em geral tenha estado trabalhando pelos últimos 30 anos no interior de um

---

66 Ver Deleuze, *Nietzsche and Philosophy*, p. 49-55.
67 *Cf.* Deleuze, *Nietzsche and Philosophy*, p. 220: "Heidegger fornece uma interpretação da filosofia nietzscheana mais próxima de seu próprio pensamento do que do pensamento de Nietzsche. [...] Nietzsche se opõe a toda concepção de afirmação que encontraria seu fundamento no Ser, e sua determinação no ser do homem. " Eu abordo e critico a interpretação de Heidegger da vontade de poder em algum detalhe em outro lugar; ver meu *Nietzsche and the Question of Interpretation*, p. 53-73.

campo conceitual delineado pelos três assim chamados mestres da suspeita, Nietzsche, Freud e Marx, podemos entender Foucault e Deleuze como privilegiando Nietzsche em detrimento de Marx e Freud precisamente acerca desse ponto.[68] Marx opera principalmente com o registro do poder, e Freud opera principalmente dentro do registro do desejo. Todavia, cada qual parece cego para a sobreposição desses dois registros, e quando eles de fato os relacionam, um registro é claramente subordinado ao outro.

A vontade de poder de Nietzsche, por outro lado, torna impossível qualquer privilegiação de um em detrimento do outro, e seu pensamento funciona em termos de uma completa infusão de cada registro no interior do outro. Isso quer dizer que, para Nietzsche, a "vontade de poder" é redundante, uma vez que a vontade quer o poder, e o poder se manifesta apenas através da vontade. Ao privilegiar Nietzsche em detrimento de Marx ou Freud, tanto Foucault quanto Deleuze reconhecem a cumplicidade entre os polos da vontade e do poder. Como uma consequência, eles podem cada qual se concentrar em um dos polos sem excluir o outro polo de suas análises.

Assim, Foucault se envolveu em uma análise altamente sofisticada do poder, a qual, seguindo o exemplo de Nietzsche, concentrou-se não nos sujeitos do poder, mas nas relações de poder, as relações de força que operam no interior das práticas sociais e dos sistemas sociais. E dentro dessa análise, vontade e desejo desempenham um papel integral no direcionamento das

---

68 Deve ser lembrado que essa privilegiação de Nietzsche não é nem absoluta nem exclusiva: tanto Marx quanto Freud permanecem como influências importantes em praticamente todo o pensamento francês das últimas três décadas. Outra maneira de compreender a privilegiação de Nietzsche no pensamento filosófico francês contemporâneo, uma maneira que não é incompatível com a interpretação oferecida aqui, é sugerida por Pierre Bourdieu no Prefácio à tradução inglesa de *Homo academicus*, traduzido por Peter Collier (Stanford: Stanford University Press, 1988). Em um comentário sobre Foucault (p. xxiv), Bourdieu sugere que o apelo filosófico a Nietzsche pode ser uma resposta ao declínio geral da influência dos filósofos no interior das instituições acadêmicas francesas, que se seguiu à privilegiação das ciências sociais pelos estruturalistas. A esse respeito, o fato de Nietzsche ter sido ignorado pelos filósofos "tradicionais" fazia dele "um patrocinador filosófico aceitável" em uma época em que não estava na moda ser "filosófico" na França. Foucault fez um comentário semelhante acerca da relação de Nietzsche com a filosofia acadêmica "dominante", em uma entrevista de 1975 traduzida como "The Functions of Literature" ["As funções da literatura"] por Alan Sheridan e reimpressa em *Politics, Philosophy, Culture*, p. 312.

relações de poder. Onde Nietzsche enxergou um *continuum* de vontade de poder, Foucault enxergou relações de poder operando ao longo de um *continuum* de repressão e produção; e onde Nietzsche buscou incitar um processo de tornar-se mais forte da vontade de poder para rivalizar com o progressivo processo de tornar-se mais fraco que ele associou à modernidade, Foucault buscou chamar atenção para o processo de tornar-se produtivo do poder, que acompanha o poder crescentemente repressivo da pastoral.[69]

De maneira semelhante, Deleuze, em seus próprios estudos e especialmente em seus trabalhos colaborativos com o psicanalista radical Félix Guattari, concentrou-se na *vontade* do poder – o desejo. Assim como Foucault, ele se abstém de subjetivar o desejo, enquanto reconhece os íntimos e múltiplos acoplamentos de desejo e poder. Em *Nietzsche e a filosofia*, Deleuze ligou pela primeira vez a noção do desejo à vontade de poder, e o *insight* de que o desejo é produtivo se desenvolve a partir de sua reflexão sobre a vontade de poder em termos da produtividade tanto de forças ativas quanto reativas. Em *Anti-Édipo*, Deleuze e Guattari introduzem o conceito da "máquina desejante" como uma tradução maquínica e funcionalista da vontade de poder nietzscheana. Uma máquina desejante é um agenciamento funcional de uma vontade desejante com o objeto desejado. Deleuze situa o desejo em um vocabulário funcionalista para evitar a personificação/subjetivação do desejo em uma vontade, ego, inconsciente, ou eu substantivos. Ao fazer isso, ele pode evitar o paradoxo com que Nietzsche se deparou ao falar de uma vontade de poder sem um sujeito que exerce a vontade, ou ao implicar que a vontade de poder era ao mesmo tempo o "agente" produtor e o "objeto" produzido (ver GM I, 13; ABM, 17; VP, 484). Falar do desejo como parte de um agenciamento, recusar-se a reificar ou personificar o desejo (como faz a psicanálise), é reconhecer que o desejo e o objeto desejado emergem juntos.

---

69 Ver a discussão de Foucault sobre o poder pastoral em "*Omnes et Singulatim*: Towards a Criticism of 'Political Reason'" ["*Omnes et Singulatim*: Para uma crítica da 'razão política'"], duas conferências ministradas em 1979 e publicadas em *The Tanner Lectures on Human Values* [*As conferências Tanner sobre valores humanos*], editadas por Sterling McMurrin (Salt Lake: University of Utah Press, 1981, p. 225-254).

Deleuze rejeita a explicação do desejo como falta, uma explicação que podemos rastrear retrospectivamente até o *Banquete* de Platão, e que é compartilhada por Freud, Lacan, Sartre, e muitos outros.[70] O desejo não emerge em resposta à percebida falta do objeto desejado, e o desejo também não é um estado produzido no sujeito pela falta do objeto. O desejo é uma parte da infraestrutura:[71] ele é constitutivo dos objetos desejados, bem como do campo social no qual aparecem. O desejo, em outras palavras, novamente como a vontade de poder de Nietzsche, é produtivo; ele está sempre já atuando no campo social, precedendo e "produzindo" objetos *como* desejáveis.

Assim como Nietzsche buscou manter a vontade de poder múltipla, de modo que ela pudesse aparecer em múltiplas formas, ao mesmo tempo como produtora e produto, um monismo e um pluralismo, também Deleuze quer que o desejo seja múltiplo, operando de múltiplas maneiras e capaz de produções múltiplas e multiplicantes. Nietzsche encorajou a maximização da vontade de poder forte e saudável, enquanto reconheceu a necessidade, a inevitabilidade da vontade de poder fraca e decadente. Deleuze defende que o desejo seja produtivo, enquanto reconhece que o desejo será às vezes destrutivo e terá às vezes de ser reprimido, enquanto outras vezes buscará e produzirá sua própria repressão. Analisar esse fenômeno do desejo que busca sua própria repressão é um dos objetivos da "esquizoanálise" de Deleuze e Guattari (a análise baseada em uma explicação produtiva e não edípica do desejo, que eles propõem em oposição à psicanálise freudiana). Devemos tomar nota da semelhança estrutural entre o desejo que deseja sua própria repressão e a descoberta de Nietzsche na *Genealogia da moral* (III 1 e 28) do sentido do ideal ascético: a vontade preferiria querer o nada a não querer.

Transformando a vontade de poder de Nietzsche em uma máquina desejante, a afirmação de Deleuze e Guattari da produção desejante aparece

---

70   Ver *Banquete* 200a-d, no qual Sócrates comenta que alguém que deseja algo necessariamente carece daquele algo. Eu discuto a crítica deleuzeana do "desejo como falta" em mais detalhes em outro lugar; ver meu "Spinoza, Nietzsche, Deleuze: An other discourse of desire" ["Espinosa, Nietzsche e Deleuze: um outro discurso do desejo"], em Hugh Silverman (ed.), *Philosophy and Desire* [*Filosofia e desejo*] (Nova Iorque: Routledge, 2000).
71   Ver a discussão sobre esse ponto em *Anti-Oedipus*, p. 348.

como uma repetição pós-freudiana da afirmação de Nietzsche da vontade de poder saudável. Esse é apenas um dos lugares onde podemos ver a influência que o autor do *Anticristo* teve no desenvolvimento do argumento dos autores do *Anti-Édipo*. Uma leitura detalhada do capítulo três do *Anti-Édipo* revelará uma análise da relação entre capitalismo e psicanálise que segue um padrão analítico elaborado quase um século antes por Nietzsche em *Sobre a genealogia da moral*.

Em particular, pode-se mostrar que Deleuze e Guattari baseiam muito de sua crítica da prática psicanalítica em bases articuladas pela primeira vez na crítica genealógica de Nietzsche à prática da igreja, conforme eles afirmam que o psicanalista é a encarnação mais recente do sacerdote ascético.[72] Nietzsche mostrou como muito da prática do cristianismo requer o convencimento de seus aderentes sobre a culpa e o pecado deles, a fim de tornar sustentável a alegação de poder redentor do cristianismo. Deleuze e Guattari adotam uma abordagem semelhante, desenvolvendo em detalhes os modos como a liberação psicológica prometida pela psicanálise requer primeiro que ela aprisione a economia libidinal dentro dos limites da família. À "internalização [*Verinnerlichung*] do homem" de Nietzsche (GM II, 16) eles acrescentam a "edipalização" do homem: Édipo repete o movimento de cisão da má consciência nietzscheana – voltando sua hostilidade contra si mesmo enquanto a projeta no outro – conforme o desejo insatisfeito de eliminar e substituir o pai é acompanhado pela culpa de ter tal desejo.

Assim como os sacerdotes ascéticos de Nietzsche, os psicanalistas criaram para si mesmos uma máscara de saúde que tem o poder de tiranizar os saudáveis ao envenenar a consciência deles. Onde Nietzsche nota a *ironia* do Deus cristão que se sacrifica pela humanidade *por amor*, Deleuze e Guattari ironicamente registram as várias expressões da preocupação dos

---

72 Ver, por exemplo, *Anti-Oedipus*, p. 108- 112, 269, e 332-333; ver também *A Thousand Plateaus*, p. 154. Discuti a influência de Nietzsche sobre a crítica de Deleuze e Guattari à psicanálise em outro lugar; ver meu "Nietzsche's becoming-Deleuze: Genealogy, Will to Power, and Other Desiring Machines" ["A transformação de Nietzsche em Deleuze: genealogia, vontade de poder, e outras máquinas desejantes"], do qual muito da discussão anterior sobre Deleuze é derivada, presente em *Nietzsche: A Critical Reader* [*Nietzsche: um guia crítico*], editado por Peter Sedgwick (Oxford: Blackwell, 1995).

psicanalistas com seus pacientes edipicamente aleijados. Os resultados últimos dessas viradas irônicas também são paralelos entre si: enquanto o Deus autossacrificante do cristianismo torna infinitas a culpa e a dívida de seus aderentes, a psicanálise cria sua própria dívida infinita na forma da transferência inexaurível e da análise interminável.[73] E para traçarmos um último paralelo, assim como os sacerdotes de Nietzsche reduzem todos os eventos a um momento no interior da lógica econômica da recompensa e punição divinas, os psicanalistas de Deleuze e Guattari reduzem todo desejo a uma forma de fixação na família.[74]

Antes de encerrar, deixe-me abordar uma última questão nietzscheana e sua aparição em um pensador muito menos frequentemente associado a Nietzsche do que Derrida, Deleuze ou Foucault. Jean-François Lyotard foi uma das principais figuras nas discussões da pós-modernidade, e foi também um importante discutidor do problema de fazer juízos éticos a partir de uma perspectiva pós-moderna. Enunciado da maneira mais simples, esse problema pode ser colocado assim: como podemos fazer juízos éticos sem apelar para princípios morais absolutos ou para uma lei moral? Lyotard coloca a questão dessa maneira: se "alguém não possui critérios, e ainda assim deve decidir", de onde vem a habilidade de julgar?

Lyotard oferece em seguida uma resposta nietzscheana para essa pergunta kantiana, como essa habilidade "traz um nome em uma certa tradição filosófica, a saber, a de Nietzsche: a vontade de poder".[75] Para Lyotard, a vontade de poder de Nietzsche fornece uma resposta semelhante àquela dada para o juízo estético por Kant na terceira *Crítica*, mas Nietzsche estende essa resposta para além da estética a todos os juízos: "A habilidade de julgar não depende da observância de critérios. A forma que ela assumirá na última

---

73   *Cf.* Deleuze e Guattari, *Anti-Oedipus*, p. 64-65.
74   Podemos apenas notar aqui dois outros desenvolvimentos nietzscheanos na crítica de Deleuze e Guattari à psicanálise que merecem séria consideração: a afirmação deles de que a GM é "o grande livro da etnologia moderna" (*Anti-Oedipus*, p. 190), e sua apropriação do vínculo de Nietzsche entre a ascensão do cristianismo e a ascensão do Estado moderno (em GM III) na discussão deles próprios sobre a economia libidinal e a economia política.
75   Jean-François Lyotard e Jean-Loup Thébaud, *Just Gaming* [*Justamente jogando*], trad. de Wlad Godzich (Mineápolis: University of Minnesota Press, 1985, p. 17).

Crítica é a da imaginação. Uma imaginação que é constitutiva. Ela não é apenas uma habilidade de julgar; ela é um poder de inventar critérios".[76] Enquanto Kant localizou no interior do juízo estético a habilidade de julgar na ausência de uma regra, o ponto de vista filosófico de Nietzsche submete todo juízo – político, metafísico, epistemológico, ético e estético – a essas condições. Não existem quaisquer regras universalmente dadas, nenhum critério absolutamente privilegiado em qualquer dessas esferas; é nossa tarefa inventar esses critérios e realizar nossos julgamentos de acordo com eles.

Ao realizar seus julgamentos em termos de critérios inventados (senhorial ou servil, afirmador da vida ou negador da vida), em vez de escolhas específicas feitas, a genealogia nietzscheana foi capaz de distinguir entre o valor de ações ou julgamentos aparentemente semelhantes (por exemplo, as diferenças entre criar por necessidade ou por excesso [ver GC, Pr. 2, 370], ou entre os critérios de bom e mau e bem e mal [GM I]). Ao fazer isso, ela serve como modelo para o projeto pagão de Lyotard de conceber o juízo como algo diferente da aplicação de uma regra geral válida e validante a um caso particular.

Em outro lugar, em *O diferendo*, Lyotard desenvolve sua solução nietzscheana para a questão kantiana do juízo com ajuda do jogo de linguagem wittgensteiniano de jogos de linguagem.[77] Não há nenhum critério universal para justificar ou legitimar a tradução dos jogos de linguagem de descrição para os de prescrição. Uma vez que não existe nenhuma regra de julgamento de ordem mais elevada à qual esses jogos de linguagem heterogêneos possam ambos apelar, o critério permanecerá sempre em disputa, incapaz de prova, como um *diferendo* [um ponto de diferença incomensurável e insolúvel].

Quando sugere que o "critério" da pós-modernidade é "a ausência de critérios",[78] e quando oferece "o fim das grandes narrativas" como a "grande

---

76 Lyotard e Thébaud, p. 17.
77 Nota do organizador: Ludwig Wittgenstein propôs nas *Investigações filosóficas* que a linguagem envolve uma variedade de atividades, e que várias linguagens podem ter entre si apenas uma semelhança geral de família, mais ou menos como têm entre si os jogos.
78 Lyotard e Thébaud, p. 18; *cf.* 98.

narrativa" da pós-modernidade,[79] Lyotard parece afirmar abertamente a autor-referencialidade que atormenta a visão perspectivista de Nietzsche de que não existem "verdades", somente "interpretações". Em outras palavras, Lyotard também segue o caminho percorrido anteriormente por Nietzsche, quando esse reconhecera que a ausência da verdade deixava aberta a possibilidade de infinitas interpretações (*cf.* GC, 374). Quando Lyotard escreve que "nunca se pode chegar ao que é justo por uma conclusão", ou que "as prescrições, levadas a sério, nunca são fundamentadas",[80] ele realiza o gesto nietzscheano absoluto: ele aceita que a não resolução de oposições, a afirmação de diferenças e o dissenso, e a aceitabilidade de vozes múltiplas e discordantes, são as consequências inevitáveis da recusa em sancionar o movimento rumo a uma metanarrativa nos domínios ético e político, bem como estético e metafísico.

Conclusão

Ao trazer essa discussão para um encerramento, deixe-me enfatizar que o tema que continuou a aparecer na discussão da apropriação e do uso franceses de Nietzsche, a crítica ao pensamento oposicional, não é simplesmente um tema entre outros. Antes, essa rejeição do pensamento binário e oposicional acompanha a suspeita em relação a grandes metanarrativas legitimadoras que aparecem em muitas das principais vozes filosóficas contemporâneas na França. Cada um dos pensadores que examinamos reformula a escolha forçada ou disjunção exclusiva entre opostos binários em termos de um *continuum* que é ao mesmo tempo monista e pluralista: para Foucault, um *continuum* de poder-conhecimento; para Deleuze, de produção desejante; para Lyotard, de *diferendos* e universos frasais; e para Derrida, de indecidibilidade.

---

79 Jean-François Lyotard, *The Differend: Phrases in Dispute* [*O diferendo: frases em disputa*], trad. de Georges Van Den Abbeele (Mineápolis: University of Minnesota Press, 1988, p. 135); *cf. Just Gaming*, p. 59.
80 Lyotard e Thébaud, p. 17.

Todos esses pensadores, de diversas e múltiplas maneiras, seguem a estratégia sugerida pela introdução da vontade de poder de Nietzsche, que reformula todas as diferenças substantivas de tipo em termos de diferenças de graus de vontade de poder. Em sua tentativa de pensar diferentemente a diferença, a reformulação de Nietzsche não foi redutiva, nem deveria ser vista como privilegiando exclusivamente um referencial analítico. Em vez disso, o referencial monista da vontade de poder apoia a resposta pluralista de Nietzsche à privilegiação do pensamento oposicional. De modo semelhante, eu gostaria de encerrar com a sugestão de que vejamos os vários descendentes franceses de Nietzsche discutidos acima, não como vozes rivais buscando um privilégio analítico absoluto para suas respectivas explicações, mas como vozes complementares em um coro que pede um fim à repressão que até então acompanhara o pensamento hierárquico e oposicional. Assim, eles tomam seu lugar como os filósofos do futuro aos quais Nietzsche dirigiu seus escritos, filósofos que, apropriando-se da descrição de Nietzsche de uma geração anterior de filósofos franceses com os quais ele se identificava, criam "*ideias reais* [...] ideias do tipo que produz ideias" (AS, 214).[81]

---

81 Muitos dos pontos levantados em minha discussão de Derrida, Foucault, Deleuze e Lyotard foram desenvolvidos em muito mais detalhes em meu *Nietzsche's French Legacy: A Genealogy of Poststructuralism* [*O legado francês de Nietzsche: uma genealogia do pós-estruturalismo*] (Nova Iorque: Routledge, 1995).

11 Nietzsche e o pensamento do leste asiático: influências, impactos e ressonâncias

Graham Parkes

> Imagino pensadores futuros em quem a inquietação europeia-americana é combinada com a centuplicada tranquilidade herdada dos asiáticos: uma tal combinação levará o enigma do mundo a uma solução. (1876)

A conjunção significada pelo "e" do título principal deve ser entendida de três maneiras. Antes de tudo, a questão de qual influência, se é que existe alguma, as ideias de filosofias asiáticas podem ter exercido sobre o desenvolvimento do pensamento de Nietzsche. Por outro lado, há a questão do enorme impacto que as ideias de Nietzsche tiveram na Ásia e o entusiasmo com que ele continua a ser estudado lá hoje – especialmente na China e no Japão. Um tema subsidiário aqui diz respeito aos modos como aquelas culturas bastante diferentes se apropriaram de seu pensamento e assim o transformaram, bem como à relevância de tais apropriações para os estudos sobre Nietzsche no Ocidente. E há, finalmente, o campo da pesquisa comparativa, que adota uma variedade de estilos de discurso. Uma comparação das ideias de Nietzsche sobre um certo tópico com aquelas de uma filosofia asiática apropriada pode melhorar nossa apreciação de ambos os lados. Para pessoas familiarizadas com Nietzsche, uma comparação com um pensador do leste asiático pode servir como uma via de acesso a modos de pensamento até então não familiares. E uma vez que as filosofias chinesas e japonesas têm em sua maior parte perspectivas não metafísicas, na medida em que se pode mostrar que as ideias de Nietzsche ressoam favoravelmente com traços dessas tradições de pensamento bastante diferentes, tais ressonâncias podem melhorar a posição de Nietzsche na competição, em meio a figuras como Hegel e

Heidegger, pela distinção de ser o primeiro pensador ocidental a "superar" a tradição metafísica.

Uma vez que as relações entre Nietzsche e as ideias indianas já foram objeto de alguns estudos, o foco principal – mas não exclusivo – do que se segue será sobre o pensamento do leste asiático.[1]

A escassez da influência

É pouco surpreendente que Nietzsche tenha tido algum contato com o pensamento asiático, em vista da longa história de envolvimento dos filósofos alemães com ideias da Índia e da China – ainda que esses envolvimentos possam não ter sido muito profundos, até recentemente. Leibniz era fascinado pelo clássico chinês *O livro das mutações* (*I jing*) e pela filosofia neoconfucionista. Hegel tratou da filosofia chinesa e indiana em sua abrangente *História*, e Schelling envolveu-se em algumas breves – e mais positivas – discussões do budismo e do daoísmo. Schopenhauer, em suas pesquisas sobre filosofia indiana, parece ter alcançado a compreensão mais abrangente entre os pensadores alemães do século XIX acerca de um sistema de pensamento asiático.[2]

Nietzsche entrou em contato com ideias da tradição indiana durante seus anos de estudante na *Schulpforta* [Escola de Pforta] (1862-1864), onde

---

[1] O primeiro livro a discutir Nietzsche em relação ao pensamento indiano é Max Ladner, *Nietzsche und der Buddhismus* [*Nietzsche e o budismo*] (Zurique, 1933). Infelizmente esse é um livro excêntrico, escrito a partir de um ponto de vista tendencioso, quase budista, e com uma interpretação de Nietzsche que é desfavorável a ponto de ser perversa. Muito mais vantajoso é o estudo detalhado de Freny Mistry, *Nietzsche and Buddhism* [*Nietzsche e o budismo*] (Berlim e Nova Iorque, 1981), cujo objetivo é "investigar a proximidade da visão espiritual de Nietzsche e do Buda, ambos os quais, apesar das nítidas diferenças de expressão e perspectiva, mostraram caminhos complementares para a autorredenção" (p. 4). O livro se concentra quase exclusivamente no budismo inicial (Theravada ou Hīnayāna), em vez da tradição Māhāyana que foi desenvolvida posteriormente na Índia, na China e no Japão.

[2] Uma interessante antologia de escritos sobre a China provenientes das penas de pensadores alemães desde Leibniz até Jaspers é Adrian Hsia (ed.), *Deutsche Denker über China* [*Pensadores alemães sobre a China*] (Frankfurt, 1985).

obteve pelo menos alguma familiaridade com os dois grandes épicos indianos, o *Mahabharata* e o *Ramayana*.³ Ele parece também ter sido exposto a algumas das ideias básicas do hinduísmo e do budismo durante esse período, tais como as doutrinas do carma e do renascimento. É fácil assumir, em vista de sua longa amizade com o estudioso de sânscrito Paul Deussen, e também das muitas alusões a ideias indianas espalhadas ao longo da obra de Nietzsche, que ele teve um agudo interesse pela filosofia indiana, que o incitou a se familiarizar com o assunto até onde as traduções disponíveis permitiam. Mas agora parece que, enfim, seu interesse não foi tão grande: pode-se explicar as menções de ideias indianas nas obras dele com base no fato de ele ter realmente lido um número bastante pequeno de livros sobre o tema.⁴

As discussões de Nietzsche sobre ideias hindus e budistas sugerem que sua apreensão dessas filosofias era menos que firme. E mesmo que ele tivesse sido mais curioso, havia relativamente poucas traduções disponíveis na época, e muitas dessas eram de má qualidade. Embora a intuição de Nietzsche lhe desse algum *insight* sobre certos aspectos da cultura indiana, as visões dele eram condicionadas em grande medida por suas próprias projeções.⁵ Não obstante, uma passagem de uma carta a Paul Deussen na qual Nietzsche alega possuir um "olhar transeuropeu" mostra que ele não era de modo algum paroquial em sua compreensão da filosofia, e que ele estava aberto para uma perspectiva mais ampla e transcultural.

> Tenho, como você sabe, uma profunda simpatia por tudo que você tem em mente empreender. E faz parte do cultivo mais essencial de minha liberdade em relação ao preconceito (meu "olhar transeuropeu") que sua existência e seu trabalho me lembrem repetidas vezes

---

3 Ver Johann Figl, "Nietzsche's Early Encounters with Asian Thought" ["Os encontros iniciais de Nietzsche com o pensamento asiático"], em Graham Parkes (ed.), *Nietzsche and Asian Thought* [*Nietzsche e o pensamento asiático*] (Chicago, 1991, 51-63). Referências subsequentes serão abreviadas como "NAT".
4 Ver Mervyn Sprung, "Nietzsche's Trans-European Eye" ["O olhar transeuropeu de Nietzsche"], em NAT, 76-90.
5 Ver Michel Hulin, "Nietzsche and the Suffering of the Indian Ascetic" ["Nietzsche e o sofrimento do asceta asiático"], em NAT 64-75, bem como o ensaio de Sprung.

do grande paralelo com nossa filosofia europeia. Com relação a esse desenvolvimento indiano, reina ainda aqui na França a mesma velha ignorância absoluta. Os seguidores de Comte, por exemplo, estão inventando *leis* totalmente ingênuas para um desenvolvimento historicamente necessário e para uma sucessão dos principais estágios da filosofia, nas quais os indianos não são levados em conta de modo algum – leis que são de fato *contraditas* pelo desenvolvimento da filosofia na Índia.[6]

Nietzsche realmente possuía um "olhar transeuropeu", ainda que sua visão não fosse muito mais clara que a de seus olhos físicos, e ainda que ele escolhesse não voltá-la para mais longe que a Ásia Menor e a Índia. Ainda que ele não estivesse tão interessado em compreender o pensamento indiano propriamente dito, e mais em excursões ao reino do "estrangeiro" – *das Fremde* – para o propósito hermenêutico de se distanciar de sua situação contemporânea a fim de melhor compreender o fenômeno da modernidade europeia.[7] E, ainda assim, de fato aparece em suas notas não publicadas a seguinte resolução fascinante: "Devo aprender a pensar *mais orientalmente* [*orientalischer*] sobre a filosofia e o conhecimento. *Sumário oriental* [*morgenländischer*] *da Europa*".[8]

Os ocasionais comentários que Nietzsche faz sobre a China e o Japão não sugerem que ele soubesse mais sobre a cultura do leste asiático do que se esperaria do alemão bem-educado de sua época. A única menção a um pensador chinês nas obras publicadas ocorre em *O anticristo* (af. 32), onde ele sugere que se Jesus tivesse aparecido entre os chineses, ele teria empregado conceitos tirados de Laozi (Lao Tzu). Em vista do contexto desse

---

6 Carta a Paul Deussen, 3 de janeiro de 1888. Essa passagem é ainda mais notável à luz da frequentemente insensível condescendência de Nietzsche para com o schopenhaueriano Deussen após a ruptura de Nietzsche com Wagner e com seu antigo mentor intelectual. Para uma análise fina da estranha ambivalência que informou a recepção da filosofia indiana na Europa moderna, ver Roger-Pol Droit, *L'oubli de l'Inde: Une amnésie philosophique* [*O esquecimento da Índia: Uma amnésia filosófica*] (Paris, 1989).
7 Ver Eberhard Scheiffele, "Questioning One's 'Own' from the Perspective of the Foreign" ["Questionando os 'seus' a partir da perspectiva do estrangeiro"], em NAT, 31-47.
8 KSA, 11, 26 [317]; 1884.

comentário, Nietzsche parece ter captado a vertente mística e transcendente do grande clássico do daoísmo filosófico, o *Dao de jing*, em vez de lê-lo como um manual político voltado para um governante no poder.[9] A única outra menção a Laozi é encontrada em uma carta tardia na qual ele anuncia sua descoberta de uma tradução francesa da obra hindu *Leis de Manu*, e acrescenta um comentário absolutamente extravagante no sentido de que Confúcio e Laozi podem ter sido influenciados por aquele texto antigo.[10]

Parece haver apenas duas menções aos japoneses nas obras publicadas de Nietzsche, nenhuma delas com grandes consequências filosóficas, embora haja várias referências em suas cartas ao "japonismo" de seu amigo Reinhart von Seydlitz.[11] De fato, as breves referências aos japoneses em *Para além do bem e do mal* e *Para a genealogia da moral* provavelmente derivam de conversas com Von Seydlitz sobre a cultura japonesa. Mas a menção mais notável ao Japão ocorre em uma carta a sua irmã, na qual, após as costumeiras reclamações sobre sua saúde, ele escreve:

> Se eu estivesse com a saúde melhor e tivesse renda suficiente, eu iria, simplesmente para alcançar maior serenidade, emigrar para o *Japão*.

---

9   O comentário de Nietzsche é provavelmente baseado em uma tradução do *Laozi* que fora publicada em Leipzig em 1870: *Lao-Tse's Tao Te King, aus dem Chinesischen ins Deutsche übersetzt, eingeleitet und commentiert von Victor Von Strauss* [*O Tao Te King de Lao-Tse, traduzido do chinês para o alemão, introduzido e comentado por Victor Von Strauss*]. Essa é também a tradução que Heidegger cita, em uma de suas raras referências a ideias daoístas, em "Grundsatze des Denkens" ["Princípios do pensamento"], *Jahrbuch für Psychologie und Psychotherapie* [*Anuário de psicologia e psicoterapia*] 6 (1958): 33-41.
10   Carta a Peter Gast, 31 de maio de 1888.
11   Em *Para a genealogia da moral*, Nietzsche menciona a "nobreza japonesa" em conexão com a primeira ocorrência da infame "besta loura" (I, 11); e em *Para além do bem e do mal* ele menciona "os japoneses de hoje, reunindo-se para tragédias" entre exemplos do impulso para a crueldade (229). É interessante que ambas as referências aos japoneses sejam no contexto da "selvagem besta cruel", na medida em que a afirmação de Nietzsche de que a "cultura superior" é baseada na "espiritualização e aprofundamento da *crueldade*" se aplicaria especialmente bem ao caso da cultura japonesa.
Reinhart von Seydlitz, um aristocrata alemão, foi um pintor e escritor e um agudo japonófilo. Em 1888, ele recebeu uma carta do imperador japonês agradecendo-lhe por seus serviços à causa de disseminar a compreensão da cultura japonesa (ver a carta de Nietzsche a sua mãe em 30 de agosto de 1888).

(Para minha grande surpresa, descobri que Seydlitz também passou por uma transformação semelhante: artisticamente ele é agora o primeiro alemão japonês – leia os artigos de jornal incluídos sobre ele!) Gosto de estar em Veneza porque as coisas poderiam ser um pouco japonesas lá – algumas das condições necessárias estão presentes.[12]

Dado que o parágrafo termina com um lamento sobre a ruína e a corrupção gerais da Europa, a fantasia da emigração deve ser tomada mais como uma reação contra a situação contemporânea do que como um sinal de genuína atração pelo Japão. Não obstante, é fascinante especular sobre qual teria sido a aparência dos escritos pós-*Zaratustra* se tivessem sido escritos nos Alpes do Japão, em vez da Alta Engadina.

Como filólogo, Nietzsche pode ter sabido que o japonês é geralmente contado entre as línguas ural-altaicas – de qualquer modo, ele faz um comentário interessante sobre essa família em *Para além do bem e do mal*. Com base na premissa de que a singular "semelhança de família" entre "o filosofar indiano, grego e alemão" emerge da "filosofia comum da gramática" que vem com as afinidades entre as línguas, ele conjetura que "os filósofos no domínio das línguas ural-altaicas (nas quais o conceito de sujeito é mais pobremente desenvolvido) muito provavelmente olharão 'para o mundo' de maneira diferente, e serão encontrados em caminhos diferentes dos indo-germânicos ou dos muçulmanos" (ABM, 20). Isso é notavelmente oportuno com relação aos japoneses, embora Nietzsche possa não tê-lo percebido. Ao invocar "o feitiço de funções gramaticais particulares", Nietzsche não está se envolvendo em qualquer tipo de filologia competitiva ao sugerir que um forte senso do sujeito possibilita um pensamento mais poderoso. O epíteto "mais pobremente desenvolvido" é puramente descritivo; e uma vez que o contexto é a culminação de uma série de ataques devastadores contra precisamente "o conceito do sujeito", a implicação é que um conceito fraco

---

12 Carta a Elisabeth Förster de 20 de dezembro de 1885. A carta traz um curioso pós-escrito: "Por que você [e Bernhard] não vão para o Japão? O custo de vida é baixo e a vida lá é tão divertida!". Enquanto Nietzsche provavelmente teria gostado de viver no Japão (dado um clima apropriado), a ideia dos Försters estabelecendo sua pura colônia ariana ali é difícil de sustentar.

do sujeito pode muito bem conduzir a algum filosofar bastante robusto.[13] De fato, a falta de um conceito bem desenvolvido de sujeito na sintaxe japonesa parece mesmo conduzir a estilos de filosofia dos quais o sujeito metafísico está ausente – alguns dos quais são, a esse respeito, comparáveis aos estilos do próprio Nietzsche.

Impactos iniciais no leste da Ásia

Diante da influência menor de ideias asiáticas no pensamento de Nietzsche, o impacto de sua filosofia nos mundos intelectuais da China e do Japão foi enorme. De fato, a magnitude desse impacto sugere uma afinidade anterior, não apenas superficial, entre as ideias de Nietzsche e os modos de pensar nativos. A influência de Nietzsche na Índia provavelmente não foi mais poderosa do que a influência das ideias indianas nele, embora essa questão aparentemente não tenha sido objeto de estudo sério.[14] Vamos então olhar para a recepção do pensamento de Nietzsche no leste da Ásia.

Ainda que a fantasia de Nietzsche de emigrar para o Japão não tenha resultado em nada, suas ideias chegaram àquela terra após uma década, em meados dos anos 1890 – enquanto ele ainda estava vivo, apesar de inconsciente do mundo para além de seu quarto de doente na *Villa Silberlick*, em uma colina com vista para a cidade de Weimar. Pouco depois da virada do século, o nome "Nietzsche" – a figura do "filósofo louco" que foi "para além do bem e do mal", em vez dos textos escritos pelo autor que trazia aquele nome – ajudou a precipitar uma crise de consciência no mundo intelectual

---

13 Para uma discussão mais detalhada, ver Graham Parkes, "From Nationalism to Nomadism: Wondering about the Languages of Philosophy" ["Do nacionalismo ao nomadismo: perguntando sobre as linguagens da filosofia"], em Eliot Deutsch (ed.), *Culture and Modernity: East and West* [*Cultura e modernidade: Oriente e Ocidente*] (Honolulu, 1991, 455-467).

14 Uma figura na Índia que foi profundamente influenciada por Nietzsche foi o pensador e poeta islâmico Mohammad Iqbal; ver Subhash C. Kashyap, *The Unknown Nietzsche* [*O Nietzsche desconhecido*] (Deli, 1970), e a introdução de R. A. Nicholson à sua tradução da obra mais nietzscheana de Iqbal, *Secrets of the Self* [*Segredos do eu*] (Laore, 1944). Para uma breve visão geral do alcance global da influência de Nietzsche, ver "The Orientation of the Nietzschean Text" ["A orientação do texto nietzscheano"], em NAT, 3-19.

do Japão. De 1901 a 1903, o debate da "vida estética" foi desencadeado pela proposta, supostamente derivada de Nietzsche, de que a experiência mais elevada é guiada pelo mero instinto e limitada apenas por considerações estéticas. Alimentado principalmente por leituras acríticas da literatura secundária, em vez de pelos textos do próprio Nietzsche, o debate rugiu por toda a região, deixando em sua esteira várias reputações e – nos piores casos – carreiras arruinadas da parte de seus participantes menos afortunados. Esse foi um caso clássico de um estopim externo desencadeando tensões acumuladas no interior da comunidade intelectual japonesa, centradas nos problemas da vida instintiva, de restrições morais, e do individualismo.[15]

Havia um certo número de estudantes chineses estudando no Japão nessa época, e quando voltaram para casa eles levaram consigo uma fascinação pela figura do pensador recentemente falecido que havia sido ocasião para uma controvérsia tão vitriólica naquela terra que de outro modo era tão civilizada. Duas figuras principais na recepção inicial de Nietzsche na China são Wang Guowei e Lu Xun,[16] que começaram a publicar discussões das ideias dele em 1905 e 1907, respectivamente. A estatura deles no mundo intelectual chinês era tal que emergiu uma onda de interesse por Nietzsche, que chegou ao ápice em torno do Movimento de Quatro de Maio de 1919, quando muitos entusiastas revolucionários adotaram o pensador alemão como uma fonte de ideias com as quais construir uma "nova China". O interesse cresceu novamente no início dos anos 1940, no extremo oposto do espectro político, quando intelectuais de direita associados ao Guomindang (Kuomintang) selecionaram um conjunto alternativo de passagens das obras de Nietzsche para avançar com uma agenda ideológica bastante diferente. É desnecessário dizer que o entusiasmo pelas ideias de Nietzsche diminuiu – ou antes, as pessoas se desligaram delas – com a tomada do poder pelos comunistas em 1949.

Nas últimas poucas décadas, contudo, houve um tremendo ressurgimento do interesse em Nietzsche na República Popular, e uma reencenação

---

15 Para um relato mais detalhado, ver Graham Parkes, "The Early Reception of Nietzsche's Philosophy in Japan" ["A recepção inicial da filosofia de Nietzsche no Japão"], em NAT, 177-199.
16 Os nomes chineses e japoneses são dados na ordem do leste asiático, com o nome de família primeiro, seguido pelo(s) nome(s) próprio(s).

de muitos dos debates ideológicos dos primeiros 40 anos.[17] O aparente eterno retorno de visões conflitantes do "mesmo" pensador serve para sublinhar o fenômeno notável – mais pronunciado, talvez, com Nietzsche do que com qualquer outro autor – da apropriação sucessiva de suas ideias por proponentes dos extremos de qualquer lado do espectro ideológico. Enfraquecida pela tendência sempre presente de vulgarizar as ideias de Nietzsche, o ressurgimento cambaleou – compreensivelmente – após as consequências do massacre da Praça Tiananmen. Não obstante, uma visita a Pequim em 1992 deixou a impressão de que o interesse por Nietzsche está novamente em ascensão, e está alcançando – como um resultado de traduções revisadas e do crescente acesso a melhores fontes secundárias – um nível intelectual mais sofisticado que antes.[18]

Uma vez que a maioria dos combatentes no debate da "vida estética" no Japão haviam obtido a pouca compreensão que tinham das ideias de Nietzsche a partir da literatura secundária, a recepção dos textos propriamente ditos não começou no Japão até 1911, quando foram feitas as primeiras traduções dos escritos dele para o japonês (as obras completas não se tornaram disponíveis em japonês até 1929). Uma vez acessíveis em uma edição japonesa, os livros de Nietzsche exerceriam uma influência considerável no mundo literário do Japão, especialmente por meio de figuras como Akutagawa Ryūnosuke e Mishima Yukio. Houve uma resistência inicial – como sempre há – à aceitação de Nietzsche como filósofo, mas caminhos consideráveis foram abertos pela publicação em 1913 de um volume intitulado *Nīchie kenkyū* (Pesquisa sobre Nietzsche) por um jovem filósofo chamado Watsuji Tetsurō.

---

17 Ver David Kelly, "The Highest Chinadom: Nietzsche and the Chinese Mind, 1907-1989" ["A China mais elevada: Nietzsche e a mente chinesa"], em NAT, 151-174. Para um relato recente a partir de uma perspectiva chinesa conservadora, ver Yue Daiyun, "Nietzsche in China" ["Nietzsche na China"], *Journal of the Oriental Society of Australia* 20 e 21 (1990).

18 Quando perguntado acerca das restrições sobre o ensino de figuras tais como Nietzsche e Heidegger em cursos universitários após 1949, um dos principais especialistas da China continental em filosofia alemã relatou como, após o que ele chamou (com um toque de ironia) de "a liberação do país", era permissível discutir as obras deles em seus cursos – mas apenas "*mit Kritik* [com crítica]", é claro. Hoje em dia, ele disse, ele era livre para ensinar tais pensadores sem se preocupar de todo com a *Kritik*.

Embora Watsuji comente em um de seus prefácios que sua versão de Nietzsche é uma versão bastante pessoal, o livro é um marco nos estudos sobre Nietzsche no Japão. Considerando o nível da literatura sobre Nietzsche em línguas ocidentais até 1913, deve-se dizer que as análises detalhadas de Watsuji estavam à frente de seu tempo. O autor de 24 anos de idade desfrutava de uma notável harmonia com o espírito de Nietzsche e com seu projeto filosófico, que lhe propiciou *insights* sobre vários de seus temas principais. O livro de Watsuji gozou de uma longa e bem merecida reputação como o estudo definitivo da filosofia de Nietzsche no Japão.

Embora fosse ativo desde cedo como escritor de contos e peças, e também como editor de uma revista literária (ele era amigo pessoal de dois dos mais famosos romancistas da época, Tanizaki Jun'ichirō e Natsume Sōseki), Watsuji eventualmente optou por estudar filosofia na Universidade Imperial de Tóquio. Ele propôs uma dissertação de doutoramento sobre Nietzsche, mas a proposta foi rejeitada e ele foi aconselhado a escrever sobre um "verdadeiro" filósofo, como Schopenhauer. Ele submeteu uma tese intitulada "O pessimismo e a teoria da salvação de Schopenhauer", e dois anos depois publicou seu estudo sobre Nietzsche. Embora o estudo mostre alguma influência de ideias schopenhauerianas, Watsuji é claramente cônscio dos aspectos importantes nos quais Nietzsche diferia de seu antigo mentor espiritual. O livro também empreende algumas comparações hábeis de Nietzsche com Bergson e William James, ambos os quais estavam sendo muito discutidos em círculos filosóficos japoneses naquela época.

O plano do livro de Watsuji é baseado nos esboços de Nietzsche para uma *Hauptwerk* [obra-prima], conforme adotados (e adaptados) por Peter Gast e Elisabeth Förster-Nietzsche em sua coleção intitulada *Der Wille zur Macht* [*A vontade de poder*] e publicada na *Grossoktavausgabe* [Edição Grossoktav] de 1911. Watsuji também faz uso de partes do *Nachlass* [Espólio ou legado] publicadas na *Kröner Taschenausgabe* [Edição Kröner de bolso] de 1906. O estudo é dividido em duas partes, das quais a primeira traz um título que corresponde ao do terceiro livro de *Der Wille zur Macht*, "Princípios para o estabelecimento de novos valores". Após um capítulo introdutório intitulado simplesmente "Vontade de poder", que discute os métodos de Nietzsche e explica a ideia da vontade de poder como "vida", os quatro capítulos restantes correspondem às subseções do terceiro livro de *Der Wille zur Macht* – lidando com a vontade de poder como conhecimento ou cognição, como natureza, como "caráter" (o original alemão traz "A vontade de poder como Sociedade e Indivíduo"), e como arte. A segunda parte do estudo traz o título "A destruição e construção de valores", e a estrutura de sua primeira metade corresponde à do segundo livro de *Der Wille zur Macht*, com capítulos intitulados "Crítica da religião", "Crítica da moral", e "Crítica da filosofia". Os três capítulos restantes são "Crítica da arte", "A decadência da civilização europeia" (que lida com alguns dos tópicos do primeiro livro de *Der Wille zur Macht*, "O niilismo europeu"), e "Novos padrões de valor". Embora Watsuji mencione Dionísio e a ideia do eterno retorno, há pouca discussão da ideia da hierarquia, que é o tema principal do quarto livro de *Der Wille zur Macht*, "Zucht und Züchtung" (Disciplina e Cultivo/Reprodução). Quando houve a publicação da segunda edição, o autor acrescentou um apêndice lidando com *Ecce homo*.

Embora Watsuji coloque uma ênfase considerável no material do *Nachlass* – nisto ele é um "aglutinador" arquetípico, na feliz cunhagem de Bernd Magnus – ele também discute temas das obras publicadas de Nietzsche. Deve-se mencionar que as convenções de estudos acadêmicos no Japão são bastante diferentes daquelas que prevalecem na maioria dos círculos ocidentais: ao explicar o pensamento de um filósofo, o acadêmico japonês irá parafrasear passagens de texto muito mais do que citá-las na íntegra, e é, portanto, relativamente parcimonioso com as notas de rodapé. Alguns escritores supostamente desejam evitar insultar a inteligência do leitor por assumir que ele não sabe onde encontrar a passagem sob discussão; outros podem ser motivados por considerações da pedagogia confucionista, segundo a qual espera-se que o leitor aprenda melhor se ele tiver de trabalhar para isso. Esses motivos também não são mutuamente exclusivos. Watsuji é relativamente explícito, na medida em que fornece no final do livro uma lista de passagens dos textos de Nietzsche nas quais a discussão em cada um de seus capítulos é baseada.

Sendo ele próprio um escritor com sensibilidades literárias, Watsuji era especialmente sensível aos aspectos artísticos da obra de Nietzsche, e plenamente apreciativo (conforme expressado na introdução a seu estudo) acerca da maneira notável como os talentos artísticos de Nietzsche foram sintetizados com suas habilidades como pensador e estudioso. Watsuji é renomado pela clareza e elegância de sua prosa, e o envolvimento com os textos de Nietzsche inspira-o ocasionalmente a voos de lirismo complementar.

Uma noção da orientação filosófica de Watsuji e de sua abordagem a seu objeto pode ser obtida a partir do início de seu primeiro capítulo:

> A verdadeira filosofia não é simplesmente a acumulação e organização de conceitos, mas a expressão ideacional da experiência interior mais direta. A pura e direta experiência interior significa o *viver* como essência da existência. [...] Se nos referirmos à experiência interior direta como intuição, essa intuição *vive* como a "vida mesma". A "vida cósmica" é, claro, criação incessante; consequentemente, a experiência interior direta também opera criativamente. A expressão de si é essa atividade criativa. As artes e a filosofia derivam todas disto.[19]

Watsuji claramente leva a sério a afirmação de Nietzsche de que o pensamento de um filósofo é uma expressão de sua vida e da vida que se move através dele na forma de impulsos instintivos (ABM, 3-6). Ele leva igualmente a sério o experimento de pensamento que Nietzsche propõe, no qual ele sugere que entendamos toda nossa vida instintiva – e em última instância o mundo como um todo – como um jogo de vontade de poder (ABM, 36). Ao longo de seu estudo, Watsuji oferece uma leitura distintamente "vitalista" de Nietzsche (em parte, talvez, sob influência de Bergson), que toma o objetivo principal do projeto nietzscheano como sendo a recuperação do fluxo pleno da vida ascendente.

Alguns leitores ficarão insatisfeitos com a fala de Watsuji sobre uma "vida cósmica" e sua inclinação para identificar o eu humano plenamente realizado com o eu do cosmos. A tentação de atribuir essa orientação a uma projeção de ideias budistas sobre o texto de Nietzsche é mitigada

---

19 Watsuji Tetsurō, *Nīchie kenkyū* [*Pesquisa sobre Nietzsche*], em *Watsuji Tetsurō zenshū* [*Watsuji Tetsurō completo*] (Tóquio, 1961, vol. I, 41). A tradução é de David Gordon, a quem sou grato por disponibilizar sua tradução dos dois primeiros capítulos do estudo de Watsuji.

pela consideração de que até 1917 as obras de Watsuji lidaram exclusivamente com tópicos ocidentais. Em 1915 ele publicou um volume substancial sobre Kierkegaard, que permaneceria sendo por muitos anos o estudo definitivo em japonês. Contudo, pesquisas recentes sobre suas notas não publicadas mostram que Watsuji de fato já estava familiarizado com ideias budistas na época em que escreveu seu estudo sobre Nietzsche. Nessas notas, Watsuji afirma uma harmonia básica entre a filosofia de Nietzsche e a ideia budista da negação de si no sentido da eliminação do ego, com base no argumento de que o eu do "egoísmo" de Nietzsche refere-se a "um eu profundo, supraconsciente". Se o nirvana é entendido não negativamente, como o entendeu Schopenhauer, como extinção do desejo, mas sim como "pura atividade" ou "vida" no sentido bergsoniano, então a afirmação do eu como "natureza de Buda" estará em consonância com a posição afirmadora da vida de Nietzsche.[20] Ainda que estudos comparativos recentes sobre Nietzsche sugiram que Watsuji estava muito à frente de sua época com essas ideias, alguns leitores sem dúvida resistirão a elas como interpretações errôneas dos textos. No mínimo, contudo, leituras como a de Watsuji, a partir da perspectiva do leste asiático, destacam temas nos escritos de Nietzsche que tenderam a ser ignorados ou considerados de pouca importância no Ocidente.

A ênfase de Watsuji sobre a "intuição" em Nietzsche, que é um tema recorrente na primeira parte de seu estudo, é bastante desconcertante – especialmente dado que ele não diz em nenhum lugar a qual termo nos textos de Nietzsche o termo japonês (*chokkaku*) corresponde. É verdade que Nietzsche muito cedo elogia Heráclito por seus tremendos poderes de "intuição [*intuitiv Vorstellung*]", um termo que ele toma emprestado de Schopenhauer (e com o qual Watsuji deve ter sido familiarizado).[21] Mas Nietzsche quase nunca usa os termos *intuitiv* ou *Vorstellung* em suas obras subsequentes, e também não exalta qualquer faculdade de "intuição". Entretanto, a ideia

---

20 Watsuji, *Kōdō* [Memorandos] (Tóquio, 1965, 281-282). Sou grato a David Gordon por trazer essas notas à minha atenção, e novamente tomei emprestadas suas traduções.
21 *A filosofia na época trágica dos gregos*, § 51; e Schopenhauer, *O mundo como vontade e representação* I, § 3.

de experiência ou entendimento intuitivos de fato desempenha um papel importante em um texto que é considerado como a primeira obra-prima da filosofia japonesa moderna, *Uma investigação sobre o bem*, de Nishida Kitarō, que fora publicada em 1911. Uma vez que o estudo de Watsuji exibe várias influências dessa obra, é provável que a ênfase na intuição tenha sua principal fonte ali. Por outro lado, Watsuji também se envolve em algumas discussões salutares sobre a importância do método científico de Nietzsche, e fala sobre a "fusão de intuição e método científico" (p. 53) nas obras de Nietzsche – certamente uma caracterização adequada, se se entende "intuição" como algo mais parecido com a *imaginação*.[22]

Um tema principal da primeira parte do estudo de Watsuji é a ideia de que a consciência é um poder superficial e insignificante em comparação com as vigorosas forças da vida que subjazem a ela e a sustentam. Ele aprecia plenamente as discussões de Nietzsche sobre a sabedoria obscura dos impulsos instintivos, e sobre a importância decisiva dos processos mentais ou psíquicos inconscientes. (Novamente, sua familiaridade com Schopenhauer o teria sensibilizado para esse tipo de tema.) Abordando Nietzsche, como ele o faz, a partir de uma tradição que enfatiza a unidade da mente com o corpo e que frequentemente privilegia os aspectos somáticos em detrimento dos aspectos psíquicos da existência humana, Watsuji é naturalmente atento para os temas correspondentes no pensamento de Nietzsche. Ele coloca uma ênfase semelhante nas análises de Nietzsche sobre o "eu" como multiplicidade e sua exposição do ego como uma síntese ou ficção conceitual.

Para resumir a leitura que Watsuji faz de Nietzsche em seu estudo de 1913: O traço predominante é um veemente anti-intelectualismo que, embora possa apresentar um retrato suficientemente fiel do autor de *O nascimento da tragédia*, fornece uma visão um tanto tendenciosa do filósofo como um todo. Embora seja verdade que Nietzsche está preocupado em destacar o caráter estreito e superficial da consciência e em reconhecer as

---

[22] Para uma explicação sobre o papel importante – e geralmente negligenciado – desempenhado pela imaginação, ou fantasia, na filosofia de Nietzsche, ver Graham Parkes, *Composing the Soul: Reaches of Nietzsche's Psychology* [Compondo a alma: alcances da psicologia de Nietzsche] (Chicago, 1994, cap. 8).

limitações da razão em sondar as profundezas da existência, após *O nascimento da tragédia*, com sua apoteose do instinto inconsciente, ele se move para uma posição menos extrema, na qual o exercício do intelecto (ainda que entendido como uma certa configuração de impulsos instintivos) é considerado como a condição *sine qua non* para uma vida plenamente humana. É significativo que Watsuji não faça quase nenhuma referência a *Humano, demasiado humano*. Não obstante, a leitura de Watsuji é abrangente e cheia de *insights*, e sua realização é especialmente notável por provir, como o fez, da mão de um autor no início de seus 20 anos de idade.

Após publicar seu estudo sobre Kierkegaard em 1915, Watsuji afastou sua atenção dos pensadores ocidentais e voltou-a para a história da cultura japonesa. Embora quase não haja menção a Nietzsche na série de estudos que fluíram de sua pena após a coleção de 1918 *Gūzō saikō* (Restauração dos ídolos – um título interessantemente nietzscheano), essas obras ainda mostram traços da influência de Nietzsche. Assim como Nietzsche havia obtido dos antigos gregos um ponto de vista a partir do qual pôde criticar a decadência da cultura alemã contemporânea, Watsuji apresentou as realizações culturais do Japão antigo a fim de destacar as deficiências de um país enfrentando as dificuldades de uma modernização entusiástica. É como se ele posteriormente reconhecesse a rejeição inicial do individualismo romântico por parte de Nietzsche e viesse a apreciar seu classicismo.

O caso de Nishitani Keiji

No período entre as guerras ocorreu uma espécie de adormecimento dos estudos sobre Nietzsche no Japão – em parte por causa da prevalência do pensamento marxista nos anos 1920, que foi seguida por uma repressão da vida intelectual em geral pelos militaristas e fascistas nos anos 1930 – ainda que uma figura importante da filosofia japonesa, Miki Kiyoshi, tenha produzido alguns comentários significativos sobre Nietzsche durante esse período. O interesse em Nietzsche foi reanimado após a Segunda Guerra

Mundial, na atmosfera de desorientação geral e no contexto das tentativas de compreender a situação pós-guerra no Japão. Nishitani Keiji foi, assim como Miki, um filósofo da "Escola de Quioto" que também havia estudado com Heidegger (seguindo o exemplo de Miki e de outro filósofo de Quioto, Tanabe Hajime).[23] No ano anterior a seu retorno de Freiburg para o Japão em 1939, Nishitani escreveu um longo ensaio comparando Mestre Eckhart e o Zaratustra de Nietzsche.[24] Esse ensaio marcou o início de um longo envolvimento com Nietzsche por parte de Nishitani, bem como uma nova virada nos estudos sobre Nietzsche no Japão.

Assim como Watsuji antes dele, Nishitani experienciara quando jovem uma empatia imediata com Nietzsche e suas ideias. Em um ensaio autobiográfico intitulado "Os dias de minha juventude", ele escreve sobre a absoluta falta de esperança que permeou o começo de sua juventude, e sobre seu desespero aumentado pela morte de seu pai quando ele tinha dezesseis anos.[25] Pouco depois, Nishitani foi assolado por uma doença semelhante à tuberculose que havia matado seu pai, no decurso da qual – em um sinistro paralelo com a situação de Nietzsche uns cinquenta anos antes – o jovem estudante sentiu "o espectro da morte apossando-se" dele. Foi o tormento mental resultante que lhe trouxe para o empreendimento da filosofia, como uma tentativa de sondar a experiência do niilismo até suas profundezas.

> Minha vida quando jovem pode ser descrita em uma única frase: ela foi um período absolutamente sem esperança. [...] Minha vida naquela época estava inteiramente nas garras da nulidade e

---

23 É altamente provável que a associação pessoal de Heidegger com pensadores como Tanabe e Nishitani tenha tido uma influência significativa no desenvolvimento de seu pensamento; ver Graham Parkes, "Heidegger and Japanese Philosophy: How Much Did He Know, and When Did He Know It?" ["Heidegger e a filosofia japonesa: quanto ele sabia, e quando ele o soube?"] em Christopher Macann (ed.), *Heidegger: Critical Assessments* [*Heidegger: avaliações críticas*] (Londres, 1992, vol. 4, p. 377-406).
24 Nishitani Keiji, "Nīchie no Tsuaratsusutora to Maisutā Ekkuharuto" ["O Zaratustra de Nietzsche e Mestre Eckhart"], em *Shūkyō to bunka* (Religião e cultura) (Tóquio, 1940).
25 Nishitani Keiji, "Watakushi no seishun jidai" ["Os dias de minha juventude"], em *Kaze no kokoro* (Coração no/do vento) (Tóquio, 1980).

do desespero. [...] Minha decisão, então, de estudar filosofia foi de fato – melodramático como isso possa soar – uma questão de vida e morte.²⁶

Assim como muitos intelectuais de sua geração (ele nasceu no ano em que Nietzsche morreu, em 1900), Nishitani foi não apenas educado nos clássicos chineses, mas também exposto a um amplo leque de literatura europeia e americana. Assim, ele embarcou no estudo da filosofia a partir de um fundamento em um notável leque de leituras.

> Antes de começar meu treinamento filosófico como discípulo de Nishida, eu fora atraído principalmente por Nietzsche e Dostoievsky, Emerson e Carlyle, e também pela Bíblia e São Francisco de Assis. Entre as coisas japoneses, eu gostava mais de Natsume Sōseki e livros como os discursos [zen] budistas de Hakuin e Takuan.²⁷

Tais fundamentos em duas tradições bastante distintas deram a Nishitani um ponto de partida filosófico de um tipo que não era possuído por nenhum grande pensador da tradição ocidental. Uma vez que muitos filósofos japoneses de sua geração eram bem versados, de modo semelhante, na tradição da filosofia budista Māhāyana que se originara na Índia e fora achinesada na China com misturas de pensamento confucionista e daoísta antes de chegar ao Japão, e uma vez que eles também empreenderam completas apropriações das tradições literárias e filosóficas europeia e

---

26 Nishitani, "Os dias de minha juventude", citado na introdução do tradutor a Nishitani Keiji, *Religion and Nothingness* [*A religião e o nada*], trad. de Jan Van Bragt (Berkeley, 1982), xxxv (doravante abreviado como "RN"). Ver também o relato de Nishitani sobre seu desenvolvimento inicial em seu *Nishida Kitarō*, trad. Yamamoto Seisaku e James W. Heisig (Berkeley, 1991), 3-9. Ali ele fala sobre ter sido estimulado pelo estudo de Watsuji sobre Nietzsche a aprender alemão – para ser capaz de ler *Assim falou Zaratustra*, que ele leu "vez após vez".
27 Nishitani, "Watakushi no tetsugakuteki hossokuten" (Meu ponto de partida filosófico), conforme traduzido por Van Bragt em RN, xxxiv-xxxv. Posteriormente nesse ensaio ele escreve sobre sua leitura entusiástica de Plotino, Eckhart, Boehme, e do último Schelling. Em "Os dias de minha juventude", Nishitani menciona suas ávidas leituras de Tolstoy, Ibsen e Strindberg, bem como do *Assim falou Zaratustra* de Nietzsche. Em uma conversa em Quioto em 1988, Nishitani disse que quando jovem ele costumava carregar o Zaratustra consigo onde quer que fosse: "Era como minha Bíblia."

anglo-americana, suas contribuições à filosofia moderna merecem de fato ser levadas bastante a sério.

Uma grande vantagem desfrutada por Nishitani em sua abordagem a Nietzsche deriva da perspectiva que lhe é possibilitada por sua distância hermenêutica em relação à tradição metafísica. Os comentadores ocidentais de Nietzsche situam-se eles mesmos na corrente da tradição que ele se esforçou para superar, o que torna difícil alcançar uma perspectiva suficiente para avaliar o sucesso daquele esforço. A posição de Nishitani fora daquela tradição lhe concede uma visão sinóptica da história intelectual ocidental, de modo que, conforme ele trabalha rumo a uma apreensão abrangente das principais tendências da filosofia ocidental, ele é capaz de reter um senso salutar de perspectiva acerca da posição de Nietzsche, relativamente a essas correntes.[28] Outra vantagem para o pensador japonês ao aproximar-se de Nietzsche é que sua tradição filosófica nativa é bastante não metafísica (de fato, às vezes resolutamente *anti*metafísica, em reação contra as tendências especulativas da filosofia indiana), de modo que há pouco perigo de ele interpretar ideias como a vontade de poder metafisicamente.

O título da primeira seção do ensaio de Nishitani sobre Eckhart e Zaratustra, "A primordialidade da vida em Nietzsche", sugere que sua leitura prosseguirá ao longo das linhas projetadas pelo estudo de Watsuji. O ensaio começa com uma leitura detalhada das duas primeiras seções do "Prólogo de Zaratustra", na qual Nishitani fala da "vida plenamente transbordante", da "profundidade infinita da grande vida", e da "pressão ascendente das profundezas da vida".[29] Mas a força do contraste que ele traça entre Zaratustra e o velho santo na floresta diz respeito a uma diferença do tipo de

---

28 A amplitude e a profundidade da compreensão de Nishitani sobre a história da filosofia ocidental são evidenciadas por seu tratamento (na terceira seção de seu ensaio sobre Eckhart e o Zaratustra de Nietzsche) das várias correntes intelectuais que alimentaram o pensamento de Mestre Eckhart. Os benefícios da distância hermenêutica são manifestos especialmente na discussão de Nishitani sobre a história do niilismo europeu em *The Self-Overcoming of Nihilism* [*A autossuperação do niilismo*], trad. de Graham Parkes com Setsuko Aihara (Albany, 1990) – doravante "SN" – que será discutido logo adiante.

29 "Nīchie no Tsuaratsusutora to Maisutā Ekkuharuto", 4-6; rascunho de tradução por David Gordon. Nishitani reconhece o estudo de Watsuji sobre Nietzsche como uma influência importante.

vida que os anima. Ao notar essa diferença, Nishitani leva a compreensão de Watsuji sobre a "vida" em Nietzsche um passo adiante.

Nishitani argumenta que embora o santo tenha morrido para o mundo humano para renascer na "vida de Deus no mundo da grande natureza" na floresta, essa "vida superior" é ainda uma vida que forma uma dualidade com a "vida santa", e nela Deus é experienciado como um objeto diante do eu. Essa vida com Deus, portanto, significa que o santo "perdeu o caminho que o conecta à vida humana" (p. 7). Zaratustra já está em um estado além do santo, na medida em que ocorreu uma negação ulterior daquela vida superior (conforme evidenciado por sua percepção de que "Deus está morto"), uma negação que se produz dialeticamente em uma afirmação criativa da vida – conforme simbolizada no "transbordamento" que impele Zaratustra de volta montanha abaixo, para que ele possa se tornar humano de novo. Nishitani alude à noção do *élan vital* de Bergson, ao enfatizar que a vida criativa corporificada por Zaratustra emerge apenas a partir do segundo movimento dialético, e não pode ser encontrada na "vida direta e simples [Watsuji teria dito "pura"]" (p. 12).

Graças a sua apreciação do intelectualismo de Eckhart, Nishitani é capaz de ir além da ênfase anti-intelectualista de Watsuji sobre a "vida pura e direta" em Nietzsche: "Em contraste com aquilo em que popularmente se acredita, Nietzsche não advogou simplesmente a vida e a vontade diretas" (p. 30). Sua comparação de Zaratustra com Eckhart é judiciosa e esclarecedora – e estimula-nos a perguntar quanto das vívidas imagens de Nietzsche acerca da alma tem como fonte as efusões líricas de Eckhart acerca da *Gottheit* [Deidade] e do transbordamento.[30] Apesar das vastas

---

30 Por exemplo (além das imagens mencionadas por Nishitani): ao tentar caracterizar o abismo da Deidade (*Gottheit*), Eckhart fala dele como "o fundamento, o solo, o rio, a fonte da Deidade" (Josef Quint [ed.], *Deutsche Predigten und Traktate* [Sermões e tratados alemães], Predigt [Sermão] 26). Ele fala também da grande "alegria" de Deus "em dar, na medida em que Ele quer que a alma se expanda, de modo que ela possa receber *muito*, e Ele possa dar *muito* à alma" (Predigt 36). Em Zaratustra, a vida abissalmente profunda como vontade de poder corresponderia à Deidade em Eckhart – conforme sugerido pelo comentário do próprio Eckhart de que "a vida vive a partir de seu próprio fundamento, e brota de Si Mesma [*aus seinem Eigenen*]" (Predigt 6).

diferenças entre suas respectivas situações históricas (para não mencionar a/teológicas), Nishitani sugere que seria possível ver Eckhart e Nietzsche "como tendo se encontrado inesperadamente no zênite da grande vida (ou em sua raiz)", e como erguendo-se juntos "no ponto onde a profundeza sem fundo da vida queima sozinha no instante presente [...] na vida da vida" (p. 28-30). A leitura que Nishitani faz de Eckhart reduz a importância dos traços neoplatônicos em seu pensamento, justamente conforme destaca seus elementos de "transcendência na imanência", o que por sua vez lhe permite harmonizá-lo com uma visão religiosa da orientação resolutamente "mundana" de Nietzsche.[31]

A sugestão feita acima no sentido de que é vantajoso para Nishitani como leitor de Nietzsche estar situado fora da tradição ocidental dá uma expressão negativa, por assim dizer, ao valor de sua leitura. A contribuição mais positiva de sua visão provém de sua imersão na tradição do pensamento budista do leste asiático – e no zen em particular. O ponto de vista budista continua em Nishitani, como ocorrera com Watsuji, a pôr em relevo um nexo de questões no pensamento de Nietzsche que não foram geralmente enfatizadas em leituras ocidentais. Isso torna-se evidente primeiro em uma obra que Nishitani publicou pela primeira vez em 1949, que foi traduzida para o inglês como *The Self-Overcoming of Nihilism* [*A autossuperação do niilismo*], da qual quase metade lida com Nietzsche. Embora haja relativamente poucas menções explícitas de ideias budistas no próprio texto, é óbvio para o leitor familiarizado com a doutrina do carma e com ideias tais como o "surgimento dependente" e a "transitoriedade" dos elementos da existência que tais ideias estão por trás dos tratamentos de Nishitani para as inter-relações complexas entre o *amor fati* [amor pelo destino], a vontade de poder e o eterno retorno.

Um breve esboço das premissas da discussão de Nishitani sobre o *amor fati* pode servir como ilustração. A equação de Nietzsche do eu com o destino é, para a maioria dos leitores, um enigma. Embora essa ideia (esboçada

---

31 Nishitani escreveu posteriormente muito mais sobre Eckhart, e sua obra foi uma das principais bases para a difundida visão entre os filósofos japoneses de que, de todos os pensadores que o Ocidente produziu, Eckhart é o mais próximo do espírito do zen.

nas *Considerações extemporâneas*, e desenvolvida mais plenamente em *Humano, demasiado humano*) desempenhe um papel importante em *Zaratustra* e retorne tardiamente até em *Nietzsche contra Wagner*, Nishitani começa sua discussão citando uma nota de 1884, publicada postumamente, que termina com as palavras enfatizadas "*Ego fatum*".[32] Nishitani, assim como Watsuji, é uma espécie de "aglutinador". Se essa ideia for abordada a partir da perspectiva da doutrina cármica de que todas as ações que provêm do eu retornam para ele – talvez somente após numerosos ciclos de reencarnação –, a equação do eu com o destino torna-se imediatamente mais compreensível. Ao discutir uma passagem do epílogo de *Nietzsche contra Wagner* na qual Nietzsche enfatiza que "somente uma grande dor é a libertadora absoluta do espírito", Nishitani escreve o seguinte:

> O que Nietzsche chama de "o abismo da grande suspeita" e "as profundezas últimas" do filósofo é o niilismo. Em seu renascimento a partir das profundezas, "com uma saúde superior" e "com uma segunda e mais perigosa inocência", a natureza mais interior de alguém brota como uma fonte natural da qual foi removido o entulho que a cobria. Nesse ponto, a fonte declara como sua liberadora a picareta afiada da necessidade, que perfurou o entulho e lhe trouxe dor. [...] E em última instância a fonte virá a afirmar até mesmo o entulho através do qual ela brotou, e que agora flutua nela. (SN, 51)

A imagem da picareta – um análogo gráfico do martelo de Nietzsche – é bastante consoante com o espírito do zen. Quando a criatividade interior de alguém é capaz de brotar atravessando as camadas de valores e conceitualizações convencionais, a condição resultante não é uma condição de pureza pristina, mas sim uma condição na qual o poço da psique ainda está poluído pelo entulho das barreiras que foram rompidas. O ponto é que esse

---

32 KSA, 11, 25 [158]; traduzido literalmente como "Eu, destino", ou "Eu, algo destinado". As ideias de Nietzsche sobre o destino foram profundamente influenciadas por sua leitura do ensaio de Emerson, "Destino", aos dezessete anos de idade. A influência geral de Emerson sobre o pensamento de Nietzsche é considerável; ver as muitas referências a Emerson em *Composing the Soul*.

entulho não precisa ser rejeitado, mas pode ser usado na reconstrução do novo eu. Embora o próprio Nishitani não sugira isso, a afirmação que o eu faz do entulho de uma obstrução anterior apontaria para ideia de que, para Nietzsche, certos traços de uma tradição anteriormente considerada repressora podem de fato ser reaproveitados após a transformação apropriada do eu ter ocorrido.

Nesse mesmo contexto, Nishitani oferece uma leitura iluminadora da ideia da *Wende der Not* ("transformação da necessidade") que Zaratustra contrapõe à ideia da *Notwendigkeit* (necessidade).[33]

> Sob a compulsão da privação ou da necessidade [*Not*] que impede alguém de tornar-se ele mesmo e de tornar-se livre, esse alguém é forçado a descer ao abismo interior. Mas uma vez que se é libertado do abismo, a necessidade é transformada em um elemento dessa vida de liberdade. Quando Zaratustra chama sua própria alma de "transformação da necessidade" [*Wende der Not*] e "destino" [*Schicksal*], ele indica que a transformação da necessidade, na qual a necessidade é transformada em um elemento da vida da alma livre, é a própria alma. Nesse caso, a necessidade torna-se una com o criativo. (SN, 52)

Não apenas essa leitura explica as passagens relevantes melhor do que a maioria dos comentadores foi capaz de fazer, mas também, juntamente com a compreensão do destino tingida pelo carma, estabelece o cenário para um tratamento satisfatório do *amor fati* combinado com o eterno retorno como levando à "autossuperação do niilismo" (SN, 60-68).

É essa última ideia que é o resultado da cuidadosa análise de Nishitani sobre os vários estágios do niilismo conforme entendido por Nietzsche.[34] Dado que Nishitani frequentou as aulas de Heidegger sobre Nietzsche de

---

33 Assim falou Zaratustra, III.14; também I.22, § 1 e III.12, § 30. A tradução de Kaufman de *Wende der Not* como "cessação da necessidade" perde o sentido da transformação, embora seja preferível à tradução de Hollingdale, "dissipação do cuidado".

34 Deve-se mencionar que "A autossuperação do niilismo" era apenas um título de seção no texto original, cujo título era simplesmente *Niilismo*. Contudo, Nishitani aprovou a escolha do título mais longo em inglês como comunicando a ideia principal do livro. A expressão aparentemente ocorre apenas em uma nota bastante obscura no *Nachlass* (XVI, 422 da *Grossoktavausgabe*).

1937 a 1939, a diferença entre sua explicação do niilismo de Nietzsche e o tratamento muito mais longo de Heidegger (no segundo volume de seu *Nietzsche*) é notável. Enquanto Heidegger insiste em ver Nietzsche como um subjetivista de proporções hipercartesianas e em compreender a vontade de poder metafisicamente, concluindo assim que o pensamento de Nietzsche é niilista em um sentido nem um pouco positivo, Nishitani considera-o como conduzindo à autossuperação final do niilismo – e assim se aproxima do ponto de vista distintamente não metafísico do budismo Māhāyana.[35] Assim como no ensaio sobre Eckhart e Zaratustra, Nishitani enfatiza o aspecto religioso do pensamento de Nietzsche, vendo-o como corporificando uma forma de panteísmo dionisíaco que culmina em uma afirmação plenamente criativa da vida.

Na obra-prima de Nishitani, *A religião e o nada*, originalmente publicada no Japão em 1961, o foco sobre figuras da filosofia ocidental foi substituído por uma predominância de ideias budistas Māhāyana – embora seu envolvimento com pensadores tais como Eckhart, Nietzsche e Heidegger continue. Embora a tradução inglesa dessa obra seja excelente e o estilo da escrita seja claro, ela é um texto extremamente sutil que exige tempo e esforço consideráveis para sondar suas profundezas. Pode não ser excessivamente temerário sugerir que ela eventualmente será vista como um dos textos filosóficos mais importantes de meados do século XX. De maneira um tanto desconcertante, no entanto, é a mudança da avaliação de Nishitani sobre Nietzsche, que agora parece ser condicionada por um viés heideggeriano tendendo a considerar a ideia da vontade de poder metafisicamente. Há, consequentemente, um sentido definitivo em que Nietzsche "fica aquém" do ponto de vista budista Māhāyana, do qual é dito que ele chegou tão perto em *A autossuperação do niilismo*. Uma vez que considerações de espaço proíbem um exame dessa difícil questão, o leitor é simplesmente convidado a considerar a possibilidade de que a genealogia dupla do pensamento de Nishitani pode ter-lhe dado uma amplitude maior do que as filosofias originadas em uma única tradição.[36]

---

35   Ver *The Self-Overcoming of Nihilism*, capítulo nove, seção 4.
36   Nishitani de fato admitiu em uma conversa privada, após ler meu ensaio "Nietzsche and

Nietzsche como uma via de acesso ao pensamento do leste asiático

Uma das bases para a recepção entusiástica da filosofia de Nietzsche na China e no Japão tem a ver com sua ressonância com as ideias de vários pensadores importantes das tradições asiáticas. Alguns trabalhos já foram realizados para mostrar certas afinidades entre as ideias de Nietzsche e o budismo inicial na Índia, sendo que o texto pioneiro nesse campo é *Nietzsche and Buddhism* [*Nietzsche e o budismo*] de Freny Mistry. Embora essa seja uma obra um pouco rústica, escrita em um estilo ocasionalmente idiossincrático, e embora ela se baseie fortemente no *Nachlass* não publicado, o autor empreende um sumário abrangente de todos os comentários ou discussões de Nietzsche sobre o budismo, e avalia de maneira inteligente sua validade. O estudo também reúne uma quantidade considerável de evidências para mostrar que muito do pensamento de Nietzsche está em consonância com os *insights* básicos do budismo inicial. Para resumir brevemente: a ênfase budista na impermanência e suas tendências antimetafísicas e ateístas concomitantes; a negação de qualquer alma ou ego substancial, que é visto como uma unidade meramente convencional de um certo número de "agregados de energia"; um senso de que qualquer "eu" que possa existir é melhor compreendido como o corpo vivido do que como qualquer coisa mental ou psíquica – é mostrado que todas essas ideias têm contrapartes entre as ideias de Nietzsche.

Se a comparação de Mistry eventualmente torna-se forçada, isso ocorre em conexão com o objetivo do nirvana conforme entendido pelo budismo inicial e o ideal de existência humana exemplificado pelo *arhant* (santo). Esses ideais estão simplesmente mais longe do ideal de afirmação incondicional da vida de Nietzsche, quer este seja ou não entendido segundo a condição

---

Nishitani on the Self through Time" ["Nietzsche e Nishitani acerca do eu ao longo do tempo"] (*The Eastern Buddhist* 17/2 [1984]), que os paralelos entre o pensamento de Nietzsche e o dele próprio vão mais longe do que ele estava preparado para admitir em *A religião e o nada*. Alguns temas relacionados são discutidos em Graham Parkes, "Nietzsche and Nishitani on the Self-Overcoming of Nihilism" ["Nietzsche e Nishitani acerca da autossuperação do niilismo"], *International Studies in Philosophy* 25/2 (1993): 585-590.

do *Übermensch* [além-homem, ou ser sobre-humano], do que Mistry nos faria acreditar. O desapego do *arhant* que alcançou o nirvana culmina em uma condição que é insuficientemente *do* mundo – embora ainda esteja *no* mundo – para ser comparável aos resultados de uma vivência plena do programa nietzscheano. O autor ocasionalmente tenta fechar a lacuna invocando a negação, proveniente do budismo posterior (Māhāyana), de que o nirvana seja diferente do *samsara*, de que o mundo da iluminação seja diferente do mundo da vida cotidiana; mas essa negação é precisamente o traço que distingue o budismo Māhāyana, que por sua vez presta-se a uma comparação mais frutífera com Nietzsche do que a tradição anterior. De fato, Mistry menciona de tempos em tempos as ideias de Nāgārjuna, o fundador filosófico da escola Mādhyamika no século II. E é com a negação de Nāgārjuna de que o nirvana seja diferente do *samsara*, e a consequente reverência em relação a *este* mundo, que as ressonâncias interessantes com o pensamento de Nietzsche começam.[37]

Com relação à tradição chinesa, foi mostrado que há alguns paralelos notáveis entre o pensamento de Nietzsche e a filosofia daoísta – mas há algumas ressonâncias ainda mais notáveis com as ideias do próprio mestre, Confúcio. Um breve exemplo será suficiente para mostrar o modo como uma abordagem comparativa pode apontar para aspectos até então negligenciados de seu pensamento.

A imagem predominante de Nietzsche no Ocidente é a do grande iconoclasta, o revolucionário que proclama a morte de Deus e convoca para uma transvaloração de todos os valores. No entanto, essa imagem tende a obscurecer um aspecto importante de seu pensamento, que é de fato bastante conservador – e é corporificado na ideia de que temos uma tremenda *responsabilidade* como participantes de uma herança que se estende por milhares de anos ao passado. A tradição chinesa em geral, e Confúcio em particular, coloca uma grande ênfase na dívida do indivíduo para com os ancestrais, um reconhecimento que é uma condição necessária para a

---

37 Para um esboço de como seria tal comparação, ver Glen T. Martin, "Deconstruction and Breakthrough in Nietzsche and Nāgārjuna" ["Desconstrução e ruptura em Nietzsche e Nāgārjuna"], em NAT, 91-111.

plena realização da humanidade de um indivíduo e de sua atividade criativa apropriada no presente.

Para um indivíduo realizar sua humanidade (*ren*) plena, para Confúcio, é necessário que o indivíduo não apenas reconheça o papel da tradição na constituição de seu eu, mas também se aproprie criativamente da tradição, para ajudar a "expandir o Caminho (*dao*) ". Algo que é central para essa tarefa é a *prática* somática, conforme exemplificada na atividade ritual como um desdobramento da cerimônia sagrada (*li*) – sendo essa ênfase na disciplina e no refinamento físicos característica da tradição do leste asiático em geral (e da cultura japonesa em particular). A ideia de uma responsabilidade que se estende a uma longa distância no passado é uma ideia que é desenvolvida nas obras de Nietzsche a partir da época de *A gaia ciência*, mas que recebe uma formulação especialmente forte na seção intitulada "Escaramuças de um extemporâneo", em *Crepúsculo dos ídolos*. Nessa seção Nietzsche (cujo suposto individualismo causou tanto furor na China e no Japão) enfatiza que o "indivíduo" é um *erro*: "ele não é nada por si mesmo, nem um átomo, nem um 'elo na corrente', nem algo meramente herdado do passado – ele é a linha inteira da humanidade até ele próprio" (§ 33). Sua crítica da modernidade enfatiza a irresponsabilidade míope de seus proponentes, que carecem da "vontade de tradição, de autoridade, de uma responsabilidade que abrange séculos" (§ 39). Mas o traço mais confuciano dessa linha de pensamento é sua conclusão acentuadamente somática, em que Nietzsche argumenta que a beleza, assim como o gênio, é "o resultado final do trabalho acumulado de gerações" (§ 47).

> Tudo que é bom é resultado de uma herança; o que não é herdado é incompleto, um mero início. […] Mas não se deve compreender erroneamente o método: um mero disciplinamento de sentimentos e pensamentos é algo quase nulo […]. Deve-se primeiro persuadir o corpo. […] É decisivo para o destino dos povos e da humanidade que se comece a inculcar a cultura no lugar *apropriado*, não na "alma" […], mas no corpo, nos gestos, na dieta, na fisiologia; o *resto* será consequência.

Nietzsche vê essa lição como tendo sido esquecida após a era dos gregos; mas o mesmo ensinamento de Confúcio continua a ser seguido até hoje em várias esferas das culturas chinesa e japonesa.

Uma outra ideia confuciana merece ser mencionada nesse contexto, a noção de "reciprocidade" (*shu*), que informa a compreensão de Confúcio sobre a virtude central do "coração humano" (*ren*). Confúcio frequentemente exorta as pessoas a "não impor aos outros aquilo que não se deseja para si próprio", mas o tema é melhor expressado pela seguinte passagem dos *Analectos* (7/22): "Quando ando na companhia de dois outros homens, sempre posso aprender com eles. Imito deles o que é bom; corrijo *em mim mesmo* o que há neles de ruim" (ênfase acrescentada). Essa viragem "reflexiva" para o caso de si próprio primeiro – um tema que percorre os *Analectos* – tem suas contrapartes na tradição cristã (o cisco no olho do outro), e especialmente em Montaigne (de quem Nietzsche aprendeu bastante).[38] Mas ela é facilmente ignorada no pensamento de Nietzsche. Algo semelhante à técnica confuciana pode ser encontrado no amor de Zaratustra por seus companheiros seres humanos, um "grande amor" que é intimamente ligado ao "grande desprezo", e que é impossível alcançar a menos que se tenha aprendido a amar e a desprezar *a si mesmo* primeiro. A náusea quase fatal de Zaratustra diante da perspectiva do eterno retorno da ralé é assim desencadeada tanto pela ralé no interior de sua vasta alma quanto pelos "outros".[39]

De modo semelhante, pode-se minorar a compreensão errônea do papel do mal que Zaratustra acredita que deve ser cultivado se se pretende que a existência humana seja melhorada – o tema em Nietzsche que seus críticos mais amam odiar – se ele for visto à luz da reciprocidade confuciana. A crueldade e a violência que se diz serem elementos necessários da "grande economia" devem ser praticados sobre si mesmo primeiro, antes que se tenha o direito de infligi-los a outros: e tal crueldade pode ser necessária

---

38 Ver especialmente Montaigne, *Ensaios* III: 8 ("Da arte da discussão"), e a discussão dessa técnica em *Composing the Soul*, "Interlude 2 – The Psychical Feminine" ["Interlúdio 2 – O feminino psíquico"].

39 No auge de uma passagem magnífica em uma das notas não publicadas, Nietzsche escreve como, graças à contínua retroflexão dos impulsos sobre o eu, até mesmo coisas como "o mercado de ações e o jornal" (!) se tornaram partes de nós (KSA, 9, 6[80]; 1880).

para a verdadeira criatividade.[40] Isso não significa negar que alguém possa, para Nietzsche, ter adquirido o direito de ser duro com os outros após se chicotear até entrar em forma – assim como Confúcio foi bem conhecido por sua severidade para com qualquer discípulo que não estivesse se esforçando plenamente.

Depois de Confúcio vieram os dois maiores filósofos do daoísmo, conhecidos como Laozi e Zhuangzi (Chuang Tzu), que preencheram o que viram como uma lacuna no pensamento confuciano ao trazerem o mundo da natureza para a consideração filosófica. Embora o tom do clássico atribuído a Laozi, o *Dao de jing*, se harmonize mais com o pensamento de Heidegger, o texto mais longo e mais complexo do *Zhuangzi* ressoa profundamente com os estilos e ideias de Nietzsche.[41] Ambas as obras são consideradas como gemas da literatura e do pensamento clássicos chineses. O *Zhuangzi* foi tido em alta conta pelos pensadores budistas chineses, especialmente os da Escola Chan, e assim tornou-se igualmente importante para o desenvolvimento do zen japonês, e da Escola Rinzai em particular. Vários dos grandes pensadores japoneses modernos reconhecem uma dívida para com Zhuangzi, incluindo Nishida, Kuki Shūzō, e Nishitani.

O *Zhuangzi* é um texto composto, do qual apenas os sete "Capítulos Internos" são considerados como tendo sido escritos pelo Zhuangzi histórico, sendo os 26 capítulos restantes suplementos das mãos de pensadores daoístas posteriores. Os próprios Capítulos Internos são uma multidão de estilos e modos de discurso, semelhante de muitas maneiras aos experimentos estilísticos multifacetados de Nietzsche. De algumas maneiras, Zhuangzi é o Heráclito chinês: embora talvez não tão obscuro quanto sua contraparte de Éfeso, e muito mais alegre, Zhuangzi compartilha um certo número de semelhanças estruturais com aquele pensador sombrio e

---

40 Ver, por exemplo, *Para além do bem e do mal* 229-230 e *Para a genealogia da moral* II, 18.
41 Sobre a relação do pensamento de Heidegger com o daoísmo, ver Otto Poggeler, "West-East Dialogue: Heidegger and Lao-tzu" ["Diálogo entre Ocidente e Oriente: Heidegger e Lao-tzu"], em Graham Parkes (ed.), *Heidegger and Asian Thought* [*Heidegger e o pensamento asiático*] (Honolulu, 1987, 47-78) e Graham Parkes, "Thoughts on the Way: *Being and Time* via Lao-Chuang" ["Pensamentos sobre o Caminho: *Ser e tempo* via Lao-Chuang"], em *Heidegger and Asian Thought*, 105-144.

comparavelmente profundo. Mas as semelhanças com Nietzsche são mais profundas, e qualquer pessoa familiarizada com *Assim falou Zaratustra* em particular se sentirá bastante em casa ao navegar pelas complexidades do *Zhuangzi* (substituindo a figura de Confúcio pela de Jesus em *Zaratustra* e pela de Sócrates nas outras obras de Nietzsche).[42]

Na tradição filosófica japonesa, em que ideias confucianas e daoístas desempenharam um papel importante, também houve vários pensadores zen-budistas cujas ideias são comparáveis com as de Nietzsche – especialmente no que diz respeito a sua afirmação desta vida mesma. O mestre zen do século XIII, Dōgen, que é considerado pela Escola Sōtō como seu fundador, é um pensador profundo e sutil que efetuou uma revolução iconoclástica em um estilo de escrita que é comparável ao de Nietzsche. Os textos de Dōgen são não apenas permeados de imagens altamente poéticas, mas são também tão densos que resistem a uma compreensão fácil

---

42 Sobre as relações entre Nietzsche e o daoísmo, ver: Graham Parkes, "The Wandering Dance: Chuang-Tzu and Zarathustra" ["A dança errante: Chuang-Tzu e Zaratustra"], *Philosophy East and West* 29/3 (1983): 235-250, e "Human/Nature in Nietzsche and Taoism" ["O humano e a natureza em Nietzsche e no daoísmo"], em J. Baird Callicott e Roger T. Ames (eds.), *Nature in Asian Traditions of Thought: Essays in Environmental Philosophy* [*A natureza nas tradições asiáticas de pensamento: ensaios de filosofia ambiental*] (Albany, 1989, 79-98); também Roger T. Ames, "Nietzsche's 'Will to Power' and Chinese 'Virtuality' (*De*): A Comparative Study" ["A vontade de poder de Nietzsche e a 'virtualidade' (*De*) chinesa: um estudo comparativo"], e Chen Guying, "Zhuangzi and Nietzsche: Plays of Perspectives" ["Zhuangzi e Nietzsche: jogos de perspectivas"], em NAT, 130-150 e 115-129, respectivamente. Um livro recente sobre o tópico de Nietzsche na China – Cheng Fang, *Nicai zai zhong guo* [*Nietzsche na China*] (Nanquim, 1992) – discute o ensaio sobre "A dança errante", que apareceu em tradução chinesa em uma antologia sobre daoísmo e cultura. Após citar o parágrafo final do ensaio, o autor escreve: "Certamente não é fácil para um estrangeiro fazer tanto progresso nesse caminho [de comparar Nietzsche e Zhuangzi], e a comparação que ele realiza é bastante impressionante em seus detalhes" (p. 385-386). Menciono isso menos por um desejo de autoengrandecimento do que como evidência da efetividade de Nietzsche como uma via de acesso ao pensamento daoísta clássico, na medida em que o ensaio foi minha primeira incursão no mundo de Zhuangzi, auxiliado por uma familiaridade mínima com a língua chinesa e pela gentil ajuda de um colega familiarizado com o texto original. Na medida em que a comparação funcionou, isso ocorreu com base em uma apreensão suficientemente boa de Nietzsche. De fato, se este ensaio como um todo parece um exercício de autoengrandecimento, com suas frequentes referências a meus próprios escritos, isso se deve à escassez geral de trabalhos nesse campo.

– especialmente acerca daquele que é considerado por muitos como seu tópico mais original: sua concepção da temporalidade. É nessa área, em que a experiência do momento é crucial, que os leitores podem achar útil uma familiaridade com as ideias de Nietzsche sobre o tempo.[43]

Há também ressonâncias entre Nietzsche e o fundador epônimo da outra grande escola de zen, Rinzai, bem como com o maior dos representantes posteriores do Rinzai-zen, o mestre do século XVIII, Hakuin. Os praticantes da escola Rinzai tendem a ser os mais dinâmicos e selvagens da tradição zen, rejeitando com veemência aquilo que eles ridicularizam como "o sentar como morto e a iluminação silenciosa", em favor da "prática em meio à atividade". Eles também são em sua maioria preocupados com reter e cultivar as energias das emoções e das paixões no interior daquilo que Nietzsche chama de a "grande economia", sendo o objetivo comum a transmutação das paixões em vez de sua aniquilação. O estilo incontido dos escritos de Hakuin, em particular, cujas lutas vitalícias com a "doença do zen" (enfermidade derivada da prática do zen) são estranhamente paralelas aos ataques de Nietzsche, é equivalente à extravagância hiperbólica dos estilos deste último.[44]

---

43 A interpretação oferecida por Joan Stambaugh em seu *Nietzsche's Thought of Eternal Return* [*O pensamento do eterno retorno de Nietzsche*] (Baltimore, 1972) é de muitas maneiras reminiscente de Dōgen. Seu livro recente, *Impermanence is Buddha-Nature: Dōgen's Understanding of Temporality* [*A impermanência é a natureza de buda: a compreensão de Dōgen sobre a temporalidade*] (Honolulu, 1990), parte da premissa eminentemente sensível de que trazer algumas ideias de pensadores ocidentais apropriados pode ajudar as pessoas a "usar o que é mais familiar e melhor compreendido como uma ponte para aquilo que de início pareceria para a maioria dos leitores ocidentais [...] simplesmente ininteligível" (p. 3). Contudo, a breve discussão subsequente sobre as ideias de Nietzsche falha em seguir os paralelos, na minha opinião, até onde eles poderiam ir de maneira útil. A razão dela para não levá-los adiante – de que Nietzsche "ainda retém resquícios de tendências substancializantes e objetificantes em seu pensamento" (p. 41) – falha em fazer justiça à medida em que o pensamento do retorno não apenas subverte a ideia da duração, mas também estilhaça a substancialidade de qualquer eu ou coisa que se possa dizer que retorna.

44 Para um esboço de uma comparação, ver Graham Parkes, "Nietzsche and Zen Master Hakuin on the Roles of Emotion and Passion" ["Nietzsche e o mestre zen Hakuin sobre os papéis da emoção e da paixão"], em Joel Marks e Roger T. Ames (eds.), *Emotions in Asian Thought: A Dialogue in Comparative Philosophy* [*Emoções no pensamento asiático: um diálogo em filosofia comparativa*] (Albany, 1994, 213-233).

Esse é certamente um campo bastante fértil para os estudos sobre Nietzsche, o terreno comum entre o eremita de Sils-Maria e os sábios artistas da vida das tradições chan e zen. A primeira onda do zen a chegar às costas ocidentais atingiu principalmente literatos e tipos religiosos; agora que Nietzsche está finalmente chegando à maturidade, é hora de um envolvimento mais filosófico com pensadores dessas tradições asiáticas, no qual o diálogo baseado em correspondências entre ambos os lados vise uma elucidação precisa das divergências. É hora, finalmente, para mais de nós lançarmos um olhar transeuropeu sobre o legado de Nietzsche, considerarmos perspectivas do leste asiático sobre sua pessoa e sua obra, e deixarmos seu exemplo ser um estímulo para reconsiderarmos – como "bons cosmopolitas" – nossas próprias tradições filosóficas em relação com aquelas da China e do Japão.

Bibliografia selecionada

Obras de Nietzsche: edições alemãs

Kritische Gesamtausgabe: Briefwechsel. Editadas por Giorgio Colli e Mazzino Montinari. Berlim: De Gruyter, 1975 em diante.
Kritische Gesamtausgabe: Werke. Editadas por Giorgio Colli e Mazzino Montinari. Berlim: De Gruyter, 1967 em diante.
Werke in Drei Bänden. 3 vols. Editadas por Karl Schlechta. 3ª edição. Munique: Carl Hansers, 1965.

Traduções inglesas

A) *Obras múltiplas*

Basic Writings of Nietzsche. Traduzidos e editados com comentários de Walter Kaufmann. Nova Iorque: The Modem Library, 1968.
A Nietzsche Reader. Editado e traduzido por R. J. Hollingdale. Harmondsworth: Penguin, 1977.
Nietzsche: Selections. Editado por Richard Schacht. Nova Iorque: Macmillan, 1993.
The Poetry of Friedrich Nietzsche. Editado por Grundlehner, Philip. Oxford: Oxford University Press, 1986.
The Portable Nietzsche. Editado e traduzido por Walter Kaufmann. Nova Iorque: Viking, 1954.

B) *Obras individuais*

Beyond Good and Evil. Traduzido por R. J. Hollingdale. Harmondsworth: Penguin, 1961.

Beyond Good and Evil. Traduzido por Walter Kaufmann. Nova Iorque: Vintage, 1966.

The Birth of Tragedy (com *The Case of Wagner*). Traduzido por Walter Kaufmann. Nova Iorque: Vintage, 1966.

The Case of Wagner (com *The Birth of Tragedy*). Traduzido por Walter Kaufmann. Nova Iorque: Vintage, 1966.

Daybreak: Thoughts on the Prejudices of Morality. Traduzido por R. J. Hollingdale. Cambridge: Cambridge University Press, 1982.

Ecce Homo. Traduzido por Walter Kaufmann (com *On the Genealogy of Morals*, traduzido por Walter Kaufmann e R. J. Hollingdale). Nova Iorque: Vintage, 1967.

The Gay Science. Traduzido por Walter Kaufmann. Nova Iorque: Vintage, 1974.

Human, All Too Human. Traduzido por R. J. Hollingdale. Cambridge: Cambridge University Press, 1986.

Human, All Too Human. Volume I. Traduzido por Marion Faber e Stephen Lehmann. Lincoln: University of Nebraska Press, 1984.

Nietzsche contra Wagner. Traduzido por Walter Kaufmann. *In: The Portable Nietzsche*, editado por Walter Kaufmann. Nova Iorque: Viking, 1954.

On the Advantage and Disadvantage of History for Life. Traduzido por Peter Preuss. Indianapolis, Ind.: Hackett, 1980.

On the Genealogy of Morals. Traduzido por Walter Kaufmann e R. J. Hollingdale (com *Ecce Homo*, traduzido por Walter Kaufmann). Nova Iorque: Vintage, 1967.

Philosophy in the Tragic Age of the Greeks. Traduzido por Marianne Cowan. South Bend, Indiana: Gateway, 1962.

Thus Spoke Zarathustra. Traduzido por R. J. Hollingdale. Harmondsworth: Penguin, 1973.

Thus Spoke Zarathustra. Traduzido por Walter Kaufmann. *In: The Portable Nietzsche*, editado por Walter Kaufmann. Nova Iorque: Viking, 1954.

Twilight of the Idols. Traduzido por Walter Kaufmann. *In: The Portable Nietzsche*, editado por Walter Kaufmann. Nova Iorque: Viking, 1954.

Unmodern Observations. Editado por William Arrowsmith. New Haven: Yale University Press, 1990.
Untimely Meditations. Traduzido por R. J. Hollingdale. Cambridge: Cambridge University Press, 1983.
Unfashionable Observations. Traduzido por Richard Gray. Stanford: Stanford University Press, 1995.

C) *Cartas e obras não publicadas*

Nietzsche: A Self-Portrait from His Letters. Editado por Peter Fuss e Henry Sharpio. Cambridge: Harvard University Press, 1971.
Nietzsche on Rhetoric and Language. Editado e traduzido por Sander L. Gilman, Carole Blair e David J. Parent. Nova Iorque: Oxford University Press, 1989.
Nietzsche: Unpublished Letters. Editado e traduzido por Kurt F. Leidecker. Nova Iorque: Philosophical Library, 1959.
Philosophy and Truth: Selections from Nietzsche's Notebooks of the Early 1870's. Editado e traduzido por Daniel Breazeale. Atlantic Highlands, Nova Jersey: Humanities Press, 1979.
Selected Letters of Friedrich Nietzsche. Editado e traduzido por Christopher Middleton. Chicago: University of Chicago Press, 1969.
The Will to Power. Traduzido por Walter Kaufmann e R. J. Hollingdale. Nova Iorque: Vintage, 1967.

Biografias e levantamentos gerais

ANSELL-PEARSON, Keith. *Nietzsche and Modern German Thought*. Nova Iorque: Routledge, 1991.
BEHLER, Ernst. *Confrontations*. Tradução de Steven Taubeneck. Stanford: Stanford University Press, 1991.
BREAZEALE, Daniel. "Ecce Psycho: Remarks on the Case of Nietzsche". *International Studies in Philosophy* 23, 2, 1991, 19-34.
CLARK, Maudemarie. *Nietzsche on Truth and Philosophy*. Cambridge: Cambridge University Press, 1990.

COOPER, David E. *Authenticity and Learning: Nietzsche's Educational Philosophy*. Brookfield, Vermont: Avebury, 1991.

COPLESTON, Frederick. *Friedrich Nietzsche: Philosopher of Culture*. Nova Iorque: Barnes and Noble, 1975.

DANTO, Arthur. *Nietzsche As Philosopher*. Nova Iorque: Macmillan, 1965.

FINK, Eugen. *Nietzsches Philosophie*. 3ª edição revisada. Stuttgart: W. Kohlhammer, 1973.

GILMAN, Sander L. (ed.). *Conversations with Nietzsche*. Tradução de David Parent. Nova Iorque: Oxford University Press, 1987.

HAYMAN, Ronald. *Nietzsche: A Critical Life*. Nova Iorque: Oxford University Press, 1980.

HEIDEGGER, Martin. *Nietzsche*. 2 vols. Pfullingen: Neske, 1961. Tradução de David Farrell Krell. 4 vols. Nova Iorque: Harper and Row, 1979-1986.

_____. *The Question Concerning Technology*. Tradução de William Lovitt. Nova Iorque: Harper Colophon Books, 1977.

HOLLINGDALE, R. J. *Nietzsche*. Londres e Nova Iorque: Routledge e Kegan Paul, 1973.

_____. *Nietzsche, the Man and His Philosophy*. Baton Rouge: Louisiana State University Press, 1965.

HOLLINRAKE, Roger. *Nietzsche, Wagner and the Philosophy of Pessimism*. Londres: George Allen and Unwin, 1982.

JANZ, Curt Paul. *Friedrich Nietzsche Biographie*. 3 vols. Munique: Carl Hanser, 1979.

JASPERS, Karl. *Nietzche, An Introduction to the Understanding of His Philosophical Activity*. Tradução de Charles F. Wallraff e Frederick J. Schmitz. Tucson: University of Arizona Press, 1965.

KAUFMANN, Walter. *Nietzsche: Philosopher, Psychologist, Antichrist*. 4ª edição revisada e ampliada. Nova Iorque: Vintage, 1974.

LAVRIN, Janko. *Nietzsche: A Biographical Introduction*. Nova Iorque: Charles Scribner's Sons, 1972.

_____. *Nietzsche and Modern Consciousness*. Nova Iorque: Haskell House Publishers, 1973.

LEA, F. A. *The Tragic Philosopher: A Study of Friedrich Nietzsche*. Londres: Methuen, 1957; Nova Iorque: Barnes and Noble, 1973.

MAGNUS, Bernd; MILEUR, Jean-Pierre; STEWART, Stanley. *Nietzsche's Case: Philosophy as/and Literature*. Nova Iorque: Routledge, 1993.

MORGAN, George. *What Nietzsche Means*. Nova Iorque: Harper Torchbooks, 1965 (1941).

NEHAMAS, Alexander. *Nietzsche: Life as Literature*. Cambridge, Massachusetts: Harvard University Press, 1985.

OGILVY, James. *Many Dimensional Man: Decentralizing Self, Society, and the Sacred*. Nova Iorque: Oxford University Press, 1977.

PARKES, Graham. *Composing the Soul: Reaches of Nietzsche's Psychology*. Chicago e Londres: University of Chicago Press, 1994.

PFEFFER, Rose. *Nietzsche: Disciple of Dionysus*. Lewisburg: Bucknell University Press, 1972.

PLETSCH, Carl. *Young Nietzsche: Becoming a Genius*. Nova Iorque: Free Press, 1991.

SALOMÉ, Lou Andreas. *Friedrich Nietzsche in seinen Werken*. Viena: Konegen, 1911.

_____. *Nietzsche*. Editado e traduzido por Siegfried Mandel. Redding Ridge, Connecticut: Black Swan Books, 1988.

SCHACHT, Richard. *Nietzsche*. Londres: Routledge e Kegan Paul, 1983.

SIMMEL, Georg. *Schopenhauer and Nietzsche*. Tradução de Helmut Loiskandle, Deena Weinstein e Michael Weinstein. Urbana e Chicago: University of Illinois Press, 1991.

STACK, George J. *Nietzsche: Man, Knowledge, and Will to Power*. Wolfeboro, New Hampshire: Longwood Press, 1991.

_____. *Nietzsche and Emerson: An Elective Affinity*. Athens: Ohio University Press, 1992.

STEM, J. P. *Nietzsche*. Glasgow: William Collins Sons, 1978.

_____. *A Study of Nietzsche*. Cambridge: Cambridge University Press, 1979.

SOLOMON, Robert C. (ed.). *Nietzsche: A Collection of Critical Essays*. Nova Iorque: Doubleday, 1973.

Clássicos e antiguidade

ACKERMANN, Robert John. *Nietzsche: A Frenzied Look*. Amherst: University of Massachusetts Press, 1990.

CALDER, William Musgrave III. "The Wilamowitz-Nietzsche Struggle: New Documents and a Reappraisal", *Nietzsche-Studien* 12, 1983, 214-254.

DANNHAUSER, Werner J. *Nietzsche's View of Socrates*. Ithaca: Cornell University Press, 1974.

GRANT, George. "Nietzsche and the Ancients: Philosophy and Scholarship", *Dionysius* 3, 1979, 5-16.

O'FLAHERTY, James; SELLNER, Timothy F.; HELM, Robert M. *Studies in Nietzsche and the Classical Tradition*. Chapel Hill: University of North Carolina Press, 1976. 2ª edição, Chapel Hill, 1979.

SILK, M. S.; STEM, J. P. *Nietzsche on Tragedy*. Londres: Cambridge University Press, 1981.

SMALL, Robin. "Nietzsche and the Platonist Tradition of the Cosmos: Center Everywhere and Circumference Nowhere". *Journal of the History of Ideas* 44, janeiro-março 1983, 89-104.

TEJERA, N. *Nietzsche and Greek Thought*. The Hague: Nijhoff, 1987.

Epistemologia, metafísica e filosofia da ciência

BREAZEALE, Daniel. "Lange, Nietzsche, and Stack: The Question of 'Influence'". *International Studies in Philosophy* 21, 2 (1989): 91-103.

CLARK, Maudemarie. *Nietzsche on Truth and Philosophy*. Cambridge: Cambridge University Press, 1990.

GALLO, Beverly E. "On the Question of Nietzsche's 'Scientism'". *International Studies in Philosophy* 22, 2 (1990): 111-119.

GRIMM, Ruediger Hermann. *Nietzsche's Theory of Knowledge*. Berlim: Walter de Gruyter, 1977.

MOLES, Alistair. *Nietzsche's Philosophy of Nature and Cosmology*. Nova Iorque: Peter Lang, 1990.

WILCOX, John. "The Birth of Nietzsche Out of the Spirit of Lange". *International Studies in Philosophy* 21, 2 (1989): 81-89.

_____. *Truth and Value in Nietzsche: A Study of His Metaethics and Epistemology*. Ann Arbor: University of Michigan, 1974.

Eterno retorno, genealogia, *Übermensch* [além-homem] e vontade de poder

BERGOFFEN, Debra B. "The Eternal Recurrence Again". *International Studies in Philosophy* 15, 2 (1983): 35-46.

FOUCAULT, Michel. "Nietzsche, Genealogy, History". Em *Language, Counter-Memory, Practice*. Tradução de Donald F. Bouchard e Sherry Simon. Ithaca, Nova Iorque: Cornell University Press, 1977.

GOLOMB, Jacob. *Nietzsche's Enticing Philosophy of Power*. Ames: Iowa State University Press, 1989.

HATAB, Lawrence J. *Nietzsche and Eternal Recurrence: The Redemption of Time and Becoming*. Washington, D.C.: University Press of America, 1978.

LÖWITH, Karl. *Nietzsches Philosophie der Ewigen Wiederkehr des Gleichen*. 3ª edição revisada. Hamburg: Felix Meiner, 1978.

MAGNUS, Bernd. "Author, Writer, Text: The Will to Power". *International Studies in Philosophy* 22, 2 (1990): 49-57.

_____. "Eternal Recurrence". *Nietzsche-Studien* 8, 1979, 362-377.

_____. *Nietzsche's Existential Imperative*. Bloomington: Indiana University Press, 1978.

_____. "Nietzsche's Philosophy in 1888: *The Will to Power* and the *Übermensch*". *Journal of the History of Philosophy* 24, 1 (janeiro de 1986): 79-98.

_____. "Perfectability and Attitude in Nietzsche's *Übermensch*". *Review of Metaphysics* 36 (março de 1983): 633-660.

SMALL, Robin. "Three Interpretations of Eternal Recurrence". *Dialogue, Canadian Philosophical Review* 22 (1983): 21-112.

STAMBAUGH, Joan. *Nietzsche's Thought of Eternal Return*. Baltimore: Johns Hopkins University Press, 1972.

STAMBAUGH, Joan. *The Problem of Time in Nietzsche*. Philadelphia: Bucknell University Press, 1987.

Zimmerman, Michael E. "Heidegger and Nietzsche on Authentic Time". *Cultural Hermeneutics* 4 (julho de 1977): 239-264.

Perspectivas feministas sobre Nietzsche

BERTRAM, Maryanne J. "God's Second Blunder – Serpent Woman and the Gestalt in Nietzsche's Thought". *Southern Journal of Philosophy* 19 (outono de 1981): 252-278.

DIETHE, Carol. "Nietzsche and the Woman Question". *History of European Ideas* (1989): 865-876.

FRISBY, Sandy. "Woman and the Will to Power". *Gnosis* 1 (primavera de 1975): 1-10.

GRAYBEAL, Jean. *Language and "The Feminine" in Nietzsche and Heidegger*. Bloomington: Indiana University Press, 1990.

HATAB, Lawrence J. "Nietzsche on Woman". *Southern Journal of Philosophy* 19 (outono de 1981): 333-346.

IRIGARAY, Luce. *Marine Lover of Friedrich Nietzsche*. Tradução de Gilliam C. Gill. Nova Iorque: Columbia University Press, 1991.

KENNEDY, Ellen; MENDUS, Susan (eds.). *Women in Western Philosophy: Kant to Nietzsche*. Nova Iorque: St. Martin's Press, 1987.

KRELL, David Farrell. *Postponements: Woman, Sensuality, and Death in Nietzsche*. Bloomington: Indiana University Press, 1986.

OLIVER, Kelly A. "Nietzsche's 'Women': Poststructuralist Attempt to Do Away with Women". *Radical Philosophy* 48 (primavera de 1988): 25-29.

_____. "Woman as Truth in Nietzsche's Writing". *Social Theory and Practice* 10 (verão de 1984): 185-199.

PARSONS, Katherine Pyne. "Nietzsche and Moral Change". Em Robert C. Solomon (ed.). *Nietzsche: A Collection of Critical Essays*. Garden City: Doubleday, 1973; reimpresso em Notre Dame: University of Notre Dame Press, 1980, p. 169-193.

PLATT, Michael. "Woman, Nietzsche, and Nature". *Maieutics* 2 (inverno de 1981): 27-42.
TOMAS, R. Hinton. "Nietzsche, Women and the Whip". *German Life and Letters: Special Number for L. W Forester* 34, 1980, 117-125.

Obras individuais

BENNHOLDT-THOMSEN, Anke. *Nietzsches Also Sprach Zarathustra als Literarisches Phänomen*. Edição revisada. Frankfurt: Athenäum, 1974.
CLARK, Maudemarie. "Deconstructing *The Birth of Tragedy*". *International Studies in Philosophy* 19, 2 (1987): 67-75.
GADAMER, Hans-Georg. "Das Drama Zarathustras". *Nietzsche Studien* 15 (1986): 1-15.
GOICOECHEA, David. *The Great Year of Zarathustra (1881-1981)*. Lanham: University Press of America, 1983.
GOODING-WILLIAMS, Robert. "The Drama of Nietzsche's *Zarathustra*: Intention, Repetition, Prelude". *International Studies in Philosophy* 20, 2 (1988): 105-116.
HEIDEGGER, Martin. "Who is Nietzsche's Zarathustra?", tradução de Bernd Magnus. Em *The New Nietzsche: Contemporary Styles of Interpretation*, editado por David B. Allison. Nova Iorque: Delta, 1977, p. 64-79.
HIGGINS, Kathleen Marie. *Nietzsche's "Zarathustra"*. Philadelphia: Temple University Press, 1987.
_____. "*Zarathustra* is a Comic Book". *Philosophy and Literature* 16 (abril de 1992): 1-14.
JUNG, Carl G. *Nietzsche's "Zarathustra"*. Editado por James L. Jarrett. Princeton: Princeton University Press, 1988.
KOFMAN, Sarah. *Explosion I: de l'Ecce Homo de Nietzsche*. Tradução de Jessica George, David Blacker e Judith Rowan. Paris: Galilee, 1991.
LAMBERT, Laurence. *Nietzsche's Teaching: An Interpretation of "Thus Spoke Zarathustra"*. New Haven: Yale University Press, 1987.

RETHY, Robert A. "The Tragic Affirmation of *The Birth of Tragedy*". *Nietzsche-Studien* 17, 1988, 1-44.

SALLIS, John C. *Crossings: Nietzsche and the Space of Tragedy*. Chicago: University of Chicago Press, 1991.

SCHACHT, Richard. "Nietzsche on Art in *The Birth of Tragedy*". Em *Aesthetics: A Critical Anthology*, editado por Dickie e Sclafani. Nova Iorque: Saint Martin's Press, 1977, 268-312.

_____. *Nietzsche, Genealogy, Morality: Essays on Nietzsche's "On the Genealogy of Morals"*. Berkeley/Los Angeles/Londres: University of California Press, 1994.

SOLOMON, Robert C.; HIGGINS, Kathleen M. (eds.). *Reading Nietzsche*. Nova Iorque: Oxford University Press, 1988.

Influência e recepção

ASCHHEIM, Steven E. *The Nietzsche Legacy in Germany, 1890-1990*. Berkeley e Los Angeles: University of California Press, 1993.

BAUSCHINGER, Sigrid; COCALIS, Susan L.; LENNOX, Sara (eds.). *Nietzsche Heute: Die Rezeption seines Werkes nach 1968*. Berlim: Francke Verlag, 1988.

HARRISON, Thomas (ed.). *Nietzsche in Italy*. Saratoga, California: ANMA Libri, 1988.

MISTRY, Freny. *Nietzsche and Buddhism*. Nova Iorque e Berlim: Walter de Gruyter, 1981.

NISHITANI, Keiji. *The Self-Overcoming of Nihilism*. Tradução de Graham Parkes com Setsuko Aihara. Albany: State University of New York Press, 1990.

O'HARA, Daniel (ed.). *Why Nietzsche Now?* Bloomington: Indiana University Press, 1985.

PARKES, Graham (ed.). *Nietzsche and Asian Thought*. Chicago: University of Chicago Press, 1991.

RICKELS, Laurence A. (ed.). *Looking After Nietzsche*. Albany: State University of New York Press, 1990.

ROSENTHAL, Bernice Glatzer (ed.). *Nietzsche in Russia*. Princeton: Princeton University Press, 1986.
TALMOR, Ezra; TALMOR, Sascha (eds.). *Nietzsche's Influence on Contemporary Thought. Part Three of History of European Ideas*, Vol. II (1989). *Special Issue. Turning Points in History*. Oxford: Pergamon Press, 1990, 675-1035.
THATCHER, David S. *Nietzsche in England 1900-1914: The Growth of a Reputation*. Toronto: University of Toronto Press, 1970.

Interpretação literária e estilo

ALDERMAN, Harold. *Nietzche's Gift*. Athens: Ohio University Press, 1977.
ALLISON, David B. (ed.). *The New Nietzsche: Contemporary Styles of Interpretation*. Nova Iorque: Dell, 1977.
ANSELL-PEARSON, Keith (ed.). *The Fate of the New Nietzsche*. Brookfield, Vermont: Avebury, 1993.
BABICH, Babette E. "On Nietzsche's Concinnity: An Analysis of Style". *Nietzsche-Studien* 19, 1990, 59-80.
_____. "Self-Deconstruction: Nietzsche's Philosophy as Style". *Soundings* 73, 1 (primavera de 1990), 107-116.
BATAILLE, Georges. *On Nietzsche*. Londres: Athlone; Nova Iorque: Paragon House, 1992.
BEHLER, Ernst. *Confrontations: Derrida, Heidegger, Nietzsche*. Tradução de Steven Taubeneck. Stanford: Stanford University Press, 1991.
_____. *Irony and the Discourse of Modernity*. Seattle: University of Washington Press, 1990.
BLONDEL, Eric. *Nietzsche, the Body and Culture: Philosophy as a Philological Genealogy*. Tradução de Sean Hand. Stanford: Stanford University Press, 1991.
BLOOM, Harold (ed.). *Friedrich Nietzsche*. Nova Iorque: Chelsea House, 1987.
CONWAY, D. W. "Nietzsche's Art of This-Worldly Comfort: Self-Reference and Strategic Self-Parody". *History of Philosophy Quarterly* 9 (julho de 1992), p. 343-357.

CONWAY, D. W.; SEERY, J. E. (eds.). *The Politics of Irony: Essays in Self--Betrayal*. Nova Iorque: St. Martin's Press, 1992.

CRAWFORD, Claudia. *The Beginnings of Nietzsche's Theory of Language*. Berlim: Walter de Gruyter, 1988.

DEL CARO, A. *Nietzsche contra Nietzsche: Creativity and the Anti-Romantic*. Baton Rouge: Louisiana University Press, 1989.

DELEUZE, Gilles. *Nietzsche and Philosophy*. Tradução de Hugh Tomlinson. Nova Iorque: Columbia University Press, 1983.

DE MAN, Paul. *Allegories of Reading: Figural Language in Rousseau, Nietzsche, Rilke, and Proust*. New Haven: Yale University Press, 1979.

DERRIDA, Jacques. *The Ear of the Other: Otobiography, Transference, Translation*. Edição de Christie V. McDonald. Schocken Books, 1985.

_____. *Spurs: Nietzsche's Styles*. Tradução de Barbara Harlow. Chicago: University of Chicago Press, 1979.

FOUCAULT, Michel. "Ecce Homo, or the Written Body". Tradução de Judith Still. *Oxford Literary Review* 7, 1-2 (1985): 3-24.

_____. "Nietzsche, Freud, Marx". Tradução de John Anderson e Gary Hentzi. *Critical Texts* 3, 2 (1986): 1-5.

GILMAN, Sander L. *Nietzschean Parody*. Bonn: Bouvier Verlag, 1976.

HARRIES, Karsten. "Boundary Disputes". *The Journal of Philosophy* 83 (novembro de 1986), 676-677.

HELLER, Erich. *The Artist's Journey into the Interior and Other Essays*. Nova Iorque: Vintage, 1968.

_____. *The Disinherited Mind*. 3ª edição. Nova Iorque: Barnes and Noble, 1971.

_____. *The Importance of Nietzsche*. Chicago: University of Chicago Press, 1988.

HELLER, Peter. *Dialectics and Nihilism: Essays on Lessing, Nietzsche, Mann, and Kafka*. Amherst, Massachusetts: University of Massachusetts Press, 1966.

_____. *Studies in Nietzsche*. Bonn: Bouvier, 1980.

KLOSSOWSKI, Pierre. *Nietzsche and the Vicious Circle*. Londres: Athlone, 1993.

KOELB, Clayton (ed.). *Nietzsche as Postmodernist: Essays Pro and Contra*. Albany, Nova Iorque: State University of New York Press, 1990.

KOFMAN, Sarah. *Nietzsche and Metaphor*. Londres: Athlone; Stanford: Stanford University Press, 1993.

KRELL, David Farrell; WOOD, David (eds.). *Exceedingly Nietzsche: Aspects of Contemporary Nietzsche Interpretation*. Londres: Routledge, 1988.

MAGNUS, Bernd. "The End of 'The End of Philosophy'". Em *Hermeneutics and Deconstruction*. Edição de Hugh Silverman. Albany: State University of New York Press, 1985, 2-10.

_____. "Nietzsche and Postmodern Criticism". *Nietzsche-Studien* 18, 1989, 301-316.

MAGNUS, Bernd; MILEUR, Jean-Pierre; STEWART, Stanley. *Nietzsche's Case: Philosophy as/and Literature*. Nova Iorque: Routledge, 1993.

MILLER, J. Hillis. "Ariadne's Thread: Repetition and the Narrative Line". *Critical Inquiry* 3 (outono de 1976), 57-77.

_____. "The Disarticulation of the Self in Nietzsche". *Monist* 64 (abril de 1981), 247-261.

PASLEY, Malcolm (ed.). *Nietzsche: Imagery and Thought*. Berkeley: University of California Press, 1978.

REICHERT, Herbert W. *Friedrich Nietzsche's Impact on Modern German Literature*. Chapel Hill: University of North Carolina Press, 1975.

RONELL, Avital. "Queens of the Night: Nietzsche's Antibodies". *Genre* 16, 1983, 404-422.

ROSEN, Stanley. "Nietzsche's Image of Chaos". *International Philosophical Quarterly* 20, 1980, 3-23.

SCHRIFT, Alan D. *Nietzsche and the Question of Interpretation: Between Hermeneutics and Deconstruction*. Nova Iorque: Routledge, 1990.

SHAPIRO, Gary. *Alcyone: Nietzsche on Gifts, Noise and Women*. Albany: State University of New York Press, 1991.

_____. *Nietzschean Narratives*. Bloomington: Indiana University Press, 1989.

STATEN, Henry. *Nietzsche's Voice*. Ithaca: Cornell University Press, 1990.

TAYLOR, Mark C. *Deconstruction in Context: Literature and Philosophy*. Chicago: University of Chicago Press, 1986.

WILLIAMS, Robert J. "Literary Fiction as Philosophy: The Case of Nietzsche's Zarathustra". *The Journal of Philosophy* 83 (novembro de 1986), 667-675.

Teoria moral

ANSELL-PEARSON, Keith. *Nietzsche contra Rousseau: A Study of Nietzsche's Moral and Political Thought.* Cambridge: Cambridge University Press, 1991.
CONWAY, Daniel. "A Moral Ideal for Everyone and No One". *International Studies in Philosophy* 22, 2 (1990): 17-29.
COSINEAU, Robert Henri. *Zarathustra and the Ethical Ideal.* Amsterdam: J. Benjamins, 1991.
HUNT, Lester H. *Nietzsche and the Origin of Virtue.* Londres: Routledge, 1991.
MACINTYRE, Alasdair. *After Virtue: A Study of Moral Theory.* Notre Dame: Notre Dame University Press, 1981.
SCOTT, Charles E. *The Question of Ethics: Nietzsche, Foucault, Heidegger.* Bloomington: Indiana University Press, 1990.
SEIGFRIED, Hans. "Nietzsche's Natural Morality". *Journal of Value Inquiry* 26, 1992, 423-431.
WHITE, Alan. *Within Nietzsche's Labyrinth.* Nova Iorque: Routledge, 1990.
YOVEL, Yirmiyahu (ed.). *Nietzsche as Affirmative Thinker: Papers Presented at the Fifth Jerusalem Philosophical Encounter, April 1983.* Dordrecht: Martinus Nijhoff, 1986.

Filosofia da arte/estética

BARKER, Stephen, *Autoaesthetics: Strategies of the Self after Nietzsche.* Atlantic Highlands, Nova Jersey: Humanities Press, 1993.
DEL CARO, Adrian. *Nietzsche contra Nietzsche: Creativity and the Anti-Romantic.* Baton Rouge: Louisiana State University Press, 1989.
EAGLETON, Terry. *The Ideology of the Aesthetic.* Oxford: Basil Blackwell, 1990.
GILLESPIE, Michael Allen; STRONG, Tracy B. (eds.). *Nietzsche's New Seas: Explorations in Philosophy, Aesthetics, and Politics.* Chicago: University of Chicago Press, 1988.
SCHACHT, Richard. "Nietzsche's Second Thoughts about Art". *Monist* 64 (abril de 1981): 241-246.

STAMBAUGH, Joan. *The Other Nietzsche*. Albany: State University of New York Press, 1993.
YOUNG, Julian. *Nietzsche's Philosophy of Art*. Cambridge: Cambridge University Press, 1992.

Filosofia da religião

GEFFRE, Claude; JOSSUA, Jean-Pierre (eds.). *Nietzsche and Christianity*. Edimburgo e Nova Iorque, 1981.
JASPERS, Karl. *Nietzsche and Christianity*. Tradução de E. B. Ashton. Chicago: Regnery, 1961.
O'FLAHERTY, James C.; SELLNER, Timothy F.; HELM, Robert M. (eds.). *Studies in Nietzsche and the Judaeo-Christian Tradition*. Chapel Hill: University of North Carolina Press, 1985.

Filosofia política

BERGMANN, Peter. *Nietzsche: The Last Antipolitical German*. Bloomington, Indiana: Indiana University Press, 1987.
BERGOFFEN, Debra B. "Posthumous Popularity: Reading, Privileging, Politicizing Nietzsche". *Soundings* 73, 1 (primavera de 1990): 37-60.
DARBY, Tom; EGYED, Béla; JONES, Ben (eds.). *Nietzsche and the Rhetoric of Nihilism: Essays on Interpretation, Language, and Politics*. Ottawa: Carleton University Press, 1989.
DETWILER, Bruce. *Nietzsche and the Politics of Aristocratic Radicalism*. Chicago: University of Chicago Press, 1990.
KUENZLI, Rudolf E. "The Nazi Appropriation of Nietzsche", *Nietzsche--Studien* 12, 1983, 428-435.
LUKÁCS, György. *The Destruction of Reason*. Tradução de Peter Palmer. Atlantic Highlands, Nova Jersey: Humanities Press, 1981.

SCHUTTE, Ofelia. *Beyond Nihilism: Nietzsche without Masks*. Chicago: University of Chicago Press, 1984.

STAUTH, Georg; TURNER, Bryan S. *Nietzsche's Dance: Resentment, Reciprocity, and Resistance in Social Life*. Oxford: Basil Blackwell, 1988.

STRONG, Tracy. *Friedrich Nietzsche and the Politics of Transfiguration*. Berkeley: University of California Press, 1975.

THIELE, Leslie Paul. *Friedrich Nietzsche and the Politics of the Soul: A Study of Heroic Individualism*. Princeton: Princeton University Press, 1990.

THOMAS, R. Hinton. *Nietzsche in German Politics and Society 1890-1918*. Manchester: Manchester University Press, 1983.

WARREN, Mark. *Nietzsche and Political Thought*. Cambridge, Massachusetts: MIT Press, 1988.

YACK, Bernard. *The Longing for Total Revolution: Philosophic Sources of Social Discontent from Rousseau to Marx and Nietzsche*. Princeton: Princeton University Press, 1986.

Obras de referência

International Nietzsche Bibliography. Compilada e editada por Herbert W. Reichert e Karl Schlechta. Chapel Hill: The University of North Carolina Press, 1968.

Nietzsche-Studien: Internationales Jahrbuch für die Nietzsche-Forschung. Nova Iorque e Berlim: Walter de Gruyter, 1972ss.

REICHERT, Herbert; SCHLECHTA, Karl (compilação e edição). *International Nietzsche Bibliography*. Segunda edição, continuada. *Nietzsche-Studien* 2 (1973): 320-339.

Índice remissivo

Alderman, Harold – 17
amor fati – 56, 263, 264, 438, 440
Andarilho e sua sombra, O – 52, 383
Ansell-Pearson, Keith – 160
Anticristo, O – 13, 83, 84, 106, 133, 170, 190, 195, 287, 306, 353, 422
antiguidade, visões de Nietzsche sobre a – 82
Apêndice: Opiniões e ditos reunidos – 52
argumentação *ad hominem* (ver *filosofia e ad hominem*)
Aristóteles – 169, 170, 220, 236, 244, 251, 252, 257, 258
Arrowsmith, William – 43, 44, 191
ascetismo – 75, 78, 79, 111, 124, 126, 198, 219, 255, 380
  e psicanálise – 413-416
Assim falou Zaratustra – 24, 35, 49, 57, 59, 60, 106, 121, 167, 194, 204, 223, 274, 283, 306, 309, 313, 328, 340, 362, 393, 447
Aurora – 53, 53, 106, 132, 188, 190, 197, 228, 276, 293, 306, 328, 375

Bäumler, Alfred – 94, 344, 372
Behler, Ernst – 30, 335
Bennholdt-Thomsen, Anke – 70
Benn, Gottfried – 30, 337, 357
Bertram, Ernst – 106
Bianquais, Genevieve – 159
biologismo – 200, 391
Bismarck, Otto von – 149, 150
Blanchot, Maurice – 378, 379, 388
Bloom, Allan – 14, 161, 221, 267, 269, 270
Bourdeau, Jean – 353, 356

Brandes, Georg – 30, 337, 345-349
Burckhardt, Jakob – 150

Caso Wagner, O – 45, 80, 106, 190, 195
Cavell, Stanley – 268, 269
Chuang Tzu (ver *Zhuangzi*)
Clark, Maudemarie – 16, 48
Colli, Giorgio – 377
Confúcio – 423, 443-447
Connolly, William – 160
Considerações extemporâneas – 39, 44, 45, 48, 84, 94, 95, 106, 126, 129, 188, 190, 439
corpo – 78, 432, 442, 444
Crepúsculo dos ídolos – 81, 82, 85, 106, 126, 147, 174, 177, 190, 195, 205, 222, 229, 235, 279, 306, 312, 314, 383, 444
cristianismo, crítica ao – 349
  como reducionista – 140-141
  (ver também *moral de senhores/escravos*)
crítica feminista a Nietzsche – 31
crueldade – 445

"David Strauss, o devoto e o escritor" – 39
Danto, Arthur – 16
Darrow, Clarence – 94, 95
Deleuze, Gilles – 17, 31, 260, 278, 302, 379, 387, 388, 395, 396, 402, 409-415, 417
  e Félix Guattari – 412-415
Derrida, Jacques – 13, 17, 31, 286, 301, 310, 379, 381, 382, 394, 402-406, 408, 409, 415, 417
desconstrução – 195, 405-407
  e reconstrução – 14-18, 195-196
desejo – 49, 62, 71, 73, 77-79, 131, 134, 136, 164, 167, 170, 207, 227, 229, 235, 237, 253, 284, 288, 292, 313, 314, 328, 344, 350, 355, 400, 411-415, 431

detalhes biográficos – 93-114
　anos pós-Basileia – 109-113
　formação religiosa – 117-122
　início da carreira – 108-110
　início da vida – 106-108
　(ver também *enfermidade*; *insanidade*; *Nietzsche, Elisabeth*)
"Deus está morto" – 13, 55, 132, 269, 437
Deussen, Paul – 104, 421
Dilthey, Wilhelm – 367
Dionísio – 36, 37, 39, 429
　e Cristo – 83, 363
Dōgen – 447
dogmatismo – 303, 397
　condicional – 294, 295
　contra o – 71

"espíritos livres" – 49, 318, 320, 322
Ecce homo – 59, 86, 107, 117, 174, 188, 195, 212, 217, 259, 263, 322, 335, 340, 353, 365, 383, 249
elitismo – 66
enfermidade e Nietzsche – 103-106, 109-110, 448
Estado grego, O – 149, 169
esteticismo – 199-202, 275-276, 280-281, 293-298, 363-366
　e a interpretação do leste asiático – 425-427
estilo – 30, 31, 222, 224, 225, 320, 363
　como aforístico – 51-54
　como biográfico – 340-341
　como conteúdo – 30-31, 378-379, 389-390, 393-402
　como *Ecce homo* – 84-87
　como filosófico – 224-227
estruturalismo – 385
　(ver também *pós-estruturalismo*)
eterno retorno – 15, 22, 23, 85, 88, 226

e Dionísio – 82-83
e o problema da linguagem – 393
e o *Übermensch* [além-homem] – 61-64
várias interpretações do – 57-59
(ver também *vontade de poder*)
Eurípides – 37, 150, 170, 171
existencialismo – 385

fama –101, 346
  inicial – 345-346, 348-350
  (ver também *recepção de Nietzsche*)
fascismo – 14, 157, 348, 365
Fichte, J. G. – 98, 327
filologia, relevância da – 42-45
filosofia – 13, 19, 20, 29, 46, 48, 70, 72, 75, 97, 215, 260, 261, 356, 404
  como "progressiva-regressiva" – 192-194
  como aspiração à compreensão – 211-214
  como autodestrutiva – 21-25
  como construtiva – 195-196
  como estudo de caso – 189-192
  como interpretação – 187-188, 199-202, 379-381, 389-392, 396-398, 407-409
  como literatura – 199-202, 382
  como multiplamente perspectivista – 196-199 (ver também *perspectivismo*)
  como pensamento sobre problemas – 188-190
  como pessoal – 221, 224-225, 264, 266
  como produção de sentido – 213-215
  como psicologia – 217-218, 222-223
  compreensão de Nietzsche sobre a – 184-215
  e *ad hominem* – 28-29, 53-54, 82-83, 218-219, 221, 222-223, 227-243, 260-262, 264-266
  e *Ecce homo* – 259-264
  e genealogia – 249-253, 258-259

e perspectivismo – 237-243
e ressentimento – 254-259, 264-265
"Filosofia na era trágica dos gregos, A" – 276
filosofias pré-platônicas – 48
Foot, Philippa – 15
forças ativas/reativas – 396, 410, 412
Förster-Nietzsche, Elisabeth (ver *Nietzsche, Elisabeth*)
Foucault, Michel – 13, 17, 24, 31, 80, 286, 301, 379, 380, 387-394, 402, 409-412, 415, 417
Fuchs, Carl – 366

Gaia ciência, A – 23, 54-59, 79, 106, 132, 188, 190, 194, 195, 202, 213, 228, 269, 288, 336, 340, 351, 444
  e *amor fati* – 55-56
  e estética – 55-56
  e naturalismo – 55-56
Gast, Peter – 343, 428
genealogia – 80, 175, 203, 209, 249, 253, 254, 258, 310, 316, 318, 321, 323, 329, 380, 395, 406, 416, 441, 457
Genealogia da moral, A (ver *Para a genealogia da moral*)
gênio – 25, 43, 57, 74, 84, 99, 100, 220, 247, 258, 261, 262, 342, 349, 362, 444
Gide, André – 30, 337, 353-358
Granier, Jean – 31, 379, 388, 395-397

Habermas, Jürgen – 29, 166, 167, 269, 270, 274-276, 283, 284, 286, 287, 293, 301-303, 310, 323-325
Halverson, William – 233, 234
Hegel, G. W. F. – 98-100, 140, 164, 215, 227, 236, 246, 267, 286, 287, 301, 303, 310, 311, 319, 327, 328, 370, 374, 384, 389, 395, 398, 419, 420
Heidegger, Martin – 13, 17, 29, 30, 61, 87, 88, 139, 163, 267, 278, 282, 287, 288, 301, 310, 330, 337, 338, 368, 371-376, 378, 381, 385, 387-389, 396, 403, 405, 407, 410, 420, 434, 440, 441, 446

Heller, Erich – 51
Higgins, Kathleen Marie – 53, 62, 63, 64, 70, 84, 88, 174, 213, 225, 322
história – 39-44, 127-131, 139-141
  antiquária – 41-42
  crítica – 41-42
  monumental – 41-42
Hollingdale, R. J. – 25, 93
Humano, demasiado humano – 49, 51, 52, 106, 128, 188, 190, 194, 197, 433, 439
humor – 86

influências do leste asiático – 441-449
  (ver também *recepção de Nietzsche no leste asiático*)
insanidade de Nietzsche – 84-86, 104-106, 161, 335-336, 342-343, 361-363, 376-378
  e filosofia – 259-261, 341-343, 363-364, 368-370
instinto – 78, 85, 149, 150, 165, 177, 218, 220, 221, 271, 297, 355, 364, 401, 426, 433
interesse no Japão – 423-426
International Nietzsche Bibliography – 13
intuição na interpretação do leste asiático – 430-432

Jaspers, Karl – 30, 337, 368-371

Kant, Immanuel – 17, 19, 38, 98-100, 121, 124, 130, 140, 190, 198, 218, 221, 228, 245, 246, 251, 252, 255, 256, 265, 267, 303, 306, 327, 374, 384, 391, 392, 415, 416
Kaufmann, Walter – 30, 164, 165, 338, 376
Kofman, Sarah – 31, 379, 388, 395, 398-401

"La biblioteca e le letture di Nietzsche" – 378
Lao Tzu (ver *Laozi*)
Laozi – 422, 423, 446

legado francês de Nietzsche – 30, 383
  (ver também *desconstrução*; *pós-modernismo*; *pós-estruturalismo*)
liberdade da vontade – 73
Löwith, Karl – 372, 388
Lukács, Georg – 348
Lyotard, Jean-François – 31, 277, 402, 415-417

má consciência – 75-77, 136, 189, 396, 414
MacIntyre, Alasdair – 15, 29, 294-296
Magnus, Bernd – 13, 35, 226, 382, 429
Mann, Thomas – 30, 39, 108, 337, 357-366
Megill, Allan – 281
Mehring, Franz – 348
metafísica – 16, 21, 59, 65, 123-126, 219, 226, 278, 316, 327, 371, 381, 398, 407, 436
  da presença – 17-18, 405-406
  do processo – 409-411
  fim da – 13, 127-128, 131, 372-376, 419-420
  impulso para/fé na – 287-290, 402-404 (ver também *pensamento binário*)
  irrelevância da – 51-52
metáfora – 199-202
  linguagem como – 45-48, 396-402
Mistry, Freny – 442, 443
Mitleid [piedade] – 138
modernidade, (crítica da) – 28-30, 69-71, 267-298, 306-315, 317-318, 324-327, 329-331
  e modernismo – 268-270
  e niilismo – 271-275, 279-280, 307-310, 312-313, 321-322
  e tradição – 271-273, 278, 292-298
modernismo – 15, 268, 282, 306, 307 (ver também *pós-modernismo*; *pré--modernismo*)
Montinari, Mazzino – 377, 378

moral – 13, 16, 28, 51, 54, 59, 116, 132, 134, 140, 141, 189, 195-197, 204, 211, 214
  "moral de rebanho" – 71-74
  crítica da – 71-72, 75-76
  de senhores/escravos – 72-73, 75-76, 133-138, 150-153, 165-166, 170-171, 174-177, 219-221, 227-229, 243-247, 249-259, 315-317, 326-330
  e pensamento binário – 406-409
  naturalismo da – 71-72
morte do homem – 391-393
"mulher" como metáfora – 206-207
mulheres – 66-71, 349-352
Musil, Robert – 30, 337, 357

Nachlass [legado] – 20, 87, 88, 428, 429, 442
  e disputas interpretativas – 88-89, 376-378
nacional-socialismo (ver *fascismo*)
Nascimento da tragédia, O – 27, 36, 37-39, 46, 106, 110, 129, 130, 150, 152, 167, 169, 171, 174, 176, 177, 188, 190, 194, 197, 275, 276, 363, 398, 432, 433
  e estética – 37
nazismo (ver *fascismo*)
Nehamas, Alexander – 17, 29, 199, 200, 259, 260, 263, 267, 331, 382
Nietzsche contra Wagner – 45, 87, 107, 439
Nietzsche, Elisabeth – 87, 108, 112, 113, 117, 338, 339, 343, 344, 428
Nietzsche-Studien [*Estudos sobre Nietzsche*] – 378
niilismo – 14, 30, 61, 79, 126, 150, 153, 160, 172, 189, 215, 374, 386, 392, 429, 434, 439-441 (ver também *modernidade e niilismo*)
Nishitani Keiji – 31, 433-441, 446
"Nós, filólogos" – 43
Nussbaum, Martha – 15

Observações fora de moda (ver *Considerações extemporâneas*)
Overbeck, Franz – 119, 122, 138

Papini, Giovani – 94, 95, 104

Para a genealogia da moral – 25, 73, 75, 76, 78, 79, 152, 153, 195, 197, 208, 250, 320-322, 325, 328, 423

Para além do bem e do mal – 49, 67, 70, 72-74, 106, 174, 184, 190, 194, 195, 198, 201, 206, 207, 212, 213, 228, 238, 243, 259, 264, 280, 306, 308, 314, 321, 335, 345, 356, 362, 423, 424

paradoxo do mentiroso – 50

Parkes, Graham – 31, 419

paródia – 60, 69, 79

Pautrat, Bernard – 31, 379, 388, 394, 395, 397, 398

pensamento binário – 407, 417

  crítica ao – 402, 405, 408

pensamento oposicional (ver *pensamento binário*)

perspectivismo – 15, 18-20, 22, 28, 29, 49, 50, 74, 140, 175, 187, 196, 201, 202, 217, 221, 238, 239, 243, 248, 294, 295, 397

  e autorreferência – 18-19

  e moral – 50-51

  fundamento ontológico do – 74-75

piedade – 83, 126, 138, 219, 227, 326 (ver também *Mitleid*)

Pippin, Robert B. – 29, 301

Platão – 17, 59, 69, 72, 82, 99, 124, 177, 190, 198, 208, 219, 229, 240, 241, 267, 280, 288, 318, 374, 398, 400, 413

platonismo – 126, 307, 376, 398, 407

  inversão do – 407

política –13, 15, 27, 86, 97, 116, 135, 147, 229, 286, 303, 307, 316, 372

  apropriação nazista de Nietzsche – 162-164

  como esteticista – 165-167

  como omitida do *corpus* – 174-179

  da interpretação de Nietzsche – 156-173

  e identidade – 150-153

  e o uso de Nietzsche – 156-164

  má-apropriação de Nietzsche – 154-157

  visões de Nietzsche sobre – 148-156

pós-estruturalismo – 385
   e a interpretação de Nietzsche – 385-402
   e o uso de Nietzsche – 385-388, 402-418
   (ver também *desconstrução, filosofia como interpretação, pós-modernismo*)
pós-modernismo – 15, 166, 293, 306
pré-modernismo – 314
princípio apolíneo – 36
princípio dionisíaco – 36

recepção de Nietzsche – 337, 350, 379, 382
   acadêmica/filosófica – 367-382
   alemã – 357-367
   como filósofo da vida – 367-369
   como poeta-filósofo – 367-368
   como último metafísico – 373-376
   francesa inicial – 352-357
   francesa recente – 378-382
   internacional inicial – 338-352
   no leste asiático – 30-31, 419-420, 425-441
Reichert, Herbert – 13
repressão de *Nachmärz* [depois de março] – 96, 98
ressonância do leste asiático com Nietzsche – 442-449
   (ver também *recepção de Nietzsche no leste asiático*)
Reuter, Gabriele – 106
"Richard Wagner em Bayreuth" – 44
risada – 69
Ritschl, Albrecht – 36, 172
Rohde, Erwin – 39, 150, 339
Rorty, Richard – 13, 15, 17, 20, 29, 278, 282, 285-288, 290, 291, 382

Salaquarda, Jörg – 25, 115
Salomé, Lou – 30, 68, 263, 338-343
saúde – 63-64

e patologia – 342, 359, 414-416
Saussure, Ferdinand de – 385
Schacht, Richard – 16, 28, 183
Scheler, Max – 141, 337, 338, 367
Schlechta, Karl – 14, 377
Schopenhauer, Arthur – 10, 25, 38, 43, 52, 63, 67, 73, 97-103, 109, 114, 115, 120, 122-128, 130, 138, 190, 195, 198, 229, 306, 310, 351, 359, 367, 368, 420, 428, 431, 432
  sobre a religião – 122-127
"Schopenhauer como educador" – 25, 42, 44, 101, 102
Schrift, Alan D. – 30, 31, 383
sexismo – 67, 206
Shapiro, Gary – 17, 84
Shaw, George Bernard – 30, 337, 349-352
sífilis – 104, 105, 362
Sils-Maria – 93-95, 103, 111, 361, 449
"Sobre os usos e desvantagens da história para a vida" – 272
"Sobre verdade e mentira em um sentido extramoral" – 35, 46, 47, 399
Sociedade Fabiana – 349
Sócrates – 37, 38, 60, 82, 86, 99, 148, 170, 177, 190, 195, 198, 218, 220, 240, 241, 261, 262, 363, 447
Spitteler, Carl – 93, 94
Steiner, Rudolf – 106
Strauss, David (ver *"David Strauss, o devoto e o escritor"*)
Strindberg, August – 337, 348, 349
Strong, Tracy B. – 17, 26, 27, 147
sujeito (cartesiano) – 330
  crítica ao – 410-413, 423-424, 431-433, 438-441, 442-444
superação – 79, 268, 283, 284, 305, 382, 392

Taine, Hippolyte – 353
Taubeneck, Steven – 381
Tönnies, Ferdinand – 342

tradição – 293-298, 443-444
tragédia grega – 27, 36, 172
transvaloração de todos os valores – 15, 81, 83, 85, 132, 138, 343, 443
   através da multiplicidade da metáfora – 400-402

Übermensch [além-homem] – 15, 24, 66, 162, 222, 226, 264, 335, 337, 343, 357, 386, 392, 443
   e forças ativas/reativas – 395-396
   e o eterno retorno – 61-64
   e socialismo – 348-351

Vattimo, Gianni – 270, 277, 278, 283, 284, 292-294
verdade – 19-21, 29-30, 43, 45-49, 70-72, 184-188, 206-207, 214-215
   como ilusão – 45-48
   e erro – 406-407
   fé na verdade – 288-289
   teoria da verdade – 289-291
   vontade de – 406-407
   (ver também *perspectivismo*)
vida – 25, 95, 106, 107, 164, 261, 431, 442
   como relacional – 207-208
   contra o intelecto – 358-361, 363-365
   na interpretação do leste asiático sobre Nietzsche – 430-432, 435-438
   valor da/para a – 36-38, 41-42, 55-56, 187-188, 203-204, 310-313, 316-317, 339-341, 357-358
vontade de nada – 79
vontade de poder – 15, 16, 20-22, 24, 30, 64, 65, 73, 74, 78, 134, 135, 162, 195, 222, 226, 371, 372-376, 381, 386, 396, 397, 401, 407-415, 418, 429, 430, 436, 438, 441
   e eterno retorno – 64-68, 370-373
   e julgamento – 414-417
   e perspectivismo – 74-75
   e relações de forças – 409-410

e sublimação – 375-376
Vontade de poder, A – 14, 87, 107, 272, 279, 338, 343-345, 372, 373, 377, 428

Wagner, Cosima – 68, 112,
Wagner, Richard – 28, 36-40, 44, 51, 129, 367
Warren, Mark – 160
Watsuji, Tetsurō – 31, 427, 428-434, 436-439
Wilamowitz-Möllendorf, Ulrich von – 39
Wilcox, John T. – 16
Williams, Bernard – 15
Wittgenstein, Ludwig – 17, 310

Zaratustra – 24, 59-63, 66, 67, 69, 70, 283, 328, 354, 363, 437, 445
  (ver também *Assim falou Zaratustra*)
Zhuangzi – 446, 447

Esta obra foi composta em CTcP
Capa: Supremo 250g – Miolo: Pólen Soft 70g
Impressão e acabamento
Gráfica e Editora Santuário